KB233181

禮樂
大同

새 시대를 위한
禮記 2

禮樂大同

새 시대를 위한

禮記 2

서정기 譯註

KSI 한국학술정보[주]

머리말

어이쿠, 예절은 천리(天理)를 밝혀 만물의 조리질서를 세워서 진리의 세계를 구현하며, 성리(性理)를 밝혀 인간의 심리(心理)체계를 바로잡아 지선(至善)의 인격을 완성하며, 윤리(倫理)를 밝혀 사회의 화합규범을 제정하여 아름다운 풍속을 건설하는 원리이다.

그러므로 성인(聖人)이 예절을 제정함에, 첫째는 태극(太極)의 대통일원리를 본체(本體)로 하며, 하늘과 땅을 만물의 근본으로 하며, 음양(陰陽)을 운동의 발단으로 하며, 4시(四時)를 경영의 시기로 하며, 일시(日時)를 작업의 시간으로 하며, 달[月]을 공적 평가의 기간으로 하며, 귀신(鬼神)을 수호사도(守護使徒)로 하며, 5행(五行)을 본질속성으로 하여 천도(天道)의 공명정대(公明正大)함을 본받아 확연대공(廓然大公)의 자연질서를 구현하였으니 이것이 예절의 근본이넘이다.

둘째는 인간성(人間性)의 지극히 착한 인의예지(仁義禮智)를 본성(本性)으로 하고, 총명예지(聰明睿知)한 지각(知覺)을 인식(認識)의 주체(主體)로 하며, 측은(惻隱), 수오(羞惡), 사양(辭讓), 시비(是非)의 4단(四端)을 양지양능(良知良能)으로 하며, 희로애구애오욕(喜怒哀懼愛惡欲)의 7정(七情)을 삶의 정서(情緖)로 하여 천덕(天德)의 중정화평(中正和平)함을 본받아 거룩하고 신성(神聖)한 인격 주체를 확립하였으니 이것이 예절의 자체 성능이다.

셋째는 천하국가사회의 안녕을 보장하고 억조만민의 융성(隆盛)한 생활터전을 개척하며, 부자(父子), 군신(君臣), 부부(夫婦), 장유(長幼), 붕우(朋友)의 5륜(五倫)을 밝히며, 생로병사(生老病死)에 서로 경조(慶吊)하며, 우주만상이 쾌활하게 하며, 만물을 일체로 사랑하며, 봉린용귀(鳳麟龍龜)가 노는 복지낙원(福祉樂園)의 대동세계(大同世界)를 건설하여 천륜(天倫)의 정체(正體)와 인륜(人倫)의 주체(主體)가 순조롭게 계승 발전토록 하나니 이것이 예절의 역할과 기능이다.

그리하여 예절의 범위는 천계(天界)와 신계(神界)와 인계(人界)와 물계(物界)에 두루 미치지 않은 곳이 없어 그 광대(廣大)함을 다하였고, 예절의 종류는 길례(吉禮), 흉례(凶禮), 빈례(賓禮), 군례(軍禮), 가례(嘉禮)의 5례(五禮)를 갖추었으니 그 미세(微細)함을 다하였다. 주례(周禮) 춘관(春官) 태종백(大宗伯)에 말하기를 길례(吉禮)는 천지신명(天地神明)과 조상신(祖上神)에게 제사 지내는 제례(祭禮)요, 흉례(凶禮)는 초상 치고 장사 지내는 상례(喪禮)요, 빈례(賓禮)는 빈객(賓客)을 대접하는 조근(朝覲), 회동(會同), 사상견례(士相見禮), 빙례(聘禮)요, 군례(軍禮)는 군진(軍陣)의 의례(儀禮)를 갖추는 예절이요, 가례(嘉禮)는 경사스러운 일에 친목하는 사관례(士冠禮), 사혼례(士昏禮), 향음주례(鄕飮酒禮), 향사례(鄕射禮), 대사(大射), 연례(燕禮), 공사대부례(公食大夫禮)라고 하였으니 가정에서 거행하는 관혼상제(冠昏喪祭)를 가례(家禮)라 하며, 사회에서 거행하는 사상견례(士相見禮)와 향음주례(鄕飮酒禮), 향사례(鄕射禮)를 향례(鄕禮)라 하며, 나라에서 거행하는 것을 국례(國禮)라 하며, 천하에서 거행하는 것을 천하례(天下禮)라고 하였다.

일찍이 요(堯)임금과 순(舜)임금이 예절과 음악으로 인민을 가르쳐 어진 정치를 베풀어 봉황이 노래하는 태평성대(太平聖代)를 건설하였으니 하(夏)나라의 우(禹)임금과 은(殷)나라의 탕(湯)임금 및 주(周)나라의 문왕(文王)과 무왕(武王)이 거듭 이어받아 인정(仁政)을 베풀고 예치(禮治)를 숭상하여 정치적 대통(大統)과 학문적 도통(道統)을 계승하여 인륜도덕을 준수하는 사회제도를 정착시키고, 청렴정직을 숭상하는 정치제도를 수립하고, 예의염치를 지키는 교육제도를 구비하여 소강사회(小康社會)를 통해서 대동세계(大同世界)로 들어가는 길을 활짝 열었다.

이에 주공(周公)이 정한 의례(儀禮)와 주례(周禮)에서는 예절의 등급을 나누어 천자례(天子禮), 제후례(諸侯禮), 대부례(大夫禮), 사례(士禮)로 분류하였으니 모두 자율규범으로 인격의 향상에 따라 더욱 아름다운 규범을 갖추도록 배려한 것이다. 무릇 서민대중은 타율규범인 국법(國法)의 질서를 지키되 향상 발전의 길로 인도하기 위하여 서민례(庶民禮)는 만들지 않고, 가능하면 힘써 사례(士禮)를 거행하게 하였으니 이것은 서민을 낮추지 않고, 모두 선비가 되도록 권장하기 위함이다. 그리고 선비는 초급지식인으로서 하급관료의 신분이고, 또한 나이가 젊은 세대인 까닭에 활달하고 번듯한 생활예절과 인류의 보편적인 의례(儀禮)를 따르게 하니 상례(喪禮)의 5복(五服)을 시마(緦麻)까지 모두 입게 하였다. 따라서 인간은 태어나면서부터 고귀한 사람이 없으므로 관혼(冠昏)은 오로지 사관례(士冠禮), 사혼례(士昏禮)뿐이요, 왕세자관례(王世子冠禮)나 제후혼례(諸侯昏禮)는 아예 없었는데 후세에 전제군주(專制君主)가 속임수로 날조한 것이다.

대부례(大夫禮)는 고급지식을 체득한 군자(君子)로서 고급관료의 신분이고 또한 나이를 먹고 경험이 풍부한 까닭에 가지런하고 엄숙한 생활예절과 사회의 지도자적인 의례(儀禮)를 실천하게 하였다. 따라서 상복(喪服)도 자최(齊衰)까지만 입고 대공(大功) 이하는 면제

하였으니 국사(國事)에 전념토록 배려함이며, 특히 향음주례(鄕飮酒
禮)와 향사례(鄕射禮)를 거행하도록 하였는바 지역문화발전에 기여
할 사명이 있는 까닭이다.

제후례(諸侯禮)는 나라를 지도하는 어진 이로서 위로 천자(天子)를
받들고 아래로 민심(民心)의 공론(公論)에 따라 일백 관료를 거느리
고 나라를 다스리는 까닭에 성대하고 훌륭한 생활예절과 나라의 모범
적인 의례(儀禮)를 실천하게 하였다. 따라서 상복(喪服)도 3년복(三
年服)만 입고 1년복(一年服) 이하는 입지 않도록 하였으니 임금의 직
무에 전념토록 배려함이며 특히 연례(燕禮), 제후대사(諸侯大射), 빙
례(聘禮), 공사대부례(公食大夫禮), 근례(覲禮)를 부지런히 거행하여
국가문화 발전에 기여하면서 국제교류 협력에 힘쓰도록 하였다.

천자례(天子禮)는 천하를 다스리는 신성(神聖)한 자리에 올라 위
로 천명(天命)을 받들고 아래로 억조만민(億兆萬民)을 다스림에 인
류의 사표(師表)가 되고 정치의 모범을 보여야 하는 까닭에 그윽하
고 거룩한 생활예절과 천하의 모범적인 의례(儀禮)를 실천하게 하였
다. 따라서 상복(喪服)도 3년복만 입고 1년복 이하는 입지 않도록 하
였으니 천자의 직무에 전념토록 배려함이며, 특히 예악사어서수(禮樂
射御書數)의 국민교육을 장려하여 문덕(文德)과 무예(武藝)와 기술
(技術)을 진작(振作)하고, 5례(五禮)를 아름답게 다듬어 문명(文明)
을 널리 보급하여, 병기(兵器)를 쓰지 않고도 세계평화를 길이 보장
하고, 형벌(刑罰)을 쓰지 않고도 사회안녕을 널리 보장함으로써 상서
(祥瑞)로운 기운이 우주에 가득하여 지평천성(地平天成)의 새 시대
를 창조하도록 하였다.

공자(孔子)는 춘추(春秋)의 어지러운 시대에 성인(聖人)의 예악정
치(禮樂政治)가 무너지고 난신적자(亂臣賊子)가 횡행(橫行)하므로

고례(古禮)를 찾아 세상을 바로잡기 위하여 예절의 대의(大義)를 밝히고 제자들에게 가르쳤으니 제자들이 그 기록을 모아서 예기(禮記)를 편집하였다.

아, 예기(禮記)는 49편이 남아서 2,500년의 긴 세월 동안 전해 오거니와 그 뜻이 깊고 그 말이 간결하여 파악하기 어려운데다가 전제군주(專制君主) 시대에 왕권신성화(王權神聖化) 작업에 함몰한 지성(知性)의 몰락으로 착각 오인한 내용이 적지 않고 또한 어리석은 사람들이 자의적으로 해석까지 하여 그 실체를 발견하기 쉽지 않았다.

이에 내가 평생 동안 쉬지 않고, 세계 속의 한국문화를 연구하여 주역(周易), 춘추(春秋), 시경(詩經), 서경(書經)을 역주(譯註)한 경험을 쌓아 마침내 6년을 집필하여 『새 시대를 위한 예기(禮記)』를 빠짐없이 역주하였으니 예기(禮記)의 대동세계를 건설하는 위대한 가치가 태양처럼 빛나도다.

단기 4343년 1월 17일
동양문화연구소장 대구 서정기 삼가 씀

새 시대를 위한 禮記

차 례

제2권

제1권

제3권

제4권

제5권

일러두기

1. 이 책은 명(明)나라 한림원에서 칙찬(勅纂)한 예기집설대전(禮記集說大全)을 대본으로 하였다.

2. 원문 앞에 고유번호를 넣었는데 앞자리의 수는 편을 나타내고, 가운데 자리의 수는 장을 나타내고, 끝자리의 수는 절을 나타내서 찾아보기 쉽게 했다. 다만 편의 분류는 원전을 따랐고 장절의 분류는 내가 처음 나누었으나 원문의 순서를 그대로 따랐다.

3. 현토(懸吐)와 구두법은 우리나라 민족문화추진회에서 국역연수원의 교재로 영인한 『예기집설대전』에 옛사람이 구결(口訣)로 토를 달아 놓았기 때문에 참고하고 문법에 어긋난 것은 내가 바로잡았다.

4. 원문의 한글번역은 『 』표기 안에 간명하게 직역하였으며 성인의 말씀이므로 옛 말투를 그대로 살려 두었다.

5. 주해는 ◑ 표를 넣어 역주자의 『새 시대를 위한 예기』임을 밝히고 원칙적으로 한글로만 설명하고 고유명사나 꼭 필요한 곳에만 괄호 속에 한자를 넣어서 한글세대가 알기 쉽게 하였다.

6. 『예기집설대전』의 49편 가운데 대학(大學)과 중용(中庸)은 주자(朱子)가 이미 분리 독립하여 사서(四書)로 표창하였고 예운(禮運)은 내가 역주하여 분리 독립해서 『새 시대를 위한 大學·中庸·禮運』(한국학술정보(주) 刊, 2006)을 단행본으로 출간하였음을 알린다.

7. 이 책은 먼저 원문을 읽고 경전의 진수를 음미할 수 있도록 한글
   음을 붙였으니 한자는 뜻에 따라 음이 다른 것이 있으므로 바르
   게 읽도록 돕기 위함이고, 또한 한문을 몰라도 쉽게 읽을 수 있게
   함이다.
8. 원문을 존중한다는 뜻에서 원문을 먼저 넣고 번역문을 뒤로 넣었
   으나 한글세대는 번역문과 주해를 먼저 읽고 글의 뜻을 파악한
   다음에 원문을 읽으면 암기하기 쉬울 것이다.

새 시대를 위한 禮記

제 2 권

란도(鸞刀): 난새의 소리가 나는 방울이 칼의 머리와 중간과 끝에 달려 있어 칼을 쓸 때 상단부와 중간부와 하단부가 모두 같은 소리를 내어 일을 결단하여 착수하고 끝냄을 상징. 민주적인 화합 경영을 하라는 뜻

5. 왕제(王制)

왕제(王制)는 왕도정치(王道政治)의 체제(體制)로 곧 인정(仁政)의 제도(制度)인데 요(堯), 순(舜), 우(禹), 탕(湯), 문무(文武)가 천명(天命)을 받들고 민심(民心)에 순응하여 공명정대하게 천하를 다스려 태평세계를 건설한 공민민주주의(公民民主主義)와 대동공화정치(大同共和政治)의 예절과 법제이다.

무릇 2제3왕(二帝三王)의 정치체제는 천연의 질서를 본받아 인간의 화합을 이룩하여 안락한 세계를 경영하는 것이므로 예절과 음악을 존중하고 전제독재와 패권주의를 천시한 것이다. 그러므로 관작(官爵)의 등급과 봉록(俸祿)의 수량을 엄격히 규정하고, 제사(祭祀)의 범위와 양로(養老)의 대상을 명확히 밝혀서 천하가 균평하고, 만민이 융성하게 하였는데 마침내 춘추시대로부터 패권주의가 대두하고, 진(秦)나라가 전제독재국가를 건설하자 왕도정치의 체제가 무너졌으나 그 대경대법(大經大法)은 유교의 경전에 단편적으로 남아 있었다. 전한(前漢)의 문제(文帝)가 박사(博士)와 여러 학자에 명하여 이 왕제편을 지었다고 노식(盧植)은 말하였다.

5-1-1

王者之制祿爵은 公과 侯와 伯과 子와 男이니 凡五等이요.

『왕도정치를 하는 나라가 봉록과 작위를 제정함에는 공과 후와 백과 자와 남이니 무릇 다섯 등급이요.』

　◑ 이 장은 왕도정치의 중앙정부와 지방정부의 조직체계를 기술하였으니 권력을 분립하고 사업을 분담하기 위하여 관작(官爵)의 서열과 봉록의 등급을 나누었는데 여기에서는 천자가 수여하는 품계를 밝혔다.

　왕자(王者)는 왕도정치(王道政治)를 하는 나라이니 왕국(王國)과 같으며, 제(制)는 법으로 제정함이요, 록(祿)은 봉록(俸祿)인데 국가를 위하여 직무를 완수한 보수이고, 작(爵)은 작위(爵位)로 벼슬의 품계(品階)이다. 공(公)은 공작(公爵)이니 지공무사(至公無私)하여 공명광대(公明廣大)하다는 뜻이고, 후(侯)는 후작(侯爵)이니 선지(先知), 선각(先覺)의 지혜로 안전을 보장한다는 뜻이며, 백(伯)은 백작(伯爵)이니 큰형이 아우를 보호하듯이 사해동포를 사랑한다는 뜻이요, 자(子)는 자작(子爵)으로 아들이 어버이를 섬기듯이 조상의 정신을 받든다는 뜻이며, 남(男)은 남작(男爵)으로 사나이가 아내를 거느리듯이 가장(家長)의 책임을 씩씩하게 완수한다는 뜻이다.

　맹자(孟子)는 천자(天子)가 하나의 직위이고, 자작(子爵)과 남작(男爵)은 함께 하나의 직위라고 하였으니 모두 다섯 등급이다.

5-1-2────────────────────── 諸侯之上大夫는 卿이며
下大夫와 上士와 中士와 下士니 凡五等이요.

『제후의 상대부는 경이며, 하대부와 상사와 중사와 하사니, 무릇

다섯 등급이요.』

　☯ 이 절은 지방정부를 구성하는 조직체계를 서술하여 지방자치제도의 확립을 제도화하였다.

　제후(諸侯)는 여러 후작(侯爵) 임금인데 공(公), 후(侯), 백(伯), 자(子), 남(男)의 5작(五爵)의 임금을 통칭하며 지방국가를 상징한다. 경(卿)은 육경(六卿)이니 행정, 외교, 교육, 경제, 사법, 국방 등의 장관으로 자치기구의 책임자이며, 대부(大夫)는 도덕심이 투철한 모범인으로 고위관직에 올라 책무를 완수하는 사람이고, 사(士)는 전문지식인으로 예법을 철저하게 지키는 하급관료이다.

　맹자(孟子)는 임금이 하나의 직위라고 하였으니 모두 여섯 등급이다.

5-1-3————————————————— 天子之田은 方千里요
公侯田은 方百里요 伯은 七十里요
子男은 五十里니 不能五十里者는
不合於天子하고 附於諸侯하나니 曰附庸이니라.

『천자의 논밭은 사방 1,000리요, 공작과 후작의 논밭은 사방 100리요, 백작은 70리요, 자작과 남작은 50리니 능히 50리가 안 되는 것은 천자에게 연합하지 아니하고, 제후에게 부속하나니 말하기를 부용국이라고 하니라.』

　☯ 이 절은 천자와 제후의 품계를 따른 농지제도(農地制度)를 기

술하였으니 관작(官爵)의 품계에 따라 토지소유의 한계를 두어서 천하가 균평한 봉록을 받게 하였음을 밝혔다.

전(田)은 논밭의 경지(耕地)요, 방(方)은 4방(四方)이 같은 한 면의 길이이며, 리(里)는 두 가지의 뜻이 있으니 하나는 마을인데 25가(家)를 지칭하고, 다음은 거리를 셈하는 단위로 4㎞를 1리(里)라고 하는바, 여기에서는 경작이 가능한 평지에 사람이 거주한 마을의 농지만을 계산한 것이다. 합(合)은 연합(聯合)이요, 부(附)는 부속(附屬)이며, 용(庸)은 공용(功用)이니 부용(附庸)은 부속하여 정치사업을 수행하는 나라이다.

제후국은 중앙의 천자국과 직접 연합하여 정치사업을 추진하지만 부용국은 중앙의 천자국에 직접 연합하지 못하고 제후국에 부속하여 정치사업을 수행하므로 천자국과는 간접관계에 있는 것이다.

5-1-4———————————————— 天子之三公之田은 視公侯하고
天子之卿은 視伯하고
天子之大夫는 視子男하고
天子之元士는 視附庸하니라.

『천자의 삼공의 논밭은 공작과 후작에 준하고, 천자의 경은 백작에 준하고, 천자의 대부는 자작과 남작에 준하고, 천자의 원사는 부용국에 준하니라.』

☯ 이 절은 천자국의 신하의 품계에 따른 농지분배제도를 기술하

였으니 중앙정부의 관료와 지방정부의 관료가 균일한 봉록을 받도록 제도화하였다.

　3공(三公)은 태사(太師), 태부(太傅), 태보(太保)요, 시(視)는 견주어 본받아 기준으로 함이고, 원사(元士)는 천자국의 상사(上士)를 지칭한다.

5-1-5　　制農田百畝하니 百畝之分에
上農夫는 食九人하고 其次는 食八人하고
其次는 食七人하고 其次는 食六人하며
下農夫는 食五人하나니 庶人在官者는
其祿이 以是로 爲差也니라.

『농사지을 논밭은 100묘로 제정하니 100묘를 분배받음에 상농부는 9인을 먹이고, 그다음은 8인을 먹이고, 그다음은 7인을 먹이고, 그다음은 6인을 먹이며, 하농부는 5인을 먹이나니 서민으로 벼슬자리에 있는 사람은 그 봉록이 이를 기준으로 차등을 두니라.』

　☯ 이 절은 정전법(井田法)에 의한 주(周)나라의 농지분배제도와 생산성을 서술하여 하급관료의 봉록등급을 밝혔다.

　제(制)는 국법으로 제도화함이요, 농전(農田)은 농사를 지을 논밭이니 곧 농지(農地)이고, 묘(畝)는 밭이랑인데 길이가 600보(步)이다. 주(周)나라는 정전법(井田法)을 시행하여 사전(私田) 100묘씩을 농민에게 분배하였으니 상농부(上農夫)는 경작을 잘하여 9인을 먹이고, 하농부는 생산량이 적어 5인을 먹이는 수준이었다. 사(食)는 먹

25

이는 것이요, 서인(庶人)은 서민대중이며, 재관자(在官者)는 하급관
직에 있는 아전으로 이서(吏胥)들이고, 차(差)는 직급에 따라 봉록의
차등을 둔다는 말이다.

5-1-6————————————————————— 諸侯之下士는 視上農夫하나니
祿足以代其耕也며 中士는 倍下士하고
上士는 倍中士하고 下大夫는 倍上士하고
卿은 四大夫祿하고 君은 十卿祿이니라.

『제후의 하사는 상농부에 준하나니 봉록은 족히 그 경작을 대신하
게 하며, 중사는 하사에 갑절로 하고, 상사는 중사에 갑절로 하고, 하
대부는 상사에 갑절로 하고, 경은 대부의 봉록에 네 갑절이고, 임금
은 경의 봉록에 열 배이니라.』

◐ 이 절은 대국(大國)의 봉록제도를 밝혔다.
　제후(諸侯)는 공작(公爵)과 후작(侯爵)의 사방 1,000리(里) 농토를
소유한 대국(大國)이요, 상농부(上農夫)는 9인을 먹이는 생산량이다.

5-1-7————————————————————— 次國之卿은 三大夫祿이고
君은 十卿祿이니라.

『차국의 경은 대부의 봉록에 세 배이고, 임금은 경의 봉록에 열

배이다.』

　◑ 이 절은 차국(次國)의 봉록제도를 밝혔다.

　차국(次國)은 백작(伯爵)의 사방 70리(里) 농토를 소유한 대국(大國)에 버금가는 나라이다. 여기에서 상사, 중사, 하사의 봉록을 생략한 것은 대국과 같기 때문이다.

5-1-8──────────────────────────── 小國之卿은 倍大夫祿이고
　　　　　　　　　　　　　　　　　　　君은 十卿祿이니라.

『소국의 경은 대부의 봉록에 갑절이고, 임금은 경의 봉록에 열 배이니라.』

　◑ 이 절은 소국(小國)의 봉록제도를 밝혔다.

　소국(小國)은 자작(子爵)과 남작(男爵)의 사방 50리(里) 농토를 소유한 작은 나라이다.

　살피건대 농부와 하급관료와 대부사(大夫士)의 생활수준은 천하가 균등하게 하면서, 경(卿)과 군(君)의 봉록은 나라의 크기에 따라 다르게 하였으니 대단히 합리적이다.

5-1-9──────────────────────── 次國之上卿은 位當大國之中이요
　　　　　　　　　　　　　中은 當其下요 下는 當其上大夫이니라

小^소國^국之^지上^상卿^경은 位^위當^당大^대國^국之^지下^하卿^경이요
中^중은 當^당其^기上^상大^대夫^부요 下^하는 當^당其^기下^하大^대夫^부니라.

『차국의 상경은 위계의 반열이 대국의 중경에 해당하고, 중경은 그 하경에 해당하고, 하경은 그 상대부에 해당하니라. 소국의 상경은 위계의 반열이 대국의 하경에 해당하고, 중경은 그 상대부에 해당하고, 하경은 그 하대부에 해당하니라.』

◐ 이 절은 대국(大國)과 차국(次國) 그리고 소국(小國)의 경대부(卿大夫)에 대한 위계(位階)의 질서를 서술하여 서로 같은 반열(班列)을 밝혔다.

위(位)는 관작(官爵)의 위계(位階)이고, 당(當)은 반열(班列)에 해당한 것이며, 기(其)는 대국(大國)을 지칭하는 대명사이다.

5-1-10 ────────────────────────

其^기有^유中^중士^사下^하士^사者^자는 數^수가
各^각居^거其^기上^상之^지三^삼分^분이니라.

『그 중사와 하사가 있는 것은 급수가 각각 그 위의 3등분에 거처하니라.』

◐ 이 절은 상사(上士)와 중사(中士)와 하사(下士)의 계급서열을 기술하였으니 중사는 상사의 3분의 1에 해당하는 급수요, 하사는 중사의 3분의 1에 해당하는 급수임을 밝혔다.

수(數)는 급수(級數)로 계급의 서열이며, 거(居)는 거처(居處) 또는 위치이며, 삼분(三分)은 3등분한 것이니 곧 3분의 1이다.

살펴건대 하사, 중사, 상사의 봉록은 갑절로 더하고, 관직의 급수는 두 갑절로 하였으니 경제생활은 가급적 균평하게 하되 활동영역은 크게 확대해서 능력을 발휘하도록 배려하였다. 따라서 봉록에 비례하여 업무에 종사해서는 안 되고, 급수에 비례하여 노력해서 높은 사람이 더욱 많이 헌신 봉사해야 됨을 알아야 한다.

5-2-1 ──────────────────────── 凡四海之內에 九州요
州方千里니 州建百里之國이 三十이요
七十里之國이 六十이요 五十里之國이 百有二十이니
凡二百一十國이니라 名山大澤을 不以封하고
其餘를 以爲附庸間田이니 八州에 州二百一十國이니라.

『무릇 사해의 안에 아홉 주요, 주는 사방이 천 리니 주에는 100리의 나라를 세움이 30이요, 70리의 나라가 60이요, 50리의 나라가 120이니 모두 210나라이니라. 이름난 산과 큰 못을 봉하지 아니하고, 그 나머지를 부용국과 경작하지 않은 밭을 삼나니 여덟 주에 주마다 210나라이니라.』

◐ 이 장은 지방자치의 봉건국가(封建國家)를 건설하는 제도를 기술하였으니 정전법(井田法)에 기초하여 천하를 9주(州)로 나누고, 중앙은 천자가 직접 다스리는 연방국가이고, 나머지 8주는 지방국가로

제후를 봉하여 다스리게 하였음을 밝혔다.

9주(九州)는 천하를 정전법(井田法)으로 나누어 광역자치지역을 만든 것이니, 우(禹)가 천하의 홍수를 다스리고 산맥과 강줄기를 경계로 나눈 것이다. 봉(封)은 제후를 세워 영지(領地)를 주는 것이요, 한전(間田)은 경작하지 않은 밭이니 국경선으로 자연을 보호하는 땅이며, 8주(八州)는 중앙의 천자가 직접 다스리는 왕기(王畿)를 제외한 것이다.

살피건대 지방의 제후국이 8주에 부용국(附庸國)을 제외하고도 1,680국이나 되니 대단히 많고, 명산(名山)과 대택(大澤)은 천하공유(天下共有)로 하여 그 이익을 공평하게 누리도록 배려하였으니 대단히 현명하며, 또한 국경선에 한전(間田)을 두어 개발을 막아 자연을 보호하였으니 인자(仁者)의 도량이다.

5-2-2─────────────────────── 天子之縣內는 方百里之國이 九요
七十里之國이 二十有一이요
五十里之國이 六十有三이니 凡九十三國이니라
名山大澤을 不以朌하고 其餘를 以祿士하야 以爲間田이니

『천자의 현의 안에는 사방 100리의 나라가 9요, 70리의 나라가 21이요, 50리의 나라가 63이니 모두 93나라이니라. 이름난 산과 큰 못을 세금 물리지 아니하고, 그 나머지를 선비에게 봉록으로 주어 경작하지 않은 밭을 삼나니』

◑ 이 절은 천자가 직접 다스리는 왕기(王畿)에 연방국가를 건설하는 제도를 기술하였으니 다른 지방의 주(州)에 비교하여 나라의 수가 반에도 미치지 못함을 밝혔다.

현(縣)은 중앙정부가 직접 관할하는 지방행정구역을 일컫는 것이니 왕도(王都)를 중심으로 가까운 지역은 중앙정부가 직접 관리하므로 나라를 세우지 않고, 그 밖에 천자가 직접 관할하는 지방에 기내(畿內)의 제후를 봉한 지역을 현(縣)이라고 하는 것이다. 반(朌)은 부세(賦稅)를 물리는 것이니 땅을 나누어 주고 세금을 징수함이요, 이록사(以祿士)는 선비에게 봉록(俸祿)을 받을 농지로 주는 것이며, 한전(閒田)은 앞에서와 같이 국경지대에 자연을 보호하기 위한 자연록지대(自然綠地帶)이다.

5-2-3─────────────────── 凡九州에 千七百七十三國이니
天子之元士와 諸侯之附庸이 不與하니라.

『무릇 9주에 1,773나라이니 천자의 원사와 제후의 부용국이 더불지 아니하니라.』

◑ 이 절은 천자가 직접 봉(封)하고 연합(聯合)·연방(聯邦)하는 나라가 모두 1,773국에 이르는 것을 밝혔다.

대저 천하의 부용국(附庸國)과 원사국(元士國)까지 모두 합치면 만국(萬國)·만방(萬邦)이 되게 하였으니 이것은 소국과민(小國寡民)의 행정조직을 통해 지역 주민의 자치를 실현하고 국제평화를 길이

보장하기 위함이니 후세의 패권주의(覇權主義)가 대국중민(大國衆民)의 행정조직을 선호한 것과는 아주 다르다.

5-3-1——————————————————— 天子는 百里之內를 以共官하고
千里之內를 以爲御하고

『천자는 100리의 안을 관청의 일을 함께하고, 1,000리의 안을 거느리어 제어하고』

☯ 이 장은 천자의 통치영역에 따른 통치방식을 기술하였다.

공관(共官)은 관청의 일을 함께하는 것이니 왕도(王都)를 중심으로 100리 이내의 영역은 중앙정부와 공동으로 정치사업을 경영하는 것이며, 어(御)는 통어(統御)함이니 거느리어 제어(制御)하는 것인즉, 정치사업을 함께하지는 않지만 지도하고 감독하는 권한을 천자가 가진다는 뜻이다.

여기서는 천자국도 왕도(王都)를 중심으로 100리 이내는 중앙정부가 직접 경영하고, 100리 밖으로부터 1,000리 이내는 기내(畿內)에 제후를 봉(封)하되 천자가 직접 관할하면서 지도 감독만 한다는 것을 강조하였다.

5-3-2——————————————————— 千里之外에는 設方伯하나니 五國을 以爲屬이니
屬有長하고 十國을 以爲連이니 連有帥하고 三十國을 以爲卒이니

卒有正하고 二百一十國을 以爲州는 州有伯이니 八州에 八伯이요
五十六正이요 百六十八帥요 三百三十六長이니라 八伯이 各以其屬으로
屬於天子之老二人하야 分天下以爲左右하니 曰二伯이라 하니라.

『천 리의 밖에는 방백을 설치하나니 5나라를 속이라고 하니, 속에
는 장이 있고, 10나라를 연이라고 하니 연에는 수가 있고, 30나라를
졸이라고 하니 졸에는 정이 있고, 210나라를 주라고 하니 주에는 백
이 있으니, 8주에 8백이요, 56정이요, 168수요, 336장이니라. 8백이 각
각 그 소속으로 천자의 늙은 신하 두 사람에게 종속하야 천하를 나
누어 보필하게 하니 말하여 두 백이라고 하니라.』

◯ 이 절은 제후의 조직과 감독체제를 기술하였으니 속장(屬長),
연수(連帥), 졸정(卒正), 주백(州伯), 2백(二伯)이 있었음을 밝혔다.
천리지외(千里之外)는 왕기(王畿)를 제외한 지방의 8주(州)이고,
방백(方伯)은 각 주(州)의 제후(諸侯)를 감독하는 대제후(大諸侯)이
니 곧 지방국가의 맹주(盟主)이며 주백(州伯)이다. 속(屬)은 소속(所
屬)으로 제후의 기본조직체에 배속(配屬)하여 딸려 있는 것이요, 장
(長)은 대표로서 소속한 사람을 성장(成長)시킨다는 뜻이다. 연(連)
은 연대(連帶)로 연결관계에 있는 것이며, 수(帥)는 주도(主導)하여
이끌고 책임을 지는 것이요, 졸(卒)은 항오(行伍)이니 25인을 항(行)
이라고 하였는바 질서가 있는 집단이며, 정(正)은 반듯하게 직무를
수행하여 모범을 보인다는 뜻이다. 천자지로(天子之老)는 천자국의
노신(老臣)이고, 좌우(左右)는 좌우(佐佑)로 보필하여 돕는 사람이
며, 2백(二伯)은 천자를 보필하여 지방행정을 총체적으로 감독 지도

하는 두 명의 백(伯)이다. 지방의 8주(州)에 대국(大國), 차국(次國), 소국(小國)의 제후가 모두 1,680국이므로 속장(屬長)이 336이고, 연수(連帥)가 168이며, 졸정(卒正)이 56이요, 주(州)의 방백(方伯)이 8이니 서로 접속하여 성장시키고 연대하여 이끌고 조직적으로 반듯하게 다듬으며 광대한 지역이 연맹하여 결집하니 그 힘과 세력이 강성하여 국제평화를 보장하고 안정적으로 발전을 도모하여 태평시대를 개척할 수 있게 된 것이다.

5-3-3———————— 천리지내(千里之內)를 왈전(曰甸)이요 천리지외(千里之外)를 왈채왈류(曰采曰流)이니라.

『천리의 안을 말하여 전복이라 하고, 천 리의 밖에를 말하여 채읍이라 하고, 말하여 유배지라고 하니라.』

◉ 이 절은 국토개발의 대원칙과 토지이용방법을 기술하였으니 『서경(書經)』 우공(禹貢) 편에 자세하므로 『새 시대를 위한 서경』 상권 하서(夏書)의 우공(禹貢)편을 참고하기 바란다.

전(甸)은 왕기(王畿) 지역을 중심으로 반경 500리 안에 있는 전복(甸服)으로 농사를 지어서 현물로 납세하는 지역인데 그 밖에 500리를 후복(侯服)이라고 하여 왕도에 가까운 지역은 채읍(采邑)으로 하고 먼 지역은 제후를 봉(封)하며 또 그 밖에 500리를 수복(綏服)이라고 하여 안전보장지대로 삼고, 또 그 밖에 500리를 요복(要服)이라고 하여 요새지의 변방으로 삼으며, 또 그 밖에 500리를 황복(荒服)이라고 하여 황무지로 삼아 유배지 등으로 이용하였다. 따라서 왕기(王畿)지역을 제외하고는 채(采)가 가장 가깝고, 유(流)가 가장 먼

지역이니, 채(采)는 채읍(采邑)이요, 유(流)는 유배지이다.

5-4-1──────────────────────────────── 天子는 三公과 九卿과
二十七大夫와 八十一元士니라.

『천자는 3공과 9경과 27대부와 81원사니라.』

☯ 이 장은 천자국과 제후국의 관직제도를 기술하여 행정조직의
체계를 밝혔다.

대체로 위와 아래의 관직등급에 따른 급수(級數)는 앞(5-1-10)
에서 밝힌 3분(三分)의 1원칙에 따랐으니 살피기 바란다.

5-4-2──────── 大國은 三卿이니 皆命於天子하고 下大夫는 五人이요
上士가 二十七人이니라 次國은 三卿이니 二卿은 命於天子요
一卿은 命於其君하나니 下大夫가 五人이요
上士가 二十七人이니라 小國은 二卿이니 皆命於其君하나니
下大夫가 五人이요 上士가 二十七人이니라.

『대국은 3경이니 모두 천자에게 임명을 받고, 하대부는 5인이요,
상사가 27인이니라. 차국은 3경이니 2경은 천자에게 임명을 받고, 1
경은 그 임금에게 임명을 받으니 하대부가 5인이요, 상사가 27인이니
라. 소국은 2경이니 모두 그 임금에게 임명을 받으니 하대부가 5인이

요, 상사가 27인이니라.』

　☯ 이 절은 지방제후국의 관직제도를 기술하였으니 천자국에 비교하면 3공(三公)이 없으며, 경(卿)의 수가 3분의 1로 줄었다.
　명(命)은 임명을 받은 것이니 천자에게 임명을 받는다는 것은 제후가 임의로 임명할 수 없다는 뜻으로 곧 강대국의 경(卿)은 천자가 임면(任免)하여 강대국의 제후가 발호하는 것을 견제하기 위함이다. 특히 하대부 5인과 상사 27인은 모든 나라가 똑같게 함인데 지방행정의 균평한 기능을 살리려는 뜻이다.

5-4-3───────────────── 天子는 使其大夫로 爲三監하니
監於方伯之國하되 國에 三人하니라.

『천자는 그 대부로 하여금 세 가지를 감찰하게 하나니 방백의 나라에서 감찰하되 나라에 세 사람이 하니라.』

　☯ 이 절은 천자가 방백(方伯)의 나라를 감찰하는 제도를 기술하였으니 품계(品階)가 낮은 관리로 하여금 군사와 치안과 민생(民生)의 3가지를 감찰하게 함이 특징이다.
　3감(三監)은 3가지를 감찰함이니 군사와 치안(治安)과 민생(民生)이며, 국(國)은 주(州)에 소속한 나라요, 3인(三人)은 3인이 동시에 한 나라를 감찰하여 그 의견을 종합적으로 판단하기 위함이다.

 ──────────── 天子之縣內諸侯는 祿也요 外諸侯는 嗣也니라.

『천자의 현안에 있는 제후는 봉록을 받고, 밖에 있는 제후는 자손을 승계토록 하니라.』

◉ 이 절은 제후의 나라를 감찰하여 정치적 공적이 많은 제후를 포상(褒賞)하는 방법을 기술하였으니 왕기(王畿) 내에 있는 제후는 봉록(俸祿)으로 포상하고, 왕기 밖에 있는 제후는 그 아들이 제후의 자리를 승계하는 것으로 포상함을 밝혔다.

따라서 정치적 공적이 없거나 실패한 제후는 그 봉록을 삭감하고 그 제후의 자리를 박탈당함은 말할 것도 없다.

현내제후(縣內諸侯)는 천자국의 공경대부(公卿大夫)이므로 관직을 세습(世襲)할 수 없기 때문에 녹봉(祿俸)을 올리는 데 그치고, 외제후(外諸侯)는 지방자치국가의 공후백자남(公侯伯子男)작의 나라이므로 치적이 성대하면 그 지역주민의 여망에 따라 제후의 자리를 세습(世襲)할 수 있게 하였으니 자치국가의 군주(君主)는 모름지기 먼저 그 나라의 사람들이 세우고, 천자는 공인(公認) 또는 추인(追認)만 하였음을 깨달아야 한다.

 ──────────── 制三公一命이니 卷若有加인댄
則賜也니 不過九命이니라.

『3공을 포상함은 1명을 단위로 제정하니, 증서가 만약 더함이 있으면 곧 하사하나니 9명을 초과하지 않으니라.』

◉ 이 장은 관료의 포상(褒賞)제도를 기술하였으니 일명(一命)을 단위로 하여 구명(九命)까지 두었음을 밝혔다.

제(制)는 앞(5-1-5)에서 이미 해설하였고, 3공(三公)은 천자(天子)의 신하로서 가장 높은 벼슬이니 모든 공작(公爵)의 고급관료를 대표하며, 1명(一命)은 포상(褒賞)의 기본단위인데 명(命)이란 작은 단위 몇을 모아 다음 단위를 정하는 공적 평가의 등급계산단계이다. 권(卷)은 공적을 기록하는 책이니 일종의 증서(證書)로 공신록(功臣錄)의 장부인데 부명(符命), 부패(符牌)라고도 하는바, 책봉(冊封)이나 첩지(牒紙), 임명장(任命狀)과 같은 종류이다. 전배들은 권(卷)을 곤(袞: 곤룡포)으로 해석하였으나 문장을 억지로 해석한 억설이므로 내가 바로잡았으니 살피기 바란다. 가(加)는 또다시 공적을 더하여 그 한도가 차는 것이며, 사(賜)는 천자가 하사(下賜)함이고, 불과(不過)는 초과하지 않음이요, 9명(九命)은 1명(一命)으로부터 시작하여 2명(二命), 3명(三命)의 등급순서로 9명(九命)까지만 한정한다는 뜻이다.

5-5-2──────── 次國之君은 不過七命이요 小國之君은 不過五命이요
大國之卿은 不過三命이요 下卿은 再命이요
小國之卿과 與下大夫는 一命이니라.

『차국의 임금은 7명을 초과하지 않고, 소국의 임금은 5명을 초과

하지 않고, 대국의 경은 3명을 초과하지 않고, 하경은 2명이요, 소국
의 경과 하대부는 1명이니라.』

◉ 이 절은 지방제후국의 임금과 경대부(卿大夫)의 명(命)에 대한
급수를 기술하였다.

　앞에서 천자국(天子國)의 3공(三公)과 공작국(公爵國)이나 후작국
(侯爵國)의 임금은 공적에 따라 9명(九命)까지 천자가 하사한다고
하였고, 여기에서는 차국의 백작국(伯爵國)의 임금은 7명까지, 그리
고 자작국(子爵國)이나 남작국(男爵國)의 임금은 5명까지 하사받을
수 있음을 밝혔다. 또한 지방국가의 신하는 3명을 초과하지 못하는
바, 대국의 경은 3명으로 제한하고, 차국의 경은 2명으로 제한하며,
소국의 경은 1명으로 제한하여 그 작위(爵位)와 명위(命位)가 서로
형평성을 유지하게 하였다.

　무릇 작위에 따라 봉록을 정하므로 작록(爵祿)이라고 하며, 명위
(命位)에 따라 의복을 정하므로 명복(命服)이라고 하나니, 작록은 직
위(職位)로 나누고, 명복은 공적(功績)으로 나눈 것이다. 따라서 같
은 등급의 직위에 있더라도 그 공적에 따라 의복의 문양(文樣)을 다
르게 하여 그 덕을 표창해서 정치사회발전에 크게 이바지하도록 권
장하였다.

5-5-3─────────── 凡官民材하되 必先論之니 論辨然後에 使之하고
任事然後에 爵之하고 位定然後에 祿之니
爵人於朝엔 與士共之요 刑人於市엔 與衆棄之니라.

『무릇 민간에서 인재를 뽑아 관리를 등용하되 반드시 먼저 논의하여 평가할지니, 논평하고 심사하여 판단한 다음에 등용하고, 일을 맡아서 본 다음에 작위를 하사하고, 직위가 안정된 다음에 녹을 주나니, 조정에서 사람에게 작위를 하사함에는 선비와 더불어 함께하고, 저자에서 사람에게 형벌을 내림에는 서민대중과 더불어 버리느니라.』

◑ 이 절은 인재를 등용하는 제도와 그 공적에 따라 작위를 주며 부정부패한 관료를 처형하는 방법을 기술하였다.

관(官)은 관리(官吏)로 등용함이고, 민(民)은 민간(民間)이며, 재(材)는 학식과 재능이 뛰어난 사람이다. 논(論)은 자세하게 여러 사람이 논의하여 재능을 평가함이니 고시(考試)와 실험실습 등으로 종합평가하는 것이며, 논변(論辨)은 재능의 우열(優劣)을 평가하여 논술(論述)함이니 여럿이 각각의 견해를 토론해서 결정한 종합평가서이다. 사(使)는 관리로 등용함이니 곧 합격시킴이고, 임사(任事)는 관직을 받아 일을 맡아보는 것이니 곧 관청의 사무를 담당해서 임무를 수행함이며, 작(爵)은 관직(官職)이 승진하여 작위(爵位)를 받은 것이다. 위(位)는 작위(爵位)와 명위(命位)를 모두 일컬음이요, 조(朝)는 조정(朝廷)이고, 공(共)은 함께 모여서 공개적으로 수여함이며, 시(市)는 저자인데 관리의 영광과 치욕은 공개적으로 심사 평가해야지 은밀하게 처리되어서는 안 됨을 경계함이다.

5-5-4─────────── 是故로 公家는 不畜刑人하며 大夫는 弗養하며
士는 遇之塗하야 弗與言也하며 屛之四方하야
唯其所之하야 不及以政은 示弗故生也니라.

『이러한 까닭으로 공가는 형벌 받은 사람을 기르지 않으며, 대부는 먹이지 않으며, 선비는 우연히 길에서 만나도 더불어 말하지 않으며, 사방의 변방으로 물리쳐서 오직 그곳에서 행정사무로 미치지 못하게 함은 고의적으로 살리지 않음을 보임이니라.』

◐ 이 절은 부정부패한 관료는 엄벌하여 멀리 추방해서 일반사회와 격리시켜 다시는 국가사회에 해독을 끼치지 못하도록 단속해야 됨을 강조했다.

공가(公家)는 제후(諸侯)의 궁궐이고, 휵(畜)은 먹여서 기르는 것이며, 형인(刑人)은 나라를 어지럽히고, 정치를 문란하게 하며, 관직을 더럽히고, 인민을 해치는 죄악으로 나라의 형벌을 받은 사람이다. 도(塗)는 길거리요, 소(所)는 일정한 장소에 머무는 것이니, 유배(流配)살이이다. 정(政)은 행정사무로 세금이나 부역이요, 고(故)는 고의(故意)이니, 고생(故生)은 고의적으로 살리는 것이다.

살피건대 성왕(聖王)의 지극한 사랑과 너그러움으로 어찌 사형(死刑)과 유배(流配)의 형벌을 폐지하지 않고 엄벌중형(嚴罰重刑)을 계속 강조한 까닭은 무엇 때문인가? 그 이유는 관리가 형벌을 두려워하지 않을 때 관기(官紀)가 문란하여 정치가 타락하고, 인민이 도탄에 빠져서 결국 나라가 멸망하게 되는 까닭이다. 따라서 관리의 범죄는 엄단하여 일벌백계(一罰百戒)해서 관기(官紀)를 숙정(肅正)하지 않고는 이도(吏道)를 쇄신(刷新)할 길이 없으므로 부득이 저자에서 공개 처형하고 변방으로 유배를 보낸 것이니 결단코 인간을 사랑하지 않고 생명을 존중하지 않아서 그런 것이 아니고, 나라와 인민을 더 사랑하고 존중하기 위함이다.

^{제 후 지 어 천 자 야} ^{비 년} ^{일 소 빙}
諸侯之於天子也에 比年에 一小聘하고
^{삼 년} ^{일 대 빙} ^{오 년} ^{일 조}
三年에 一大聘하고 五年에 一朝하니라.

『제후가 천자에게 연달은 해에 한 번 소관이 빙문하고, 3년에 한 번 대관이 빙문하고, 5년에 한 번 임금이 조회하니라.』

◐ 이 장은 순수(巡守)와 조빙(朝聘)의 예절을 기술하였으니 제후국이 천자국에 정치적 업무를 보고하고 천자가 확인하여 평가하는 절도이다.

비년(比年)은 연달은 해이며, 일(一)은 1차 또는 1회이고, 소(小)는 소관(小官)이니 하대부(下大夫)요, 빙(聘)은 빙문(聘問)으로 예의 절도를 갖추어 찾아가서 문안드리고 현황을 보고함이며, 대(大)는 대관(大官)이니 경(卿)이요, 조(朝)는 제후가 직접 가서 천자를 뵙는 것으로 조근(朝覲)이라고 하는데, 빙(聘)은 객(客)으로 대우하고 조(朝)는 빈(賓)으로 대우한다.

소빙(小聘)은 대빙(大聘)과 조근(朝覲)이 없는 해에만 하기 때문에 매년(每年)이라고 하지 않고 비년(比年)이라고 하였으니 겹치지 않도록 배려함이다.

^{천 자} ^{오 년} ^{일 순 수}
天子는 五年에 一巡守니

『천자는 5년에 한 번 순수하니』

◉ 이 절은 천자가 순수(巡守)하는 예절을 기술하였으니 그 내용과 시기는 다음 절에서 밝혔다.

순수(巡守)는 천자가 제후국을 직접 순찰하여 정치와 민정(民情)을 확인하여 영토를 수호하고 인민을 보호하는 일로, 순수(巡狩), 순행(巡幸)이라고도 한다.

5-6-3──────────────────── 歲二月에 東巡守하야 至于岱宗하야
柴而望祀山川하며 觀諸侯하며
問百年者하야 就見之니라.

『해 2월에 동쪽으로 순수하야 대종에 이르러 하늘에 제사 지내고, 산천에 망제를 지내며, 제후를 접견하며, 100세의 노인을 물어 찾아가서 보니라.』

◉ 이 절은 천자가 동쪽을 순수하여 가장 먼저 해야 되는 사항을 기술하였으니 하늘과 산천에 제사를 지내고, 제후를 접견하며, 100세 이상의 노인을 찾아가서 보는 절도를 밝혔다.

세(歲)는 순수하는 해이고, 2월(二月)은 봄의 중간 달로 봄 제사를 지내는 달이며, 대종(岱宗)은 태산(泰山)을 높이는 말인데 동쪽지방에서 가장 높기 때문에 동악(東岳)으로 삼아 대종(岱宗)이라고 부르니 현재는 산동성(山東省) 태안부(泰安府)에 위치한다. 시(柴)는 하늘을 섬기는 제사인데 나무를 쌓아 놓고 불을 피운 다음 그 위에 희생(犧牲)을 올려 고기를 구워서 제사를 지냈기 때문에 붙인 이름

이다. 망사(望祀)는 아래에서 우러러보며 지내는 제사요, 근(覲)은 근례(覲禮)니 제후가 천자를 뵙는 예식을 거행함이며, 백년자(百年者)는 100세 이상의 노인이고, 취견(就見)은 직접 그 집에 찾아가서 보는 것으로 그 나이가 높기 때문에 불러서 볼 수 없는 까닭에 찾아가서 보는 지극한 경로사상(敬老思想)이다.

살피건대 천자가 지방을 순수하여 먼저 하늘을 받들고 산천을 존중하며 제후를 친근하게 보살피고 노인을 공경하여 인민을 사랑하니 아름답기 그지없도다.

5-6-4 ─────────── 命泰師陳詩하야 以觀民風하며 命市納賈하야
以觀民之所好하니 惡志淫好辟이니라.

『음악장관에게 명하여 시와 노랫말을 진열하여 민간의 풍속을 관찰하며, 저자에 명하여 가격표를 납입케 하여 민간의 좋아한 바를 관찰하니 음란한 것에 뜻을 두고, 편벽한 것을 좋아함을 미워하니라.』

☯ 이 절은 민간의 풍속을 관찰하여 건전한 사회기풍을 일으키도록 장려함을 밝혔다.

태사(泰師)는 음악을 관장하는 장관(長官)이요, 진(陳)은 진열하여 전시(展示)함이며, 시(詩)는 당시에 민간사회에서 유행한 것을 채집한 시가(詩歌)이다. 민풍(民風)은 민간의 풍속(風俗)이고, 시(市)는 저자니 상품을 판매하는 시장(市場)이며, 납(納)은 납입(納入)이요, 가(賈)는 가(價)로 상품의 가격표이고, 민지소호(民之所好)는 민

간의 좋아하는 바로 곧 값이 비싼 인기상품에 대한 호감도인즉, 민간
의 정서(情緒)이다. 오(惡)는 미워하여 배척하고 금지시키는 것이며,
지음(志淫)은 음란하고 사치한 것을 지향(志向)함이요, 호벽(好辟)은
간사하고 편벽된 것을 좋아함이니 모두 건전한 정서를 해치고 사람
을 타락시키는 해독을 끼치는 것들이다.

　전배들은 호오(好惡)를 하나의 어구로 붙여 놓고, 지음(志淫)이면
호벽(好辟)이라고 해석하였으나 옳지 않다. 이 장의 앞뒤 문장체제를
보면 모두 천자가 처리하는 절도가 있으니 이 절에서도 오지음호벽
(惡志淫好辟)은 천자가 민풍(民風)과 민정(民情)을 관찰한 다음에
처리하는 규정으로 보아야 문맥이 뚜렷해지므로 내가 바로잡았으니
살피기 바란다.

5-6-5 ───────────── 命典禮하야 考時月하야 定日하며
　　　　　　　　　　　　同律禮樂制度衣服하야 正之니라.

『예절장관에게 명하여 철과 달을 고찰하여 날짜를 고정하며, 음률
과 예절과 음악과 법제와 도수와 의복을 같게 하여 바로잡으니라.』

　☯ 이 절은 천자가 제정 보급하는 달력을 비롯하여 사회를 대동통
일(大同統一)하기 위한 의례, 제도 등 각종 문화도구를 동일하게 바
로잡는 일을 기술하였다.

　전례(典禮)는 예절문화를 관장하는 장관이고, 고(考)는 상고(詳考)
함이며, 시(時)는 사시(四時)의 24절후(節侯)이며, 월(月)은 12월의

초하루와 보름을 말한다. 정일(定日)은 날짜에 붙인 간지(干支)의 60갑자(甲子)이며, 률(律)은 음률(音律)이니 6률6려(六律六呂)가 있고, 제(制)는 법제, 도(度)는 도수(度數)로 도량형기(度量衡器)를 총칭한다. 이 내용은 『서경(書痙)』 순전(舜典)에서 자세히 논했으니 참고하라.

5-6-6━━━━━━━━━━━━━━━━━━━ 山川神祇에 有不擧者는 爲不敬이니

不敬者는 君을 削以地요.

『산천의 신령에게 제사를 거행하지 않음이 있는 것은 공경하지 아니함이니, 공경하지 않은 것은 임금을 땅으로써 삭감하고』

◉ 이 절부터 아래 2절은 제후의 정치적 실패에 대한 처벌등급을 기술하였으니 여기에서는 사직(社稷)을 폐한 벌을 밝혔다.

거(擧)는 일으켜 받드는 것이니 곧 제사를 거행함이고, 지(地)는 국가의 영토이다. 임금이 산천을 공경하지 않으므로 그 영토를 삭감하여 줄이는 것으로 처벌하였다.

5-6-7━━━━━━━━━━━━━━━━━━━ 宗廟에 有不順者는 爲不孝니

不孝者는 君을 絀以爵이요.

『종묘에 차례로 아니 함이 있는 것은 효도하지 아니함이니, 효도하지 않은 것은 임금을 작위로써 강등하고』

◑ 여기에서는 종묘(宗廟)를 문란케 한 벌을 밝혔다.

순(順)은 순차(順次)로 소목(昭穆)의 차례와 종통(宗統)의 서열이요, 출(絀)은 퇴출하여 강등시킴이다. 조상을 받들지 않으므로 작위를 강등하여 신분을 낮추는 것으로 처벌하였다.

5-6-8───────── 變禮易樂者는 爲不從이니 不從者는 君을 流하고
革制度衣服者는 爲畔이니 畔者는 君을 討요.

『예절을 변경하고 음악을 바꾸는 것은 순종하지 아니함이니, 순종하지 않은 것은 임금을 유배 보내고, 법제와 도수와 의복을 고치는 것은 배반함이니, 배반한 것은 임금을 성토하고』

◑ 여기에서는 사회제도를 혼란케 한 벌을 밝혔다.

변례(變禮)는 예법을 변경함이고, 역악(易樂)은 음악을 변역함이니 사회의 풍속을 혼란스럽게 만든다. 혁(革)은 개혁이요, 반(畔)은 반(叛)과 같으며, 토(討)는 성토(聲討)함이다.

의례(儀禮)와 제도(制度)와 문장(文章)의 천하통일은 대동세계를 건설하는 기본이므로 오직 천자만이 제작할 수 있거늘 참람하게도 지방의 제후가 특정지역에서 이것을 바꾸어 시행하면 어떻게 천하의 보편적 가치를 실현할 수 있겠는가? 그러므로 지역감정을 일으켜서 이질감을 증폭하고 배타심을 조장하는 일체의 행위를 엄단하는 것이다.

『민중에게 공덕이 있는 것은 땅을 더하고, 공적의 등급을 높이니라.』

☯ 여기에서는 민중에 대한 공덕이 있으면 작위(爵位)와 명위(命位)를 높여 포상함을 밝혔다.

공(功)은 눈에 보이는 정치사업의 공로이고, 덕(德)은 눈에 보이지 않는 정치지도력의 덕택이며, 민(民)은 하층민중이니 하층민중에게 공덕(功德)이 있음은 서민대중의 생활이 향상 발전하여 융성(隆盛)하게 된 것이고, 가지(加地)는 영토를 더 보태서 임금의 작위(爵位)를 올리는 것이다. 진(進)은 높여서 올림이고, 율(律)은 성적을 전형(銓衡)하여 평가한 공적의 등급이니 곧 앞(5-5-1)에서 말한 명권(命卷)이다.

살피건대 제후의 공덕과 죄악을 논하면서 제후국의 일반적인 준수사항에 대해서는 다만 확인하여 바로잡거나 책임을 묻는 데 그치고, 오직 민중에게 공덕이 있어야만 작위와 명위(命位)를 높여서 포상하였으니, 여기에서 왕도정치(王道政治)의 국가이념과 정치목적이 억조민중의 삶을 융성(隆盛)하게 하는 데 있음을 분명히 확인하라.

『5월에 남쪽을 순수하여 남악에 이르러 동쪽을 순수한 예식과 같이 하며, 8월에 서쪽을 순수하여 서악에 이르러 남쪽을 순수한 예식과 같이 하며, 11월에 북쪽을 순수하여 북악에 이르러 서쪽을 순수한 예식과 같이 하니, 돌아와서 조상과 아버지의 사당에 이르러 큰 황소로써 제사 지내니라.』

　☯ 이 절은 천자가 순수하는 해에 달과 지방과 행사를 차례로 기술하였다. 5월(五月)은 여름의 중월(中月)로 여름제사를 지내는 달이요, 남악(南嶽)은 형산(衡山)이며, 8월(八月)은 가을의 중월(中月)로 가을제사를 지내는 달이고, 서악(西嶽)은 화산(華山)이니 오늘날 섬서성(陝西省) 화현(華縣) 북쪽에 있다. 11월(十一月)은 겨울의 중월(中月)로 겨울제사를 지내는 달이며, 북악(北嶽)은 항산(恒山)이니 오늘날 하북성(河北省) 곡양현(曲陽縣) 서북쪽에 있다. 가(假)는 이르는 것이요, 조(祖)는 조상의 사당이며, 이(禰)는 아버지의 사당이니 곧 태묘(太廟)이고, 특(特)은 큰 황소를 희생(犧牲)으로 바치며 제사를 지내는 것이다.

　이로써 천자는 동서남북의 각 지방을 똑같이 대하여 5년마다 직접 확인하고, 포상과 처벌을 공정하게 시행하되 서민대중에게 정치적 혜택이 미치는 것을 가장 큰 공덕으로 인식하는 것이 본무임을 깨우쳤다.

5-7-1───────────── 天_천子_자가 將_장出_출할새 類_류乎_호上_상帝_제하며 宜_의乎_호社_사하며 造_조乎_호禰_니하고 諸_제侯_후가 將_장出_출할새 宜_의乎_호社_사하며 造_조乎_호禰_니니라.

『천자가 장차 먼 길을 떠날 때에는 하느님께 제사 지내며, 태사에 제사 지내며, 아버지 사당에 제사 지내고, 제후가 장차 먼 길을 떠날 때에는 사직에 제사 지내며, 아버지 사당에 제사 지내느니라.』

◯ 이 장은 성토(聲討)와 군사훈련(軍事訓練) 등의 군례(軍禮)를 기술하였으니 여기에서는 천자와 제후가 군사를 출동(出動)할 때에 제사를 지내는 대상을 밝혔다.

출(出)은 출동(出動)이니 성토(聲討)나 훈련을 위하여 군사를 이끌고 먼 길을 떠남이며, 유(類)는 천제(天祭)의 이름으로 하늘을 닮겠다는 뜻을 가진다. 의(宜)는 땅에 제사 지내는 지제(地祭)의 이름인데 땅을 가까이하겠다는 의미를 가지며, 사(社)는 태사(太社)요, 조(造)는 아버지에게 제사를 지내는 고제(考祭)의 이름인데 효도의 기풍을 조성하겠다는 뜻을 가지니 천자의 군사정신(軍事精神)은 하늘처럼 높고 땅처럼 넓으며 아버지처럼 오랜 것임을 변증하면서, 다만 제후의 군사정신은 하늘처럼 높은 뜻이 아니라 지방의 한정된 여건과 아버지의 뜻을 받드는 것임을 밝혔다.

5-7-2————————————— 天子가 無事하야 與諸侯로 相見을 曰朝니 考禮하며 正刑하며 一德하야 以尊于天子니라.

『천자가 하는 일이 없이 제후와 더불어 서로 만나 보는 것을 말하여 조회라고 하니, 예법을 상고하며 형벌을 바로잡으며, 도덕을 통일하여 천자에게 높이어 믿게 하니라.』

◑ 이 절은 천자와 제후가 평화 시에도 군사를 동원하여 서로 만나 보는 합동군사훈련을 실시하여 서로 존중하고 신뢰하는 기풍을 세워야 함을 밝혔다.

무사(無事)는 정벌, 전쟁, 반란 등의 사건이 없는 평화시대이고, 상견(相見)은 서로 평등한 빈주(賓主)가 서로 봄에 공경하고 사양하고 감사하는 예절을 갖추는 것으로 결단코 주종(主從)관계가 아니니 명령하고 복종하는 사이는 상견례(相見禮)가 없고 알현 또는 접견이라고 하며, 조(朝)는 앞(5-6-1)에서 이미 해설하였다. 고례(考禮)는 군례(軍禮)를 자세히 고찰함이니 군사행동의 통일을 기함이고, 정형(正刑)은 군형법(軍刑法)에 의한 형량(刑量)을 균등하게 바로잡음이요, 일덕(一德)은 군대정신(軍隊精神)을 통일하는 군사교육강령이다. 존(尊)은 존신(尊信)함이고, 천자(天子)는 연합군의 최고 통수권자(統帥權者)인 대원수(大元首)이니 군대는 군률(軍律)에 의하여 지휘하지만 그 군사가 최고 통수권자에 대한 존경감과 신뢰심이 없으면 목적을 달성하기가 어려운 까닭에 평화시대에 천자는 제후를 빈(賓)으로 대접하여 제반 문제점을 해결하고 우의(友誼)를 다져야 되는 것이다.

5-7-3————————————————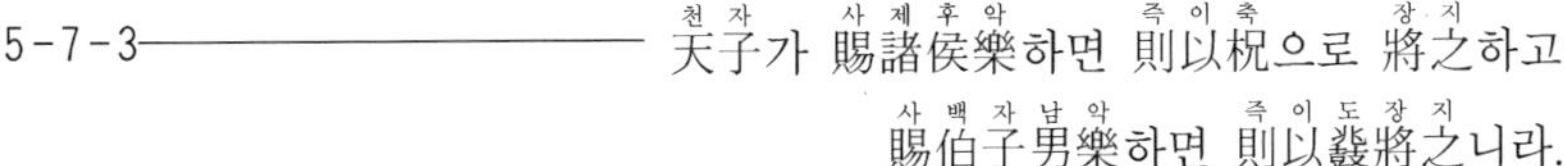

『천자가 제후에게 음악을 하사하면 곧 축으로 받들고, 백작, 자작, 남작에게 음악을 하사하면 도리북으로 받드니라.』

◑ 이 절은 천자가 제후와 함께 군사훈련을 마치고 제후국의 군사를 평가하여 표창하는 절도를 기술하였다.

제후(諸侯)는 공작(公爵), 후작(侯爵)의 임금이고, 악(樂)은 악가(樂歌), 악장(樂章)으로 제후와 그 군대를 칭송하는 가사(歌詞)와 곡조(曲調)이며, 축(柷)은 악기(樂器)인데 나무로 네 면이 2척 4촌이고 높이가 1척 8촌의 입체사각형의 통을 만들고, 상면의 중앙에 구멍을 뚫어 긴 나무막대를 넣어 아래와 옆을 두드려서 소리를 내서 합창(合唱), 합주(合奏), 합악(合樂)을 시작하게 한다. 도(鼗)는 도리북으로 북자루를 쥐고 북을 흔들면 북의 좌우에 달아 놓은 끈에 달린 작은 구슬이 북의 면을 쳐서 울리게 된 작은 북이다.

공작과 후작의 대국(大國)은 축(柷)의 내면(內面)을 쳐서 울리듯이 중심(中心)으로 감동해야 됨을 뜻하고, 백작의 차국(次國)과 자작, 남작의 소국(小國)은 도(鼗)의 외면(外面)을 쳐서 울리듯이 외형(外形)으로 감동해야 됨을 뜻하니 도량의 크기에 따라 열락(悅樂)의 깊이가 다른 것이다.

5-7-4──────────────────────────────── 諸侯는 賜弓矢然後에 征하고

賜鈇鉞然後에 殺하고

『제후는 활과 화살을 하사받은 다음에 정벌하고, 작은 도끼와 큰 도끼를 하사받은 다음에 죽이느니라.』

◑ 이 절은 정벌권과 생살권은 천자에게만 있으므로 제후의 군사

가 정벌을 하거나 사람을 죽일 때에는 반드시 천자로부터 정벌권과 생살권을 위임받아야 됨을 밝혔다.

사(賜)는 하사받음이고, 활과 화살을 하사받음은 정벌권(征伐權)을 위임받은 것을 상징하며, 부월(鈇鉞)을 하사받은 정벌군 지휘관은 생살권을 가졌음을 상징한다. 따라서 천자로부터 궁시(弓矢)와 부월(鈇鉞)을 직접 하사받고 출정(出征)한 제후나 대장군은 반드시 승리해야 하는 책임을 가진다.

5-7-5———————————————————————— 賜圭瓚然後에 爲鬯하니
未賜圭瓚이어든 則資鬯於天子니라.

『옥구기를 하사받은 다음에 울창주를 만드니, 옥구기를 하사받지 못하거든 곧 천자에게 울창주를 의뢰하니라.』

◉ 이 절은 제후가 정벌에서 승리하면 규찬(圭瓚)을 하사하여 그 공로를 기렸음을 밝혔다.

규찬(圭瓚)은 옥으로 만든 술을 뜨는 기구인데 종묘제사에 강신주(降神酒)를 땅에 부을 때에 사용한다. 창(鬯)은 울창주(鬱鬯酒)로 붉고 향기가 좋아서 강신주로 쓰며, 자(資)는 의뢰하여 얻음이다.

살피건대 징벌의 승리로 옥구기를 하사받아 종묘에서 울창주를 제조할 권리를 얻어 조상을 대대로 영광스럽게 하니 아름답기 그지없도다.

天子가 命之教然後에 爲學하니
小學은 在公宮南之左하고 大學은 在郊하니
天子曰辟雍이요 諸侯曰頖宮이니라.

『천자가 군사훈련을 가르치라고 명령한 다음에 군사학을 배우게 하나니, 소학은 공궁 남방의 왼쪽에 있고, 태학은 교외에 있나니 천자국의 태학을 벽옹이라 말하고, 제후국의 태학을 반궁이라 말하니라.』

◉ 이 절은 제후의 정벌이 성공하지 못했을 때에 군사훈련을 강화하여 청소년에게도 고급군사교육이 필요하므로 천자가 소학과 대학에 특별군사교육을 실시하도록 제후에게 명령하여야 됨을 밝혔다.

교(敎)는 군사교련(軍事敎鍊)이고, 위학(爲學)은 군사학을 배우게 함이며, 재(在)는 입영(入營)하여 머물러 있음이다. 소학도(小學徒)는 선발하여 대궐이 가까운 곳에서 군사훈련을 시킴에 잘 보호케 하고, 태학생(大學生)은 멀리 교외(郊外)로 나아가서 숙영지(宿營地)에 입소하여 교련을 받게 하였으니 지형지물을 관찰하여 전략전술의 작전을 익히기 위함이다. 벽옹(辟雍)은 천자국의 태학을 지칭하고, 반궁(頖宮)은 제후국의 태학을 일컫는바, 벽옹은 학문의 완전한 자유를 보장하여 천하학(天下學)을 연구하고, 반궁은 학문의 자유를 보장하되 반은 천하학을 연구하고 반은 국학(國學)을 연구한다는 뜻이다.

전배들은 이 절을 학교의 설립조건과 배치로 해석하였으나 옳지 않다. 비록 제후국의 도성(都城)이라도 소학(小學)이 4방에 있는 것이고, 태학도 도성 안에 설치하거늘 어찌 소학이 1개소에만 있으며, 어찌 태학을 도성 밖의 교외에다가 세울 것인가? 문장의 뜻을 깊이 살피지 못한 피상적인 견해이기에 내가 바로잡았다.

5-8-1─────────────────── 天子가 將出征이어든 類乎上帝하며
宜乎社하며 造乎禰하며 禡於所征之地하고
受命於祖하며 受成於學하시니라.

『천자가 장차 출정하거든 하느님께 제사 지내며, 태사에 제사 지내며, 아버지 사당에 제사 지내며, 정벌할 곳의 땅에서 진터제사를 지내고, 조상에게서 명령을 받으며, 태학에서 완성된 계책을 받으시니라.』

☯ 이 장은 천자가 직접 출정할 때의 예절을 기술하였다.

유(類)와 의(宜)와 조(造)는 제사이름으로 앞(5-7-1)에서 이미 해설하였고, 마(禡)는 정벌군이 진(陣)을 치는 땅에서 지내는 제사이름으로 최초에 병법을 개발한 사람을 추모하는 뜻이다. 수명(受命)은 비상대권(非常大權)을 받음이니 군법(軍法)을 시행함이요, 조(祖)는 조상의 위패를 모신 태묘(太廟)이며, 성(成)은 완성된 계책이니 정벌군의 운용계획과 성토문 등이며, 학(學)은 태학(太學)이다.

살피건대 천자가 직접 출정할 때에는 가벼운 성토(聲討)와 군사훈련을 위하여 출동할 때보다 3가지 많으니 진터제사를 지내고, 비상대권을 받아 군법을 시행하며, 완성된 계책을 받아 절도 있게 추진하여 일사불란하게 만반의 준비가 철저함을 알겠도다.

 出征하사 執有罪하야 反할새
釋奠于學하야 以訊馘으로 告하나니라.

『출정하사 죄가 있는 사람을 체포하여 돌아와서 태학에 석전을 거행하여, 죄인의 신문조서와 처형내용으로 아뢰나니라.』

◉ 이 절은 천자가 정벌하고 돌아와서 공명정대하게 죄인을 처벌하는 절도를 기술하였다.

집(執)은 체포함이고, 죄(罪)는 반란죄이며, 반(反)은 회군하여 돌아옴이다. 석전(釋奠)은 선성(先聖)과 선사(先師)를 기리기 위하여 그 위판(位版)을 모시고 제물(祭物)을 차려 놓고 제사를 지내는 것이며, 신(訊)은 죄인을 신문(訊問)하는 조서(調書)로 죄상을 밝힘이고, 괵(馘)은 군법에 의하여 사형(死刑)에 처한 것이며, 고(告)는 고유(告由)로 사유를 밝혀 알리는 것이다.

살피건대 반란죄로 처형한 내용을 선성(先聖), 선사(先師)께 고유(告由)한 까닭은 정벌에 대한 도덕적 정당성을 보장하기 위함이다. 본래 군법은 지극히 엄중하지만 그러나 인도주의(人道主義)에 반한 폭력은 결코 용납될 수 없는 것이니 인정(仁政)을 추구한 천자가 어찌 잔인하고 포악하게 죄인을 처벌하리오. 그러므로 성인(聖人)의 윤리도덕에 비추어 정당하게 처벌하였음을 성실하게 밝혀 알리게 하였으니 그 뜻이 크도다.

 天子諸侯가 無事이어든 則歲三田이니
一爲乾豆요 二爲賓客이요 三爲充君之庖니라.

『천자와 제후가 무사하거든 곧 한 해에 세 번 전렵하니 1등품은 제기에 마른 포를 차리기 위함이요, 2등품은 빈객을 대접하기 위함이요, 3등품은 임금의 주방을 채우기 위함이니라.』

● 이 장은 천자와 제후가 군사훈련을 겸한 전렵(田獵)의 목적과 예절을 기술하였다.

사(事)는 정벌(征伐)이나 상장(喪葬)이요, 전(田)은 전렵(田獵)으로 군사를 동원하여 사냥을 하는 일종의 작전훈련이다. 일(一)은 1등품이니 가장 크고 살찐 짐승이요, 간(乾)은 말린 포요, 두(豆)는 제기(祭器)니 말려서 두었다가 제사에 쓴다는 뜻이고, 이(二)는 2등품이며, 빈객(賓客)은 손님접대용으로 쓴다는 뜻이며, 삼(三)은 3등품으로 작은 짐승이고, 포(庖)는 주방이다.

천자와 제후가 1등품으로는 제사를 지내고, 2등품으로는 손님을 접대하고, 3등품은 식용으로 쓰니 제사를 받들고 손님을 대접하는 정신이 아름답기 그지없도다.

5-9-2────────────────────────────── 無事而不田을 日不敬이요
田하되 不以禮를 日暴天物이니
天子는 不合圍하고 諸侯는 不掩群이니라.

『무사하면서도 전렵을 아니 함을 말하여 불경이라 하고, 전렵하되 예절로써 아니 함을 말하여 하늘이 낸 물건을 포학하게 했다고 하나니, 천자는 삥 둘러 에워싸지 아니하고, 제후는 무리를 엄폐하여 습

격하지 않으니라.』

　◐ 이 절은 사냥의 예절을 기술하였다. 불경(不敬)은 태만하여 직무에 충실하지 않음이고, 예(禮)는 때와 장소와 절도를 지킴이며, 포(暴)는 포학(暴虐)함이고, 천물(天物)은 하늘이 낸 물건이니 곧 자연에서 서식하는 생물이다. 합위(合圍)는 통합하여 포위함이니 뼹 둘러 에워싸서 잔인하게 모조리 포획함이고, 엄군(掩群)은 짐승의 무리를 엄폐하여 습격하여 교활한 속임수로 포획함이다.

　비록 짐승을 사냥하지만 필요한 것만을 실력으로 당당하게 잡아서 자연을 보호하고 생명을 아껴야 되며 새끼가 딸렸거나 자는 것은 잡지 않는 법이다.

5-9-3─────────────天子가 殺則下大綏하고 諸侯가 殺則下小綏하고
大夫가 殺則止佐車하니 佐車가 止則百姓이 田獵하니라.

『천자가 사냥감을 잡았으면 큰 깃발을 내리고, 제후가 사냥감을 잡았으면 작은 깃발을 내리고, 대부가 사냥감을 잡았으면 보좌하는 수레를 멈추니, 보좌하는 수레가 멈추면 백성이 전렵하니라.』

　◐ 이 절은 사냥감을 포획하는 절도를 기술하였다.

　살(殺)은 활을 쏘아 사냥감을 죽여서 잡는 것이고, 대유(大綏)는 크게 늘어진 깃발이며, 좌거(佐車)는 보좌하는 수레로 부거(副車)라고도 한다. 백성(百姓)은 전렵에 참여한 군사들과 일반인이다.

獺이 祭魚然後에 虞人이 入澤梁하며
豺가 祭獸然後에 田獵하며
鳩가 化爲鷹然後에 設罦羅하며
草木이 零落然後에 入山林하며
昆蟲이 未蟄이어든 不以火田하며
不麛하고 不卵하고 不殺胎하고
不殀夭하고 不覆巢하니라.

『수달이 물고기를 잡아 제사 지낸 다음에 숲과 물을 관리하는 사람이 못과 발담에 들어가며, 승냥이가 짐승을 잡아 제사 지낸 다음에 사냥을 하며, 비둘기가 변화하여 매가 된 다음에 새그물을 설치하며, 초목이 말라서 떨어진 다음에 산림에 들어가며, 곤충이 아직 땅속에 들어가 겨울잠을 자지 않거든 불을 놓아 사냥하지 않으며, 짐승의 새끼를 잡지 않고 새의 알을 꺼내지 않고 새끼를 밴 짐승을 죽이지 않고 어린 짐승을 죽이지 않고 새집을 뒤엎지 않으니라.』

☯ 이 절은 사냥의 시기와 금기사항을 기술하였다.

달(獺)은 수달인데 족제비과에 속하는 포유동물로 못이나 강에서 물고기를 잡아먹고 산다. 제어(祭魚)는 수달이 봄에 물고기를 잡아 바위에 늘어놓은 다음에 먹는 것이 제사를 지내는 모양처럼 보이는 것이며, 양(梁)은 돌로 담을 쌓아 물을 막아 한곳으로 흐르게 하여 발을 쳐서 물고기를 잡는 발담이다. 시(豺)는 승냥이로 개과에 속하는 산짐승이며, 제수(祭獸)는 승냥이가 가을에 짐승을 잡으면 그 집단이 모두 모인 다음에 먹으므로 제사 지내는 절차와 비슷한 것이고, 구(鳩)는 비둘기요, 화(化)는 변화함이니 산비둘기로 변화함이고, 응

(鷹)은 매인데 비둘기가 8월에 산비둘기로 변화했다가 매가 된다는 전설이 있으나 비둘기가 사라지고 매가 나타나는 자연현상에서 생긴 속설이다.

울라(罻羅)는 새그물의 총칭이고, 칩(蟄)은 땅속으로 들어가서 겨울잠을 자는 것이요, 화전(火田)은 불을 놓아 사냥을 함이며, 미(麛)는 짐승의 어린 새끼이다. 요(妖)는 일찍 죽는 것이고, 오(夭)는 아직 완전히 성장하지 못한 짐승이다.

전렵(田獵)을 함에 이상 10가지의 예절을 지켜서 자연을 보호하고 생명을 사랑하는 인간의 정신을 드날려야 아름다운 세계를 건설할 수 있는 것이다.

5-10-1 ──────────────────── 家宰는 制國用하되 必於歲之杪니
五穀이 皆入然後에 制國用이니라
用地小大하며 視年之豊耗하야
以三十年之通으로 制國用하고
量入以爲出하니라.

『총재는 나라의 재정 용도를 제정하되 반드시 한 해의 끝 무렵에 하니 5곡이 모두 들어온 다음에 나라의 재정용도를 제정하니라. 토지의 작고 큼을 살피며, 해의 풍성함과 감손함을 보아 30년의 통계로 나라의 재정용도를 제정하고, 세입을 헤아려서 세출액을 삼으니라.』

◑ 이 장은 국가의 일반 예산회계에 대한 대원칙을 기술하였으니

대체로 최근 30년의 평균치를 기초로 해서 균형예산을 편성해야 됨을 밝혔다.

총재(冢宰)는 국무총리(國務總理) 또는 수상(首相)이요, 국용(國用)은 국고(國庫)의 소용(所用)이며, 초(秒)는 끝 무렵이다. 풍(豊)은 풍년의 풍성한 증가분이고, 모(耗)는 흉년의 소모된 감손분이며, 통(通)은 통계(通計)로 곧 평균치이며, 양입(量入)은 세입(歲入)을 계산함이고, 출(出)은 세출(歲出)이다.

연도 말에 생산량을 조사해서 30년의 통계에 기초하여 일반예산을 편성하고 국고의 세입을 헤아려 1년의 세출을 결정하니 대단히 합리적이다.

5-10-2 ──────────────────────────── <ruby>祭<rt>제</rt>用<rt>용</rt>數<rt>수</rt>之<rt>지</rt>仂<rt>륵</rt></ruby>이니라.

『제사는 계산하여 둔 것을 쓰니라.』

◉ 이 절은 제사비용은 특별회계로 미리 지정하여 둔 것으로 사용함을 기술하였다.

제(祭)는 제사비용이고, 수(數)는 정해진 계산이니 곧 미리 정하여 해마다 계속하는 특별회계이며, 륵(仂)은 먼저 지정하여 둔 것이니 항상 남아 있는 것이다. 이것은 국가의 제사는 미리 지정한 제사용품의 생산지와 그 수량에 있어서 그것을 특별회계로 미리 지정하여 해마다 고정적으로 지출한다는 뜻이다.

전배들은 수(數)를 국가예산의 총계로 보고, 륵(仂)을 10분의 1로 파악하여 국가 전체 예산액의 1할을 제사비용으로 쓴다고 해석하였으나 옳지 않다. 자고로 제사는 깨끗함과 정성을 숭상하여 미리 논밭과 목장을 지정하여 심고 가꿈에 정성을 들여 그 소출로써 제사를 지내는 것을 원칙으로 하였기에 항상 특별회계로 분류하여 일반회계와 분리하였던 것이다. 그러므로 일반회계의 10분의 1을 제사비용으로 쓴다는 것은 사리에 어긋나고 또한 현실적으로 국민을 설득할 수 없는 지나친 액수이다.

5-10-3 ——————————— 喪하얀 三年을 不祭니 唯天地社稷하되
爲越紼而行事니 喪은 用三年之仍이니라.

『국상을 당하여서는 3년간 제사를 지내지 않으니 오직 하늘땅과 사직만을 제사 지내되 장사를 지내고서 일을 행하며, 국상의 비용은 3년간의 특별회계로 미리 지정하여 둔 제사비용을 쓰니라.』

　◑ 이 절은 국상(國喪)의 비용은 3년상(三年喪) 동안 제사비용으로 이미 지정하여 둔 특별회계를 전용하여 쓰고 절대로 일반회계의 예산을 쓰지 말 것을 기술하였다.

　상(喪)은 국상(國喪)이요, 3년(三年)은 3년의 상기(喪期)이며, 불제(不祭)는 제사를 지내지 않음이니 상(喪)은 흉례(凶禮)이고, 제(祭)는 길례(吉禮)이므로 서로 모순되는 까닭에 초상이 나면 제사를 지내지 않는 것이다. 그러나 천지(天地)와 사직(社稷)의 제사를 지내야 함은 천하와 나라를 섬기는 일이 또한 대단히 중대하므로 감히 폐지

할 수 없는 까닭에 장사를 지낸 다음에 행사하는 것이다. 월불(越紼)
은 하관(下棺)하여 장사 지낸 다음인데 전배들은 장사 지내기 전에
준비해 둔 상여 줄을 밟고 넘어가는 것으로 오해하였기에 내가 장사
지낸 이후로 바로잡았으니 앞(4-7-6)에서의 해설을 살피기 바란다.
아무리 천지와 사직의 제사가 중대하다고 하여도 어찌 장사 지내기
전에 제사 지내겠는가. 천자는 7개월이 되어야 장시 지내니 그 이후
에 천제(天祭)와 사직제(社稷祭)를 거행하는 것이 합리적이고 인간적
이다. 3년지륵(三年之仂)은 3년간 제사비용으로 이미 지정하여 둔 특
별회계의 보관분을 제사를 지내지 않고 상장(喪葬) 비용으로 전용한
다는 뜻이다. 따라서 뜻밖에 국상(國喪)을 당하더라도 국가의 일반회
계는 전혀 변동이 없이 집행되는 것임을 여기에서 확인하라.

5-10-4 ─────────────────── 喪祭에 用不足을 曰暴요 有餘를 曰浩니
祭는 豊年에 不奢하며 凶年에 不儉이니라.

『초상과 제사에 비용이 부족함을 말하여 떼어 먹었다고 하고, 나
머지가 있는 것을 말하여 흥청망청이라고 하니, 제사는 풍년에 사치
하게 아니 하며, 흉년에 검소하게 아니 하니라.』

● 이 절은 초상과 제사의 비용을 지출하는 절도를 기술하였으니
특별회계는 엄중하게 관리 감독하여 떼어 먹거나 함부로 쓰지 못하
게 해야 됨을 밝혔다. 포(暴)는 횡령하여 떼어 먹어서 줄어든 것이
고, 호(浩)는 함부로 마구 써서 흥청망청 질펀하게 낭비함이며, 사

(奢)는 사치하게 뽐내어 과시하고 자랑함이요, 검(儉)은 인색하게 아끼며 생략하는 것이니 모두 공경하여 정성을 다하는 제사의 정신이 아니고 사모하고 슬퍼하는 상례(喪禮)의 본의가 아니니 모름지기 초상과 제사에는 이미 따로 편성한 예산을 적절하게 운용하여 부족하거나 남지 않도록 각별히 안배할 필요가 있다.

5-10-5 ──────────────────── 國에 無九年之蓄을 曰不足이요
無六年之蓄을 曰急이요 無三年之蓄을 曰國非其國也니
三年耕에 必有一年之食이요 九年耕에 必有三年之食하야
以三十年之通이면 雖有凶旱水溢이나 民無菜色이니
然後에 天子가 食하되 日擧以樂이니라.

『나라에 9년의 비축이 없음을 말하여 풍족하지 않다고 하고, 6년의 비축이 없음을 말하여 군색하다고 하고, 3년의 비축이 없음을 말하여 나라가 그 나라가 아니다고 하니, 3년을 경작함에 반드시 1년의 식량을 비축함이 있어야 되고, 9년을 경작함에 반드시 3년의 식량을 비축함이 있게 하여 30년을 통틀어 계산하면 비록 흉년이나 가뭄 그리고 홍수나 해일이 있어도 민중에게 굶주려서 누르스름한 얼굴빛이 없나니, 그런 다음에 천자가 식사하되 날로 음악으로써 임금에게 태평시대를 아뢰는 악곡을 연주하니라.』

◉ 이 장은 풍년의 수입을 비축하여 흉년에 대비하는 비축량곡(備蓄糧穀)제도를 기술하여 잉여생산물을 비축하고 예비비를 축적하여

비상사태에 대비해야 됨을 밝혔다.

9년지축(九年之蓄)은 통계적으로 홍수나 가뭄이 9년 동안 계속되는 가능성이 있는 까닭에 9년 동안 먹을 식량을 비축해야 안심할 수 있는 것이다. 부족(不足)은 풍족하지 않음이요, 급(急)은 군색하여 상황이 위급함이며, 국비기국(國非其國)은 그 나라의 안전을 보장할 수 없는 상태로 나라꼴이 허약하여 무너지기 쉽다는 뜻이다. 채색(菜色)은 굶주려서 얼굴빛이 누렇게 부황(浮黃)이 난 것이고, 거(擧)는 식거(食擧)로 임금이 식사할 때에 음악을 연주하여 태평시대를 아뢰는 악곡(樂曲)이다.

살피건대 30년의 통계로 평년작의 기준을 삼아 일반예산을 편성하여 쓰되 풍년의 잉여분은 저축하여 3년의 저축으로 1년의 식량을 충당하도록 하였으니 이것은 곧 1년에 4분의 1을 비축하는 것이다. 따라서 27년 동안 비축하면 9년 동안 먹을 식량이 되기 때문에 국민이 안심하고 태평시대를 노래하므로 임금도 식사시간에 음악을 연주하여 태평시대를 구가하고, 만일 비축식량이 부족하거나 군색하거나 나라꼴이 아니면 절대로 임금의 식사시간에 식거(食擧) 음악을 연주하지 못하게 하여 식량증산에 매진토록 하였다.

5-11-1 ──────────────────── 天子는 七日而殯하야 七月而葬하고
諸侯는 五日而殯하여 五月而葬하고
大夫士庶人은 三日而殯하야 三月而葬이니
三年之喪은 自天子로 達庶人이니라.

『천자는 7일에 빈소를 설치하여 7개월에 장사 지내고, 제후는 5일에 빈소를 설치하여 5개월에 장사 지내고, 대부와 선비와 서민대중은 3일에 빈소를 설치하고 3개월에 장사 지내니, 3년의 상기는 천자로부터 서민에게 공통하니라.』

◯ 이 장은 빈장제도(殯葬制度)를 기술하였으니 신분에 따라 차이가 있음을 밝혔다.

신분에 따라 준비할 사항이 다르므로 대렴(大斂)하여 입관(入棺)하고 장사 지내는 기간의 차이는 없을 수 없으나 3년의 상기(喪期)는 모든 사람이 동일하게 하였으니 신분의 차이는 인정하면서도 인간의 평등을 공인하였다.

5-11-2 ──────────────────────── 縣封인댄 葬不爲雨止하며
不封인댄 不樹하니 喪不貳事는
自天子로 達於庶人이니라.

『봉분을 매달아 놓을진댄 장사 지내는 일은 비가 내려도 중지하지 아니하며, 봉분을 완성하지 않았을진댄 나무를 심지 아니하니, 상례에 두 가지 일을 함께하지 않음은 천자로부터 서민대중에 공통하니라.』

◯ 이 절은 초상 치고 장사 지내는 일은 중단하거나 아울러 겹쳐서 하지 않는 예절을 기술하였다.

현(縣)은 끊어져서 매달려 있는 것이고, 봉(封)은 묘(墓)의 둘레

에 흙을 쌓아서 묘 둑을 만든 것이니 앞(3-5-2)에서 이미 해설하였다. 현봉(縣封)은 묘 둑이 아직 완성되지 못하여 묘의 뒤에 있는 구롱(丘壟)과 연결시키지 못한 상태로 비가 오면 빗물이 묘에 미칠 걱정이 있기 때문에 비록 비가 내려도 중단할 수 없는 것이다. 불봉(不封)은 묘 둑의 봉분(封墳)을 완성하지 못함이니 묘의 주변에 나무를 심는 것은 봉분을 완성한 다음의 일이므로 한 가지 일씩 절도가 있게 진행해야지 두 가지, 세 가지 일을 아울러 겹치면 일에 두서가 없고 대충대충 하게 되어 완벽하게 추진할 수 없는 것이다. 장(葬)은 장사 지내는 일이고, 상(喪)은 초상 치는 일이니 모두 예절이 있으므로 절차와 순서가 있어 한 가지 일을 끝내고 다음 일을 시작해야 된다. 이사(貳事)는 두 가지 일이니 여러 가지 일을 함께 아울러 겹치기로 겸사(兼事)함이니 예절이 없는 것이다.

　살피건대 전배들이 계급적 신분사회의 시대풍조를 탈피하지 못하고 구두(句讀)를 고의로 분해하여 앞 절의 끝에 서인(庶人)을 이 절의 머리에 놓고, 이 절의 끝에 자천자달어서인(自天子達於庶人)을 다음 절의 머리에 붙여 억지로 해설하였기에 내가 민주적 평등의식으로 바로잡았으니 원래의 뜻을 찾았으니 천만다행이로다.

5-11-3————————————— 喪從死者요 祭從生者니 支子는 不祭니라.

『상례는 죽은 사람을 따르고, 제는 산 사람을 따르되, 지파의 아들은 제사를 지내지 아니하니라.』

◐ 이 절은 상례(喪禮)는 죽은 사람의 신분을 따르고, 제례(祭禮)는 산 사람의 신분을 따르되, 오직 종가(宗家)의 자손을 기준으로 하고, 지파(支派)의 자손은 따로 제사를 지내지 못함을 밝혔다.

죽은 사람이 제후(諸侯)면 상례(喪禮)는 제후의 상례로 거행하고, 그 아들이 천자(天子)가 되었으면 제례(祭禮)는 천자의 제례로 거행하되 지파(支派)의 자손은 따로 제사 지낼 수 없는 것이니, 지자(支子)에 대해서는 앞(2-12-4)에서 이미 해설하였다.

5-12-1 ─────────────── 天子는 七廟니 三昭三穆이 與大祖之廟而七이요
諸侯는 五廟니 二昭二穆이 與大祖之廟而五요
大夫는 三廟니 一昭一穆이 與大祖之廟而三이요
士는 一廟요 庶人은 祭於寢이니라.

『천자는 일곱 신주를 사당에 모시니 3소와 3목이 태조의 신주와 더불어 일곱이요, 제후는 다섯 신주를 사당에 모시니 2소와 2목이 태조의 신주와 더불어 다섯이요, 대부는 세 신주를 사당에 모시니 1소와 1목이 태조의 신주와 더불어 셋이요, 선비는 하나의 신주를 사당에 모시고 서민 대중은 안방에서 제사 지내느니라.』

◐ 이 장은 사당에 신주(神主)를 모시는 제도와 제사 지내는 예절을 기술하였으니 천하국가에 공헌함이 많을수록 그 조상을 더욱 빛나게 하였음을 밝혔다.

묘(廟)는 묘식(廟食)이니 신주(神主)를 사당에 모시고 제사를 잡

수게 함이고, 소목(昭穆)은 사당에 신주를 배열하는 순서와 위치를
지칭하는데 태조의 위패를 중심으로 하여 그 왼편을 소(昭)라고 하
고 오른편을 목(穆)이라고 하는바, 사당과 위패는 남향하므로 소(昭)
는 곧 밝은 동쪽의 자리라는 뜻이고, 목(穆)은 그윽한 서쪽의 자리라
는 뜻이다. 3소(三昭)는 태조의 왼쪽 곁에서부터 5대조, 증조, 아버지
순으로 모신 것이고, 3목(三穆)은 태조의 오른쪽 곁에서부터 6대조,
고조, 할아버지의 순으로 모신 것이다. 2소2목(二昭二穆)에는 5대조
와 6대조를 모시지 않은 것이고, 1소1목(一昭一穆)은 아버지와 할아
버지만 모신 것이며, 1묘(一廟)는 아버지만 모신 것이다. 침(寢)은
정침(正寢)이니 서민대중의 정침은 몸채의 안방이나 대청인바 경제
적 여건이 사당을 따로 지을 수 없는 까닭에 서민은 침실에서 아버
지와 어머니만을 제사 지내게 하였다. 이것은 신분을 차별하려는 것
이 아니고 그 가정의 형편과 사회적 조건에 따라 부담 없이 활발하
게 사는 길을 보장하기 위함이니 조상의 위대한 도덕정신을 계승하
고 숭고한 업적을 기리는 제사의 본의와 사당의 목적을 깊이 깨닫기
바란다.

5-12-2 ─────────────────────── 天子諸侯의 宗廟之祭는 春日礿이요
夏日禘요 秋日嘗이요 冬日烝이니라.

『천자와 제후의 종묘제례는 봄 제사를 말하여 약이라 하고, 여름
제사를 말하여 체라 하고, 가을 제사를 말하여 상이라 하고, 겨울 제
사를 말하여 증이라 하니라.』

◑ 이 절은 천자와 제후의 종묘(宗廟)에 4시정제(四時正祭)를 지낸 절도를 기술하였다.

춘(春)은 춘분(春分)이고, 하(夏)는 하지(夏至)이며, 추(秋)는 추분(秋分)이요, 동(冬)은 동지(冬至)이며, 약(礿)은 향기로운 술로 간략하게 제사를 지낸다는 뜻이고, 체(禘)는 꾸밈이 없이 질박하게 제사 지낸다는 말이며, 상(嘗)은 햇곡식으로 먼저 드리는 것이요, 증(烝)은 삶고 구워서 제물을 올린다는 뜻이다.

5-12-3 ──────────── 天子는 祭天地하고 諸侯는 祭社稷하고
大夫는 祭五祀하며 天子는 祭天下名山大川하나니
五嶽은 視三公이요 四瀆은 視諸侯니라
諸侯는 祭名山大川之在其地者요
天子諸侯는 祭因國之在其地而無主後者니라.

『천자는 하늘과 땅을 제사 지내고, 제후는 국토신과 곡식신을 제사 지내고, 대부는 집터의 다섯 곳을 제사 지내며, 천자는 천하의 명산과 큰 강에 제사 지내니, 5악은 3공과 견주고 4대강은 제후와 견주니라. 제후는 그 지역에 있는 명산과 큰 강에 제사 지내고, 천자와 제후는 본디 나라가 그 땅에 있었으나 제사 지낼 후손이 없는 사람을 제사 지내니라.』

◑ 이 절은 천자와 제후 및 대부(大夫)가 제사 지내는 자연신을 기술하였다. 제사는 신명(神明)의 정통주체(正統主體)가 지내는 것이

므로 하늘땅과 천하의 명산대천은 천자만이 지낼 수 있는 것이고, 제후는 그 나라의 사직(社稷)과 그 지역의 명산대천만을 제사 지내며, 대부(大夫)는 그 집안의 다섯 자연신을 제사 지낼 수 있는 것이니 대부가 지내는 5사(五祀)는 대체로 집의 문(門), 길, 방문, 부엌, 가운데 방 등에 지내는 제사이다. 사독(四瀆)은 양자강, 황하, 회수(淮水), 제수(濟水)이며, 시(視)는 견주는 것이니 5악의 제사규모는 3공(三公)에게 향연(饗燕)을 베푸는 수준으로 하고, 4독의 제사규모는 제후에게 향연을 베풀어 주는 수준으로 거행한다는 뜻이다. 인(因)은 본래의 뜻이며, 주(主)는 제사를 주관함이고, 후(後)는 후계자 또는 후손이다.

5-12-4 ──────── 天子는 犆礿하고 祫禘하고 祫嘗하고 祫烝하니라.

『천자는 태묘의 봄 제사를 조상마다 하나씩 각각 지내고, 여름 제사를 시조의 사당에서 합동으로 지내고, 가을 제사를 시조의 사당에서 합동으로 지내고, 겨울제사를 시조의 사당에서 합동으로 지내니라.』

◯ 이 절은 천자가 태묘에서 4시정제(四時正祭)를 지내는 형식을 기술하여 봄 제사만 각각 지내고 여름, 가을, 겨울에는 시조의 사당에서 합동으로 지냄을 밝혔다.

특(犆)은 하나씩이니 각각의 사당에 따로따로 제물을 차리고 제사를 지내는 것이며, 협(祫)은 합동으로 제사를 지냄이니 조상의 위패를 시조의 사당에 함께 모시고 같이 제사를 지내는 것이다.

5-12-5 ——————————————— 諸侯는 礿則不禘하며 禘則不嘗하며
嘗則不烝하며 烝則不礿이니라.

『제후는 종묘에 봄 제사를 지내면 여름 제사는 지내지 않으며, 여름 제사를 지내면 가을 제사를 지내지 않으며, 가을 제사를 지내면 겨울 제사를 지내지 않으며, 겨울 제사를 지내면 봄 제사를 지내지 않으니라.』

  ☯ 이 절은 제후(諸侯)가 종묘에서 4시정제(四時正祭)를 지내는 형식을 기술하였으니 1년에 두 번만 제사를 지내게 하였다.
  제후는 천자에 비교하여 그 정성과 물질이 충분하지 못하여 4시정제(四時正祭)를 모두 감당하기에는 힘이 모자라는 까닭에 반으로 감해서 그 정성을 충실히 모으게 하였다.

5-12-6 ——————————————— 諸侯는 礿犆하며 禘는 一犆一祫하며
嘗祫하며 烝祫하니라.

『제후는 종묘의 봄 제사는 조상마다 하나씩 각각 지내고, 여름 제사는 한 번은 하나씩 각각 지내고, 한 번은 합동으로 지내며, 가을 제사는 합동으로 지내며, 겨울 제사는 합동으로 지내니라.』

  ☯ 이 절은 앞 절에 이어 제후가 종묘에서 4시정제(四時正祭)를 지내는 형식을 기술하였다.

1특1협(一犆一袷)은 제후가 종묘에 봄 제사를 지내지 않았을 때에 여름 제사를 하나씩 각각 지내되 그것이 거듭되면 합동제사로 지낸다는 뜻이다.

『천자는 사직제사에 모두 소와 양과 돼지를 희생으로 바치고, 제후는 모두 양과 돼지를 희생으로 바치니, 대부와 선비는 종묘의 제사를 경작하는 토지가 있으면 제사 지내고, 경작하는 토지가 없으면 간략하게 올리며, 서민대중은 봄에 부추를 올리며, 여름에 보리를 올리며, 가을에 기장을 올리며, 겨울에 쌀을 올리니, 부추를 올림에는 알로써 희생을 삼고, 보리를 올림에는 물고기로써 희생을 삼고, 기장을 올림에는 돼지로써 희생을 삼고, 쌀을 올림에는 기러기로써 희생을 삼느니라.』

◐ 이 절을 신분에 따라 희생(犧牲)의 제물(祭物)이 다른 것을 기술하였으니 그 재정적 여건에 따라 알맞게 조절하여 넘치거나 모자람이 없게 함이다.

태뢰(太牢)는 소와 양과 돼지를 희생물(犧牲物)로 쓰는 것이고,

소뢰(少牢)는 양과 돼지만을 희생물로 쓰는 것이며, 전(田)은 경작하는 토지이다. 제(祭)는 정식제사(正式祭祀)인데 그 형식과 절차 및 물질을 모두 갖추어 지내는 것이요, 천(薦)은 약식제사(約式祭祀)로 그 형식과 절차 및 물질을 간략하게 생략해서 올리는 것이다. 구(韭)는 부추이고, 란(卵)은 새알이니 계란이나 오리알이다.

　전배들은 제사(祭祀)는 4시(四時)의 맹월(孟月)에 지내고, 천(薦)은 중월(仲月)에 지낸다고 해설하였으나 옳지 않다. 예법에 제사는 모두 중월(仲月)을 쓴다고 하였으니 앞(5-12-2)의 해설을 참고하기 바란다.

5-12-8 ─────────────────────── 祭天地之牛는 角이 繭栗이요
宗廟之牛는 角이 握이요
賓客之牛는 角이 尺이니라.

『하늘과 땅을 제사 지내는 소는 뿔이 누에고치나 밤톨만 하고, 종묘에 제사 지내는 소는 뿔이 한 움큼이요, 손님을 대접하는 소는 뿔이 한 자이니라.』

◐ 이 절에서는 희생(犧牲)으로 쓰는 소의 크기를 기술하였다.

　견(繭)은 누에고치이고, 률(栗)은 밤톨이니 소의 뿔이 나오기 시작하는 어린 송아지를 뜻하고, 악(握)은 한 움큼이니 뿔이 제법 나온 큰 송아지이며, 척(尺)은 한 자가 되는 뿔이니 어린 소이다. 천지신명(天地神明)은 순수한 원기(元氣)를 흠향(歆饗)하므로 제사는 정결

(精潔)함을 숭상하는 까닭에 대례(大禮)에 바탕이 순수한 송아지를
희생으로 쓰는 것이다.

<table>
<tr><td>5-12-9</td><td>諸侯가 無故어든 不殺牛하며
大夫가 無故어든 不殺羊하며
士가 無故어든 不殺犬豕하며
庶人이 無故어든 不食珍하니라.</td></tr>
</table>

『제후가 연고가 없거든 소를 잡지 않으며, 대부가 연고가 없거든
양을 잡지 않으며, 선비가 연고가 없거든 개나 돼지를 잡지 않으며,
서민대중이 연고가 없거든 진기한 것을 먹지 않으니라.』

◉ 이 절은 연고가 없거든 짐승을 잡지 못하는 대상을 기술하였다.
무고(無故)는 특별한 연고(緣故)로 귀신에게 제사를 지내거나 손
님을 초청하여 접대하는 일이 없는 일상적인 사생활이며, 진(珍)은
진수(珍羞)로 진기한 음식이다.

<table>
<tr><td>5-12-10</td><td>庶羞는 不踰牲하며
燕衣는 不踰祭服하며 寢은 不踰廟하니라.</td></tr>
</table>

『여러 가지의 일상적인 음식은 제사의 희생을 넘지 아니하며, 일
상적인 의복은 제복을 넘지 아니하며, 거처하는 집은 사당을 넘지 아

니하니라.』

　◑ 이 절은 제사에 관한 의식주(衣食住)는 가장 정결하고 아름다워야 됨을 기술하였다.

　서수(庶羞)는 여러 가지의 일상적인 음식이고, 유(踰)는 넘어가는 것이니 더욱 뛰어난 것이며, 생(牲)은 희생의 제물(祭物)이다. 연의(燕衣)는 평상복이요, 제복(祭服)은 제례복(祭禮服)이며, 침(寢)은 사람이 거처하는 집이고, 묘(廟)는 조상의 위패를 모신 사당이다.

　살피건대 제사는 향례(饗禮)이므로 최고의 공경심과 정성을 다하는 예절이니 이 세상에 제사보다 고귀한 의식(儀式)은 없는 것이다.

5-12-11 ──────────────────────────── 大夫는 祭器를 不假하며
祭器를 未成하면 不造燕器니라.

『대부는 제기를 빌리지 않으며, 제기를 완성하지 못하면 일상용기를 만들지 아니하니라.』

　◑ 이 절은 대부에게 있어서 제기(祭器)를 가장 먼저 구비해야 됨을 기술하였는데 이 절은 본래 아래의 서인기로불도식(庶人耆老不徒食)의 다음에 있었으니 예기집설대전(禮記集說大全)을 편집하면서 여기로 옮겼는바 타당성이 있으므로 따랐다.

　가(假)는 빌리는 것이고, 연기(燕器)는 일상적인 생활용기이다. 대부(大夫)는 사회경제적으로 생활여건이 충족하므로 먼저 조상을 위

하고 뒤에 가족을 위해야 됨을 밝혔으니 사회 경제적으로 생활여건
이 부족한 선비나 서민대중의 먼저 산 사람을 부양하고 뒤에 선조를
받드는 것과는 다르다.

5-13-1 ──────────────────────────── 古者에 公田은 藉而不稅하며

『옛날에 공전은 힘을 빌리기만 하고, 세금을 부과하지 아니하며』

☯ 이 장은 국가의 부세(賦稅)제도를 기술하였으니 여기에서는 정
전법(井田法)을 밝혔다.

고자(古者)는 하(夏), 은(殷), 주(周)의 시대이고, 공전(公田)은 정
전법(井田法)에 의하여 8가(家)의 사전(私田)에 둘러싸여 있는 중앙
의 경작지로 그 수확물을 나라에 바치는 까닭에 공전(公田)이라고 한
다. 자(藉)는 도움을 빌리는 것이니 사전(私田)을 경작하는 여덟 집
의 도움을 빌려서 공전(公田)을 경작하여 그 수확물을 나라에 바치는
것이요, 불세(不稅)는 사전(私田)에 세금을 부과하지 아니함이다.

5-13-2 ──────────────────────────── 市는 廛而不稅하며

『저자는 상점의 임대료만 징수하고, 물품세는 부과하지 아니하며』

☯ 이 절은 시장(市場)의 상인(商人)들에게 상점(商店)의 임대료

만 징수하고 상품에 대한 물품세는 부과하지 않음을 기술하였다.

전(廛)은 저자의 점포로 임대료를 내고 빌린 것이며, 여기의 세(稅)는 상품에 부과하는 물품세로 이것을 징수하면 물가가 상승한다.

5-13-3 ──────────────────────────── 關은 譏而不征하며

『관문에서는 살피기만 하고, 세금을 부과하지 아니하며』

◉ 이 절은 국경의 관문(關門)에서 수입과 수출의 상품을 살펴서 단속만 할 뿐이고 관세(關稅)는 부과하지 않았음을 기술하였다.

기(譏)는 기찰(譏察)이니 넌지시 탐문하여 살피는 것으로 표적수사의 일종인데 불정불법(不正不法)한 물건을 단속하기 위함이고, 정(征)은 세금이니 여기에서는 통관세(通關稅)이다.

수출입상품의 관세를 철폐한 이유는 국제무역을 장려하여 물자교류를 촉진해서 생산과 소비를 원활하게 하기 위함이다.

5-13-4 ──────────────────────────── 林麓川澤은 以時入而不禁이니라.

『임야와 산록과 하천과 못은 때로 들어가게 하여, 금지하지 아니하니라.』

◉ 이 절은 자연은 공유(公有)로 하여 보호하되 충분히 누구나 이

용하게 하였음을 기술하였다.

임(林)은 임야(林野)이고, 록(麓)은 산록(山麓)이며, 천(川)은 하천(河川)이요, 택(澤)은 호수나 저수지이며, 시(時)는 식물의 생장기와 동물의 번식기를 피하여 채취해도 되는 시기이고, 입(入)은 누구나 자유롭게 들어가는 것이며, 금(禁)은 금지하여 제한함이다.

임야와 산록과 하천과 못을 주민의 공유재산으로 하여 스스로 보호하고 일정한 시기를 정해서 자유롭게 채취하는 것은 자연을 슬기롭게 이용하는 길이다.

5-13-5 ──────────────────────────── 夫圭田은 無征이니라.

『무릇 규전은 세금이 없느니라.』

☯ 이 절은 제사답(祭祀畓)으로 준 규전(圭田)은 세금이 없음을 기술하였다.

규전(圭田)은 나라에서 경(卿) 이하의 관료에게 50묘(畝)의 토지를 주어서 그 소득으로 조상의 제사비용으로 쓰게 하였으니 규(圭)는 정결(精潔)하다는 뜻이다.

살피건대 제사답(祭祀畓)의 수확물은 귀신의 소유물이므로 그 정성을 오로지 하기 위하여 세금을 부과하지 않은 것이다.

5-13-6 ──────────────────────────── 用民之力하되 歲不過三日이니라.

『인민의 힘을 사용하되 한 해에 3일을 넘지 아니하니라.』

　☯ 이 절은 국민이 부담하는 공역(公役)제도를 기술하여 1년에 3일 이상의 노역봉사를 시키지 못하게 하였다.

　용(用)은 무상으로 동원하여 쓰는 것이고, 민지력(民之力)은 인민을 노역(勞役)에 힘쓰게 함이니 곧 의무적인 부역(賦役)이며, 세(歲)는 1년이다.

　이것은 도로와 하천제방을 수리하는 공공사업에 동원하는 노동력이요, 장정의 군사 동원은 여기에 포함되지 않으며, 또한 『주례(周禮)』에서 말하기를 풍년에는 3일이요, 평년에는 2일이요, 흉년에는 1일뿐이라고 하였으니 참고하기 바란다.

5-13-7 ──────────────────────── 田里는 不粥하며 墓地는 不請이니라.

『경작하는 농지와 마을에 사는 집은 팔지 아니하며, 묘지는 달라고 요구하지 않으니라.』

　☯ 이 절은 정전법(井田法)에 의하여 나라로부터 분배받은 농지와 주택은 개인적인 매매를 금지하고, 묘지는 공동묘지나 가족묘지로 한정해서 공유지에 따로 묘지를 국가에 청구할 수 없음을 기술하였다.

　전(田)은 100묘(畝)의 경작농지이고, 리(里)는 마을에 있는 5묘의 주택이니 모두 나라에서 무상으로 분배받은 것이요, 육(粥)은 개인적인 매매이며, 묘지(墓地)는 공동묘지와 가족묘지이며, 청(請)은 청구

(請求)이니 정부에 청구하여 허락을 받아 새로 설치함이다.

살펴건대 무상으로 분배받은 농지와 집을 개인적으로 매매하면 토지 겸병의 폐단이 일어나서 부익부(富益富) 빈익빈(貧益貧)의 양극 사회현상이 나타나고, 묘지를 관청에 신청하여 허락을 받아 신설(新設)하면 공유지(公有地)가 잠식되고 사유지가 확대되는 까닭에 농지와 주택의 매매를 금지하고 묘지의 신설을 자제케 하였으니 거주·이전의 자유를 박탈하고 묘지 확장의 청구를 제한한 것이 아니다. 이때에 이미 사농공상(士農工商)의 직업선택권을 보장하였으므로 직업을 전환하는 사람에게는 농지와 주택을 국가에 반납하고 새로운 관직과 공장과 상점을 받아서 삶터를 자유롭게 옮겼던 것이니 결단코 정전법의 농민은 농노(農奴)가 아니었음을 강력히 선언한다.

5-14-1 ──────────────────── 司空은 執度하야 度地居民하되
山川沮澤에 時四時하며 量地遠近하야 興事任力이니

『건설부장관은 척도를 가지고, 지역을 헤아려 인민이 거주하게 하되 산과 내와 늪지대와 못에 네 철을 시기에 알맞게 하며, 땅의 멀고 가까움을 측량해서 공사를 일으키되 노동력을 부담하게 하니』

☯ 이 장은 국토건설부장관이 국토를 개발하여 인민이 안전하게 정착생활을 할 수 있는 국토이용사업의 추진방법을 기술하였다.

사공(司空)은 지방정부의 건설부장관이며, 도(度)는 척도(尺度)이고, 탁지(度地)는 지형과 거리 및 고도(高度) 등을 헤아려서 측량함

이요, 거민(居民)은 인민을 정착하여 살게 함이다. 저(沮)는 낮은 지역의 습지(濕地)이고, 시(時)는 때가 알맞은 것이며, 홍사(興事)는 건설 공사를 설계하여 착수함이요, 임력(任力)은 노동력을 지역의 주민에게 부담토록 책임을 맡기는 것이다.

이것은 설계와 물자와 기술은 국가에서 담당하고 노동력은 현지주민의 도움을 얻는 것이니 주민의 소득을 증대함과 동시에 국가의 비용을 줄이는 슬기로운 방법이다.

5-14-2 ──────────────── 凡使民하되 任老者之事하고 食壯者之食이니라.

『무릇 인민을 부리되 늙은 사람이 감당할 수 있는 일의 분량을 맡기고, 장정의 밥을 먹이느니라.』

◐ 이 절은 인민에게 사역(使役)을 시킬 때에 1일의 업무량과 임금 및 식사비의 기준을 기술하여 인민을 사랑하는 절도를 밝혔다.

노자(老者)는 70노인으로 기력이 쇠퇴하여 일을 하는 속도가 느리고, 장자(壯者)는 건장하므로 식사량이 많은 것인즉 업무량은 최소한으로 줄여서 일을 배당하고 임금이나 식사는 최고로 많이 주어 국토건설사업에 즐겁게 참여토록 하는 것은 아름다운 정책이다.

5-14-3 ──────────────── 凡居民하되 材는 必因天地寒煖燥濕하나니
廣谷大川은 異制하야 民生其間者가 異俗하고
剛柔輕重遲速을 異齊하며 五味를 異和하며

器械를 異制하며 衣服을 異宜하야 修其教하고
不易其俗하며 齊其政하고 不易其宜니라.

『무릇 인민을 정착하여 살게 하되 재질은 반드시 하늘과 땅의 춥고 따뜻함과 건조하고 습함을 인연하나니 넓은 골짜기와 큰 강은 제도를 다르게 하여 인민이 그 사이에서 생활하는 것이 습속을 다르게 하고, 굳세고 부드러움과 가볍고 무거움과 더디고 빠름을 다르게 가지런히 하며, 다섯 가지의 맛을 다르게 조화하며, 기계를 다르게 제작하며, 의복을 다르게 알맞게 하여 그 가르침을 닦고, 그 습속을 바꾸지 아니하며, 그 정치를 가지런히 하고, 그 알맞음을 바꾸지 아니하니라.』

☯ 이 절은 인민이 정착생활을 함에 있어서 자연의 기후풍토에 알맞은 생활습관을 조성해야 활발하고 자유롭게 제도화해야 됨을 기술하였다.

재(材)는 재질인데 후천적으로 형성되는 기질(氣質)이다. 전배들은 이것을 생활용품의 재료(材料)를 비축한 것으로 보고는 거민재(居民材)로 해석하였으나 옳지 않다. 『중용(中庸)』에 필인기재이독언(必因其材而篤焉)이라는 말이 있으니 그 자질을 인연해서 독실하게 한다는 뜻이므로 내가 구두를 새로 떼어 재(材)를 필인천지(必因天地)의 주어로 표출했으니 살피기 바란다. 천(天)은 천기(天氣)요, 지(地)는 지세(地勢)이며 서북쪽은 춥고 건조하며 동남쪽은 따뜻하고 다습하다. 광곡(廣谷)은 고원지대로 춥고 건조하며, 대천(大川)은 낮은 지역으로 따뜻하고 습기가 많다. 이제(異制)는 의식주(衣食住)의 생활제도를 다르게 함이고, 이속(異俗)은 대중적으로 유행하는 습속

(習俗)을 달리함이다. 강유(剛柔)는 강직(剛直)하고 유순(柔順)한 성격이고, 경중(輕重)은 경박(輕薄)하고 중후(重厚)한 말씨이며, 지속(遲速)은 느리고 빠른 행동인데, 이제(異齊)는 각각 다른 방법으로 가지런히 하는 것이다. 5미(五味)는 시고, 맵고, 쓰고, 짜고, 단것의 다섯 가지 조미료(調味料)를 배합하여 식욕을 돋우는 맛이요, 이화(異和)는 조미료의 배합을 다르게 함이니 봄에는 신맛이 좋고, 여름에는 매운맛이 좋으며, 가을에는 쓴맛이 좋고, 겨울에는 짠맛이 좋은 것과 같은 것이다. 기계(器械)는 생활용기와 기계(機械)이고, 교(敎)는 도덕과 윤리 그리고 예절을 가르치는 교육이며, 정(政)은 정치문화(政治文化)로 자율자치(自律自治)함이다.

5-14-4 ——————————— 中國戎夷五方之民이 皆有性也라 不可推移니라.

『가운데 나라와 변두리의 미개지와 자유무역 지대의 다섯 지방의 인민이 모두 성질이 있으므로 점점 변하여 옮길 수 없느니라.』

☯ 이 절은 지역의 환경에 따라 인간의 후천적 성질이 형성됨을 기술하였다.

중국(中國)은 중앙의 전복(甸服)에 위치한 나라이고, 융(戎)은 황복(荒服) 밖에 위치한 미개지요, 이(夷)는 『서경(書經)』 우공(禹貢)편에 요복(要服)의 300리(里) 지역에 위치한 자유무역지대라고 하였으니 군사적 보호를 받으면서 자유롭게 왕래하는 곳이다. 성(性)은 천부적으로 타고난 만인 공통의 본연지성(本然之性)이 아니고, 사람마다 청탁수박(淸濁粹駁)이 다른 기질지성(氣質之性)이며, 추이(推移)는 점점 변하여 옮기는 것이다.

東方曰夷니 被髮文身하며 有不火食者矣며
南方曰蠻이니 雕題交趾하며 有不火食者矣며
西方曰戎이니 被髮衣皮하며 有不粒食者矣며
北方曰狄이니 衣羽毛穴居하며 有不粒食者矣니라.

『동쪽 지방을 말하여 자유무역지대라고 하나니 머리털을 풀어 헤치고 몸에 무늬를 넣으며 불에 익힌 음식을 먹지 않는 사람이 있으며, 남쪽 지방을 말하여 황무지라고 하니 이마에 조각한 물감을 넣고 옷깃이 발꿈치에 이르며 불에 익힌 음식을 먹지 않는 사람이 있으며, 서쪽 지방을 말하여 미개지라고 하나니 머리털을 풀어 헤지고 가죽옷을 입으며 곡식을 먹지 않는 사람이 있으며, 북쪽 지방을 녹지지대라고 하나니 털옷을 입고 구멍에 살며 곡식을 먹지 않는 사람이 있느니라..』

◑ 이 절은 기후와 풍토에 따라서 동서남북의 생활습관이 서로 다름을 기술하였다.

피발(被髮)은 머리털을 풀어 헤치는 것이고, 문신(文身)은 살갗에 바늘로 찔러서 먹물 따위를 들인 글씨, 그림, 무늬이며, 화식(火食)은 불에 익힌 음식이다. 만(蠻)은 『서경(書經)』 우공(禹貢)에서 황복(荒服) 300리(里)에 위치한 지역으로 황무지로 보존하는 곳이며, 조제

(雕題)는 이마에 조각해서 물감을 칠한 것이요, 교(交)는 옷깃이고, 지(趾)는 발꿈치니 옷깃이 발꿈치에 이르는 것이다. 입식(粒食)은 곡식을 먹는 것이고, 적(狄)은 황복(荒服)의 밖에 개간을 금지하는 녹지(綠地)지대이다.

中國夷蠻戎狄에 皆有安居와 和味와 宜服하니 利用하야 備器니라.

『가운데 나라와 동쪽의 자유무역지역과 남쪽의 황무지와 서쪽의 미개지와 북쪽의 녹지지대에 모두 편안한 주거와 조미한 음식과 알맞은 의복이 있으니 자연자원을 이용하여 생활의 기구를 개발해서 갖추도록 하니라.』

◉ 이 절은 사공(司空)이 국토를 개발하되 중앙과 동서남북의 각 지역의 특성에 알맞게 의식주(衣食住)를 해결할 수 있도록 설계하여 추진해야 됨을 기술하였다.

안거(安居)는 안전하고 안락한 주거(住居)공간이고, 화미(和味)는 조리(調理)하여 맛을 낸 음식이요, 의복(宜服)은 기후에 알맞은 의복이니 인간생활의 필수조건이고, 이용(利用)은 천부적 자연자원을 유익하게 활용할 수 있도록 과학기술을 보급하는 것이고, 비기(備器)는 필요한 생활용기와 기계를 제작 보급하여 구비하게 함이니 모두 나라의 정책사업이다.

 五方之民이 言語가 不通하고
嗜欲이 不同하니 達其志하며
通其欲하되 東方曰寄요 南方曰象이요
西方曰狄鞮요 北方曰譯이니라.

『다섯 지방의 사람이 언어가 통하지 않고, 즐기며 하고자 하는 바가 같지 않으니 그 뜻을 성취하며, 그 하고자 하는 바를 형통하게 하되 동쪽 지방을 말하여 통지하여 전한다고 하고, 남쪽 지방을 말하여 형상으로 본받게 한다고 하고, 서쪽 지방을 말하여 소리와 발짓으로 깨우친다고 하고, 북쪽 지방을 말하여 번역이라고 하니라.』

　◑ 이 절은 동서남북의 언어를 파악하여 의사를 전달하는 방법을 기술하였다.

　기욕(嗜欲)은 즐기며 하고자 하는 바이고, 달(達)은 성취(成就)함이며, 통(通)은 형통(亨通)함이다. 기(寄)는 기어(奇語)로 전언(傳言)하는 것이며, 상(象)은 상서(象胥)니 형상(形象)으로 이해를 돕는 것인데 지금의 만화와 같다. 적(狄)은 음성이 빠른 것이고, 제(鞮)는 가죽신인바 적제(狄鞮)는 빠른 소리와 발짓으로 알리는 것이니 성화(聲話)와 족화(足話)요, 역(譯)은 말을 번역하여 통하는 것이다.

　살피건대 동방은 언어와 문자가 비슷하므로 전언(傳言)하고, 남방은 문자가 없으므로 그림으로 그려서 의사를 소통하며, 서쪽은 고산지대의 산간벽지로서 그 종족이 다양하고 그 언어가 단순하므로 소리와 발짓으로 의사를 전하며 북쪽은 말이 완전히 다르므로 번역하여 의사를 소통하니 지방언어의 현실적 조건에 따라 그 의사를 소통하는 방법을 달리한 것이다.

 ——————————————— ^{범 거 민} 凡居民하되 ^{량 지 이 제 읍} 量地以制邑하고
^{탁 지 이 거 민} 度地以居民하야 ^{지 읍 민 거} 地邑民居를 ^{필 참 상 득 야} 必參相得也니라.

『무릇 인민을 정착하여 살게 하되 땅을 측량하여 읍을 조성하고, 땅을 조사하여 인민을 정착하여 살게 하여, 지방의 읍과 이민의 주거지를 반드시 참여하여 서로 알맞게 하느니라.』

◑ 이 절은 인민의 정착생활에 편리하도록 읍과 촌락을 알맞게 배치해야 됨을 기술하였다.

량지(量地)는 땅을 측량하여 그 넓이와 거리를 헤아리는 것이고, 제(制)는 조성하여 제정함이며, 읍(邑)은 지방의 교통과 교역(交易)의 중심지이다. 탁지(度地)는 땅의 형질과 지방의 토산물을 조사하여 계산함이고, 참(參)은 참여함이니 참작, 참고함이며, 상득(相得)은 서로 화합하여 맞는 것이다.

5-14-9 ——————————————— ^{무 광 토} 無曠土하며 ^{무 유 민} 無游民하며 ^{식 절 사 시} 食節事時하며
^{민 함 안 기 거} 民咸安其居하고 ^{락 사 권 공} 樂事勸功하며
^{존 군 친 상} 尊君親上하면 ^{연 후} 然後에 ^{흥 학} 興學이니라.

『황무지가 없게 하며, 유랑민이 없게 하며, 음식은 절약하고 일은

때를 맞추며, 인민이 모두 그 정착하여 사는 곳에서 편안하고, 일을
즐겁게 하여 공적을 권하며, 임금을 존경하여 위에 사람을 친하면 그
러한 다음에 학교를 일으키니라.』

◑ 이 절은 인민의 안정된 생업을 개발하여 즐거운 삶터를 만든
다음에야 학교를 일으켜 교육할 수 있음을 기술하였다.

광토(曠土)는 농지를 묵힌 황무지이고, 유민(游民)은 떠돌아다니
는 유랑민이요, 락사(樂事)는 희망과 긍지를 가지고 민간의 사업을
즐겁게 함이요, 권공(勸功)은 안락하고 보람이 있는 공적을 이룩하도
록 이웃이 서로 권면(勸勉)하는 것이며, 흥학(興學)은 학교를 세워서
윤리도덕과 예절문화를 진흥하여 인재를 양성함이다.

먼저 민생문제를 해결하고 예의도덕을 가르쳐서 문명사회를 건설
하는 것이 왕도정치(王道政治)의 본령(本領)이므로 공자는 족식(足
食) 정책을 강조하고, 맹자(孟子)는 산 사람을 양육하고 죽은 사람을
장사 지냄에 부족함이 없는 민생경제력을 역설하였다.

5-15-1 ——————————————— 司徒는 修六禮하야 以節民性하며
明七敎하야 以興民德하며 齊八政하야 以防淫하며
一道德하야 以同俗하며 養耆老하야 以致孝하며
恤孤獨하야 以逮不足하며 上賢하야 以崇德하며
簡不肖하야 以絀惡하니라.

『문교부장관은 여섯 가지 예절을 닦아 인민의 품성을 절제하며,

일곱 가지 가르침을 밝혀 인민의 선덕을 일으키며, 여덟 가지 정책을 가지런히 하여 음란함을 막으며, 도덕을 통일하여 풍속을 같게 하며, 노인을 부양하여 효도를 극진히 하게 하며, 고아와 자식이 없는 늙은 이를 불쌍하게 여기고 도와서 넉넉지 못한 사람에게까지 미치고 어진 이를 높여 덕을 숭상하며, 못난 아들을 가려서 사악함을 물리치느니라.』

◉ 이 장은 문교부장관이 도덕, 윤리, 예절을 일으켜 전체 인민이 안락하게 정착생활을 할 수 있는 문화교육사업의 추진방법을 기술하였다.

사도(司徒)는 학도(學徒)의 교육을 관장하는 문교부(文敎部) 장관이요, 6례(六禮)와 7교(七敎)와 8정(八政)은 이 편의 끝(5-22-8, 9)의 경문(經文)을 보라. 간(簡)은 간열(簡閱)이니 고루고 조사하여 상부에 보고함이요, 불초(不肖)는 같지 않음이니 아버지나 하늘이나 어진 이를 닮지 않은 못난 아들이며, 출(絀)은 물리쳐서 퇴출시킴이다.

맹자(孟子)가 말하기를 배불리 먹고 따뜻하게 입었어도 윤리도덕과 예절을 가르치지 아니하면 짐승에 가깝게 된다고 하였으니 인민이 이미 정착하여 생활경제가 풍족하면 반드시 예절을 교육하여 인간타락을 방지하고 문명사회를 열어야 한다.

5-15-2 ──────────────── 命鄕하야 簡不帥敎者하야 以告하며

著老가 皆朝于庠하며 元日에 習射上功하고

習鄕上齒하되 大司徒는 帥國之俊士하야 與執事焉이니

『향의 책임자에게 명령하여 가르침을 따르지 않은 사람을 골라서 보고토록 하며, 60~70 노인이 모두 학교에서 조회하며, 길한 날에 활쏘기를 익혀 솜씨를 높이고, 향음주례를 익혀 나이를 높이되 대사도는 도읍의 준수한 선비를 거느리고 더불어 행사를 집행하니』

◑ 이 절은 대사도(大司徒)가 학교교육을 통해 일반 국민의 도의심을 앙양하는 방법을 기술하였다.

향(鄕)은 주(周)나라 도읍의 행정구역 단위명칭인데 12,500가(家)를 관할하였으며, 솔(帥)은 거느리는 대로 따라감이며, 조(朝)는 아침에 학교에서 학도들이 집합하여 스승에게 인사하고 훈시, 생활반성, 체조 등을 하는 모임으로 조회(朝會)라고 한다. 상(庠)은 초등·중등·고등·대학을 총칭하는 학교이며, 원일(元日)은 길일(吉日)이고, 습사(習射)는 대사례(大射禮)를 개최하여 활쏘기를 익힘이고, 상(上)은 상급으로 높임이요, 공(功)은 공능(功能)이니 공적과 능력이다. 습향(習鄕)은 향음주례(鄕飮酒禮)를 주체하여 어른을 모시고 술을 먹는 예절을 익힘이며, 상치(上齒)는 연치(年齒)가 높은 사람을 상석(上席)에 앉게 함이요, 대사도(大司徒)는 중앙정부의 문교부장관이고, 국(國)은 도읍(都邑)이며, 집사(執事)는 행사를 집행하여 총체적으로 감독하는 것이다.

살피건대 중앙정부의 문교부장관이 향당(鄕黨)의 예절문화를 진작하기 위하여 60~70의 노인을 각급학교의 교사(敎師)로 임용하여 날마다 조회를 열어서 훈시하여 깨우치고, 또 봄·가을로 길한 날에 향사례(鄕射禮)와 향음주례(鄕飮酒禮)를 대대적으로 주체해서 능력을 평가하고 노인을 공경하는 절도를 널리 보여서 젊은 사람으로 하여금 보고 배우게 하였으니 대단히 아름답고 성대한 국민교화사업이다.

5-15-3 ──────────── 不變이어든 命國之右鄕하야 簡不帥敎者하야
移之左하고 命國之左鄕하야 簡不帥敎者하야
移之右하고 如初禮하며

『변화하지 않거든 도읍의 서쪽 향의 책임자에게 명하여 가르침을
따르지 않은 사람을 골라서 동쪽 향의 학교로 전학하여 옮기게 하고,
도읍의 동쪽 향의 책임자에게 명하여 가르침을 따르지 않은 사람을
골라서 서쪽 향의 학교로 전학하여 옮기게 하고, 처음에 입학하는 예
절과 같이 하며』

◐ 이 절은 가르쳐도 따르지 않는 불효자를 골라서 1차로 징계하
는 방법을 기술하였으니 좀 더 넓은 세계를 보여서 감동시켜야 됨을
밝혔다.

불변(不變)은 생각과 행동이 변화되지 않음이니 교육효과가 전혀
없는 불효자이며, 국(國)은 도읍(都邑)이고, 우(右)는 서쪽이요, 이
(移)는 전학(轉學)하여 옮김이며, 초례(初禮)는 처음에 입학하는 예
절이니 곧 1학년으로 입학한다는 뜻이다.

5-15-4 ──────────────── 不變이어든 移之郊하고 如初禮하며
不變이어든 移之遂하고 如初禮하며
不變이어든 屛之遠方하야 終身不齒니라.

『변화하지 않거든 교외의 학교로 전학하여 옮기고 처음에 입학하

는 예절과 같이 하며, 변화하지 않거든 지방의 학교로 전학하여 옮기고 처음에 입학하는 예절과 같이 하며, 그래도 변화하지 않거든 멀리 변방으로 물리쳐서 죽을 때까지 나란히 하지 못하게 하느니라.』

　◑ 이 절은 불효자의 징계법을 기술하였으니 3차에 걸쳐 변화시키려고 노력해도 끝내 변화되지 않은 사람은 격리시켜서 일반사회에 함께하지 못하게 해야 함을 밝혔다.

　교(郊)는 도성에 근접한 수도권(首都圈) 지역이고, 수(遂)는 교(郊)의 밖으로부터 국경지대에 이르는 야촌(野村)의 지방이며, 병(屛)은 물리침이요, 치(齒)는 나란히 함께함이다.

　살피건대 불효자를 재교육함에 집으로부터 점점 멀리 떨어진 하급학교로 옮기게 하는 까닭은 부모에 대한 그리움을 느끼게 하고 학습수준을 낮추어 주고자 함이다. 그러나 3차에 걸쳐 전학하여 공간적으로 멀리 떠나서 시간적으로 오래되었어도 전혀 부모에 대한 그리움이나 책임감이 없다면 도저히 변화시킬 수 없는 사람이므로 포기하고 격리하여 홀로 살게 하였으니 또한 부득이한 일이라고 하겠다.

5-15-5 ─────────────────────

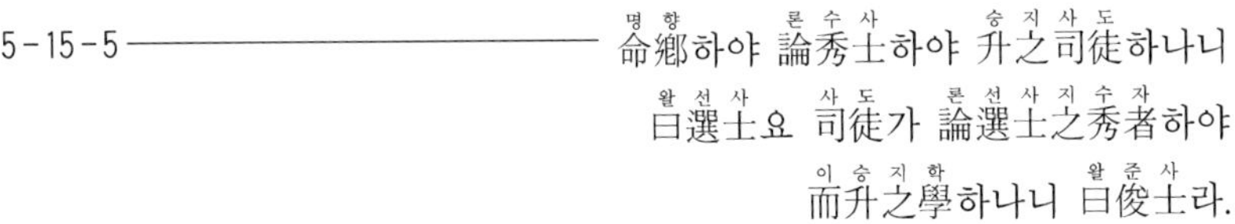

命鄕하야 論秀士하야 升之司徒하나니
曰選士요 司徒가 論選士之秀者하야
而升之學하나니 曰俊士라.

『향의 책임자에게 명하여 우수한 선비를 논의하여 지방의 교육부장관에게 진학을 추천하나니 말하여 뽑힌 선비요, 지방의 교육부장관이 뽑힌 선비의 우수한 사람을 논의하여 태학에 진학을 추천하나니 말하여 준수한 선비라고 하니라.』

◉ 이 절은 일반 서민대중의 우수한 선비를 선발하여 상급학교에 진학시키는 방법을 기술하였다.

논(論)은 논의함이니 고시관(考試官)이 선비의 품행과 식견과 도량을 시험하여 공정하게 평가함이요, 수사(秀士)는 학업성적이 우수한 선비이며, 승(升)은 승급(升級)이니 상급학교에 진학을 추천하여 올리는 것이다. 사도(司徒)는 지방정부의 문교부장관으로 국학(國學)을 관장하며, 선사(選士)는 국학(國學)의 입학 선발고사에 합격한 선비이고, 학(學)은 태학(太學)이니 천자국(天子國)의 중앙정부 대학교이며, 준사(俊士)는 준수한 선비로 그 재능과 인격이 1,000명 가운데서 뛰어난 인물을 뜻한다. 열등생은 골라서 하급학교로 전학시키고 우등생은 뽑아서 상급학교로 진학시키는 것은 인재를 모두 성취시키기 위한 사랑의 교육으로 역시 부득이한 일인즉 차별교육이라고 오해하지 말기 바란다.

5-15-6 ─────────────────────── 升於司徒者는 不征於鄕하고
升於學者는 不征於司徒니 曰造士니라.

『지방정부의 교육부장관에게 추천하여 국학에 진학한 사람은 향의 책임자가 찾아서 취하지 못하고, 태학에 진학하는 사람은 지방정부의 교육부장관이 찾아서 취하지 못하니 말하기를 조예 깊은 선비라고

하니라.』

☯ 이 절은 상급학교에 진학하는 선비는 해당 기관장이 여하한 경우에도 막을 수 없음을 기술하였다.

정(征)은 찾아서 취(取)함이니 상급학교에 진학을 막고 자기의 학교에 머물게 하거나 또는 자기의 행정기관에 임용하여 학문의 진로를 가로막는 것인데 전배들은 이것을 세금 또는 부역으로 해석하였기에 내가 바로잡는다. 조사(造士)는 조예(造詣) 깊은 선비를 성취(成就)함이니 소성(小成)에 만족하지 않고 대성(大成)을 도모하는 것이다.

5-16-1 ──────────────── 樂正이 崇四術하야 立四敎하고
順先王詩書禮樂하야 造士하나니
春秋에 敎以禮樂하고 冬夏에 敎以詩書니라.

『음악부장관이 네 가지 학술을 숭상하여 네 가지 가르침을 확립하고, 옛날의 어진 임금시대에 시와 글과 예절과 음악을 차례로 좇아 조예 깊은 선비를 성취하나니 봄, 가을에는 예절과 음악으로 가르치고 겨울, 여름에는 시와 글로써 가르치니라.』

☯ 이 장은 음악부장관이 총관할하는 교육과정과 학규(學規)를 기술하였으니 문과(文科)와 무과(武科) 및 잡과(雜科)를 망라하여 언급하였다.

악정(樂正)은 지방정부의 음악부장관으로 학교교육을 관장하는 책임자이며, 4술(四術)은 네 가지 학술(學術)로 인문과학, 사회과학, 자연과학, 예능과학 등이고, 4교(四敎)는 네 가지 교과목(敎科目)이니 문과(文科), 무과(武科), 기술과(技術科), 예능과(藝能科) 등이다. 순(順)은 차례로 좇음이니 필수교양과목을 이수함이요, 선왕(先王)은 옛날 어진 임금의 시대이며, 시(詩)는 시가(詩歌)이고, 서(書)는 아름다운 정치내용을 기록한 실록(實錄)이다.

살피건대 전배들은 4술(四術)과 4교(四敎)를 모두 『시경』, 『서경』, 『예기』, 『악기』로 해석하여 이것만을 전공으로 공부했다고 하였으나 옳지 않다. 4술(四術)은 학술의 네 가지 연구 분야이고, 4교(四敎)는 학교교육의 네 가지 전문교과이며, 순(順)은 차례로 교양과목을 이수함이니 시서예악(詩書禮樂)은 모든 학교에서 공통으로 가르치는 필수교양과목일 뿐이요, 모든 학교의 학생이 이것만을 전공한다는 뜻이 아니므로 내가 바로잡았으니 깊이 살피기 바란다.

5-16-2 ──────────────────── 王大子와 王子와 群后之大子와
卿大夫元士之適子와 國之俊選이
皆造焉하나니 凡入學은 以齒니라.

『왕태자와 왕자와 여러 제후의 태자와 경대부와 원사의 맏아들과 나라의 준수한 선비로 뽑힌 사람이 모두 학문의 조예를 닦아 성취하나니 무릇 태학에 들어감은 나란히 하니라.』

　이 절은 천자국의 태학(太學)에 들어가서 전공학문의 조예를 닦는 입학규정(入學規定)을 기술하였다.

　왕(王)은 천자이고, 군후(群后)는 제후(諸侯)이며, 경대부(卿大夫)는 천자국과 제후국을 모두 포함하고, 원사(元士)는 천자국의 원사(元士)이며, 적자(適子)는 정실부인이 낳은 맏아들이다. 준선(俊選)은 서민대중의 자제로 우수한 선비가 되어 준사(俊士)로 뽑힌 사람이며, 조(造)는 조예(造詣)이니 학문이나 기술이 깊은 지경에까지 나아가서 전문가가 되는 것이고, 학(學)은 천자국의 태학(太學)이며, 치(齒)는 함께 더불어 나란히 함이니 학문연구에 귀천의 신분차별이 없는 것이고, 또한 함께 동시에 입학하여 학년의 진도를 같이한다는 뜻이다.

　살펴건대 진정한 왕도정치(王道政治)는 관직(官職)의 세습이 없고 학문의 독점이 없거늘, 이 절에서는 천자의 태자로부터 원사(元士)의 맏아들에 이르기까지를 특례 입학시키고, 오직 서민대중의 아들만 선발고시를 통해서 입학시키니 그 공평성을 상실했다고 아니 할 수 없다. 따라서 이 절은 왕국(王國)을 건설하여 왕통(王統)을 계승하기 위한 하나의 변형임을 파악하여 요순(堯舜)시대의 공명정대한 교육원리와 학교규범이 아님을 깨닫기 바란다.

5-16-3　　　　　　　　　　　　　　　將出學에 小胥와 大胥와 小樂正이
簡不帥敎者하야 以告于大樂正하나니
大樂正이 以告于王하며 王이 命三公九卿大夫元士하야
皆入學하고 不變이어든 王이 親視學하고
不變이어든 王이 三日不擧하고 屛之遠方하나니

西方曰棘이요 東方曰寄니 終身不齒니라.

『장차 태학을 떠나게 함에 작은 조교와 큰 조교와 작은 악정이 가르침을 따르지 않는 사람을 가려내서 중앙정부의 음악부장관에게 보고하나니 중앙정부의 음악부장관이 왕에게 보고하며, 왕이 3공과 9경과 대부와 원사에게 명하여 모두 태학에 들어가서 훈계하고, 그래도 변화하지 않거든 왕이 친히 태학을 시찰하고, 그래도 변화하지 않거든 왕이 3일 동안 음악을 연주하지 않고, 먼 지방으로 물리치나니 서쪽 지방을 말하여 가시울타리를 쌓았다고 하고, 동쪽 지방을 말하여 일정한 장소에만 머물게 한다고 하니라.』

◑ 이 절은 태학(太學)의 퇴학처벌(退學處罰)에 대한 규정을 기술하였다.

출학(出學)은 9년의 태학과정에서 매년 시행하는 학년성적이 부진하거나 학교의 규칙을 위반하여 퇴학(退學)시킴이고, 서(胥)는 조교(助敎)이며, 소악정(小樂正)은 중앙정부의 음악부장관을 보좌하는 벼슬이다. 간불솔교자(簡不帥敎者)는 앞(5-15-2)에서 이미 해설하였고, 거(擧)는 앞(5-10-5)에서 일거이악(日擧以樂)을 해설한 뜻과 같다. 극(棘)은 가시나무로 울타리를 쌓아서 출입을 통제하여 일반인과의 접촉을 금지해서 격리시킴이니 곧 위리안치(圍籬安置)의 형벌이고, 기(寄)는 일정한 지역에 한정하여 머물러 살게 함이니 곧 중도부처(中途付處)의 형벌인데 극도로 불량한 태학생은 서쪽 변방으로 유배 보내고, 어리석은 태학생은 동쪽으로 유배 보낸다는 말이다.

살피건대 평민 출신은 태학에 입학하기는 어려우나 졸업하기는 쉽

고, 귀족 출신은 태학에 입학하기는 쉬우나 졸업하기는 어렵게 하였
으니 비록 특례 입학생은 있어도 결단코 특례 졸업생은 없도록 제도
화하였음을 살피기 바란다.

5-16-4 ──────────────────── 大樂正이 論造士之秀者하야
以告于王하고 而升諸司馬하나니 曰進士니라.

『중앙정부의 문교부장관이 조예 깊은 선비의 우수한 사람을 논의
하여 왕에게 보고하고, 동시에 국방부장관에게 추천하나니 말하여 추
천한 선비라고 하니라.』

☯ 이 절은 태학(太學)에서 우수한 선비를 선발하여 왕에게 보고
함과 동시에 국방부장관에게 관리로 임용하도록 추천하는 제도를 기
술하였다.
진사(進士)는 관계(官界)로 진출하도록 추천한 선비이다.

5-16-5 ──────────────────── 司馬가 辨論官材하되 論進士之賢者하야
以告于王而定其論하니 論定然後에 官之하고
任官然後에 爵之하고 位定然後에 祿之니라.

『국방부장관이 관리의 재질을 논하여 분별하되 관계로 진출하도록
추천한 선비의 어진 사람을 논의하여 왕에게 보고하여 그 논의를 결

정하니 논의가 결정된 다음에 관리로 등용하고, 관직을 맡은 다음에 품계를 내리고, 벼슬이 정해진 다음에 봉록을 주니라.』

◯ 이 절은 관리임용권은 왕에게 있는데 젊고 유능한 인재가 가장 필요한 국방장관이 주관하여 왕의 승인을 받아서 임관(任官)해야 됨을 밝혔다.

변론(辯論)은 그 적성과 실력을 분별하여 논의함이고, 관재(官材)는 관리로서의 재질이며, 정(定)은 판정하여 결정함이다. 관지(官之)는 관리로 등용함이고, 임관(任官)은 왕이 관리로 임명하여 관직을 맡기는 것이며, 작지(爵之)는 품계(品階)를 내리는 것이요, 위(位)는 관직의 등급과 작호(爵號)의 품계를 종합하여 관리의 위계질서를 나타내는 벼슬의 지위이다.

살피건대 태학(太學)의 입학자격은 문교부장관이 선발하고, 태학(太學)에서 인재를 양성하여 우수한 선비를 왕에게 추천하는 책임은 중앙정부의 음악부장관에게 있고, 국방부장관은 그들의 적성과 재능을 분류하여 왕의 승인을 받아 임관(任官)하는 책임을 가지니 이것은 학생선발권과 인재추천권과 관리임용권을 분리하여 관료사회의 인맥구축을 방지하고, 아울러 관료가 문약(文弱)에 빠지는 폐단을 예방하면서 공명정대하게 인재를 등용하기 위함이고, 또한 문무겸전(文武兼全)한 선비를 발탁하기 위함이니 그 뜻이 대단히 심오하도다.

5-16-6 ——————————————— 大夫가 廢其事어든 終身不仕하고
死어든 以士禮로 葬之니라.

『대부가 그 정사를 보지 않고 버려두면 죽을 때까지 벼슬을 하지 못하고, 죽거든 선비의 예절로 장사 지내느니라.』

◑ 이 절은 대부가 그 직책의 사무를 보지 않고 직무를 유기하면 평생 동안 벼슬길에 나아갈 수 없고, 관작(官爵)을 삭탈하여 평민으로 강등함을 기술하였다.

폐(廢)는 폐기하여 버려둠이고, 사(事)는 정사(政事)이니 곧 직무유기죄(職務遺棄罪)를 범하여 처벌받은 것이다. 사(仕)는 재임용함이요, 사례(士禮)는 선비의 예절이니 예절은 서민의 예절이 없으므로 평민도 관혼상제(冠昏喪祭)는 선비의 예절을 쓰는 것이다. 그러므로 선비의 예절로 장사 지낸다는 말은 대부의 관작을 한 등급 낮추어 선비의 급으로 대우한다는 뜻이 아니고, 완전히 모든 벼슬을 박탈하여 일반평민으로 돌아간다는 말이다.

5-16-7 ——————————— 有發이어든 則命大司徒하야 敎士以軍甲이니라.

『군사를 발동함이 있으면 곧 중앙정부의 문교부장관에게 명하여 선비를 전차와 갑옷으로 가르치게 하니라.』

◑ 이 절은 태학생을 사관(士官)으로 임용하기 위하여 군사훈련을 교육하는 절도를 기술하였으니 앞(5-7-6)에서 이미 해설한 군사교육강화책과 종합하여 살피기 바란다.

발(發)은 발군(發軍), 발병(發兵)이니 군사를 발동하여 정벌(征伐)

하는 것이고, 사(士)는 태학생의 조사(造士)이며, 거(車)는 전차(戰車)이고, 갑(甲)은 갑옷인데 모두 무장군인의 전투훈련을 뜻한다.

5-16-8 ——————————————————— 凡執技는 論力하야 適四方이니
贏股肱하야 決射御니라.

『무릇 군사 기술을 가진 사람은 능력을 논의하여 사방으로 가나니 팔다리를 내놓고 활쏘기와 말타기의 우승자를 겨루니라.』

◑ 이 절은 민간에서 징집한 장정의 무술실력(武術實力)에 대한 평가는 간편한 복장으로 활쏘기와 말타기를 직접 대결해서 그 등급의 서열을 정해야 됨을 밝혔다.

기(技)는 무술의 기예(技藝)이고, 력(力)은 능력이며, 사방(四方)은 여러 지방이니 일정하지 않지만 정벌해야 되는 지역을 지칭한다. 라(贏)는 빨가벗음이요, 고굉(股肱)은 팔다리이니 팔다리를 내놓은 간편한 복장을 뜻하며, 결(決)은 결판(決判)이니 승부가 결정될 때까지 겨루는 것이다.

무력정벌(武力征伐)은 승리가 목적이므로 실력이 가장 중요하기 때문에 그 능력을 직접 겨루어서 병정의 계급을 정하고 알맞은 책임을 맡겨야 된다.

5-16-9 ——————————— 凡執技하야 以事上者는 祝史射御醫卜及百工이니라
凡執技하야 以事上者는 不貳事하며 不移官하며

出鄕하야 不與士로 齒니 仕於家者도
出鄕하얀 不與士로 齒니라.

『무릇 군사 기술을 가지고 상관을 섬기는 사람은 축관, 사관, 사수, 마부, 의관, 복관 및 일백 기능공이니라. 무릇 기술을 가지고 상관을 섬기는 사람은 일을 두 가지로 아니 하며, 관직을 옮기지 아니하며, 고향을 떠나서는 태학 출신 사관과 더불어 나란히 하지 않으며, 집에 벼슬을 하는 사람도 고향을 떠나서는 태학 출신의 사관과 더불어 나란히 하지 않으니라.』

◐ 이 절은 군사기술의 종류와 그 복무규정을 기술하였으니 태학생으로 사관(士官)이 된 부대지휘관을 존중해야 됨을 밝혔다.

상(上)은 상관(上官)이니 부대장(部隊長)이요, 축(祝)은 제사에 축문(祝文)을 지어서 읽는 축관(祝官)이고, 사(史)는 앞(1−26−5)에서 이미 해설하였으며, 의(醫)는 군의관(軍醫官)이요, 복(卜)은 앞(1−30−2, 3, 4)에서 이미 해설하였다. 불이사(不貳事)는 오직 한 가지의 일에만 전념함이고, 불이관(不移官)은 소속을 옮기지 아니한다는 뜻이다. 출향(出鄕)은 고향을 떠나간 것이고, 사(士)는 태학생으로 사관(士官)이 된 군사지휘관이며, 사어가자(仕於家者)는 대부(大夫)의 가신(家臣)이다. 태학생으로 사관(士官)이 된 사람은 나이는 비록 젊지만 이미 군부대의 지휘관이 되었으므로 기술자로 징용된 사람이 나이도 많고 사회적 직위가 높다고 하더라도 절대로 나란히 벗할 수 없게 하였으니 군령(軍令)을 세워 기강을 확립해야 되기 때문이다. 그러므로 평상시의 고향에서는 혹시 벗할 수도 있지만 일단 출정(出

征)하여서는 반드시 군률(軍律)을 지키도록 규제한 것이다.

5-17-1 ──────────────── 司寇가 正刑明辟하야 以聽獄訟하되
必三刺하며 有旨라도 無簡이어든
不聽하며 附는 從輕하고 赦는 從重이니라.

『법무부장관은 형벌을 바로잡고 법을 밝혀서 형사소송과 민사소송을 판결하되 반드시 세 번 심리해야 하며, 심증은 있어도 죄를 증명할 틈이 없거든 재판하지 않으며, 부가형은 가벼운 벌을 따르고, 사면함에는 무거운 벌을 따르니라.』

◉ 이 장은 법무부장관의 직무를 기술하여 민·형사소송의 3심제도와 증거주의재판 그리고 밝고 신속하게 판결해서 인민이 법을 따르도록 해야 됨을 밝혔다.

사구(司寇)는 법무부장관이고, 정형(正刑)은 형벌규정을 정당하게 바로잡는 것이고, 명벽(明辟)은 법률을 간단명료하게 국민에게 밝히는 것이며, 청(聽)은 재판에 회부하여 판결함이요, 옥(獄)은 형사 소송이고, 송(訟)은 민사소송이다. 자(刺)는 사건을 파헤쳐 내용을 분석하여 신문(訊問)해서 판결함이니 삼자(三刺)는 곧 지방재판, 고등재판, 중앙재판 등의 삼심(三審)재판제도요, 지(旨)는 지의(旨意)니 곧 심증(心證)이고, 간(簡)은 가림이니 죄를 입증할 수 있는 증거물인바, 비난할 수 있는 허점(虛點)이다. 불청(不聽)은 재판에 회부하지 않고 기각하거나 기소 유예함이며, 부(附)는 부가형(附加刑)이니

주형(主刑)에 덧붙이어 과하는 형벌이요, 종경(從輕)은 이미 주형(主刑)을 받았으므로 부가형은 가벼운 형을 따라 덧붙이며, 사(赦)는 용서하여 사면(赦免)함이고, 종중(從重)은 가벼운 부가형보다 무거운 주형(主刑)을 먼저 경감해 준다는 뜻이다. 이것은 모두 죄는 미워하지만 그 인간은 사랑하여 개과천선(改過遷善)하기를 바라는 인도주의(人道主義)인 법률운용이니 깊이 통찰하기 바란다.

5-17-2 —————————— 凡制五刑은 必卽天論郵니 罰은 麗于事니라.

『무릇 다섯 가지 형벌을 제정함에는 반드시 하늘의 심판 그대로 차례와 등급을 논의해야 하니 벌은 사실에 서로 부합해야 하니라.』

☯ 이 절은 형법(刑法)을 제정하는 원칙을 기술하였으니 반드시 천형(天刑)에 기준하여 자연법으로 해야지 실정법(實定法)에 의존하거나 독재자가 자의적으로 만들면 안 됨을 밝혔다.

제(制)는 앞(5-1-1)에서 이미 해설하였고, 5형(五刑)은 형벌의 종류와 등급에 따라 두 가지가 있으니 형벌의 종류에는 야형(野刑: 농사를 게을리하는 죄), 군형(軍刑: 군령을 어기는 죄), 향형(鄕刑: 윤리를 어기고 불효한 죄), 관형(官刑: 관직을 게을리하는 죄), 국형(國刑: 국가질서를 문란하게 하는 죄)의 다섯 종류이고, 형벌의 등급에는 묵형(墨刑: 이마에 문신을 하는 형벌), 의형(劓刑: 코를 자르는 형벌), 월형(刖刑: 발꿈치를 자르는 형벌), 궁형(宮刑: 생식능력을 잃게 하는 형벌), 대벽(大辟: 사형)의 다섯 등급이다. 즉천(卽天)은 하늘의 자연원리 그대로 하는 것이며, 우(郵)는 방향과 거리에 따라 차례로 지나가는 순서와 등급을 체계적으로 분류함이니 여기에서는 형벌의 순서와 등급을 분류한 형법체계인바, 전배들은 우벌(郵罰)로 해석하였으나 내가 논우(論郵)로 바로잡아서 형법체계를 논의하여 제정하는 것으로 해석하였으니 살피기 바란다. 리(麗)는 부착(附著) 이니 서로 부합함이고, 사(事)는 범죄사실과 증거이다.

5-17-3 ──────────────────── 凡聽五刑之訟하되 必原父子之親하며
立君臣之義하야 以權之하고 意論輕重之序하며
愼測淺深之量하야 以別之하고 悉其聰明하며
致其忠愛하야 以盡之하니라 疑獄이어든 氾與衆共之하야
衆疑면 赦之하되 必察小大之比하야 以成之니라.

『무릇 다섯 가지 형벌의 송사사건을 심리하여 판결하되 반드시 아 버지와 아들의 친함을 추구하며, 임금과 신하의 정의를 확립하여 저 울질하고, 의욕적으로 가볍고 무거운 차례를 논의하며, 신중히 얕고 깊은 분량을 헤아려서 구별하고, 그 총명함을 다하며, 그 진실함과 사랑을 극진히 하여 변호를 다하게 하니라. 형사사건이 해당 형벌조 항이 없어서 의심스럽거든 널리 대중과 더불어 논의하여 대중이 의 심하거든 사면하되, 반드시 작고 큰 것이 연달아 일어남을 살펴서 형 사사건으로 재판을 성립하니라.』

☯ 이 절은 재판사건을 심리하고 판결하는 준칙을 기술하였으니 윤리 도덕적 측면을 살피고 범행사실을 낱낱이 밝혀 법률과 양심에

의거하여 범인에게 여한이 없도록 판결해야 됨을 밝혔다.

원(原)은 추구(推究)함이니 이치를 따져서 밝힘이며, 권(權)은 저울질함이니 알맞게 조절함이다. 의(意)는 의욕적으로 함이요, 경중지서(輕重之序)는 죄의 가볍고 무거운 차례로 주범(主犯)과 종범(從犯)의 서열이며, 천심지량(淺深之量)은 얕고 깊은 분량으로 범죄사건에 가담한 정도 주동자와 방조자의 역할분량이다.

총명(聰明)은 법률적용을 밝게 함이고, 충애(忠愛)는 양심(良心)에 진실하고 인간을 사랑하는 마음이요, 진(盡)은 피고가 자기변호를 다함이다. 의옥(疑獄)은 범죄의 처벌법규가 없는 것이고, 범(氾)은 넓은 것이며, 비(比)는 비슷한 유형의 범죄를 연달아 자주 범한다는 뜻이요, 성지(成之)는 형사사건으로 성립시켜서 정식재판에 회부하여 처벌한다는 말이다.

5-17-4 ──────────── 成獄辭이든 史가 以獄成으로 告於正하나니
正이 聽之하고 正이 以獄成으로 告于大司寇하며
大司寇가 聽之棘木之下하고 大司寇가 以獄之成으로
告於王하니라 王이 命三公參聽之하고 三公이
以獄之成으로 告於王하며 王이 三又한 然後에 制刑하니라.

『피고가 법정에서 자백한 내용을 작성했거든 문서기록관이 형사사건이 성립된다는 안건으로 재판장에게 보고하나니 재판장이 판결하고, 재판장이 형사사건성립의 안건으로 중앙정부의 법무부장관에게 보고하며, 중앙정부의 법무부 장관이 가시나무 아래에서 심리하여 판

단하고, 중앙정부의 법무부장관이 형사사건성립의 안건으로 왕에게 보고하니라. 왕이 3공에게 참조하여 판단할 것을 명령하고, 3공이 형사사건성립의 안건으로 왕에게 보고하며, 왕이 세 번 정상을 참작하여 용서한 다음에 신종범죄의 형법을 추가 제정하니라.』

　❂ 이 절은 앞 절에 이어 신종범죄에 대한 형벌조항을 추가로 제정하는 절차를 기술하였다.

　성(成)은 작성이고, 옥사(獄辭)는 피고가 법정에서 자백(自白)한 내용과 판결문이며, 사(史)는 문서를 기록하는 관리이며, 옥성(獄成)은 형사사건이 성립한다는 의견이요, 정(正)은 정사사(正士師)로 곧 재판장이다. 극목(棘木)은 가시나무니 악목(惡木)으로 뿌리만이라도 뻗어 번식하기 때문에 줄기를 베어도 싹이 다시 자라나서 그 뿌리를 뽑아야만 제거할 수 있다. 대사구(大士寇)로 하여금 가시나무 아래에서 형사사건의 성립 여부를 판단하게 함은 법무부장관이 사건발생의 원인을 분석하여 새로운 범죄가 파생하는 것을 원천적으로 방지하기 위함이니 그 뜻이 매우 심오하다. 참(參)은 참여하여 함께 함이고, 3우(三又)는 정상을 참작하여 세 번을 용서함이니 처음에는 알지 못했으므로 용서하고 다음에는 실수였기에 용서하며 세 번째는 깜빡 잊었기 때문에 용서하는 것이다. 제(制)는 제서(制書)로 임금이 새로운 제도로 만들어 반포해서 그 시행을 명령함이니, 제형(制刑)은 추가로 형법을 제정하여 공포함이다.

　살피건대 기존 형법에 없는 신종범죄의 발생을 법무부장관은 매우 수치스럽게 여기고, 왕은 거듭 용서한 다음에야 새로운 형법을 추가로 제정토록 하여 대단히 꺼리는 까닭은 형법조항이 많은 것은 곧 나라에 윤리도덕의 기강이 무너지고 예의염치가 없어져서 민심이 각

박하고 술수가 만연하여 풍속이 타락했음을 반증하고 또한 정치가
문란한 실증으로서 모두 정치지도자의 무능을 자인한 증거가 되기
때문이다.

5-17-5 ──────────────────────────── 凡作刑하되 罰은 輕이라도 無赦니라.

『무릇 형법을 만들되 벌은 가볍게 할지라도 사면함이 없느니라.』

　☯ 이 절은 앞 절에 이어 새로운 형법조항을 추가로 제정하는 준
칙을 기술하여 재발방지에 역점을 두어야 됨을 밝혔다.
　작형(作刑)은 형법조항을 추가로 만드는 것이고, 벌(罰)은 벌칙조
항이다. 벌은 가볍게 할지라도 용서함이 없는 것은 법의 권위를 세워
서 재발을 방지해야 된다는 뜻이다.

5-17-6 ──────────────────────── 刑者는 侀也요 侀者는 成也니
一成而不可變이라 故로 君子가 盡心焉이니라.

『형법이라는 것은 본보기이고, 본보기라는 것은 완성한 것이니, 한
번 완성하여 변경할 수 없는지라. 그러므로 군자가 마음을 다하느니라.』

　☯ 이 절은 앞 절에 이어 형법조항은 사람을 구속하고 처벌하는
것이므로 완벽하게 만들어야 됨을 기술하였다.

형(侀)은 전형(典型)이니 본보기이고, 성(成)은 성규(成規)로 완
성된 규범이다.

 ──────────────────────── 析言하여 破律하며 亂名하여
改作하며 執左道하야 以亂政이어든 殺하고

『말을 분석하여 법률을 무너뜨리며, 명분을 어지럽혀서 개조하여
조작하며, 타락한 논리를 가지고 정치를 어지럽히거든 죽이고』

☯ 이 절은 다음 절과 함께 신종범죄에 대한 형법을 제정하는 형
량의 기준을 밝혔다.

석언(析言)은 말을 분석하여 내용을 왜곡함이고, 파률(破律)은 법
률을 파괴함이며, 명(名)은 명분(名分)이요, 작(作)은 조작이다. 좌
(左)는 후퇴함이니, 좌도(左道)는 타락한 논리이며, 난정(亂政)은 정
치행정을 문란케 하여 국가를 혼란에 빠뜨리는 것이고, 살(殺)은 사
형에 처하는 것이다. 이것은 법률을 파괴하고 새로운 명분을 내세우
며 타락한 논리를 가지고 정치를 어지럽혀서 임금을 현혹시키고 민
중을 기만하며 개인의 정치적 야욕을 채우려고 했기 때문에 극형으
로 다스리지 않을 수 없는 것이다.

 ──────────────────────── 作淫聲異服과 奇技奇器하야 以疑衆이어든
殺하고 行僞而堅하며 言僞而辯하며

學非而慱하며 順非而澤하야 以疑衆이어든
殺하며 假於鬼神時日卜筮하야 以疑衆이어든
殺하니 此四誅者는 不以聽하니라.

『음란한 소리와 이상한 의복과 기괴한 기교와 기괴한 그릇을 만들어 다중을 의혹하거든 죽이고, 거짓을 행하면서 굳세며, 거짓을 말하면서 변명하며, 그른 것을 배우면서 근심하며, 그른 것을 따르면서 윤택하여 다중을 의혹하거든 죽이며, 귀신과 시일과 점술에 가탁하여 다중을 의혹하거든 죽이니, 이 네 가지를 처벌하여 죽일 사람은 공개 재판하지 아니한다.』

◉ 이 절은 사회에 악영향을 미칠 흉측한 사건은 비공개 재판으로 판결해야 되는 사항을 기술하였다.

음성(淫聲)은 음란한 노래이고, 이복(異服)은 이상야릇한 복장이며, 기기(奇技)는 기묘 망측한 기교(奇巧)와 기술이요, 기기(奇器)는 기괴한 그릇이나 기구이니 모두 사회를 음란케 하고 사람을 병들게 하는 해독을 유행시킨다. 위(僞)는 허위로 조작한 것이고, 견(堅)은 집념이 강해서 변화하지 않음이고, 변(辨)은 변명(辨明)이니 굴복하지 않음이며, 비(非)는 옳지 않은 진리로 자연과학과 인문과학 그리고 사회과학에 어긋나는 부도덕하고 반윤리적이며 무례한 사상이요, 단(慱)은 근심함이니 불안과 공포와 절망감을 확산하는 것이다. 순(順)은 따라서 좇음이고, 택(澤)은 윤택(潤澤)이니 번지르르하게 꾸미는 것인데 이것은 모두 허위로 가장한 부정비리를 만연시켜 국가 사회의 기강과 풍속을 어지럽히는 해악이다.

가(假)는 가탁(假托)이니 거짓으로 핑계를 대서 사람을 현혹시킴인데 귀신(鬼神)은 재앙과 복을 관장하고, 시일(時日)은 길(吉)하고 흉(凶)함이 있으며, 복서(卜筮)는 아름답고 사나운 조짐이 있다고 하여 사회에 운명론(運命論)을 확산해서 무책임, 비능률의 풍토를 조성하고 무사안일을 조장하는 것이다. 주(誅)는 처벌하여 죽임이고, 이(以)는 여(與)와 같으니 공개하여 더불어 함인바, 이청(以聽)은 공판정을 공개하여 재판함인데 전배들은 불이청(不以聽)을 다시 심리하여 재판하지 않은 것이라고 오해하였기에 내가 바로잡았다.

살피건대 왕도정치체제는 모든 재판은 공개하여 심리하는 것을 원칙으로 하되 국가의 기장을 문란케 하거나 사회의 풍속을 해칠 우려가 있는 흉측하고 간악한 사건은 비공개 재판하도록 하였으니 악의 뿌리를 원천에서 절단하려면 마치 무서운 전염병을 다스리듯이 사회 일반으로부터 격리 차단하여 발본색원(拔本塞源)하여야 되기 때문이다. 그렇지 않으면 무섭게 재발하여 사회악이 만연하게 되는 위험이 없지 않을 것이다.

5-17-9 ──────────────────────── 凡執禁은 以齊衆이니 不赦過니라.

『무릇 금지하는 법령을 집행함은 민중을 가지런히 하기 위함이니 과실범도 용서하지 않으니라.』

◑ 이 절은 특별히 정한 금법(禁法)을 어기면 모두 일률적으로 처벌해야 됨을 기술하였으니 금법사항은 아래에 열거하였다.
집(執)은 집행하고, 금(禁)은 금법(禁法)이니 국가에서 특별히 지

정하여 금지하는 법령이며, 제(齊)는 균일(均一)함이요, 과(過)는 과
실범(過失犯)이다. 국민이 일제(一齊)히 지켜야 되는 금법(禁法)에
과실범을 용서하면 그 권위를 상실해서 무용지물(無用之物)로 전락
하여 유명무실(有名無實)한 법이 된다.

5-17-10 ─────────────────────── 有圭璧金璋은 不粥於市하며
命服命車는 不粥於市하며 宗廟之器는 不粥於市하며
犧牲은 不粥於市하며 戎器는 不粥於市하며

『홀과 도래옥과 금으로 장식한 구기는 있어도 저자에 팔지 아니하
며, 관리의 신분을 나타내는 옷과 수레는 저자에 팔지 아니하며, 종
묘의 제기는 저자에 팔지 아니하며, 제사에 올릴 희생은 저자에 팔지
아니하며, 병기는 저자에 팔지 아니하며』

◉ 이 절은 국가의 제도로 규정한 시장(市場)에서 사사롭게 매매
하지 못하는 관물(官物)을 열거하였다.

규(圭)는 옥으로 만든 홀(笏)로 관리의 신분을 확인하는 신표(信
票)이며, 벽(璧)은 도래옥으로 관리의 신분을 나타내는 패옥(佩玉)이
고, 금장(金璋)은 금으로 장식한 구기로 강신주(降神酒)를 뜨는 용기
이며, 육(粥)은 값을 받고 파는 것이다. 명(命)은 관작(官爵)의 위계
(位階)이고, 융기(戎器)는 병기(兵器)이다.

관물(官物)을 시장에서 매매하지 못하게 하는 것은 관물(官物)과
사물(私物)을 분별하여 사이비 사기꾼과 부정부패를 원천적으로 방
지하기 위함이다.

用器가 不中度어든 不粥於市하며
兵車가 不中度어든 不粥於市하며
布帛의 精麤가 不中數하고
幅廣狹이 不中量이어든 不粥於市하며
姦色이 亂正色이어든 不粥於市하며

『용기가 척도에 맞지 않거든 저자에 팔지 않으며, 작은 수레가 도에 맞지 않거든 저자에 팔지 않으며, 베와 비단의 가늘고 굵은 것이 실 가닥의 수에 맞지 않고, 폭의 넓고 좁은 것이 넓이의 분량에 맞지 않거든 저자에 팔지 않으며, 난잡한 색이 바른 색을 어지럽히거든 저자에 팔지 않으며』

◑ 이 절은 규격에 어긋난 상품은 시장에 내다 팔지 않는 것을 열거하였다.

용기(用器)는 인민의 생활용기니 식기(食器), 농기(農器) 등이요, 병거(兵車)는 록거(鹿車)니 작은 수레로 민간용의 수레이다. 이미 앞 절에서 융기(戎器)를 언급하였는데 여기에서 병거(兵車)를 전차(戰車)나 군용차로 해석하면 서로 모순되기 때문에 민간용의 수레로 보아야 된다. 포(布)는 삼베와 칡베이고, 백(帛)은 명주로 짠 비단 베이며, 정(精)은 가늘고 정밀한 것이고, 추(麤)는 굵고 성긴 것이다. 수(數)는 날줄과 씨줄의 가닥수이니 10올을 1승(升)이라고 하였으며, 폭광협(幅廣狹)은 베의 폭이 넓고 좁음이고, 량(量)은 한량(限量)이니 한정한 계량으로 보통 베는 2자 2치이고 비단은 2자 4치였다. 간색(姦色)은 여러 가지의 색을 난잡하게 섞은 빛이요, 정색(正色)은 순수한 색으로 청(靑), 황(黃), 적(赤), 백(白), 흑(黑)의 5색이다.

상품의 규격화는 가격의 평준화로 신용사회를 만들기 위함이고, 또한 널리 상품의 교류를 촉진하기 위함이다.

5-17-12 ─────────────────── 錦文珠玉成器는 不鬻於市하며
衣服飮食은 不鬻於市하며

『비단무늬와 보배옥과 좋은 그릇은 저자에 팔지 않으며, 의복과 음식은 저자에 팔지 않으며』

◉ 이 절은 사치품과 누구나 만들 수 있는 것은 저자에서 팔지 못하는 것을 열거하였다.

금문(錦文)은 비단에 아름다운 무늬로 수를 놓거나 그린 것이고, 성기(成器)는 옥을 조각하여 아름답게 만든 그릇이니 모두 사치품이고, 의복과 음식은 누구나 만들 수 있는 일상적인 기초생활용품이다.

사치품의 유통을 금지하고 일상적인 기초생활용품의 판매를 금지하는 까닭은 국민의 근면·검소한 생활풍토를 조성하기 위함이니 사치와 무사안일은 사람을 병들게 한다. 그러나 이것은 저자에서 식당(食堂)영업을 금지하는 것이 아니고 비위생적인 거리음식 판매행위를 금지하는 것이며, 의복도 기성복의 판매를 단속할 뿐이고 옷집에 맞추는 것은 자고로 있는 일이다.

5-17-13————————————————— 五穀이 不時하며 果實이 未熟이면
不粥於市하며 木不中伐이어든 不粥於市하며
禽獸魚鼈이 不中殺이어든 不粥於市니라.

『5곡이 제철이 아니며 과일이 익지 않았거든 저자에 팔지 않으며,
나무가 베기에 합당하지 않으며 날짐승과 들짐승 그리고 물고기와
자라가 죽이기에 합당하지 않거든 저자에 팔지 않으니라.』

☯ 이 절은 생물(生物)이 온전히 성장하지 못한 것은 저자에 팔지
못하는 물품을 열거하였다.
시(時)는 제철이고, 중(中)은 합당 또는 적당함이니, 중벌(中伐)은
다 자라서 벌목(伐木)하기에 합당한 것이고, 중살(中殺)은 충실하게
생장하여 잡아먹기에 적당함이다.
이것은 자연의 자원을 합리적으로 이용하기 위함이요, 또한 자연
을 사랑하는 풍토를 조성하는 방법이다.

5-17-14————————————————— 關은 執禁以譏하야 禁異服하며 識異言하니라.

『국경의 관문을 지키는 관리는 금법을 집행하여 살펴서 괴이한 의
복을 금지하며, 괴이한 말을 식별하니라.』

☯ 이 절은 국경의 관문을 지키는 관리가 나라의 금법(禁法)을 고
시(告示)하고 통관(通關) 물품을 살펴서 단속해야 됨을 기술하였다.

금이복(禁異服)은 사치하고 이상야릇한 옷을 단속하여 입지 못하게
함이고, 식이언(識異言)은 일상적으로 쓰는 말과 다른 논리로 괴상하
게 꿰어 맞춘 말을 식별해서 상품의 통관을 허락하지 않는 것이다.

 大史와 典禮가 執簡記하야
奉諱惡이어든 天子가 齊戒하야 受諫하고

『태사와 전례가 간추려 기록한 문서를 가지고 꺼리고 피할 사항을
받들어 올리거든 천자는 마음을 가다듬고 경계하여 간하는 내용을
받아들이고』

◉ 이 장은 천자와 공경(公卿)이 반드시 지켜야 되는 금기(禁忌)
사항을 기술하였다.

태사(太史)는 중앙정부의 현실정치를 기록한 관리이고, 전례(典禮)
는 예절을 관장한 관리로 앞(5-6-5)에서 이미 해설하였는바, 전배
들은 이것을 관명(官名)으로 보지 않고 태사(太史)의 직무내용으로
오해하였기에 내가 바로잡았다.

간기(簡記)는 간추려서 기록한 문서이고, 휘오(諱惡)는 꺼리고 피
하여 하지 않을 사항이며, 재계(齊戒)는 정신을 오로지 가다듬어 조
심함이요, 간(諫)은 아랫사람이 윗사람에게 바른길로 나아가도록 깨
우치는 말이다. 여기에서 천자도 태사와 전례가 올리는 금기사항은
반드시 지켜야 됨을 알아야 할 것이다.

 司會가 以歲之成으로 質於天子이어든
家宰가 齊戒하야 受質하고

『사괴가 해의 풍년으로 천자에게 보증하거든 총리가 마음을 가다
듬고 경계하여 보증서를 받고』

◉ 이 절은 한 해의 농사에 대한 풍년이라는 평가는 사물을 예리
하게 관찰하는 화공(畵工)으로부터 비롯함을 밝혔다.

사괴(司會)는 그림을 그리는 관리로 일월성신(日月星辰)과 산룡화
충(山龍華蟲)을 그려서 관복(官服)과 궁궐 그리고 수레 등을 장식한
다. 전배들은 사괴(司會)를 총재(冢宰)에 속한 재정회계관리관이라고
하였으나 옳지 않다. 만일 총재의 속관이라면 자기가 올린 문서를 자
기가 받는 것인즉 있을 수 없는 일이다. 세(歲)는 1년의 농사이고,
성(成)은 풍년(豐年)인데 전배들은 결산완성으로 오해하였기에 바로
잡는다. 질(質)은 문서로 보증하여 담보(擔保)함이다.

화공(畵工)에게 한 해의 농사에 대한 풍년이라는 평가를 문서로
보증하여 담보토록 하는 것은 그 직관력이 대단히 예리해서 사물을
꿰뚫어 보는 안목이 있음이고, 또한 총리가 받게 함은 민생(民生)과
민심(民心)을 깊이 고려하여 평가해야 되기 때문에 재계(齊戒)하고
받아서 동의하게 하였다.

 大樂正과 大司寇와 市의 三官이
以其成으로 從質於天子이어든

$$\underset{\text{대사도}}{大司徒}와 \ \underset{\text{대사마}}{大司馬}와 \ \underset{\text{대사공}}{大司空}이 \ \underset{\text{재계}}{齊戒}하야 \ \underset{\text{수질}}{受質}하고$$

『중앙정부의 음악부장관과 법무부장관과 시장관리관의 세 관리가 그 풍년으로 따라서 천자에게 보증하거든 중앙정부의 교육부장관과 국방부장관과 건설부장관이 마음을 가다듬고 경계하여 보증서를 받고』

☯ 이 절은 한 해의 농사에 대한 풍년이라는 평가는 음악계와 법조계 그리고 시장(市場)에서 쫓아 보증해야 됨을 밝혔다.

시(市)는 사시(司市)로 시장(市場)을 관리하는 대부(大夫)이고, 종질(從質)은 추종(追從)하여 담보함이다.

살피건대 음악은 시절에 따라 고락(苦樂)의 표현이 다르고, 재판 사건은 시절에 따라 많고 적음이 다르며, 시장은 시절에 따라 귀천(貴賤)이 다르기 때문에 풍년과 흉년을 쉽게 감지할 수 있으므로 음악부장관과 법무부장관과 시장관리관이 사괴(司會)를 따라서 풍년이라는 평가서로 천자에게 보증하게 하였다. 그리고 풍년에는 교육과 군사와 건설의 사업이 많으므로 교육부장관과 국방부장관과 건설부장관이 재계하여 보증서를 받게 하였으니 그 뜻이 심오하도다.

5-18-4 ──────────────── 百官이 各以其成으로 質於三官하면
大司徒와 大司馬와 大司空이 以百官之成으로
質於天子이어든 百官이 齊戒하야 受質하나니
然後에 休老하고 勞農하며 成歲事하야 制國用하니라.

『일백 관료가 각각 그 풍년으로 세 관청에 보증하면 중앙정부의 교육부장관과 국방부장관과 건설부장관이 일백 관료의 풍년이라는 평가로 천자에게 담보하거든 일백 관료가 마음을 가다듬고 경계하여 보증서를 받나니 그런 다음에 노인을 쉬게 하고, 농민을 위로하며, 한 해의 농사를 끝내어 나라의 재정사용을 제정하니라.』

　◑ 이 절은 일백 관리와 경(卿)이 모두 풍년임을 인정하고 서로 보증하여야 비로소 풍년으로 인정하여 사업을 시행하게 됨을 기술하였다.

　3관(三官)은 앞 절의 3관이니 대악정(大樂正), 대사구(大司寇), 사시(司市)이며, 휴로(休老)는 노인을 편안히 쉬게 함이요, 로농(勞農)은 농민을 위로함이다. 성세사(成歲事)는 1년의 농사를 완성하여 끝냄이요, 제국용(制國用)은 국가의 재정사용계획을 제정함이니 곧 국가의 예산을 편성하는 것이다.

　살피건대 나라의 정치사업은 농경사회에 있어서 풍년과 평년, 그리고 흉년에 따라 그 운용계획이 다를 수밖에 없으므로 그 평가는 대단히 중요한 것이다. 그리하여 정확한 평가작업을 위하여 3단계의 보증기관을 정했으니 제1차 보증은 현상의 내면을 꿰뚫어 보는 관찰력을 가진 사괴(司會)에게 위임하였고, 제2차는 나타난 현상을 민감하게 파악하는 대악정(大樂正), 대사구(大司寇), 사시(司市)의 3관에게 위임하였으며, 제3차는 사회현실을 직접 살피는 백관(百官)에게 위임하였으니 결국 모든 관료가 합동으로 풍년임을 보증해야만 풍년으로 인정하였는바 그러한 이유는 풍년의 사업은 대단히 경사스럽고 성대한 행사를 개최하여 많은 재정이 소요되는 까닭에 모든 관료가 문서로 확실하게 담보하여 책임정치를 하기 위함이다. 전배들은 이

절에서 성(成)을 회계문서의 작성으로 착각하고, 질(質)을 질의서로
오해하여 전혀 엉뚱한 이야기를 하였는데 이제 성(成)은 풍년이라는
평가요, 수(受)는 접수하여 인정함이며, 질(質)은 보증하여 담보하는
것으로 바로잡아서 지난 2,500여 년 동안 매몰되었던 위대한 왕도정
치의 제도를 되찾으니 가슴속에 시원한 바람이 일어 하늘땅에 가득
하다.

5-19-1 ──────────────────────────────────── 凡養老는

『무릇 노인을 안락하게 모시고 섬김은』

◉ 이 장은 풍년에 노인을 쉬게 하고 음식을 차려서 잔치를 베풀
어서 기쁘게 하는 절도를 기술하였다.
　양로(養老)는 노인을 안락하게 모시고 섬기는 것인데 앞 절(5-18
-4)에서 말한 휴로(休老) 사업의 일환이다.

5-19-2 ──────────────────────── 有虞氏는 以燕禮하고

『순임금 정부는 연회의 예절로 하고』

◉ 이 절은 순(舜)임금 정부에서 노인을 위하여 잔치를 베풀었던
예절을 기술하였다.

유(有)는 정부라는 뜻이고, 우(虞)는 순(舜)임금의 씨(氏)인데 당시에는 시호(諡號)제도가 없었기 때문에 사람들이 인습적으로 순임금의 왕호(王號)로 사용하여 제순유우씨(帝舜有虞氏)라고 하였다. 연례(燕禮)는 손님을 나란히 앉게 하고 각각 독상(獨床)을 올려 술과 음식을 주인이 차례로 대접하는 것이니 여러 사람이 동시에 같은 장소에 모여서 함께 즐기는 연회(燕會)의 예절로 대단히 화목하고 즐거운 잔치이다.

5-19-3 ─────────────────────────────────────── 夏后氏는 以饗禮하고

『하나라 왕조는 향례로 하고』

◉ 이 절은 하(夏)나라 왕조에서 노인을 위하여 특별히 영광스러운 자리를 베푼 예절을 기술하였다.

하(夏)는 우(禹)임금이 세운 나라 이름이고, 후(后)는 임금이란 뜻이니 후씨(后氏)는 왕조(王朝)라는 말이다. 향례(饗禮)는 주인이 특정한 손님을 위하여 최고의 예절로 술과 안주를 대접하는 예절인데 주인과 손님이 모두 서서 거행하며 지극히 공경하고 사양하고 감사하는 절도를 갖추어 가장 영광스러운 음식예절이다.

앞에 연례(燕禮)와 이 절의 향례(饗禮)는 뒤에 향음주의(鄕飮酒義) 편에서 그 본의를 확인하면 모두 술을 위주로 하는 예절이다.

5-19-4 ─────────────────────────────────────── 殷人은 以食禮하고

『은나라 사람은 식사의 예절로 하고』

◑ 이 절은 은(殷)나라 시대에는 노인을 위하여 식사를 대접하는 자리를 베푼 예절을 기술하였다.

은(殷)은 탕(湯)임금이 세운 나라 이름이고, 사례(食禮)는 밥을 위주로 음식을 대접하는 예절인데 술이 없거나 또는 술이 있어도 밥을 먼저 먹고 술은 식사를 한 다음에 마시는 것이다.

5-19-5 ——————————————————— 周人은 脩而兼用之니라.

『주나라 사람은 다듬어서 아울러 쓰느니라.』

◑ 이 절은 주(周)나라 시대에는 연례(燕禮)와 향례(饗禮)와 사례(食禮)를 겸비하여 사용하였음을 기술하였으니 앞(3-9-1, 2)에서 말한 묘장(墓葬)제도를 참고하기 바란다.

주(周)나라는 문왕(文王)과 무왕(武王)이 세운 나라이고, 수(脩)는 다듬어서 아름답게 수식한 것이며, 겸용(兼用)은 아울러 융통성 있게 활용하는 것이다. 이리하여 주(周)나라의 예절은 요순(堯舜), 하(夏), 은(殷)의 예절을 아름답게 다듬고 또한 종합하였기 때문에 대단히 찬란하고도 성대한바, 그것은 행사가 다양하여 시간이 길고 또한 행사진행 요원이 많은 까닭인즉, 양로(養老)사업도 하루 종일 거행하여 향례(饗禮)로 시작해서 연례(燕禮)로 바뀌어 사례(射禮)를 거쳐 사례(食禮)로 마치게 하였던 것이다.

5-19-6 ──────────────────────────── 五十이어든 養於鄕하고 六十이어든
養於國하고 七十이어든 養於學하니 達於諸侯니라.

『50이어든 도읍의 향에서 안락하게 모시고 섬기며, 60이어든 도읍
에서 안락하게 모시고 섬기며, 70이어든 태학에서 안락하게 모시고
섬기니 제후에게 공통하니라.』

☯ 이 절은 노인의 나이에 따라서 안락하게 모시고 섬겨야 되는
책임기관을 기술하였다.

오십(五十)은 50줄의 나이로 곧 50대를 지칭하니 아래도 같다. 향
(鄕)과 국(國)은 앞(5-15-2)에서 이미 해설하였고, 학(學)은 앞(5
-15-5)에서 이미 해설하였으니 참고하라. 달어제후(達於諸侯)는 제
후에게 공통이라는 뜻으로 제후국가도 역시 같은 기준으로 양로(養
老)사업을 시행해야 된다는 말이다.

5-19-7 ──────────────────────────── 八十이어든 拜君命하되 一坐에 再至하고
瞽亦如之하며 九十이어든 使人으로 受니라.

『80이어든 임금의 명령에 절하되 한 번 앉아서 두 번 절하고, 소
경도 또한 같으며, 90이어든 사람으로 하여금 받게 하니라.』

☯ 이 절은 양로(養老)행사를 함에 있어서 80세 이상과 불구자는
특별히 우대하여 인사예절을 간소화함을 밝혔다.

군명(君命)은 임금이 양로행사를 직접 주최하거나 또는 선물을 집으로 보냈을 때에 권(勸)하거나 청(請)하는 말이고, 일좌재지(一坐再至)는 몸에 기력이 쇠약하므로 한 번 앉아서 두 번 머리를 숙이도록 배려하여 약식으로 재배(再拜)함이며, 고(瞽)는 시력을 잃은 소경이니 역시 약식으로 재배하게 하였다. 90세 이상은 몸이 극도로 쇠약하여 예절을 행할 수 없으므로 다른 사람이 대신하여 재배하고 받게 하였으니 임금의 지극한 노인사랑이라고 하겠다.

살피건대 후세에 전제군주가 그 권위를 높이기 위하여 제왕(帝王)에게는 4배(四拜)를 해야 된다고 하였으나 고대의 어진 임금시대에는 전혀 없었던 해괴한 일임을 여기에서 확인하기 바란다.

『서경(書經)』에 나타난 군신(君臣) 간의 절은 모두 1배(一拜)이고, 『예기』에서도 천자에 대한 민간인의 절이 재배(再拜)뿐임을 분명히 살피기 바란다. 왜냐하면 절이란 공경심의 표현이고, 공경심은 아버지를 공경하는 마음보다 큰 것이 없거늘 아버지의 제사에 재배(再拜)가 예절이므로 재배 이상의 절은 있을 수 없고 또한 있어서도 안 되는 것이다.

5-19-8 ──────── 五十이어든 異糧하고 六十이어든 宿肉하고
七十이어든 貳膳하고 八十이어든 常珍하고
九十이어든 飮食이 不離寢하며
膳飮이 從於遊가 可也니라.

『50이어든 양식을 따로 하고, 60이어든 고기를 재우고, 70이어든

고기반찬을 두 가지로 하고, 80이어든 진기하고 맛 좋은 음식을 항상 준비하고, 90이어든 음식이 침실을 떠나지 아니하며, 고기반찬과 마실 것이 노는 데를 따라야 옳으니라.』

◑ 이 절은 노인의 나이에 따라 음식을 특별히 준비해야 됨을 기술하였다.

이장(異粻)은 소화가 잘되는 식량을 따로 준비함이고, 숙육(宿肉)은 고기를 재워서 연하게 반찬을 만듦이며, 이선(貳膳)은 고기반찬을 두 가지로 만들어 입맛을 돋우게 함이요, 상진(常珍)은 진미(珍味)를 항상 준비함이고, 침(寢)은 침소요, 유(遊)는 노는 곳이다.

5-19-9 ──────────────── 六十이어든 歲制하고 七十이어든 時制하고
八十이어든 月制하고 九十이어든 日脩니
唯絞紟衾冒는 死而后에 制니라.

『60이어든 해로 만들고, 70이어든 철로 만들고, 80이어든 달로 만들고, 90이어든 날로 다듬으니 오직 염습할 때 시체를 묶은 띠와 홑이불과 이부자리와 씌우개는 죽은 뒤에 만드니라.』

◑ 이 절은 노인의 죽음에 대비하여 장례물건을 준비하는 절도를 기술하였다.

세제(歲制)는 1년의 장기간에 걸쳐 만들어야 되는 것을 준비하라는 뜻이니 대체로 널을 만들 나무를 말리는 일이다. 시제(時制)는

봄, 여름, 가을, 겨울의 한 철에 걸쳐 만들 수 있는 것을 준비하라는
뜻이니 종이, 삼베, 식량 등을 저축함이며, 월제(月制)는 의복과 신을
만드는 것이요, 일수(日脩)는 이미 만들어 보관한 물품을 수리함이
다. 교(絞)는 염습(殮襲)할 때에 시체를 묶는 마포(麻布)이고, 금
(紟)은 소렴(小斂)과 대렴(大斂)할 때에 시체를 감싸는 홑이불이며,
금(衾)은 널에 까는 이부자리이고, 모(冒)는 시체의 머리와 손발을
가리는 씌우개인데 이것은 모두 만들기가 쉬운 까닭에 죽은 다음에
만들어도 된다.

5-19-10 ──────────────────────── ^{오 십}五十에 ^{시 쇠}始衰하고 ^{륙 십}六十에 ^{비 육}非肉이면
^{불 포}不飽하고 ^{칠 십}七十에 ^{비 백}非帛이면 ^{불 난}不煖하고
^{팔 십}八十에 ^{비 인}非人이면 ^{불 난}不煖하고
^{구 십}九十에 ^{수 득 인}雖得人이라도 ^{불 난 의}不煖矣니라.

『50에 쇠약하기 시작하고, 60에 고기가 아니면 배부르지 않고, 70
에 비단옷이 아니면 따뜻하지 않고, 80에 사람의 몸이 아니면 따뜻하
지 않고, 90에는 비록 사람의 몸을 얻었어도 따뜻하지 않으니라.』

◉ 이 절은 노인은 기력이 떨어지고 체온이 낮아지기 때문에 그
체온을 특별 관리해야 됨을 기술하였다.
　시쇠(始衰)는 신체적 기능이 노쇠하기 시작함이고, 백(帛)은 비단
옷이며, 인(人)은 부부(夫婦), 또는 혈육(血肉)을 이은 자손인데 이
러한 까닭으로 예법에서 70이면 부부(夫婦)가 한방을 쓰도록 하였고,
비록 전역(戰役)에 나아가더라도 부부가 동행하도록 하였으니 앞(1

-6-3)을 참조하기 바란다.

5-19-11─────── 五十이어든 杖於家하고 六十이어든 杖於鄕하고
七十이어든 杖於國하고 八十이어든 杖於朝하고
九十者는 天子가 欲有問焉則就其室하되
以珍으로 從하니라.

『50이어든 집에서 지팡이를 짚고, 60이어든 향에서 지팡이를 짚고, 70이어든 도읍에서 지팡이를 짚고, 80이어든 조정에서 지팡이를 짚고, 90노인은 천자가 물을 것이 있고자 하면 그 방으로 나아가되 진기한 음식으로 따르게 하니라..』

◉ 이 절은 노인의 나이에 따라 지팡이를 짚을 수 있는 지역을 기술하였다.

장(杖)은 쇠약한 몸을 지탱하기 위하여 지팡이를 짚는 것인데 어른 앞에서는 자기를 낮추어 지팡이를 짚지 않는 것이 예절이므로 부득이 나이에 따라 지팡이를 짚는 영역의 한계가 없을 수 없는 것이다. 유문(有問)은 문안할 일이 있는 것이고, 취기실(就其室)은 앞(5-6-3)에서 이미 해설하였다.

이 절과 앞 절은 본래 한 절이었으나 내가 두 절로 나누었으니 살피기 바란다.

七十^{칠 십}이어든 不俟朝^{불 사 조}하고
八十^{팔 십}이어든 月告存^{월 고 존}하고
九十^{구 십}이어든 日有秩^{일 유 질}이니라.

『70이어든 조정에서 대기하지 아니하고, 80이어든 달로 집에 있음만 알리고, 90이어든 날로 떳떳하게 있느니라.』

◉ 이 절은 관작(官爵)을 가지고 있는 노인의 직무에 대한 처리방법과 책임한계를 기술하였다.

불사조(不俟朝)는 조정에서 대기하지 않음이니 출근은 하였어도 사무가 끝나면 바로 퇴근하여 집에서 쉬는 것이며, 월고존(月告存)은 출근도 하지 않고 달로 집에 있음을 알려서 결재할 사항이 있으면 집으로 찾아가서 처리함이요, 일유질(日有秩)은 날로 집 안에서 일상적으로 떳떳하게 있는 것이니 집에서도 직무를 보지 않는 것이다. 전배들은 이 절을 임금이 문안하고 음식을 보내는 것으로 해석하였으나 옳지 않기에 내가 바로잡았으니, 사(俟)는 대기함이고, 고(告)는 보고이며, 질(秩)은 상(常)으로 일상적인 생활이다.

五十^{오 십}이어든 不從力政^{불 종 력 정}하고
六十^{륙 십}이어든 不與服戎^{불 여 복 융}하고
七十^{칠 십}이어든 不與賓客之事^{불 여 빈 객 지 사}하고
八十^{팔 십}이어든 齊喪之事^{자 상 지 사}가 弗及也^{불 급 야}니라.

『50이어든 힘으로 하는 정사에 종사하지 않고, 60이어든 군대에 복무하는 일에 참여하지 않고, 70이어든 외교관의 일을 더불어 하지 않고, 80이어든 자최의 상복을 입는 일이 미치지 않으니라.』

◑ 이 절은 앞 절에 이어 관작(官爵)을 가지고 있는 노인의 직무에 대한 배려가 있어야 됨을 기술하였다.

역정(力政)은 힘을 주로 쓰는 정치사업이니 건설부와 농림부처럼 현장에서 지도하는 사업이요, 복융(服戎)은 병역(兵役)에 복무함이며, 빈객지사(賓客之事)는 외교관의 일이다. 자상(齊喪)은 자최(齊衰)의 상복을 입는 것이니 참최(斬衰)의 다음가는 상복이며, 불급(弗及)은 미치지 아니함이니 곧 입지 않는다는 뜻이다.

5-19-14 ──────────────── 五十^{오 십 이 작}而爵하고 六十^{륙 십}이어든 不親學^{불 친 학}하고
七十^{칠 십}이어든 致政^{치 정}이니 唯衰麻爲喪^{유 최 마 위 상}이니라.

『50에 관작을 받고, 60이어든 몸소 배우지 아니하고, 70이어든 정사에서 물러나니 오직 상복만 입는 것으로 상례를 하니라.』

◑ 이 절은 앞 절에 이어 노인관료의 정년퇴직(停年退職)에 대한 예절을 기술하였다.

작(爵)은 작위(爵位)를 받아 대부(大夫)가 되어 행정의 책임자가 되는 것이고, 친학(親學)은 몸소 배우는 것이니 공무원의 재교육기관에 들어가서 독서나 학습을 함이며, 치(致)는 반납함이니 치정(致政)

은 행정직무를 반납하고 퇴직함이요, 상(喪)은 상례(喪禮)이다.

　60이면 체력이 감퇴하므로 교육원에 들어가서 배우기가 어렵고, 70
이면 정신력까지 감퇴하므로 정치행정의 사무를 반납하고 퇴직하여
물러나게 하였으니 체력과 정신력의 한계에 이른 까닭이다.

5-19-15 ——————————————— 有虞氏는 養國老於上庠하고 養庶老於下庠하며

『순임금 정부는 나라의 원로를 위 학교에서 편안하게 모시어 섬기
고, 여러 관직에서 정년퇴직한 노인을 아래 학교에서 편안하게 모시
고 섬기며』

　◐ 이 절부터 아래 4절은 양로(養老) 장소의 역사적 전통을 기술
하여 역대에 중시하였음을 밝혔다.

　유우씨(有虞氏)는 앞(5-19-2)에서 이미 해설하였고, 양(養)은
비단 음식만을 봉양하는 것이 아니고 특강을 맡아 교육을 담당케 하
는 것이며, 국로(國老)는 나라에서 존경하는 원로(元老)요, 서로(庶
老)는 여러 공직에서 정년퇴직한 70 이상의 노인이다. 상상(上庠)은
태학(太學)이고, 하상(下庠)은 소학(小學)이다.

5-19-16 ——————————————— 夏后氏는 養國老於東序하고 養庶老於西序하며

『하나라 왕조는 나라의 원로를 동쪽 학교에서 편안하게 모시어 섬기고, 여러 관직에서 정년퇴직한 노인을 서쪽 학교에서 편안하게 모시어 섬기며』

◑ 하후씨(夏后氏)는 앞(5-19-3)에서 이미 해설하였고, 동서(東序)는 태학이고, 서서(西序)는 소학이다.

5-19-17──────────────── 殷人은 養國老於右學하고 養庶老於左學하며

『은나라 사람은 나라의 원로를 오른쪽 학교에서 편안히 모시어 섬기고, 여러 관직에서 정년퇴직한 노인을 왼쪽 학교에서 편안히 모시고 섬기며』

◑ 우학(右學)은 태학이고, 좌학(左學)은 소학이다.

5-19-18──────────────── 周人은 養國老於東膠하고
養庶老於虞庠하니 虞庠은 在國之西郊니라.

『주나라 사람은 나라의 원로를 동쪽 학교에서 편안히 모시어 섬기고, 여러 관직에서 정년퇴직한 노인을 사냥학교에서 편안히 모시고 섬기니 사냥학교는 도읍의 서쪽 교외에 있느니라.』

◑ 이 절은 앞(5-19-6)에서 이미 서술한 양로기관과 종합하여 볼 일이다.

교(膠)는 학교이며, 우(虞)는 사냥터지기이다.

5-19-19─────────────────── 有虞氏는 皇而祭하고 深衣而養老하고

『순임금 정부는 머리털을 바르고 크게 장식한 관을 쓰고 제사 지내고, 심의를 입고 노인을 봉양하고』

◑ 이 절부터 아래 4절은 양로행사의 역사적 전통을 기술하여 역대에 중시하였음을 밝혔다.

황(皇)은 머리털을 바르고 크게 장식한 관(冠)이니 성대함을 상징하고, 제(祭)는 어진 성현을 기리며 제사 지내는 것이요, 심의(深衣)는 선비의 예복(禮服)으로 흰색 바탕의 옷에 검은 선을 두르는 깨끗한 옷이니 왕이 선비의 예복을 입는 것은 자기를 낮추고 노인을 공경한다는 뜻이다.

5-19-20─────────────────── 夏后氏는 收而祭하고 燕衣而養老하며

『하나라 왕조는 머리털을 거두어 담는 관을 쓰고 제사 지내고, 평상복을 입고 노인을 봉양하며』

◉ 수(收)는 머리털을 거두어 담는 관(冠)이니 깨끗함을 상징하고, 연의(燕衣)는 평상시에 일상적으로 입는 평상복이니 또한 노인을 편안하게 섬긴다는 뜻이다.

5-19-21 ─────────────────────── 殷人은 冔^{은 인}而祭^{후 이 제}하고 縞衣而養老^{호 의 이 양 로}하며

『은나라 사람은 머리털을 덮는 관을 쓰고 제사 지내고, 희고 깨끗한 비단옷을 입고 노인을 봉양하며』

◉ 후(冔)는 머리털을 덮는 관(冠)이니 질박함을 상징하고, 호의(縞衣)는 희고 깨끗한 비단옷이니 따뜻하게 섬긴다는 뜻이다.

5-19-22 ─────────────────────── 周人은 冕而祭^{주 인}하고 玄衣而養老^{현 의 이 양 로}하니라.

『주나라 사람은 면류관을 쓰고 제사 지내고, 검정빛에 붉은빛을 띤 옷을 입고 노인을 봉양하니라.』

◉ 면(冕)은 면류관(冕旒冠)이니 대부(大夫) 이상의 정복(正服)에 갖추어 쓰는 것으로 거죽은 검고 속은 붉으며 위에는 장방4각형의 판이 놓이고 판의 앞으로 구슬 줄을 늘이는데 천자는 12줄이고, 제후는 9줄이며, 상대부(上大夫)는 7줄이요, 하대부(下大夫)는 5줄이다. 현의(玄衣)는 검정빛에 붉은빛을 띤 옷으로 아름다우니 역시 노인을

우아하게 섬긴다는 뜻이다.

5-19-23 ──────────────────────────────── 凡三王이 養老하되 皆引年하니라.

『무릇 3왕이 노인을 봉양하되 모두 나이로 인도하니라.』

☯ 이 절은 하(夏), 은(殷), 주(周)의 세 왕조에서 양로잔치를 할 때에 임금이 주인이 되어 노인을 손님으로 인도(引導)하는 차례는 모두 나이 순서로 대접하였음을 기술하였다.

인(引)은 인도(引導)함이니 주인이 손님을 안내함이고, 년(年)은 연령이다. 향음주례(鄕飮酒禮)에 손님의 서열은 학문이나 벼슬이 아니고 오직 나이로 순서를 정하는 것이니 맹자(孟子)가 말하기를 향당(鄕黨)에 연치(年齒)와 같은 것이 없다고 하였다.

전배들은 인년(引年)을 노인의 나이에 따라 은사품(恩賜品)을 돌리는 것으로 해석하였으나 옳지 않기에 내가 풍년경로 행사의 결론으로 바로잡았으니 살피기 바란다.

5-20-1 ──────────────────────────────── 八十者는 一子가 不從政하고
九十者는 其家가 不從政하고
廢疾이라 非人不養者는 一人이 不從政하고
父母之喪엔 三年을 不從政하고
齊衰大功之喪엔 三月을 不從政하고

將徙於諸侯이어든 三月을 不從政하고
自諸侯로 來徙家이어든 期를 不從政이니라.

『80이 된 사람은 한 아들이 정사에 종사하지 아니하고, 90이 된 사람은 그 집이 정사에 종사하지 아니하고, 고칠 수 없는 병이라 사람이 아니면 부양하지 못하는 사람은 한 사람이 정사에 종사하지 아니하고, 부모의 상에는 3년을 정사에 종사하지 아니하며, 자최와 대공의 상에는 3개월을 정사에 종사하지 아니하고, 장차 제후국으로 이사하거든 3개월을 정사에 종사하지 아니하고, 제후국으로부터 집을 이사하여 오거든 1년을 정사에 종사하지 아니하니라.』

◉ 이 장은 풍년이나 흉년에 관계없이 행하는 사회보장제도를 기술하고, 여기에서는 집에 꼭 있어야 되는 사람이나 상복을 입은 사람은 국가의 정치사업에 종사하지 않게 하여 먼저 가정의 안정을 도모하도록 배려해야 됨을 밝혔다.

종정(從政)은 정사(政事)에 종사함이니 벼슬을 하거나 병역(兵役)과 노역(勞役)에 종사함이며, 폐질(廢疾)은 불치병이나 불구자이고, 사(徙)는 이사(移徙)함이며, 제후(諸侯)는 제후의 나라요, 기(期)는 1년이다. 집에 근심이 있으면 마음이 불안하여 일이 손에 잡히지 않으므로 나라의 정치사업에 종사하여도 책임을 완수하기 어려운 까닭에 면제하여 주었으니 가족을 먼저 위하는 인정(仁政)의 제도이다.

5-20-2 ──────────────────────────── 少而無父者를 謂之孤요

老而無子者를 謂之獨이요

老而無妻者를 謂之矜이요

老而無夫者를 謂之寡니 此四者는

天民之窮而無告者也라 皆有常饎니라.

『어려서 아버지가 없는 사람을 일컬어 외롭다고 하고, 늙어서 자식이 없는 사람을 일컬어 홀로라고 하고, 늙어서 아내가 없는 사람을 일컬어 불쌍하다고 하고, 늙어서 남편이 없는 사람을 일컬어 적다고 하니, 이 네 사람은 하늘이 낸 민중의 곤궁함으로 하소연할 데가 없는 사람이라 모두 항상 먹임이 있느니라.』

☯ 이 절은 곤궁한 사람들의 생활대책은 국가에서 항상 보장해야 됨을 기술하였다.

고(孤)는 고아(孤兒)요, 독(獨)은 독거(獨居)노인이며, 긍(矜)은 환(鰥)과 같으니 홀아비이고, 과(寡)는 과부(寡婦)로 덕(德)이 적다는 뜻이다. 천민(天民)은 하늘이 낸 민중이요, 궁(窮)은 곤궁함이며, 고(告)는 하소연함이고, 희(饎)는 나라에서 무상으로 지급하는 구호양곡이다.

5-20-3 ——————————— 瘖聾과 跛躃과 斷者와 侏儒의 百工은 各以其器로 食之니라.

『벙어리, 귀머거리, 절뚝발이, 앉은뱅이, 팔다리가 잘린 사람, 난장이의 일백 기능공은 각각 그 재능으로 먹이느니라.』

　◐ 이 절은 비록 신체적인 불구자라도 재능이 있으면 그 재능에 따라서 봉급을 주어 자활하게 해야 됨을 기술하였다.

　음(瘖)은 벙어리, 롱(聾)은 귀머거리, 파(跛)는 절뚝발이, 벽(躃)은 앉은뱅이, 단자(斷者)는 팔다리가 잘리거나 빠진 사람이고, 주유(侏儒)는 난장이이다. 백공(百工)은 일백 가지 기능이나 기예이며, 기(器)는 재주의 기량이요, 사(食)는 먹여 살리는 것이니 자립 자활하도록 지원하고 봉급을 지급하라는 뜻이다.

5-20-4 ──────────────────────── 道路에 男子는 由右하고
婦人은 由左니 車는 從中央이니라.

『도로에 남자는 오른쪽을 말미암고, 부인은 왼쪽을 말미암으니 수레는 중앙을 쫓느니라.』

　◐ 이 절은 도로통행의 안전수칙을 기술하였다.

　도로통행에 질서가 없으면 노약자와 아녀자, 그리고 불구자가 통행하기에 대단히 불편하므로 남자는 우측통행이고, 부인은 좌측통행하며, 수레는 중앙 통행하는 질서를 세워 서로 비껴가게 하였다.

5-20-5 ──────────────────────── 父之齒는 隨行하고
兄之齒는 鴈行하고

붕 우　　불 상 유
朋友는 不相踰니라.

『아버지의 나이뻘은 따라서 가고, 형의 나이뻘은 조금 뒤로 나란히 가고, 붕우는 서로 넘어가지 않으니라.』

◉ 이 절은 나이에 따라 도로를 함께 통행하는 예절을 기술하였으니 이것도 또한 도로안전수칙이다.

치(齒)는 나이요, 수행(隨行)은 뒤에 따라가는 것이고, 안행(鴈行)은 기러기 떼가 날듯이 옆과 뒤로 조금 떨어져서 가는 것이며, 유(踰)는 앞으로 먼저 나아가서 옆줄을 넘어감이다.

경 임　　병　　중 임　　분
輕任은 幷하고 重任은 分하며
반 백 자　　불 제 설
斑白者는 不提挈이니라.

『가벼운 짐은 아우르고, 무거운 짐은 나누며, 반백노인은 들고 끌지 아니하니라.』

◉ 이 절은 도로교통의 풍속을 기술하였으니 가급적 짐을 들지 말고 위엄이 있게 통행하되 무거운 짐을 나누어서 돕고 특히 노인은 짐을 들거나 끌지 못하게 하였다.

임(任)은 짐이요, 병(幷)은 아울러서 혼자 부담함이고, 분(分)은 나누어서 분담한 것이다. 반백자(斑白者)는 머리털이 반은 희고 반은 검은 것이니 50대의 노인이며, 제(提)는 제휴하여 드는 짐이요, 설

(挈)은 끌고 가는 짐이다. 여러 사람이 각각 가벼운 짐을 가지고 가면 화합하는 협동심이 없는 것이고, 혼자 무거운 짐을 가지고 가면 동정심이 없는 것이며, 늙은이가 짐을 들거나 끌고 가면 노인을 공경하는 마음이 없는 것이니 모두 아름다운 풍속이 아니다.

5-20-7 —————————————————— 君子耆老는 不徒行하고
庶人耆老는 不徒食이니라.

『군자가 60이나 70에는 걸어 다니지 아니하고, 서민대중이 60이나 70에는 걸어 다니며 밥을 먹지 않으니라.』

◉ 이 절은 노인의 도로통행에 대한 품위를 기술하였으니 아름다운 도로문화를 창조하기 위함이다.

기(耆)는 60노인이고, 로(老)는 70노인이며, 도행(徒行)은 도보(徒步)로 걸어 다니는 것이니 군자노인은 말이나 차를 타고 다녀야 품위가 있고 안전하다. 도식(徒食)은 유식(游食)이니 도보로 돌아다니면서 길거리에서 음식을 먹는 것이다.

전배들은 도식(徒食)을 고기반찬이 없는 밥을 먹는 것으로 해석하였으나 옳지 않다. 이 절은 도로교통에 있어서 노인의 품위 유지를 기술했거늘 집에서 밥 먹는 일을 어찌 논하겠는가?

5-21-1 —————————————————— 方一里者는 爲田이 九百畝요.

『사방 1리 땅은 밭은 경작함이 900이랑이요.』

◑ 이 장은 주(周)나라 정전법(井田法)에 의한 경지면적을 구체적으로 기술하여 천하의 농업생산량을 조망하게 하였다.

방(方)은 4방(四方)이요, 자(者)는 땅을 지칭하고, 1리(一里)는 300보(步)이며, 묘(畝)는 길이 100보(步)에 폭이 1보(步)인 이랑인데 앞(5-1-5)에서 주(周)나라의 농지제도는 농부 1인에게 100묘(畝)의 밭을 분배한다고 하였는바, 100보의 이랑이 100개인 것을 1부(夫)라 한다. 따라서 1부(夫)는 100묘(畝)이며 이것을 또한 1경(頃)이라고도 하니 3경(頃)을 1옥(屋)이라 하고 3옥(屋)을 1정(井)이라고 하므로 1정(井)은 9경(頃)으로 사방이 300보가 된다.

○ 경문(經文)에 방일백리(方一百里)라고 하였으나 맹자(孟子)가 말하기를 방리이정(方里而井)이요, 정9백묘(井九百畝)라고 하였으며 이 장의 전후 문맥으로 보아 백(百) 자는 오전(誤傳)이기에 내가 삭제하고 바로잡았으니 살피기 바란다.

5-21-2 ──────────────────────── 方十里者는 爲方一里者가
百이니 爲田이 九萬畝요.

『사방 10리 땅은 사방 1리가 되는 땅이 100이니 밭을 경작함이 90,000이랑이요.』

◑ 여기에서는 사방이 10배가 되면 경작농지가 100배가 됨을 밝혔다.

5-21-3 ──────────────────────────── 方百里者는 爲方十里者가
百이니 爲田이 九百萬畝요.

『사방 100리 땅은 사방 10리가 되는 땅이 100이니 밭을 경작함이 9,000,000이랑이요.』

◑ 여기에서는 앞 절의 비례로 증가하는 계산법을 기술하였다.

○ 경문(經文)에 구십억묘(九十億畝)라고 하였으나 수학적 계산법에 어긋나므로 내가 구백만묘(九百萬畝)로 교정(校正)하였으니 살피기 바란다.

5-21-4 ──────────────────────────── 方千里者는 爲方百里者가
百이니 爲田이 九億畝니라.

『사방 1,000리 땅은 100리가 되는 땅이 100이니 밭을 경작함이 900,000,000이랑이니라.』

◑ 여기에서는 앞 절의 비례로 증가하는 계산법으로 중앙정부에서 직접 다스리는 기내(畿內)의 경작농지의 수량을 기술하였다.

○ 경문(經文)에 구만억 묘(九萬億畝)라고 하였으나 수학적 계산법에 어긋나므로 내가 만(萬) 자를 삭제하여 바로잡았으니 살피기 바란다.

5-21-5 ──────────────

自恒山으로 至於南河가 千里而近하고
自南河로 至於江이 千里而近하고
自江으로 至於衡山이 千里而遙하며
自東河로 至於東海가 千里而遙하고
自東河로 至於西河가 千里而近하고
自西河로 至於流沙가 千里而遙하니
西不盡流沙하며 南不盡衡山하며
東不盡東海하며 北不盡恒山이니라.

『항산으로부터 남쪽 황하에 이르기까지가 1,000리인데 가깝고, 남쪽 황하로부터 양자강에 이르기까지가 1,000리인데 가깝고, 양자강으로부터 형산에 이르기까지가 1,000리인데 멀며, 동쪽 황하로부터 동쪽 바다에 이르기까지가 1,000리인데 멀고, 동쪽 황하로부터 서쪽 황하에 이르기까지가 1,000리인데 가깝고, 서쪽 황하로부터 유사에 이르기까지가 1,000리인데 머니, 서쪽으로 유사를 다 개간하지 아니하며 남쪽으로 형산을 다 개간하지 아니하며 동쪽으로 동쪽의 바다를 다 개간하지 아니하며 북쪽으로 항산을 다 개간하지 아니하니라.』

◉ 이 절은 중원(中原)의 개간이 가능한 영토가 남북으로 3,000리요, 동서로 3,000리임을 기술하였다.

143

항산(恒山)은 북악(北嶽)이요, 형산(衡山)은 남악(南嶽)이니 앞(5-6-10)에서 이미 해설하였고, 남하(南河)는 남쪽 황하(黃河)이니 하남성(河南省)에 있는 황하이며, 강(江)은 양자강(揚子江)이고, 동하(東河)는 하동(河東)성에 있는 황하요, 서하(西河)는 하서(河西)에 있는 황하이다. 근(近)은 가깝다는 뜻이니 약간 부족함이고, 요(遙)는 멀다는 뜻이니 약간 남는 것이며, 유사(流沙)는 서쪽에 있는 사막지대의 이름이고, 진(盡)은 모두 개간하여 농지로 만드는 것이다.

5-21-6 ─────────────── 凡四海之內에 斷長補短하면
方三千里니 爲田이 八十億하고도
一億畝니 山陵林麓과 川澤溝瀆과
城郭宮室塗巷으로 三分去一하면
其餘가 六十億畝니라.

『무릇 사해의 안에 긴 곳을 잘라서 짧은 곳에 보태면 사방이 3,000리니 밭을 경작함이 8,000,000,000하고도 100,000,000이랑이니 산과 언덕과 숲과 기슭과 내와 못과 도랑과 개천과 성곽과 궁실과 길거리로 3분의 1을 제외하면 그 나머지가 6,000,000,000이랑이니라.』

◉ 이 절은 중원(中原)의 경작농지가 대략 사방 3,000리에 81억 묘(畝)이나 비농지용의 땅으로 3분의 1을 제외하면 실제의 농지는 60억 묘(畝)임을 산술적으로 계산하였다.

○ 경문(經文)에 결론에서는 60억 묘(畝)라 하고도 이에 팔십만억일만억묘(八十萬億一萬億畝)라고 하였으니 수학적 계산법에 어긋나므로 내가 만(萬) 자를 모두 삭제하여 바로잡았으며, 또 경문(經文)에 방백리자위전구십억묘(方百里者爲田九十億畝)는 앞(5-21-3)과 같은 내용으로 군더더기의 문장이기에 내가 역시 삭제하여 바로잡았으니 살피기 바란다.

5-21-7 ──────────── 古者엔 以周尺八尺으로 爲步러니
今以周尺六尺四寸으로 爲步하나니
古者엔 百畝가 當今東田百五十六畝二十五步이며
古者엔 百里가 當今百五十六里二十五步이니라.

『옛날에는 주나라 척도 8척으로 한 걸음을 삼더니 오늘은 주나라 척도 6척 4촌으로 한 걸음을 삼나니, 옛날에 100이랑이 오늘날 동쪽 주나라의 밭 156이랑 25걸음에 해당하며, 옛날에 100리가 오늘날 156리 25걸음에 해당하니라.』

◑ 이 절은 주(周)나라가 무왕(武王)이 혁명을 성공하고 성왕(成王)이 동쪽의 낙양(洛陽)으로 천도한 다음 보(步)를 축소하여 정전(井田)제도를 개정하였음을 기술하였으니 농업기술의 발달로 농업생산량이 증가하여 농민의 노동시간을 단축하게 되었음을 밝혔다.

고자(古者)는 무왕(武王)이 은(殷)나라 주(紂)를 정벌하여 혁명을 성공하기 이전이고, 주척(周尺)은 주(周)나라의 척도(尺度)인데 1자

는 곡척(曲尺) 6치 6푼이니 약 20㎝이다. 보(步)는 앞(5-21-1)에서 이미 해설하였고, 금(今)은 성왕(成王)이 낙양으로 동천(東遷)하여 주공(周公)이 예악(禮樂)을 제작한 이후를 지칭한다.

살피건대 1묘(畝)는 폭이 1보(步)이고 길이가 100보(步)이므로 100묘의 실제 넓이를 계산하면 옛날에는 640,000평방척(平方尺)이고 오늘날에는 409,600평방척이니 옛날의 밭이 230,400평방척이 더 많으므로 이것을 오늘날의 1묘(畝) 4,096평방척으로 나누면 56묘 25보이니 모두 합하면 156묘 25보인데 옛날의 100리(里)도 오늘날의 척도로 계산하면 역시 같은 비율이므로 156리 25보가 된다.

○ 경문(經文)에는 오전(誤傳)되어 동전백사십륙묘삼십보(東田百四十六畝三十步)라고 하였고, 또 금백이십일리륙십보사척이촌이분(今百二十一里六十步四尺二寸二分)이라고 하였기에 내가 수학적 계산법에 의거하여 바로잡았으니 후세의 학자로 하여금 아까운 시간을 낭비하면서 귀중한 정신력을 소모하지 않게 하기 위함이다. 그리고 전배들은 동전(東田)을 밭이랑의 방향으로 오역하였기에 내가 낙양으로 천도한 동주(東周)시대의 정전법으로 바로잡았으니 살피기 바란다.

5-21-8 ──────────────────────── 方千里者는 爲方百里者가 百이니

『사방 1,000리 땅은 사방 100리 땅이 100개에 해당되니』

◑ 이 절은 앞 절에 이어 땅의 넓이는 가로와 세로를 서로 곱하여

평방면(平方面)으로 계산함을 밝혔다.

위(爲)는 해당된다는 말이고, 사방이 1,000리면 그 넓이가 100,000 평방리이고 사방이 100리면 그 넓이가 10,000평방리이니 100이 된다.

5-21-9 ──────────────────────────── 封方百里者가 三十國이요
其餘는 方百里者가 七十이니

『사방 100리의 땅을 봉함이 30나라이고, 그 나머지는 사방 100리 의 땅이 70개이니』

◑ 이 절은 앞 절에 이어 주(州)에 각각 사방 1,000리의 땅을 나 누어 지방 제후국을 봉(封)하는 원칙을 기술하였는데 여기에서는 대 국(大國) 30을 먼저 봉하였다.

봉(封)은 토지를 나누어 지방국가를 세워서 제후를 봉함이요, 방 백리자(方百里者)는 대국(大國)이니 공작(公爵)과 후작(侯爵)을 봉 하는바 앞(5-1-3)에서 이미 해설하였다. 기여(其餘)는 대국(大國) 30나라를 봉하고 남은 땅이며, 칠십(七十)은 100에서 30을 뺀 나머지 이다.

5-21-10 ──────────────────────────── 又封方七十里者가 六十이니
爲方百里者가 二十九와 方十里者가 四十이며

147

『다시 사방 70리 땅을 봉하여 60개이니, 사방 100리 땅 29개와 사방 10리 땅 40개에 해당되며』

◑ 이 절은 앞 절에 이어 대국(大國) 30을 봉하고, 그 나머지 땅에 차국(次國) 60을 봉하는 것을 밝혔다.

우봉(又封)은 다시 추가로 봉함이니 그 나머지 땅을 나누어 다시 봉한다는 뜻이다. 방칠십리자(方七十里者)는 차국(次國)이니 백작(伯爵)을 봉하고 방십리자(方十里者)는 부용국(附庸國)이다.

사방 70리는 넓이가 4,900평방리니 60개면 총 294,000평방리이므로 이것은 사방 100리 땅 29개와 사방 10리 땅 40개에 해당한다.

5-21-11 ─────────── 其餘는 方百里者가 四十과 方十里者가 六十인데
又封方五十里者가 百二十이니 爲方百里者가 三十이요
其餘는 方百里者가 十과 方十里者가 六十이며

『그 나머지는 사방 100리 땅 40개와 사방 10리 땅 60개인데 다시 사방 50리 땅을 봉하여 120이니, 사방 100리 땅이 30개에 해당되고 그 나머지는 사방 100리 땅 10개와 사방 10리 땅 60개이며』

◑ 이 절은 앞 절에 이어 대국(大國) 30과 차국(次國) 60을 봉하고 그 나머지 땅에 소국(小國) 120을 봉하는 것을 기술하여 1주(州)에 전체 대국의 면적을 30%, 전체 차국의 면적을 29.4, 전체 소국의 면적을 30%로 하여 서로 균형이 있게 함으로써 세력의 편중을 방지

하였음을 밝혔다.

사방 100리 땅이 30개면 300,000평방리이고, 사방 70리 땅이 60개면 294,000평방리이니 이것을 사방 1,000리의 땅에서 빼면 406,000평방리가 남는데, 여기에 사방 50리 땅 120개를 봉하면 모두 300,000평방리가 소요되므로 그 나머지 땅은 106,000평방리만 남는 까닭에 사방 100리 땅 10개와 사방 10리 땅 60개를 더 봉할 수 있는 여유가 있다.

5-21-12 ──────────────── 名山大澤은 不以封하고 其餘는
以爲附庸閒田이니 諸侯之有功者는
取於閒田하야 以祿之하고
其有削地者이어든 歸之間田이니라.

『이름난 산과 큰못은 봉하지 아니하고, 그 나머지는 부용국과 경작하지 않은 밭으로 삼나니, 제후가 공적이 있는 사람은 경작하지 않은 밭에서 취득하여 봉록을 주고, 그 땅을 삭탈함이 있는 사람은 경작하지 않은 밭으로 돌아가게 하니라.』

☯ 이 절은 앞 절에 이어 대국 30과 차국 60과 소국 120을 봉하고 남은 사방 100리 땅 10과 사방 10리 땅 60의 활용방법을 기술하였다.
명산(名山)은 5악(嶽)을 비롯한 이름이 난 산이고, 이(以)는 위(爲)의 뜻이며, 부용(附庸)은 앞(5-2-1)에서 이미 해설하였으며, 한전(閒田)은 앞(5-2-1, 2)에서 이미 말한 한전(間田)과 같다. 취(取)는 취득한 농작물이나 축산물이요, 삭(削)은 삭탈(削奪)하며 빼

앗음이고, 귀(歸)는 귀농(歸農)이니 돌아가서 농사를 짓게 함이다.

　대저 성왕(聖王)이 지방국가를 봉함에 대국(大國)이 30국으로 차국(次國)은 그것을 배로 더하여 60국으로 하였고, 또 소국(小國)은 차국에 배가하여 120국으로 하였으니 부용국(附庸國)은 아마도 소국에 배가하여 240국 이상으로 하였을 것이다.

5-21-13 ──────────────────────────── 天子之縣內에 方千里者는
　　　　　　　　　　　　　　　　　　　　爲方百里者가 百이니

　『천자의 현안에 사방 1,000리 땅은 사방 100리 땅이 100개에 해당되니』

　◑ 이 절로부터 아래 절은 천자(天子)가 직접 관할하는 왕기(王畿)에 연방국가를 건설하는 제도를 기술하였으니 앞에서 밝힌 주(州)의 제도와는 차이가 있음을 기술하였다.

5-21-14 ──────────────────────────── 封方百里者가 九요
　　　　　　　　　　　　　　　　　　　其餘는 方百里者가 九十一이니

　『100리 땅을 봉함이 9요, 그 나머지는 사방 100리 땅이 91개이니』

　◑ 이 절은 중앙정부의 직할지역에는 대국(大國)은 9개임을 밝혀

주(州)의 30개와 큰 차이가 있음을 알게 하였으니 땅의 넓이 계산법은 앞(5-21-8)에서 이미 해설하였다.

5-21-15 ——————————————————— 又封方七十里者가 二十一이니
爲方百里者가 十과 方十里者가 二十九며

『다시 사방 70리 땅을 봉하여 60개이니 사방 100리 땅 10개와 사방 10리 땅 29개에 해당되며』

◑ 이 절은 앞 절에 이어 대국(大國) 9개를 봉하고 그 나머지 땅에 또 차국(次國) 21개를 봉하는 것을 기술하였으니 주(州)의 60개와는 큰 차이가 있음을 밝혔다.

5-21-16 ——————————————————— 其餘는 方百里者가 八十과 方十里者가
七十一인데 又封方五十里者가 六十三이니
爲方百里者가 十五와 方十里者가 七十五이며

『그 나머지는 사방 100리 땅 80개와 사방 10리 땅 71개인데 다시 사방 50리 땅을 봉하여 63개이니, 사방 100리 땅 15개와 사방 10리 땅 75개에 해당되며』

◑ 이 절은 앞 절에 이어 대국(大國) 9개와 차국(次國) 60개를 봉

한 나머지 땅에 소국(小國) 63개를 봉하는 것을 기술하였으니 주(州)의 120개와는 큰 차이가 있음을 밝혔다.

5-21-17 ──────────────── 其餘는 方百里者가 六十四와
方十里者가 九十六이니라.

『그 나머지는 사방 100리 땅 64개와 사방 10리 땅 96개이니라.』

◉ 이 절은 앞 절에 이어 부용국(附庸國)이나 한전(閒田)으로 사용할 밭이 주(州)에 비교하여 많음을 밝혔다.

왕기(王畿)는 사방 1,000리이니 그 넓이가 1,000,000평방리인데 대국(大國)으로 사방 100리 땅 9개를 봉하면 그 면적이 90,000평방리이고, 또 차국(次國)으로 사방 70리 땅 21개를 봉하면 그 넓이가 102,900평방리이며, 또다시 소국(小國)으로 사방 50리 땅 63개를 봉하면 그 넓이가 157,500평방리이니 이것을 모두 빼면 649,600평방리가 남기 때문에 사방 100리 땅 64개와 사방 10리 땅 96개가 된다.

왕기(王畿)에 이와 같이 많은 여지(餘地)를 두는 것은 중앙정부의 고급관료와 지방제후에게 채읍(采邑)을 주기 위함이며, 또한 중앙정부가 직접 다스리는 중심지역을 봉하지 않은 까닭이라고 하겠거니와 앞(5-2-1, 2)과 비교하여 살피기 바란다.

5-22-1 ──────────────── 諸侯之下士는 祿이 食九人이요
中士는 食十八人이요

^{상 사} ^{사 삼 십 륙 인}
上士는 食三十六人이며

^{하 대 부} ^{사 칠 십 이 인}
下大夫는 食七十二人이요

^경 ^{사 이 백 팔 십 팔 인}
卿은 食二百八十八人이며

^군 ^{사 이 천 팔 백 팔 십 인}
君은 食二千八百八十人이니라.

『제후의 하사는 봉록이 9인을 먹이고, 중사는 18인을 먹이고, 상사는 36인을 먹이며, 하대부는 72인을 먹이고, 경은 288인을 먹이며, 임금은 2,880인을 먹이니라.』

◑ 이 장은 대국(大國)의 봉록제도를 구체적으로 기술하였으니 앞(5−1−6)과 비교하여 보기 바란다.

제후(諸侯)는 일반적인 지방국가를 통칭한 것이요, 사(食)는 먹이는 것이며, 군(君)은 대국(大國)의 임금이다.

5-22-2 ——————————————— ^{차 국 지 경} ^{사 이 백 일 십 륙 인}
次國之卿은 食二百一十六人이며

^군 ^{사 이 천 일 백 륙 십 인}
君은 食二千一百六十人이니라.

『차국의 경은 216인을 먹이며, 임금은 2,160인을 먹이니라.』

◑ 이 절은 앞 절에 이어 차국(次國)의 봉록제도를 기술하였으니 앞(5−1−7)과 비교하여 보라.

5-22-3 ——————————————————— 小國之卿은 食百四十四人이며
君은 食千四百四十人이니라.

『소국의 경은 144인을 먹이며, 임금은 1,440인을 먹이니라.』

◑ 이 절은 앞 절에 이어 소국(小國)의 봉록제도를 기술하였으니
앞(5-1-8)과 비교하여 보라.

5-22-4 ——————————————————— 次國之卿에 命於其君者는 如小國之卿이니라.

『차국의 경에 그 임금에게 임명된 사람은 소국의 경과 같은 봉록
이니라.』

◑ 이 절은 앞 절에 이어 차국(次國)의 경(卿) 가운데 천자에게
임명을 받지 않고 그 임금에게 임명을 받은 사람은 소국(小國)의 경
(卿)과 같은 봉록을 받으니 앞(5-4-2)에서 말한 제후국의 관직임
명제도를 보라.

5-22-5 ——————————————————— 天子之大夫가 爲三監하야 監於諸侯之國者는
其祿이 視諸侯之卿이요 其爵은 視次國之君이니
其祿은 取之於方伯之地니라.

『천자의 대부가 3명의 감찰관이 되어 제후의 나라에서 감찰하는 사람은 봉록이 제후의 경에 견주고, 그 작위는 차국의 임금에 견주니 그 봉록은 각 주의 맹주국 땅에서 취득하니라.』

　◑ 이 절은 중앙정부에서 파견하여 지방제후국을 감찰하는 3감(三監)의 봉록과 작위 그리고 채지(采地)를 기술하였으니 앞(5-4-3)에서 확인하라.

　방백(方伯)은 앞(5-3-2)에서 이미 해설하였다.

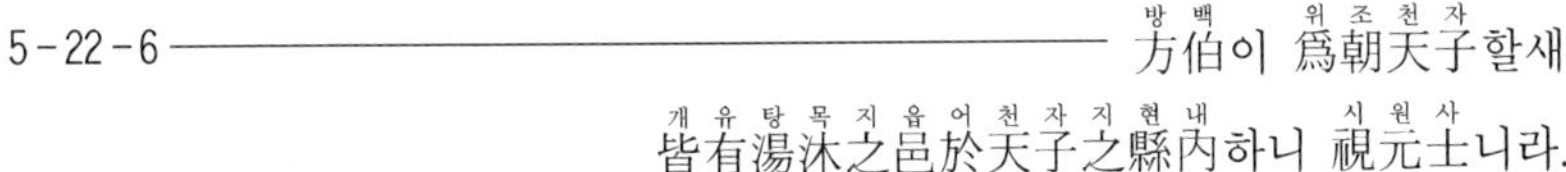

『각 주의 맹주국 임금이 천자에게 조회할 때에 모두 천자의 현 내에 목욕하는 채읍이 있나니, 원사의 채읍에 견주니라.』

　◑ 이 절은 방백(方伯)에게는 천자를 조회(朝會)할 때에 숙박할 수 있는 채읍(采邑)을 천자국의 현 내에 주는 제도를 기술하였다.

　탕목지읍(湯沐之邑)은 목욕하는 채읍이니 곧 머물러 자면서 목욕 재계하는 곳으로 지금의 영빈관과 같은 것이다. 원사(元士)는 앞(5-1-4)에서 이미 해설하였으니 그 봉록이 부용국(附庸國)과 같으니 사방 10리의 땅을 채읍(采邑)으로 하여 그 채읍을 방백(方伯)이 직접 관할한다.

○ 앞 절의 3감(三監)의 주재비용과 이 절의 방백(方伯)의 조회 (朝會) 비용을 모두 현지에서 조달하게 하고 또 각각 상대지역에 주재(駐在)할 수 있는 특정지역을 가지고 있게 한 것은 정보(情報)의 공유로 신뢰를 쌓을 수 있는 아름다운 외교제도라고 할 것이다.

5-22-7 ───────── 諸侯世子는 世國하고 大夫는 不世爵하며
使以德이요 爵以功이라 未賜爵이어든
視天子之元士하야 以君其國하고
諸侯之大夫는 不世爵祿이니라.

『제후의 세자는 대대로 나라를 세습하고, 대부는 대대로 작위를 세습하지 아니하며, 임시 제후권한 대행자로 부림은 덕으로 하고, 정식제후로 봉하는 작위는 공적으로 하므로 제후의 작위를 내리지 않았거든 천자의 원사를 견주어 봉록을 받으며, 그 나라에 임금 노릇하고 제후의 대부는 작위와 봉록을 세습하지 아니하니라.』

☯ 이 절은 모든 관작과 봉록은 세습을 금지함을 기술하였으니 다만 제후의 세자(世子)가 조건부로 나라를 세습(世襲)하되 천자(天子)로부터 작위를 하사받지 못하면 단지 임금의 자리를 계승해도 그 봉록은 원사(元士)의 수준에 그치는 것을 밝혔다.

제후세자(諸侯世子)는 앞(5-16-2)에서 말한 군후지태자(群后之大子)요, 세(世)는 세습(世襲)함이며, 사(使)는 세자(世子)에게 임시 제후권한대행자로 임명하는 사령장(使令狀)이고, 덕(德)은 도덕적 정

치지도력이며, 작(爵)은 세자(世子)에게 정식 제후로 봉하는 작위를 하사함이요, 공(功)은 정치사업을 성공한 공로이니 모두 조건부로 임금의 자리를 세습한다는 뜻이다. 미사작(未賜爵)은 세자(世子)가 아직 정식으로 제후가 되지 못한 때이며, 군(君)은 임금 노릇을 함이니 임시로 임금의 자리에 올라 상징적으로 나라를 대표한다는 말이요, 불세작록(不世爵祿)은 작위와 봉록을 세습하지 않은 것이다.

살펴건대 천하국가는 천하국가 사람의 것이므로 관작과 봉록의 세습을 금지한 것은 당연한 것이다. 그러나 천자(天子)의 태자(太子)와 제후(諸侯)의 세자(世子)는 그 조상(祖上)이 남긴 인류문명발전의 역사적 공훈에 의하여 임금의 자리를 조건부로 세습케 하여 천명(天命)을 받고 민심(民心)을 얻으면 대대로 그 종묘를 전하게 하였으니 이 또한 부득이한 시대적 한계라고 할 것이다.

5-22-8 ─────────── 六禮는 冠과 昏과 喪과 祭와 鄕과 相見이니라.

『여섯 가지 예절은 관례와 혼례와 상례와 향음주례와 상견례이니라.』

◑ 이 절은 앞 절에 이어 제후세자(諸侯世子)의 덕(德)을 살피는 기준을 기술하여 정치지도자가 마음속에 착한 덕(德)이 있으면 반드시 몸에 예절을 갖춤을 강조하였다.

6례(六禮)는 앞(5-15-1)에서 이미 강조하였고, 관(冠)은 관례(冠禮)이니 20세가 된 성인(成人)이란 말이고, 혼(昏)은 혼례(昏禮)이니 30에 혼인을 하여 정상적인 부부생활을 한다는 뜻이며, 상(喪)

은 상례(喪禮)로 어버이의 상(喪)에 3년복(三年服)을 입는다는 말이
며, 제(祭)는 제례(祭禮)로 종묘(宗廟)와 사직(社稷)에 제사를 지낸
다는 뜻이다. 향(饗)은 향음주례(鄕飮酒禮)로 나라의 원로(元老)를
공경하여 향연(饗燕)을 베풀어 주는 것이고, 상견(相見)은 상견례(相
見禮)로 천하의 어진 이와 벗을 맺어 서로 교제하는 것이니 모두 임
금이 몸에 갖추어야 되는 아름다운 품격인데 이러한 품격에서 임금
의 정치지도력이 나오는 것이다.

  따라서 제후의 세자가 아직 19세 이하이거나 70세 이상이면 결격
사유가 되고, 또 혼인을 거부한 노총각이거나 이혼(離婚)을 하면 결
격사유가 되며, 만약 아버지의 상복을 입지 않거나 종묘와 사직에 제
사를 지내지 않으면 결격사유가 되고, 또한 노인을 공경하지 않거나
벗이 없으면 결격사유가 되어 세자가 임시로 제후의 권한을 대행하
는 임금의 자리에 오르지 못하는 것이다.

5-22-9 ─────────────────────── 七敎는 父子와 兄弟와 夫婦와
君臣과 長幼와 朋友와 賓客이요
八政은 飮食과 衣服과 事爲와
異別과 度量과 數制이니라.

『일곱 가지 교육사업은 아버지와 아들이 친근함과 형과 아우가 우
애함과 남편과 아내가 분별이 있음과 임금과 신하가 정의로움과 어
른과 어린이가 질서가 있음과 벗이 믿음이 있음과 손님이 공경함이
요, 여덟 가지 정치사업은 식량과 의복과 직업과 재난과 도량형기와

분수절제이니라.』

◑ 이 절은 앞 절에 이어 제후세자(諸侯世子)의 공(功)을 살피는 기준을 기술하여 정치지도자가 정책사업을 성공함에는 반드시 교육사업과 정치사업이 기초임을 밝혔다.

7교(七敎)는 일곱 가지 교육정책으로 앞(5-15-1)에서 이미 크게 강조하였는데 5륜(五倫)에 형제(兄弟)와 빈객(賓客)을 추가하였는바 형제(兄弟)는 장유(長幼)에 포함되고, 빈객(賓客)은 붕우(朋友)에 포함되니 곧 5교(五敎)로써 국민교육의 기본정책을 삼는다는 말이다. 8정(八政)은 여덟 가지 정치사업으로 앞(5-15-1)에서 크게 강조하였는데 음식(飮食)은 국가의 식량을 생산하는 농업정책이요, 의복(衣服)은 국민의 의복을 해결하는 직물정책이며, 사위(事爲)는 농사(農事)와 공사(工事)와 상사(商事)를 경영하는 국민의 직업정책이고, 이별(異別)은 괴이하고 특별한 천재지변(天災地變)과 인화(人禍)이니 곧 사건사고를 대비하는 정책이며, 도량(度量)은 국제표준의 도량형기(度量衡器)에 대한 정책이고, 수제(數制)는 분수(分數)를 지켜서 절제(節制)하여 사치와 방종을 방지하는 문화정책이다.

제후세자(諸侯世子)가 비록 덕(德)이 있어서 임시로 제후(諸侯)의 권한을 대행하는 임금의 자리에 올랐어도 만일 교육정책을 실패하여 범사회적으로 풍속기강이 무너져서 인간윤리를 무시하며, 아버지와 아들이 멀어지고, 형제가 화목하지 못하며, 아내와 남편이 분별이 없이 이혼이 많으며, 임금과 신하가 부정부패하고, 어른과 어린이가 질서를 지키지 않으며, 벗을 믿지 못하고, 손님을 공경하지 않은 부도덕하고 반윤리적인 사회로 전락하면 정식 제후로 승인할 수 없는 결격사유가 된다.

또한 정치사업을 실패하여 나라에 식량이 부족하거나, 국민의 의복이 부족하거나 산업이 침체하여 직업이 없는 실업자가 많거나 천재(天災)와 지변(地變)과 인화(人禍)가 일어나거나 도량형기(度量衡器)의 국제규격을 지키지 않거나 사치와 음란과 도박과 폭력의 퇴폐풍조가 만연하면 정식 제후로 승인할 수 없는 결격사유가 된다.

왕제(王制)의 끝에 제후세자(諸侯世子)의 덕(德)과 공(功)을 평가하는 구체적인 기준을 제시하여 새로 즉위(卽位)하는 임금의 자격요건으로 6례(六禮)와 7교(七敎)와 8정(八政)을 제시한 것을 전배들은 일반적인 교육원리로 해석하였기에 내가 바로잡아서 그 본래의 뜻을 회복하니 이 왕제(王制) 편의 가치가 태양처럼 빛나도다.

6. 월령(月令)

월(月)은 1개월간이요, 령(令)은 시행령이니, 월령(月令)은 왕도정치(王道政治)의 사업경영의 방법으로 12개월의 천시(天時)에 따라 그 달의 30일 동안 추진해야 되는 정책의 시행을 명령한 내용이다.

일이란 그 때를 얻으면 쉽게 성공하고 그 때를 잃으면 어렵고 실패하는 것이니 성왕(聖王)은 1년 동안의 정책사업을 월별로 미리 계획표를 세워서 단계적으로 추진하여 능률적인 연속성이 있게 하였는데 그 시원은 요(堯)와 순(舜)으로부터 비롯하였다.

요순(堯舜)은 사방에 관상대를 설치하고 해와 달과 별을 관측하여 1년의 네 철과 12개월의 초하루와 그믐을 셈하여 태양력의 약 365일과 태음력의 약 355일을 확인하고 두 가지를 종합 조절하여 음양력(陰陽曆) 360일을 제작해서 24절후(節侯)로 천시(天時)에 순응(順應)하여 정책(政策)을 시행케 하였음을 『서경(書經)』 우서(虞書)에서 볼 수 있다.

정치사업을 경영함에 있어서 월력(月曆)을 기본으로 하는 사상은 역사와 더불어 더욱 발전하여 나라를 세우면 먼저 월력을 다듬어 반듯이 때를 밝혔으니 하(夏)나라는 하력(夏曆)이 있었고, 은(殷)나라는 은력(殷曆)이 있었으며, 주(周)나라는 주력(周曆)이 있었으니 주나라는 동지(冬至)의 자월(子月)을 정월로 삼았고, 은나라는 축(丑月)을 정월로 했으며, 하나라는 인월(寅月)을 정월로 하였으나 모두 24절후(節侯)의 천시(天時)와 초하루와 보름 그리고 그믐의 달 모양이 동일하였던 것이다.

여불위(呂不韋: 진시황이 6국을 통일하기 직전의 진나라 재상)가 제유(諸儒)의 학설을 모아 "12월기(十二月紀)"를 저술하여 『여씨춘추(呂氏春秋)』라고 이름 하였는데 그 편의 머리에 모두 월령(月令)이 있어 12월의 정령(政令)의 시행할 바를 말하였으니 참고하기 바란다.

6-1-1─────────────────────── 孟春之月이라 日이 在營室하니
昏에 參이 中이요 旦에 尾가 中이니라.

『초봄의 달이라, 해가 형실수에서 달을 만남이 있으니 저녁에 심성이 남쪽 하늘의 중앙에 있고, 아침에 미성이 중앙에 있느니라.』

◉ 이 장은 새해의 초봄인 인월(寅月)의 정월(正月)에 시행할 정치사업과 해서는 안 되는 정치사업을 기술하였으니 여기에서는 정월의 천체현상을 밝혔다.

맹(孟)은 첫째의 만이로서 가운데를 중(仲)이라 하고 끝을 계(季)라고 하는바, 맹춘(孟春)은 초봄이니 입춘(立春)이 든 달인데, 맹춘지월(孟春之月)은 하(夏)나라 월력(月曆)으로 정월(正月)인바 월령(月令) 편에서 주(周)나라의 역법(曆法)을 쓰지 않고 하(夏)나라의 역법을 쓴 까닭은 요(堯), 순(舜),우(禹)의 정치문화를 존중하여 그 전통을 계승하기 위함이라고 하겠다.

일(日)은 태양(太陽)이고, 형실(營室)은 별 이름인데 28수(宿)의 하나로 북쪽의 해방(亥方)에 있으니, 일재형실(日在營室)은 해와 달

과 지구가 형실수 방향에서 1직선상에 있게 된다는 뜻이다. 심(參)은
심성(參星)이니 28수의 21번째로 서쪽에 제7성이고, 중(中)은 남쪽
하늘의 중앙에 나타남이요, 미(尾)는 미성(尾星)으로 28수의 6번째
별인데 동쪽에 제6성이다.

6-1-2————————————————— 其^{기 일}日은 甲^{갑 을}乙이요.

『그 초봄을 주도한 날은 갑일과 을일이요.』

☯ 이 절은 봄을 주도한 날은 갑일(甲日)과 을일(乙日)임을 기술
하여 천간(天干)에 따라서 음양(陰陽)이 소장(消長)하는 원리가 있
음을 밝혔다.
기일(其日)은 봄의 천기(天氣)를 주도(主導)하는 날이고, 갑을(甲
乙)은 60갑자(甲子)를 일진(日辰)으로 하여 천간(天干)의 갑(甲)과
을(乙)이 들어간 날이다.

6-1-3————————————— 其^{기 제}帝는 太^{태 호}皥요 其^{기 신}神은 句^{구 망}芒이니라.

『그 봄의 하느님은 크게 밝은 하늘이요, 그 봄의 신령은 나무를
관장하는 귀신이니라.』

☯ 이 절은 봄을 운행하는 동쪽 하느님과 봄을 주관하는 귀신의

이름을 기술하였다.

기제(其帝)는 동천(東天)에서 봄을 다스리는 하느님인데 전체 하늘을 통일하여 다스리는 절대지상(絶對至上)의 황천상제(皇天上帝)로부터 위임을 받아 동서남북과 중앙에 있으면서 춘하추동의 각 철을 맡아서 다스리는 각 방면의 하느님으로 봄에는 동쪽 하느님이 다스리니 태호제(太皥帝)이고, 여름에는 남쪽 하느님이 다스리니 염제(炎帝)이며, 가운데는 중앙의 하느님이 다스리니 황제(黃帝)요, 가을에는 서쪽 하느님이 다스리니 소호제(少皥帝)이며, 겨울에는 북쪽 하느님이 다스리니 전욱제(顓頊帝)이다. 태호(太皥)는 크게 밝은 하늘을 상징하는 자연천(自然天)의 이름이고, 기신(其神)은 지방 하느님인 제(帝)의 신하(臣下)로 현상의 만물을 신비롭게 창조하는 조물공(造物工)이며, 구망(句芒)은 구부러진 가스랑이로 식물의 싹이 나오는 모양인데 동쪽 하느님을 받들면서 나무를 관장하는 자연신(自然神)의 이름이다.

○ 전배들은 태호(太皥)를 복희(伏犧)의 제호(帝號)라고 생각하고, 구망(句芒)은 소호(少皥)씨의 아들이라고 주장하였지만 옳지 않다. 동천(東天), 남천(南天), 중천(中天), 서천(西天), 북천(北天)의 하느님이 어찌 인격천(人格天)이겠는가? 나는 자연천(自然天)과 자연신(自然神)으로 해석하였으니 살피기 바라며, 위에 하늘의 경영방법도 전제독재체제가 아니고 하나의 상제(上帝)가 각 방면의 5제(五帝) 및 5신(五神)에게 분담하여 3개월씩 다스리는 업무교대체제를 확립한 분업협동사상은 진보적이다.

6-1-4─────────────────────────────── 其蟲(기충)은 鱗(린)이요 其音(기음)은 角(각)이요
律(률)은 中太簇(중태주)요 其數(기수)는 八(팔)이요
其味(기미)는 酸(산)이요 其臭(기취)는 羶(전)이요
其祀(기사)는 戶(호)요 祭(제)는 先脾(선비)하고

『그 동물은 비늘 물고기요, 그 음계는 각이요, 그 가락은 태주에
해당하고, 그 수는 8이요, 그 맛은 시고, 그 냄새는 노린내요, 그 고
사는 방문이요, 제사에는 지라를 먼저 올리고』

☯ 이 절은 정월에 가장 활발한 만물의 현상을 요약하여 기술하였다.
기충(其蟲)은 정월에 가장 활동하는 동물이니, 충(蟲)은 들짐승과
날짐승 그리고 물고기와 곤충과 조개를 총칭한다. 린(鱗)은 비늘이
있는 물고기를 총칭하는 인충(鱗蟲)이요, 음(音)은 5음계로 궁(宮),
상(商), 각(角), 치(徵), 우(羽)이며, 율(律)은 양율(陽律)이니 본래
12율의 황종(黃鍾), 대려(大呂), 태주(太簇), 협종(夾鍾), 고선(姑洗),
중려(仲呂), 유빈(蕤賓), 임종(林鍾), 이칙(夷則), 남려(南呂), 무역
(無射), 응종(應鍾) 가운데서 이것을 음양으로 분류하면 양률(陽律)
은 황종, 태주, 고선, 유빈, 이칙, 무역의 6이요, 음려(陰呂)는 대려,
협종, 중려, 임종, 남려, 응종의 6이다. 중(中)은 해당함이고, 기수(其
數)는 음양5행(陰陽五行)이 생성(生成)하는 순서인데 1, 2, 3, 4, 5는
생수(生數)요, 6, 7, 8, 9, 10은 성수(成數)이며, 또 1, 3, 5, 7, 9는 천
수(天數)이고, 2, 4, 6, 8, 10은 지수(地數)인바, 1과 6은 물을 생성하
고, 2와 7은 불을 생성하며, 3과 8은 나무를 생성하고, 4와 9는 쇠를
생성하며, 5와 10은 흙을 생성하는 천지만물이 생성하고 변화하는 운

행도수이다. 8은 나무를 완성하는 성수(成數)이니 정월은 나무의 기운이 활발하게 작용하는 목덕(木德)의 시기라는 뜻이다. 기미(其味)는 5미(五味)로 감(甘), 산(酸), 고(苦), 신(辛), 함(鹹)의 다섯 가지 맛이고, 기취(其臭)는 다섯 가지 냄새이니 향(香), 전(羶), 초(焦), 성(腥), 후(朽)이며, 기사(其祀)는 5사(五祀)로 중류(中霤), 호(戶), 조(竈), 문(門), 행(行)의 다섯 곳에 고사(告祀) 지내는 대상이고, 호(戶)는 방문이다. 제(祭)는 조상과 천지신명에게 제사를 지내는 제물이요, 선(先)은 먼저 올리는 것이고, 비(脾)는 5장(臟) 가운데 하나인 지라이다.

살펴건대 천지만물이 모두 통일적으로 주재하는 태극(太極)의 원리에 의하여 음양(陰陽)이 소장(消長)하는 이치와 5행(五行)이 상생(相生)하고 상극(相剋)하는 법칙이 있어서 밤과 낮이 반복하고 네 철이 돌아가기 때문에 각각 길흉화복(吉凶禍福)의 시기와 진퇴존망(進退存亡)의 과정이 없을 수 없는 것이다. 그리하여 성왕(聖王)은 인민의 건강과 행복과 성공을 위하여 사물을 자세히 분류해서 그 달에 가장 알맞은 생활방식을 제시하였던 것이니 여기에서 사람과 자연이 혼연일체가 되어 가장 쾌활한 세계를 건설하는 지혜를 배울지어다.

6-1-5───────────────────────── 東風이 解凍이라 蟄蟲이 始振하며
魚가 上冰하며 獺이 祭魚하며 鴻鴈이 來하니라.

『동풍이 얼음을 녹이므로 겨울잠을 자던 동물이 비로소 진동하며, 물고기가 얼음에 떠오르며, 수달이 물고기를 잡아서 제사 지내며, 큰

기러기와 작은 기러기가 남쪽으로 갔다가 북쪽으로 돌아오니라.』

　☯ 이 절은 정월(正月)의 동물들의 생태를 기술하였다.

　동풍(東風)은 동쪽에서 불어오는 봄바람이고, 칩충(蟄蟲)은 겨울 잠을 자는 동물이며, 제어(祭魚)는 물고기를 잡아서 바위에 늘어놓는 것이요, 래(來)는 북쪽으로 날아감이다.

6-1-6───────────────────────────── 天子가 居靑陽左个하시며

『천자가 청양의 왼쪽 곁방을 집무실로 하시며』

　☯ 이 절은 정월(正月)이면 천자가 청양(靑陽)의 왼쪽 곁방을 집 무실로 사용함을 밝혔다.

　거(居)는 거소(居所)이니 일시적으로 어떠한 목적을 가지고 계속 머무르고 있으나 생활의 본거지가 아닌 곳으로 곧 임시로 사용하는 집무실(執務室)이다. 청양(靑陽)은 다섯 채의 정부청사 중에 문교부 가 있는 동쪽의 파란색 건물 이름이다. 고대에는 정부의 청사를 동서 남북과 중앙으로 배열하여 각각 그 방향에 해당하는 하늘과 신(神) 을 모시고 각 부서를 배치하였는데 이러한 정부종합청사를 당우(唐 虞)시대에는 천부(天府)라고 불렀고, 하(夏)나라 때에는 세실(世室), 은(殷)나라 때에는 중옥(重屋), 주(周)나라 때에는 명당(明堂)이라고 하였다. 음양5행(陰陽五行)의 원리에 따라 동쪽의 파란색 건물은 하 늘에서 봄바람이 불어 나무가 파랗게 무성하게 됨을 상징하여 동쪽

하늘을 다스리는 태호제(太皞帝)와 나무를 관장하는 구망신(句芒神)을 모시고 문교부가 사용하였는바 요순(堯舜)시대에는 영부(靈符)라고 이름 하였는데, 주나라는 청양(靑陽)으로 개칭하였다. 남쪽의 붉은색 건물은 하늘에서 여름바람이 불어 더위가 극심하게 됨을 상징하여 남쪽 하늘을 다스리는 염제(炎帝)와 불을 관장하는 축융신(祝融神)을 모시고 경제부가 사용하였는바 요순시대에는 문조(文祖)라고 이름 하였는데 주나라는 명당(明堂)으로 개칭하였다. 서쪽의 흰색 건물은 하늘에서 가을바람이 불어 찬 서리가 내리게 됨을 상징하여 서쪽 하늘을 다스리는 소호제(少皞帝)와 쇠를 관장하는 욕수신(蓐收神)을 모시고 법무부가 사용하였는바 요순시대에는 현기(顯紀)라고 하였는데 주나라는 총장(總章)으로 개칭하였다. 북쪽의 검은색 건물은 하늘에서 겨울바람이 불어 얼음이 얼게 됨을 상징하여 북쪽 하늘을 다스리는 전욱(顓頊)과 물을 관장하는 현명신(玄冥神)을 모시고 국방부가 사용하였는바 요순시대에는 현구(玄矩)라고 하였는데 주나라는 신종(神宗)으로 개칭하였다. 중앙의 노란색 건물은 하늘의 중앙이요, 땅의 가운데이므로 중앙 하늘을 다스리는 황제(黃帝)와 땅을 관장하는 후토신(后土神)을 모시고 총리부(總理部)가 사용하였는바 요순시대에는 신두(神斗)라고 하였는데 주나라는 태묘(太廟)의 태실(太室)로 개칭하였다. 좌(左)는 왼쪽이니 동향(東向)에는 북쪽이고, 남향에는 동쪽이며, 서향에는 남쪽이요, 북향에는 서쪽이며, 가(个)는 사당의 곁방이니 옛날에는 사당의 중앙에 태묘(太廟)를 만들어 으뜸 되는 위패(位牌)를 모시고 그 양쪽에 곁방을 만들어 그 종속하는 위패(位牌)를 모셨으니 좌측이 소(昭)요, 우측이 목(穆)이다. 따라서 청양태묘(靑陽太廟)는 태호(太皞帝)를 모신 사당이요, 청양좌가(靑陽左个)는 구망신(句芒神)을 모신 사당이며, 청양우가(靑陽右个)는 동방

칠수(東方七宿)인 각(角), 항(亢), 저(氐), 방(房), 심(心), 미(尾), 기(箕)의 별신을 모신 사당이다.

　살피건대 정월(正月)에 천자가 청양(靑陽)의 왼쪽 곁방에서 집무를 시작하는 것은 새해의 첫 사업을 교육부의 문화정책으로부터 개시함으로써 새봄의 화기(和氣)를 일으켜 쾌활하게 생장하는 봄을 맞이하기 위함이니 대단히 지혜롭고 어질도다.

6-1-7──────────── 乘鸞路하며 駕倉龍하며 載靑旂하며 衣靑衣하며 服倉玉하며 食麥與羊하며 其器는 疏以達하니라.

　『방울수레를 타며, 푸르고 큰 말에 멍에 씌우며, 푸른 쌍룡기를 수레에 세우며, 푸른 옷을 입으며, 푸른 옥을 차며, 보리와 양고기를 먹으며, 그 그릇의 모양은 되바라지고 사무치니라.』

　☯ 이 절은 정월(正月)에 천자(天子)가 사용하는 의전(儀典)과 제도를 기술하였다.

　란(鸞)은 화란(和鸞)이니 수레에 매다는 방울이며, 란로(鸞路)는 방울이 달린 파란색 수레인데 순(舜)임금의 수레이며, 창룡(倉龍)은 8척(尺) 이상 되는 푸른 말이고, 재(載)는 탑재(搭載)로 수레에 세움이며, 청기(靑旂)는 두 마리의 청룡을 그린 기이다. 청의(靑衣)는 푸른색 곤룡포요, 창옥(倉玉)은 창옥(蒼玉)이고, 맥(麥)은 보리요, 양(羊)은 양이니 간(肝)에 좋은 음식이다. 기(器)는 그릇의 모양이며, 소(疏)는 되바라진 것이요, 달(達)은 사무치는 것인데 그릇의 윗부분이 많이 벌어지고 낮아서 속이 모두 노출한 형상으로 하늘땅이 열린 모양이다.

봄의 색은 청색(靑色)이므로 의전(儀典)에 청색을 위주로 하였고 음식도 파란색이 나는 것을 숭상하여 간장(肝臟)을 돕게 하였으며 그릇도 공개적으로 열린 모양을 취하였으니 동방의 봄기운은 만물을 두루 살리는 인덕(仁德)의 화합력이 아름답기 때문이다.

6-1-8─────────────────────── 是月也에 以立春하나니 先立春三日에 太史가 謁之天子하야 曰某日이 立春이라 盛德이 在木이라 하거든 天子가 乃齊하니라.

『이달에 봄을 세울 생각을 하나니 입춘의 3일 전에 태사가 그것을 천자께 아뢰어 말하기를 아무 날이 입춘이라, 성대한 덕이 나무에 있나이다 하거든, 천자가 이에 몸과 마음을 가지런히 하니라.』

◑ 이 절은 입춘 3일 전에 천자가 재계(齊戒)하여야 됨을 기술하였다.

이(以)는 생각함이요, 입춘(立春)은 동지(冬至)로부터 소한(小寒)과 대한(大寒)이 지난 다음의 절기(節期)로 봄을 세운다는 뜻이다. 알(謁)은 아뢰는 것이고, 성덕(盛德)은 천지(天地)의 왕성한 기운이요, 목(木)은 5행에서 동방의 봄을 일으키는 기운이다.

立春之日에 天子가 親帥三公과 九卿과

諸侯와 大夫하야 以迎春於東郊하고

還反하사 賞公卿大夫於朝하시고

命相하사 布德和令하며 行慶施惠하야

下及兆民하되 慶賜가 遂行하야 毋有不當이니라.

『입춘의 날에 천자가 친히 3공과 9경과 제후와 대부를 거느리고, 동쪽 교외에서 봄을 맞이하고, 되돌아오시어 조정에서 공과 경과 대부에게 상을 주시고, 정승에게 명하여 덕을 베풀고 착함에 화답하며, 칭찬하는 상을 주고, 은혜를 베풀어 아래로 억조 인민에게 미치게 하되 칭찬하고 내림은 계획대로 거행하여 합당치 않음이 있지 말아야 하니라.』

☯ 이 절은 입춘을 맞이하여 천자가 거행할 사항을 기술하였으니 일백 관료와 억조 인민에게 원선(元善)의 인덕(仁德)을 베풀어야 함을 밝혔다.

제후(諸侯)는 기내(畿內)에 있는 제후요, 포덕(布德)은 인덕(仁德)을 베풀어 줌이요, 화(和)는 화답(和答)이고, 영(令)은 착함이니 선행(善行)을 한 사람에게 보답함이다. 경(慶)은 칭찬함이니, 행경(行慶)은 칭찬하는 자리를 만들어 포상함이요, 시혜(施惠)는 어려운 사람을 돕는 것이니 모두 어질고 착하고 아름답고 살리는 일을 하는 것이고, 조민(兆民)은 천하의 억조 인민이다. 수행(遂行)은 계획대로 일을 완수함이요, 부당(不當)은 합당치 않음이니 광명정대(光明正大)한 방법으로 공평하게 처리하지 못함이다.

乃命太史^{내 명 태 사}하사 守典奉法^{수 전 봉 법}하며
司天日月星辰之行^{사 천 일 월 성 진 지 행}하야 宿離不貸^{숙 리 불 이}하야
毋失經紀^{무 실 경 기}하고 以初^{이 초}로 爲常^{위 상}이라 하니라.

『이에 태사에게 명하사 전장을 지키고, 법률을 받들며, 하늘의 해와 달과 별이 운행함을 맡아서 해와 달이 합숙하고 헤어짐을 더하지 아니하여, 천문의 운행하는 도수를 잃지 말도록 하고, 이전의 현상으로 정상을 삼으라고 하니라.』

◑ 이 절은 천자가 태사(太史)에게 천체(天體) 운행의 절기에 정치행정이 순응하도록 정직하고 정확하게 천체현상의 특이한 이상징후를 보고하라는 내용을 기술하였다.

태사(太史)는 역사를 기술하는 벼슬로 정치행정의 득실을 기록하는 까닭에 항상 정확한 때를 알아야 된다. 전(典)은 국가의 기본 전장(典章)이요, 숙(宿)은 해와 달과 별과 지구가 일직선상에 모여서 합숙(合宿)한 것처럼 보이는 현상이고, 리(離)는 그것이 각각 흩어짐이다. 이(貸)는 보태는 것이고, 경기(經紀)는 천문(天文)의 운행하는 도수니 1년 4시 12월 360일의 수리(數理)가 있으며, 초(初)는 이전(以前)이니 과거 30년의 기상변화에 대한 통계로 표준을 삼는 기준치이며, 상(常)은 정상(正常)의 기후변화이다. 태사는 해와 달과 별이 운행하는 현상을 관찰하여 이전의 통계와 비교해서 정상과 이상(異常)을 판단하여 정직하게 천자에게 보고함으로써 정치행정을 바로잡아 천문(天文)운행의 원리 원칙을 잃게 하지 말도록 하였으니 하늘의 정상적인 운행이 천하의 정상적인 정치행정에서 말미암은 진

리를 밝혔다. 이 절은 전배들이 오역하였기에 내가 바로잡았다.

6-1-11 ──────────── 是月也에 天子가 乃以元日에 祈穀于上帝하시고
乃擇元辰하야 天子가 親載耒耟하사
措之于參保介之御間하사 帥三公九卿諸侯大夫하사
躬耕帝籍하사 天子는 三推하시고 三公은 五推하고
卿과 諸侯는 九推하나니 反하사 執爵于太寢하심에
三公과 九卿과 諸侯와 大夫가 皆御하나니 命曰勞酒라 하니라.

『이달에 천자가 이에 초하룻날에 하느님께 곡식이 잘되기를 기도하시고, 이에 좋은 날을 골라서 천자가 친히 쟁기를 싣고 참여한 권농관이 곁에서 모시는 사이에서 쟁기를 쫓아 잡으시고, 3공과 9경과 제후와 대부를 거느리고 몸소 하느님의 제사답을 가시어 천자는 세 번을 미시고, 3공은 다섯 번을 밀고 경과 제후는 아홉 번을 미나니 돌아오시어 태침에서 술잔을 잡으심에 3공과 9경과 제후와 대부가 모두 곁에서 모시고 마시나니 이름 하여 노동주라고 하니라.』

☯ 이 절은 정월(正月)에 천자가 먼저 고급관료를 인솔하여 하느님의 제사답을 친히 갈아서 천하에 모범을 보이는 예절을 기술하였다.

원일(元日)은 초하룻날이고, 기곡(祈穀)은 곡식이 풍년이 되기를 기도(祈禱)함이며, 상제(上帝)는 5방(五方)의 제(帝)를 총체적으로 관장하는 최상의 유일한 하느님이니 곧 동쪽 하늘의 태호(太皥)와 남쪽의 염제(炎帝)와 중앙의 황제(黃帝)와 서쪽의 소호(少皥)와 북쪽의 전욱(顓頊)을 통일적으로 주관한다. 원신(元辰)은 좋은 날이고,

뢰사(耒耜)는 쟁기니 농기구이며, 책(措)은 쟁기의 뒤에서 쫓아 잡는 것이니 곧 쟁기질을 직접 하는 자세요, 참(參)은 참여하여 돕는 것이고, 보개(保介)는 농사를 장려하는 권농관(勸農官)이며, 어(御)는 곁에서 모시는 것인데 전배들은 모두 수레에 타는 호위관으로 오해하였기에 내가 바로잡았으니 살피기 바란다. 제적(帝籍)은 하느님의 제사답(祭祀畓)으로 등록된 논밭이며, 퇴(推)는 뒤에서 미는 것이니 곧 쟁기의 보습을 땅속에 밀어 넣어 한 고랑을 가는 것이요, 집작(執爵)은 술잔을 들고 마시는 것이며, 태침(太寢)은 태묘(太廟)의 북쪽에 있는 제관(祭官)의 대기실이다. 명(命)은 명명(命名)이니 이름을 지어 붙임이고, 노주(勞酒)는 노동주(勞動酒)로 노동자의 기력을 돋우기 위하여 먹는 술이다.

해가 바뀐 1월에 왕과 고급관료가 하느님의 제사답을 손수 갈고 태침에서 노동주를 마시니 농사의 신성함과 노동의 즐거움을 세상에 알리는 아름다운 행사이다.

6-1-12 ──────────────────── 是月也에 天氣下降하고 地氣上騰하야
天地和同하고 草木萌動이어든 王이 命布農事하나니
命田하사 舍東郊하야 皆修封疆하며 審端徑術하며
善相丘陵과 阪險과 原隰하여 土地所宜와
五穀所殖으로 以敎道民하되 必躬親之니
田事가 旣飭하야 先定準直이라야 農乃不惑이니라.

『이달에 하늘의 기운이 아래로 내려오고, 땅의 기운이 위로 올라가서 하늘과 땅이 함께 화합하고, 풀과 나무가 싹이 트거든 왕이 농

사를 베풀라고 명하나니, 농업지도관에게 명령하사 동쪽 교외에 머물게 하여 모든 농민이 토지의 경계를 수리하며, 좁은 농로와 마을의 가운데 길을 살펴 바르게 하고, 구릉지대와 산비탈과 위험지대와 평원과 습지대를 잘 관찰하여 토지의 마땅한 바와 5곡의 자라는 바로 농민을 가르쳐 인도하되 반드시 몸소 친히 하니 농사사업이 이미 바르게 다스려져서 평평하고 곧음을 먼저 정해야 농민이 이에 의혹하지 않으니라.』

◉ 이 절은 정월(正月)에 농사감독관은 농촌에 거주하면서 농토를 수리하고 종자를 선택하도록 지도하는 사업을 기술하였다.

천기(天氣)는 건조한 공기요, 지기(地氣)는 습기가 많은 공기이며, 화동(和同)은 화합하여 한 가지가 됨이고, 포(布)는 베풀어 시행함이며, 전(田)은 전준(田畯)이니 농업을 지도하는 관리이다. 사(舍)는 머물러 거주함이고, 개(皆)는 모든 농민을 지칭하며, 봉강(封疆)은 농지의 경계요, 심단(審端)은 살펴서 바르게 함이며, 경(徑)은 협소한 농로(農路)이고, 술(術)은 읍(邑)의 중앙로이다. 선상(善相)은 잘 관찰함이고, 도(道)는 도(導)와 같으며, 칙(飭)은 수리하여 다스림이요, 준(準)은 공평함이며, 직(直)은 방정(方正)함이다.

농지를 정리하고 도로를 보수하며 지형과 토질을 연구하고 종자를 개량해서 농사법을 가르치는 것은 대단히 현명한 농업정책이다.

6-1-13 ──────────────── 是月也에 命樂正하사 入學習舞하고

『이달에 악정에게 명하여 태학에 들어간 학생에게 춤을 익히게 하고』

◉ 이 절은 정월(正月)에 태학의 신입생을 입교시켜 제1학기를 시작하는 것을 기술하였다.

악정(樂正)과 입학(入學)은 앞(5-16-1, 2)에서 이미 해설하였고, 무(舞)는 문무(文舞)와 무무(武舞)니 먼저 춤을 익히게 함은 고상하고 아름다운 율동의 조화를 몸에 지니도록 함이다.

6-1-14 ──────────────────────── 乃修祭典하야 命祀山林川澤하되
犧牲은 毋用牝하며

『이에 제사의전을 다듬어 산과 숲과 강과 못에 제사 지내라고 명하되 희생은 암짐승을 쓰지 말며』

◉ 여기에서는 정월(正月)에 지내는 산림천택의 제물은 암컷을 쓰지 않는 것을 기술하였다.

제전(祭典)은 제사의 의전(儀典)이니 곧 제례(祭禮)의 절도요, 빈(牝)은 암짐승인데 봄에는 양기(陽氣)를 숭상하므로 암컷은 희생으로 쓰지 않으며, 또한 봄철은 생육하는 계절이므로 새끼를 낳게 하기 위하여 암컷을 보호하기 위함이다.

6-1-15 ──────────────────────────────── 禁止伐木하며

『나무를 베는 것을 금지하며』

☯ 여기에서는 초목이 생장하는 시기에는 보호해야 함을 기술하였다.
금지(禁止)는 입산(入山)을 금지함이다.

6-1-16 ──────────────────── 毋覆巢하며 毋殺孩蟲胎夭飛鳥하며
毋麛하며 毋卵하며 毋聚大衆하며
毋置城郭하며 掩骼埋胔하니라.

『새집을 뒤집어엎지 말며, 어린 동물과 새끼를 밴 것과 금방 낳은
것과 날기를 시작한 새를 죽이지 말며, 어린 새끼짐승을 잡지 말며,
알을 꺼내지 말며, 대중을 모이게 하지 말며, 성곽을 설치하지 말며,
짐승의 뼈를 덮고 짐승의 죽은 뼈를 묻으라고 하니라.』

☯ 여기에서는 동물을 번식하여 자라도록 보호하고 인민이 농사에
전념하도록 동원하지 말며 죽은 것을 묻어서 힘차게 소생(蘇生)하는
환경을 조성하여야 함을 밝혔다.

무(毋)는 금지사이고, 해충(孩蟲)은 어린 동물이며, 요(夭)는 금방
낳은 것이요, 비조(飛鳥)는 나는 연습을 하는 어린 새이다. 엄격(掩
骼)은 짐승의 부분적인 뼈를 살짝 덮는 것이고, 매자(埋胔)는 짐승의
전체적인 뼈를 깊이 묻는 것이니 상서롭지 못한 것을 감추는 것이다.

 ──────────────────────── 是月也에 不可稱兵이니 稱兵하면

必天殃이니 兵戎을 不起하며

不可從我始하야 毋變天之道하며

毋絶地之理하며 毋亂人之紀니라.

『이달에 군대를 일으키는 것은 옳지 않으니 군대를 일으키면 반드시 하늘이 재앙을 내리니, 전쟁을 일으키지 아니하며 나로부터 비롯하지 않도록 하여, 하늘의 진리를 변경하지 말며, 땅의 이치를 단절하지 말며, 사람의 윤리기강을 어지럽히지 말지니라.』

☯ 여기에서는 정월(正月)에는 생육(生育)의 원기가 비롯하는 때이므로 절대로 살기(殺氣)를 품고 전쟁을 일으켜서는 안 됨을 기술하였다.

칭병(稱兵)은 거병(擧兵)이니 군대를 일으킴이고, 천앙(天殃)은 천재(天災)와 지변(地變)과 인화(人禍)를 총칭함이며, 종(從)은 유(由)와 같으니 종아시(從我始)는 나로부터 전쟁이 일어나는 실마리를 제공하는 것으로 비록 자기가 먼저 전쟁을 일으키지는 않았어도 상대국에 전쟁을 일으키도록 유도하는 원인을 제공해서도 안 됨을 뜻한다. 천지도(天之道)는 맹춘(孟春) 정월(正月)의 원기(元氣)로 물아일체(物我一體)의 인덕(仁德)과 우주쾌활(宇宙快活)의 생리(生理)가 충만한 하늘의 기운이고, 지지리(地之理)는 겨울에 얼었던 땅이 풀려서 천지화동(天地和同)하고 초목장양(草木長養)하여 만물이 소생(蘇生)하는 이치이며, 인지기(人之紀)는 사람의 윤기(倫紀)이니 인의예지신(仁義禮智信)의 인간성을 함양하여 인간의 존엄성을 인식하

고 생명의 고귀함을 깨달아 인도주의(人道主義)를 존중하고 윤리(倫理)를 숭상하여 사랑하고 공경하고 사양하고 감사하는 예절을 지키는 기강이다.

6-1-18 ──────────────── 孟春^{맹춘}에 行夏令^{행하령}이면 則雨水^{즉우수}가 不時^{불시}하며
草木^{초목}이 蚤落^{조락}하며 國時有恐^{국시유공}하고

『맹춘에 여름의 시행령을 집행하면 비와 물이 알맞은 때로 아니 하며, 풀과 나무가 일찍 떨어지며, 나라가 때로 놀라는 사건이 있느니라.』

☯ 이 절은 하늘보다 앞서서 먼저 하는 허물을 기술하였으니 초봄에 여름의 정책을 시행하면 그 능력이 부족해서 실패함을 밝혔다.

하령(夏令)은 여름의 시행령이니 4·5·6월에 시행할 정치사업이요, 우수(雨水)는 비와 물이고, 불시(不時)는 알맞은 때가 아니며, 조(蚤)는 조(早)와 같다. 지나침은 미치지 못함과 같으니 하늘보다 앞서 나감이 허물이다.

6-1-19 ──────────────── 行秋令^{행추령}이면 則其民^{즉기민}이 大疫^{대역}하며
猋風暴雨^{표풍포우}가 總至^{총지}하며 藜莠蓬蒿^{려유봉호}가 並興^{병흥}하고

『가을의 시행령을 집행하면 그 인민이 크게 전염병을 앓으며, 회오리바람과 폭우가 모두 이르며, 명아주와 가라지와 쑥과 다북쑥이

아울러 일어나고』

  ◑ 이 절은 하늘의 운행에 반대로 하는 허물을 기술하였으니 초봄에 가을의 정책을 시행하면 만사가 어그러져서 모두 실패함을 밝혔다.
  추령(秋令)은 가을의 시행령이니 7·8·9월에 시행할 정치사업이요, 대역(大疫)은 크게 유행하는 전염병이며, 표풍(飆風)은 회오리바람이며, 려(藜)는 명아주이고, 유(莠)는 가라지이고, 봉(蓬)은 쑥이요, 호(蒿)는 다북쑥이니 모두 황폐한 땅에서 잘 자라는 풀이다. 본말(本末)을 바꾸고, 종시(終始)를 거슬러서 되는 일은 없나니 하물며 천시(天時)를 반대로 한다면 어찌 천벌(天罰)이 없겠는가!

6-1-20   行冬令이면 則水潦가 爲敗하며 雪霜이 大摯하며 首種이 不入이니라.

『겨울의 시행령을 집행하면 물과 고인물이 부패하며, 눈과 서리가 크게 사나우며, 먼저 심은 종자가 뿌리를 들이지 못하느니라.』

  ◑ 이 절은 하늘보다 뒤에 처져서 나중에 하는 허물을 기술하였으니 초봄에 겨울의 정책을 시행하면 이미 늦어서 실패함을 밝혔다.
  동령(冬令)은 겨울의 시행령이니 10·11·12월에 시행하는 정치사업이고, 로(潦)는 고인물이요, 패(敗)는 부패(腐敗)하여 썩은 것이며, 지(摯)는 사나운 것이다. 수(首)는 먼저 함이고, 종(種)은 파종(播種)함이니, 수종(首種)은 먼저 파종한 농작물로서 곧 보리와 밀 등이며, 불입(不入)은 뿌리가 땅속으로 들어가지 아니함이다. 만사는 때가 있나니 때를 얻으면 성공하고 때를 잃으면 실패한다. 그러므로 정치는 때를 알고 형세를 깨달아 하늘땅과 함께 발전하는 역사정신을 귀중하게 여기는 것이다.

6-2-1————————————————————— 仲春之月이라 日이 在奎하니
昏에 弧가 中하고 旦에 建星이 中이니라.

『가운데 봄의 달이라, 해가 규수에서 달을 만남이 있으니 저녁에 호시성이 남쪽 하늘의 중앙에 있고, 아침에 건성이 남쪽 하늘의 중앙에 있느니라.』

◑ 이 장은 중춘(仲春)인 묘월(卯月)의 2월에 시행할 정치사업과 해서는 안 되는 정치사업을 기술하였으니 여기에서는 2월의 천체 현상을 밝혔는바, 앞(6-1-1)을 참고하라.

규(奎)는 규수(奎宿)인데 28수(宿)의 15번째인데 서남방에 자리하며, 문운(文運)을 맡아보는 별이다. 호(弧)는 호시성(弧矢星)으로 남극노인성(南極老人星)의 남쪽 성좌(星座)에 있어서 화살을 시위에 먹인 모양과 비슷한 아홉 개의 별인데 28수(宿)의 22번째인 정성(井星) 근처에 위치하며, 건성(建星)은 두수(斗宿)의 근처에 있으니 두수(斗宿)는 28수의 8번째로 동북쪽에 위치하는 북두칠성이다.

6-2-2─────────────────── 其^{기일}日은 甲乙^{갑을}이요 其帝^{기제}는 大皥^{대호}요
其神^{기신}은 句芒^{구망}이요 其蟲^{기충}은 鱗^린이요
其音^{기음}은 角^각이요 律^률은 中夾鍾^{중협종}이요
其數^{기수}는 八^팔이요 其味^{기미}는 酸^산이요
其臭^{기취}는 羶^전이요 其祀^{기사}는 戶^호요 祭^제는 先脾^{선비}니라.

『그 한봄을 주도한 날은 갑일과 을일이요, 그 봄의 하느님은 크게
밝은 하늘이요, 그 봄의 신령은 나무를 관장하는 귀신이요, 그 동물
은 비늘물고기요, 그 음계는 각이요, 그 가락은 협종에 해당하고 그
수는 8이요, 그 맛은 시고, 그 냄새는 노린내요, 그 고사는 방문이요,
제사에는 지라를 먼저 올리느니라.』

◉ 이 절은 중춘(仲春)인 2월을 주도하는 실체와 특별히 왕성한
기운을 밝혔으니 모두 맹춘(孟春)과 같으나 오직 률(律)만 다른바
앞(6-1-2, 3, 4)을 참고하라.
협종(夾鍾)은 12률 가운데 네 번째 소리 묘률(卯律)로 2월의 가락
이며, 6려(呂)의 하나이다.

6-2-3─────────────────── 始雨水^{시우수}하며 桃始華^{도시화}하며
倉庚^{창경}이 鳴^명하며 鷹^응이 化爲鳩^{화위구}하니라.

『빗물이 흐르기 시작하며 복숭아가 꽃이 피기 시작하며, 꾀꼬리가
울며, 매가 변화하여 산비둘기가 되니라.』

☯ 이 절은 중춘(仲春)의 자연현상을 기술하였다.

우수(雨水)는 비가 내려서 물이 흐르는 것이고, 창경(倉庚)은 꾀꼬리이며, 응화위구(鷹化爲鳩)는 매가 2월이 되면 변화하여 산비둘기가 된다는 속설이 있으나 이때에 매가 사라지고 산비둘기가 나타나는 것으로 해석해야 옳으니, 앞(5-9-4)에서 해설한 구화위응(鳩化爲鷹)을 참조하라.

6-2-4——————————— 天子가 居靑陽太廟하시며 乘鸞路하며
駕倉龍하며 載靑旂하며 衣靑衣하며
服倉玉하며 食麥與羊하며 其器는 疏以達이니라.

『천자가 청양의 큰 사당을 집무실로 하시며, 방울수레를 타며, 푸르고 큰 말에 멍에 씌우며, 푸른 쌍룡기를 수레에 세우며, 푸른 옷을 입으며 푸른 옥을 차며, 보리와 양고기를 먹으며, 그 그릇의 모양은 되바라지고 사무치니라.』

☯ 이 절은 2월에 천자의 집무실과 의전을 밝혔으니 집무실만 정월과 다르고 나머지는 모두 같다.

청양태묘(靑陽太廟)는 동천(東天)에서 봄을 관장하는 태호제(大皥帝)를 모신 사당이니 앞(6-1-6)에서 이미 해설하였고, 나머지는 앞(6-1-7)을 참조하라.

6-2-5——————————— 是月也에 安萌芽하고 養幼少하며 存諸孤하며

『이달에 새싹을 안전하게 하고, 유년과 소년을 교양하며, 여러 고
아를 찾아서 위문하며』

　◐ 이 절은 새로운 생명을 소중하게 보호하여 안전하게 성장하는
토대를 2월에 해야 됨을 밝혔다.

　양(養)은 교양(敎養)이니 교육을 시키기 위하여 학교에서 가르쳐
기름이고, 존(存)은 존문(存問)이니 찾아가서 살피고 위문함이며, 고
(孤)는 고아(孤兒)이다.

6-2-6──────────────────────　擇元日하야 命民社하며

『길한 날을 채택하여 인민에게 국토신을 모신 단에 향사를 거행하
도록 명령하며』

　◐ 이 절은 국가에서 국토신을 모신 사단(社壇)에 향사(享祀)를
거행할 날을 정하면 전체 인민이 마을단위로 국토를 깨끗이 청소하
고 각 가정의 토지신을 받들어 공경하도록 지시해야 됨을 기술하였
으니 아래(11-6-4)에서 참고하라.

　이로써 농민은 서로 협력하여 체계 있게 공동 작업을 하기 위하여
정전(井田)의 단위로 두레를 만들었으니 이러한 조직을 결성하는 날
에 지방의 산천에 제사를 지내고 곡식이 잘 자라기를 비는 날을 춘
사일(春社日)이라고 하며, 가을에 곡식을 수확하고 지방의 산천에 감
사의 제사를 지내고 이 조직을 해체하는 날을 추사일(秋社日)이라고

하였다.

원일(元日)은 길한 날이니 아래(11-6-1)에서는 갑일(甲日)이라
고 하였다.

6-2-7─────────────────────────── 命有司하사 省圄圉하며
去桎梏하며 毋肆掠하며 止獄訟하니라.

『책임자에게 명령하여 감옥의 죄수를 줄이고, 차꼬와 수갑을 제거
하며, 사형수의 시체를 저자에 진열함과 볼기를 치는 것을 못 하게
하며, 재판을 중지하니라.』

☯ 이 절은 생기(生氣)로 충만한 2월에는 사람을 구속하고 속박하
는 일을 삼가고 또한 상서롭지 못한 살기(殺氣)가 득세하지 못하게
해야 됨을 밝혔다.

유사(有司)는 사법부의 재판관을 비롯하여 치안, 풍속, 교육, 국방
등에서 범법자를 단속하는 책임자이고, 생(省)은 줄이는 것이며, 영
어(圄圉)는 유치장(留置場)이니 우리처럼 만들어 출입을 통제하는
곳으로 피의자를 일시적으로 구속하고 재판을 받게 하는 것이다. 질
(桎)은 차꼬니 곧 족쇄를 채우는 것이요, 곡(梏)은 수갑이며, 사(肆)
는 사형수의 시체를 저자에 진열하는 형벌이고, 량(掠)은 볼기를 치
는 형벌이며, 지(止)는 연기하여 일시적으로 중지함이다. 봄에는 가
급적 불구속을 원칙으로 하고 사형(死刑)과 체형(體刑)을 집행하지
못하게 함은 인정(仁政)의 체제이다.

 ——————————————————— 是月也에 玄鳥가 至하니 至之日에
以太牢로 祠于高祺하되 天子가 親往하시며
后妃가 帥九嬪御하야 乃禮天子하나니 所御에게
帶以弓韣케 하고 授以弓矢于高祺之前이니라.

『이달에 제비가 이르니 이르는 날에 소와 돼지와 양으로 숭고한 매개 사당에서 하느님을 매개하는 신에게 제사 지내되 천자가 친히 가시며, 왕비가 아홉 빈을 모아서 거느리고 모시게 하여 이에 천자에게 인사하나니, 곁에서 모시는 이에게 활전대로 띠를 하게 하고, 숭고한 매개 사당의 앞에서 활과 화살을 수여하니라.』

◐ 이 절은 제비가 돌아올 때에 하느님을 매개하는 신에게 제사를 지내는 절도를 기술하였다.

현조(玄鳥)는 제비이고, 지(至)는 강남으로 갔던 제비가 다시 돌아온 것이며, 사(祠)는 봄 제사의 이름으로 하느님께 매개하는 신에게 제사를 지내는 것이요, 고매(高祺)는 하느님께 매개하는 신에게 제사 지내는 사당의 이름으로, 하늘은 높은 하늘에 계시기 때문에 초야의 민중의 소리를 매개(媒介)하는 신령이 있어서 높은 하늘에 전달하여 보고한다는 뜻으로 매(祺)라고 하였으니, 태묘(太廟)에서 봄 제사를 약(礿)이라고 이름 하여 매작(媒妁)의 뜻으로 쓰는 것과 같은바, 앞(5-12-2, 3)을 참고하라. 빈(嬪)은 궁중에서 후비(后妃)와 부인(夫人)과 세부(世婦)를 받들고 실무를 처리하는 여관(女官)이니 앞(2-7-6)에서 이미 해설하였다. 어(御)는 곁에서 모시고 시중을 드는 것이고, 궁독(弓韣)은 활을 넣은 전대니 곧 활집이며, 궁시(弓

矢)는 활과 화살로 활쏘기를 하여 체력을 기르고 심신을 수련하기 위함이다.

살피건대 종묘(宗廟)에서 선조의 제사에 하느님을 배향(配享)하여 함께 모시는 제사 이름은 봄 제사를 약(礿), 여름 제사를 체(禘), 가을 제사를 상(嘗), 겨울 제사를 증(蒸)이라고 하였고, 특별히 교외(郊外)의 제단에서 황천상제(皇天上帝)께 지내는 제사 이름은 교(郊)라고 하였으니 동지가 지난 다음에 지내고, 봄에는 하느님께 매개하는 신에게 제사를 지내니 그 의미가 심장하도다. 전배들은 이 절을 천자가 아들을 낳기 위한 제사로 해석하여 고매(高禖)를 아들을 낳게 해 주는 신의 사당으로 보고, 빈어(嬪御)를 빈첩(嬪妾)이라고 하며, 궁시(弓矢)는 남자의 일이라고 주장하였으나 옳지 않다. 사(祠)가 봄에 하느님께 제사 지내는 이름이거늘 어찌 아들을 낳게 해 주는 신의 사당에서 지낼 것이며, 빈(嬪)은 궁중의 사무책임자이거늘 어찌 천자가 9명의 빈(嬪)에게 아이를 가지게 할 것이며, 활과 화살은 마음과 몸을 수련하는 도구로 남자와 여자의 구분이 없거늘 어찌 남자만 운동을 할 것인가?

6-2-9——————————————————————— 是月也에 日夜分하며

『이달에 낮과 밤의 길이가 똑같이 나누어지며』

☯ 여기에서는 중춘(仲春)의 달에 춘분(春分)이 있음을 밝혔다.
분(分)은 등분(等分)이니 낮의 길이와 밤의 길이가 똑같이 나누어

짐이다.

6-2-10 ——————————— 雷乃發聲하며 始電하며
蟄蟲이 咸動하야 啓戶始出하니라.

『우뢰가 이에 소리를 내며, 비로소 번개가 치며, 겨울잠을 자던 동물이 모두 활동하여 문을 열고 나오기 시작하니라.』

◑ 여기에서는 2월에 우레가 땅속에서 나와 뇌성벽력(雷聲霹靂)으로 천지를 진동하여 부지런히 1년의 일을 시작하도록 경고함을 기술하였다.

뢰(雷)는 우레로 양기(陽氣)가 응집된 기운인데 음기(陰氣)와 충돌하면 폭발하는 힘이 있다. 대저 우레는 음양(陰陽)의 생성과 소멸의 원리에 의하여 2월에는 땅 위로 나와서 번개와 천둥을 일으키고, 8월에는 땅속으로 들어가서 지진(地震)과 해일(海溢)을 일으키며 천시(天時)와 민심(民心)에 순응하지 않는 정치사업을 경고하는 역할을 수행하므로 우수(雨水) 다음에 경칩(驚蟄)이 있어 경칩에는 모두 겨울잠에서 깨어나 1년의 삶을 미리미리 준비해야 됨을 알게 하였다.

6-2-11 ——————————— 先雷三日하야 奮木鐸하야 以令兆民하되
曰雷將發聲이니 有不戒其容止者면
生子가 不備하며 必有凶災라 하니라.

『우레가 나오기 3일을 앞서 목탁을 세게 쳐서 억조 만민에게 명령하되 말하기를 우레가 장차 소리를 내리니 그 몸가짐을 조심하지 않은 사람이 있으면 자식을 낳음에 갖추지 아니하며, 반드시 흉악한 재앙이 있으리라고 하니라.』

◐ 여기에서는 경칩(驚蟄)이 되면 밖에서 활동을 해야 육체가 건강하고 농사의 시기를 잃지 않음을 밝혔다.

뢰(雷)는 우뢰가 땅 위로 나오는 것이니 곧 경칩일(驚蟄日)이고, 분(奮)은 분격(奮激)이니 세게 치는 것이며, 용지(容止)는 행동거지(行動擧止)로 몸가짐인데 겨울에는 집 안에서 정양(靜養)하고 봄에는 밖에서 활동(活動)하는 것이 정상이다. 불비(不備)는 기력(氣力)을 갖추지 못함이요, 흉재(凶災)는 흉년(凶年)의 재앙(災殃)이다.

살피건대 양기(陽氣)는 동(動)하고 음기(陰氣)는 정(靜)하니 봄에는 활동을 해야 양기(陽氣)가 발동하여 건강한 자식을 생산하고 또 부지런히 농사를 지어서 곡식을 증산할 수 있는 것이다.

6-2-12 ──────────────────── 日夜가 分이어든 則同度量하며
鈞衡石하며 角斗甬하며 正權概하니라.

『낮과 밤의 길이가 똑같이 나누어지거든 곧 척도와 계량을 동일하게 하며, 저울대와 저울추를 균등하게 하며, 말과 섬을 비교하며, 저울추와 말의 평미레를 바로잡으니라.』

◑ 여기에서는 춘분(春分)이 되면 모든 도량형기를 공평하게 통일해서 대동평등사회의 토대를 구축하는 시기임을 밝혔다.

도(度)는 길이를 재는 척도이고, 량(量)은 부피를 재는 계량기(計量器)이며, 균(鈞)은 균(均)이요, 형(衡)은 저울대이며, 석(石)은 교정된 저울추로 120근(斤)이다. 각(角)은 비교함이고, 두(斗)는 말이며, 용(甬)은 휘(斛)니 섬이요, 권(權)은 저울의 눈금에 매다는 저울추이고, 개(槪)는 평미레니 곡식을 될 때 됫박이나 말의 위를 평평하게 미는 데 쓰는 방망이 모양의 기구이다.

춘분(春分)은 음양(陰陽)의 기운과 밤낮의 시간을 공평하게 분배한 철이므로 인간사회도 이를 본받아 삶의 조건을 균등하게 제도화하였으니 지혜롭기 그지없다.

6-2-13 ──────────────── 是月也에 耕者가 少舍하고 乃脩闔扇하며 寢廟를 畢備하며 毋作大事하야 以妨農之事하니라.

『이달에 밭갈이한 사람이 조금 쉬고, 이에 대문과 사립문을 수리하며, 사당과 그 부속건물을 모두 방비하며, 큰일을 새로 시작하여 농사를 방해하지 말아야 하니라.』

◑ 여기에서는 장차 들에 가서 농사를 하게 되므로 집의 문을 수리하고 사당을 튼튼히 방비해야 됨을 밝혔다.

경자(耕者)는 경작하는 농민이고, 소사(少舍)는 밭갈이를 끝냈으므로 조금 쉬게 함이며, 합(闔)은 널판으로 만든 두 짝 대문이요, 선

(扉)은 비(扉)니 외짝 사립문인데 잡목의 가지로 결어서 만든다. 침
(寢)은 묘(廟)의 뒤에 있는 건물로 제사 지내는 사람들이 거처하는
방이요, 묘(廟)는 사당으로 조상의 위패를 모신 집이며, 필비(畢備)
는 모든 방비를 끝내는 것이고, 대사(大事)는 전쟁이나 부역으로 청
장년을 동원하는 일이다. 농번기에는 집을 비우는 때가 많으므로 집
의 대문과 사당을 튼튼히 방비하니 대단히 현명하도다.

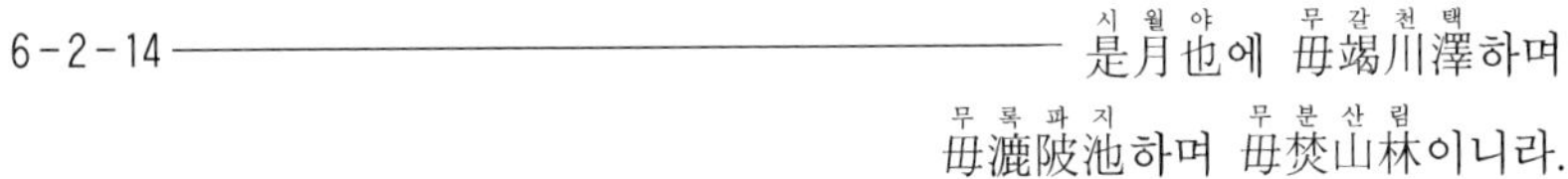

6-2-14 ─────────────────────────────── 是月也에 毋竭川澤하며
毋漉陂池하며 毋焚山林이니라.

『이달에 시내와 늪을 마르게 하지 말며, 방죽과 못을 마르게 하지
말며, 산과 숲을 불태우지 말지니라.』

☯ 여기에서는 겨울의 추위를 이기고 다시 살려는 자연의 생물을
보호하는 것이 하늘의 인(仁)임을 밝혔다.
  갈(竭)은 물줄기를 막고 물을 빼서 말림이고, 록(漉)은 물을 품어
내서 물을 말리고 물고기를 잡는 것이며, 파(陂)는 방죽이다.

6-2-15 ───────────────── 天子가 乃鮮羔開冰하사 先薦寢廟하시니라.

『천자가 이에 정결하게 염소로 고사 지내고 얼음창고를 여시어 먼
저 사당에 바치시니라.』

◌ 이 절은 중춘(仲春)의 제사에는 얼음을 사용함을 밝혔다.

선(鮮)은 정결하게 지내는 고사(告祀)이고, 고(羔)는 털이 검은 염소인데 얼음은 물이 얼어서 된 물건이므로 북방의 검은색을 숭상한다. 개빙(開冰)은 빙고(冰庫)의 문을 처음으로 여는 것이요, 선천(先薦)은 가장 먼저 드리는 것이니 맹춘(孟春)에 기온이 따뜻하여 음식이 상하기 쉬운 까닭에 얼음창고를 개방해서 가장 먼저 조상에게 바치는 것은 조상을 위하는 정성이다.

6-2-16 ───────── 上丁에 命樂正하사 習舞釋菜하고 天子가 乃帥三公九卿諸侯大夫하사 親往視之하시며 仲丁에 又命樂正하사 入學習樂하니라.

『상순의 정일에 음악장관에게 명하여 춤을 익히고, 옛날의 스승님께 간소한 음식을 바치고, 천자가 이에 3공과 9경과 제후와 대부를 거느리시어 친히 가서 태학을 시찰하시며, 중순의 정일에 또 음악부장관에게 명하사 태학에 들어간 학생에게 음악을 익히게 하니라.』

◌ 여기에서는 2월 상정(上丁)에 선사(先師)에게 석전(釋奠)을 올리고 천자가 태학을 시찰하는 예절을 기술하였다.

상(上)은 상순(上旬)이고, 정(丁)은 정일(丁日)이니 갑일(甲日)에서 시작한 기운이 왕성하게 자란 날이며, 습무(習舞)는 앞(6-1-13)에서 이미 해설하였다. 석채(釋菜)는 석전(釋奠)이니 선사(先師)에게 채소로 만든 간소한 음식을 올리고 그 학문과 사상을 기리는 예식이

며, 시(視)는 학생의 실력을 직접 시찰(視察)하여 확인함이요, 습악
(習樂)은 아악(雅樂)을 익힘이니 앞(5-16-1)에서 봄가을로 예악
(禮樂)을 가르친다고 밝혔다.

6-2-17 ──────────────────────── 是月也에 祀不用犧牲하고
用圭璧하며 更皮幣하니라.

『이달에는 고사에 희생을 쓰지 아니하고, 네모진 옥과 도래옥을
쓰며, 가죽과 비단으로 대신하니라.』

◉ 여기에서는 2월의 고사(告祀)에는 희생(犧牲)을 쓰지 않고 옥
이나 가죽 및 비단으로 대신함을 밝혔다.

사(祀)는 고사(告祀)니 제(祭)보다 작은 행사요, 경(更)은 대신함
이며, 피(皮)는 짐승의 가죽, 폐(幣)는 폐백(幣帛)이니 비단이나 화
폐이다. 봄에는 살리기를 좋아하는 인덕(仁德)을 숭상하므로 고사(告
祀)에서 희생(犧牲)을 쓰지 않고 생명이 없는 것으로 대신하니 천지
만물의 측은(惻隱)한 마음을 깨달을지어다.

6-2-18 ──────────────── 仲春에 行秋令이면 則其國이 大水하고
寒氣가 總至하며 寇戎이 來征하며

『중춘에 가을의 시행령을 집행하면 그 나라가 큰 홍수가 나고, 한

랭한 기운이 모두 이르며, 도적과 서쪽 오랑캐가 와서 치며』

　☯ 이 절은 천시(天時)에 역행하면 자연이 어그러지고 민심이 변하여 흉변(凶變)이 일어남을 경고하였다.
　대수(大水)는 큰 홍수가 남이고, 한기(寒氣)는 한랭(寒冷)한 기후이며, 구융(寇戎)은 외구(外寇)와 서융(西戎)이다.

6-2-19 ─────────────────── 行冬令이면 則陽氣가 不勝이라
麥乃不熟하며 民多相掠하니라.

『겨울의 시행령을 집행하면 양기가 음기를 이기지 못하여 보리가 이에 익지 아니하며, 인민이 서로 빼앗음이 많으니라.』

　☯ 여기에서는 천시(天時)에 너무 뒤떨어지면 양기(陽氣)가 음기(陰氣)를 이기지 못하여 보리가 익지 않고 음흉한 일이 많음을 경고하였다.
　상량(相掠)은 음흉하게 서로 속이고 빼앗는 것이니 음산한 사회기풍이다.

6-2-20 ─────────────────── 行夏令하면 則國乃大旱하야
煖氣가 早來하며 蟲螟이 爲害하니라.

『여름의 시행령을 집행하면 나라가 이에 크게 가물어 따뜻한 기후
가 일찍 오며, 벌레와 며루가 피해를 주니라.』

◐ 여기에서는 천시(天時)에 앞서 가면 양기(陽氣)가 부실하여 비
정상적으로 발전함을 경고하였다.

충(蟲)은 해충(害蟲)이고, 명(螟)은 벼의 뿌리를 갉아먹는 며루이다.

6-3-1——————————————————— 季春之月이라 日이 在胃하니
昏에 七星이 中이요 旦에 牽牛가 中이니라.

『늦은 봄의 달이라 해가 위수에서 달을 만남이 있으니 저녁에 칠
성이 남쪽 하늘의 중앙에 있고, 아침에 견우성이 남쪽 하늘의 중앙에
있느니라.』

◐ 이 장은 계춘(季春)인 진월(辰月)의 3월에 시행할 정치사업과
해서는 안 되는 정치사업을 기술하였으니 여기에서는 3월의 천체 현
상을 밝혔다.

위(胃)는 위수(胃宿)로 28수(宿)의 17번째인데 서쪽 유방(酉方)에
있으며, 7성(七星)은 북두7성(北斗七星)으로 역시 28수의 8번째로 동
북방에 있고, 견우(牽牛)는 28수(宿)의 24번째인 유성(柳星)의 남방
에 있는 별이다.

6-3-2 ──────────────────────── 其日은 甲乙이요 其帝는 太皥요
其神은 句芒이요 其蟲은 鱗이요
其音은 角이요 律은 中姑洗이요
其數는 八이요 其味는 酸이요
其臭는 羶이요 其祀는 戶요 祭는 先脾니라.

『그 늦봄을 주도한 날은 갑일과 을일이요, 그 봄의 하느님은 크게 밝은 하늘이요, 그 봄의 신령은 나무를 관장하는 귀신이요, 그 동물은 비늘물고기요, 그 음계는 각이요, 그 가락은 고선에 해당하고, 그 수는 8이요, 그 맛은 시고 그 냄새는 노린내요, 그 고사는 방문이요, 제사에는 지라를 먼저 올리느니라.』

◐ 이 절은 3월에 가장 활발한 만물의 현상을 요약하여 기술하였으니 앞(6-2-2)을 참고하라.

고선(姑洗)은 12률 가운데 다섯 번째 소리 진률(辰律)로 3월의 가락이며, 6률(六律)의 하나이다.

6-3-3 ──────────────────────── 桐이 始華하며 田鼠가 化爲鴽하며
虹이 始見하며 萍이 始生하니라.

『오동나무가 꽃을 피기 시작하며, 두더지가 변화하여 종달새가 되며, 무지개가 나타나기 시작하며, 마름이 생기기 시작하니라.』

◑ 이 절은 3월에 동식물의 생태를 기술하였다.

전서(田鼠)는 언서(鼴鼠)로 두더지요, 여(鴽)는 무모(鴾母)니 종달새인데 3월에는 아직 두더지가 나오지 않고 종달새가 많으므로 변화해서 되었다고 표현했으며, 무지개는 태양광선이 빗물방울에 굴절하여 나타난 현상이요, 평(萍)은 개구리밥이니 개구리밥과에 속하는 다년생의 물풀로 몸은 3개의 엽상체(葉狀體)로 되며 아래쪽에 실 같은 많은 수염뿌리가 있다. 늦가을에 모체에서 겨울눈이 떨어져 나와 물 밑에서 겨울을 지내고 다음 해 봄에 물 위에 떠서 번식하는 부평초이다.

6-3-4─────────────── 天子가 居靑陽右个하시며 乘鸞路하며
駕倉龍하며 載靑旂하며 衣靑衣하며
服倉玉하며 食麥與羊하며 其器는 疏以達이니라.

『천자가 청양의 오른쪽 곁방을 집무실로 하시며, 방울수레를 타며 푸르고 큰 말에 멍에 씌우며, 푸른 쌍룡기를 수레에 세우며, 푸른 옷을 입으며, 푸른 옥을 차며, 보리와 양고기를 먹으며, 그 그릇의 모양은 되바라지고 사무치니라.』

◑ 이 절은 3월에 천자의 집무실과 그 의전(儀典)제도를 기술하였으니 앞에 정월(正月)과 2월의 의전과 같고 집무실만 다르다.

청양우가(靑陽右个)는 앞(6-1-6)에서 이미 해설하였다.

6-3-5─────────────────────────────── <ruby>是<rt>시</rt></ruby><ruby>月<rt>월</rt></ruby><ruby>也<rt>야</rt></ruby>에 <ruby>天<rt>천</rt></ruby><ruby>子<rt>자</rt></ruby>가 <ruby>乃<rt>내</rt></ruby><ruby>薦<rt>천</rt></ruby><ruby>鞠<rt>국</rt></ruby><ruby>衣<rt>의</rt></ruby><ruby>于<rt>우</rt></ruby><ruby>先<rt>선</rt></ruby><ruby>帝<rt>제</rt></ruby>하시며

『이달에 천자가 이에 노랑바탕에 파란색을 띤 옷을 전대의 임금에게 올리시며』

　◐ 이 절에서는 천자가 선대(先代)의 임금에게 옷을 올리는 예절을 기술하였으니 정월(正月)에는 상제(上帝)께 농사가 잘되기를 기원하고, 2월에는 선사(先師)에게 석채(釋菜)를 드리며, 3월에는 선제(先帝)에게 옷을 올리는 그 뜻이 심오하다.

　국(鞠)은 국진(鞠塵)의 색이니 노랑바탕에 푸른색을 띠는 것이며, 국의(鞠衣)는 시원한 여름옷이요, 선제(先帝)는 선대(先代)의 거룩한 임금으로 복희(伏犧)와 요(堯), 순(舜), 우(禹), 탕(湯)의 5제(五帝)의 사당이니, 천(薦)은 천자가 신하를 보내서 올리는 것이다.

6-3-6─────────────────────────────── <ruby>命<rt>명</rt></ruby><ruby>舟<rt>주</rt></ruby><ruby>牧<rt>목</rt></ruby>하사 <ruby>覆<rt>복</rt></ruby><ruby>舟<rt>주</rt></ruby>하면 <ruby>五<rt>오</rt></ruby><ruby>覆<rt>복</rt></ruby><ruby>五<rt>오</rt></ruby><ruby>反<rt>반</rt></ruby>하고
<ruby>乃<rt>내</rt></ruby><ruby>告<rt>고</rt></ruby><ruby>舟<rt>주</rt></ruby><ruby>備<rt>비</rt></ruby><ruby>具<rt>구</rt></ruby><ruby>于<rt>우</rt></ruby><ruby>天<rt>천</rt></ruby><ruby>子<rt>자</rt></ruby><ruby>焉<rt>언</rt></ruby>이어든
<ruby>天<rt>천</rt></ruby><ruby>子<rt>자</rt></ruby>가 <ruby>始<rt>시</rt></ruby><ruby>乘<rt>승</rt></ruby><ruby>舟<rt>주</rt></ruby>하고 <ruby>薦<rt>천</rt></ruby><ruby>鮪<rt>유</rt></ruby><ruby>于<rt>우</rt></ruby><ruby>寢<rt>침</rt></ruby><ruby>廟<rt>묘</rt></ruby>하시며

『배를 관리하는 책임관에게 명하여 배를 살피게 하면 다섯 번 내부를 살피며, 다섯 번 외부를 돌아보고, 이에 배가 갖추어졌음을 천자에게 보고하거든 천자가 비로소 배를 타고, 상어를 종묘에 올리시며』

◑ 이 절은 수상교통수단인 배를 철저히 검사하여 수상교통의 안전을 도모할 시기임을 밝혔다.

주목(舟牧)은 배를 관장하는 책임관이고, 복(覆)은 내부를 검사하여 살피는 것이요, 반(反)은 외부를 돌아보며 살피는 것이다. 비구(備具)는 완벽하게 갖추어서 안전함이고, 유(鮪)는 철갑상어과에 속하는 어류로 주둥이가 매우 뾰족하며 몸은 판대기 모양의 두툴두툴한 굳비늘로 싸여 있으며 몸빛은 회청색이고 예비 이빨을 가지고 있어서 원래의 이빨이 떨어져 나가면 언제든지 그 자리에 예비 이가 나오기 때문에 이것을 종묘에 올리는 것은 배가 튼튼하고 빠르면서도 안전하기를 기원한 뜻이 있다.

6-3-7────────────────────────── 乃爲麥하야 祈實하시니라.

『이에 보리농사를 위하여 충실하기를 기도하니라.』

◑ 여기에서는 천자가 보리농사가 충실하게 영글도록 기원함을 밝혔다.

6-3-8────────────────────────── 是月也에 生氣가 方盛하며
陽氣가 發泄하야 句者가 畢出하며
萌者가 盡達이라 不可以內니라.

『이달에 생명의 기운이 바야흐로 왕성하며, 맑은 원기가 발산하여 맺은 싹이 모두 나오며, 새싹이 다 생기므로 어느 한계의 안으로만 할 수 없느니라.』

　◑ 이 절은 생기(生氣)가 왕성하고, 양기(陽氣)가 발산하므로 모든 한계를 허물고, 어린 생명체가 약동하는 시기를 만들어야 됨을 밝혔다.

　생기(生氣)는 생물을 생육(生育)하는 자연의 정기(精氣)로 생리(生理)를 갖추어 생의(生意)를 일으키는 생명의 기운이요, 양기(陽氣)는 맑고 깨끗한 원기(元氣)로 만물을 움직여서 생성(生成) 발전하게 하는 원동력이니 밝고 따뜻한 힘이다. 발설(發泄)은 발산(發散)함이고, 구자(句子)는 지난해의 가을에 이미 맺어 놓은 싹눈이 표피로 덮여 있는 것이요, 맹자(萌者)는 씨앗이나 줄기에서 봄에 새로 생기는 새싹이며, 달(達)은 생기는 것이며, 이내(以內)는 어느 한계에서 그 안쪽으로만 함이다.

6-3-9————————————————天子가 布德行惠하나니 命有司하되
發倉廩하야 賜貧窮하며 振乏絶하며
開府庫하야 出幣帛하야 周天下하며
勉諸侯하며 聘名士하며 禮賢者하니라.

『천자가 도덕정치를 펴고, 은혜로운 행정을 집행하나니 책임자에게 명하되 곡식창고와 쌀창고를 열어 빈궁한 사람에게 주며, 옹색하

고 막힌 사람에게 꾸어 주며, 재물창고와 돈창고를 열어 화폐와 비단을 내보내서 천하를 두루 유통케 하며, 제후를 힘쓰게 하며, 이름난 선비를 초빙하며, 어진 사람에게 인사를 하니라.』

☯ 이 절은 3월에 생기(生氣)가 왕성하고 양기(陽氣)가 발산하는 자연의 섭리를 본받아 선덕(善德)을 펴고 인정(仁政)을 베풀어야 됨을 기술하였다.

포덕(布德)은 도덕정치를 펴는 것이고, 행혜(行惠)는 은혜로운 행정을 집행함이며, 발(發)은 문을 개방함이요, 창(倉)은 곡식창고이며, 름(廩)은 쌀창고이다. 사(賜)는 무상으로 주는 것이고, 진(振)은 무이자로 꾸어 줌이며, 핍(乏)은 옹색함이요, 절(絶)은 막혀서 변통할 데가 없는 것이다. 부(府)는 재물(財物)창고이고, 고(庫)는 화폐창고이니 곧 국고(國庫)이며, 추(出)는 국내에서 국외로 내보냄이고, 주(周)는 두루 유통(流通)시킴인데 전배들은 주급(周急)으로 오역하였기에 내가 바로잡았다. 면(勉)은 포상하고 격려해서 힘쓰게 함이요, 빙(聘)은 초빙하여 관작(官爵)을 내림이고, 예(禮)는 공경하여 우대하고 승진시킴이다.

살피건대 우주가 쾌활하고 만물이 생동하는 시기에 민생고(民生苦)를 해결하며 사람의 뜻을 모두 이루게 하는 덕치인정(德治仁政)의 시책(施策)이 아름답기 그지없도다.

6-3-10 ——————— 是月也에 命司空하사 曰時雨가 將降이라
下水上騰하리니 循行國邑하고
周視原野하야 脩利隄防하며 道達溝瀆하며

개 통 도 로　　　　무 유 장 색
開通道路하야　毋有障塞하라 하니라.

『이달에 건설부장관에게 명하여 말하기를 때에 알맞게 오는 비가 장차 내리므로 하류의 물이 상류로 올라가리니 나라의 도읍을 차례로 돌고, 고원과 벌판을 두루 시찰하여 제방을 수리하며, 개천과 도랑을 말미암아 이르게 하며, 도로를 열어 통하게 하여 거리끼거나 막힘이 있지 말게 하라고 하니라.』

◑ 이 절은 3월에 건설부장관이 집행해야 될 사항을 기술하였다.

시우(時雨)는 때에 알맞게 오는 비이고, 순행(循行)은 차례로 돌아다니는 것이며, 도(道)는 도(導)와 같고, 도로(道路)는 인도(人道)와 차로(車路)이며, 장(障)은 거리끼어 장애가 됨이다.

6-3-11 ────────────────────

전 렵　　　저 부　　　라 망　　　필 예
田獵하되 罝罘와 羅網과 畢翳와
위 수 지 약　　　무 추 구 문
餧獸之藥은 毋出九門이니라.

『봄사냥하되 짐승을 잡는 그물과 새그물과 고기그물과 유도하는 그물과 엄폐도구와 짐승에게 먹이는 독약은 아홉 문밖으로 내보내지 말지니라.』

◑ 이 절은 동물의 번식기에 사냥도구를 통제하여 외부로 반출하지 못하게 해야 함을 기술하였다.

전렵(田獵)은 봄사냥 혹은 군사훈련이고, 저(罝)와 부(罘)는 모두 토끼와 같은 작은 짐승을 잡는 그물이며, 라(羅)는 새를 잡는 그물이요, 망(網)은 물고기를 잡는 그물이다. 필(畢)은 길게 둘러서 짐승을 유도(誘導)하여 잡는 그물이고, 예(翳)는 포수가 몸을 엄폐(掩蔽)하는 도구이며, 위(餧)는 먹이는 것이요, 약(藥)은 독약(毒藥)이다. 추(出)는 앞(6-3-9)에서 이미 해설하였고, 9문(九門)은 천자의 도성(都城)에서 9주(九州)로 통하는 규로(逵路)의 문이다. 전배들은 9문(九門)을 대궐의 로문(路門), 응문(應門), 치문(雉門), 고문(庫門), 고문(皐門)과 도성의 성문(城門) 및 근교문(近郊門), 원교문(遠郊門), 그리고 관문(關門)이라고 하였으나 옳지 않다. 어찌 9중궁궐 안에다가 사냥용 도구를 보관하여 밖으로 내보내지 않겠는가?

6-3-12 ──────────────── 是月也에 命野虞하사 毋伐桑柘하야
鳴鳩가 拂其羽하며 戴勝이
降于桑이어든 具曲植籧筐하니라.

『이달에 밭과 산림을 관리하는 책임자에게 명하사 뽕나무와 산뽕나무를 베지 말게 하니, 산비둘기가 그 날개를 치며, 뻐꾸기가 뽕나무에 내려앉거든 누에발과 누에시렁과 누에채반과 누에거적을 갖추게 하니라.』

◉ 이 절은 뽕나무를 길러 누에를 치게 하는 준비물을 기술하였다.
야우(野虞)는 밭과 산림을 관장하는 책임자이고, 자(柘)는 산뽕나무이며, 명구(鳴鳩)는 산비둘기요, 불(拂)은 치는 것이며, 대승(戴勝)

은 뻐꾸기의 별명이다.

곡(曲)은 누에발이고, 치(植)는 누에시렁이니 누에덕이라고도 하며, 거(籧)는 누에채반이고, 광(筐)은 누에거적이니 모두 양잠(養蠶)의 도구이다.

6-3-13 ──────────────────── 后妃가 齊戒하사 親東鄕躬桑이어든
禁婦女하야 毋觀하며 省婦使하야 以勸蠶事하니라.

『후비가 몸과 마음을 깨끗이 하시어 친히 동쪽을 향하여 몸소 뽕잎을 따거든 부인과 처녀에게 경계하여 모양을 내지 말게 하며, 부인에게 사역을 줄여서 누에 치는 일을 권장하니라.』

◑ 여기에서는 왕비가 먼저 누에 치는 일을 시작하여 모든 부인과 처녀가 부지런히 양잠(養蠶)에 종사토록 권장해야 됨을 밝혔다.

향(鄕)은 향(向)과 같고, 궁상(躬桑)은 몸소 뽕잎을 따는 것이며, 관(觀)은 모양을 꾸미는 것이다. 생(省)은 생략하여 줄이는 것이요, 사(使)는 사역(使役)이며, 권(勸)은 권장함이다.

6-3-14 ──────────────────── 蠶事가 旣登이어든 分繭하야
稱絲效功하야 以共郊廟之服하되 毋有敢惰하니라.

『누에 치는 일이 이미 이루었거든 누에고치를 나누어서 명주실을

뽑고, 베틀에 날아 보통 비단을 짜서 하늘과 종묘의 제례복을 공급하
되 감히 게으르지 말게 하니라.』

◉ 여기에서는 비단생산의 업무분담을 기술하였다.

등(登)은 이루어 완성함이고, 분(分)은 분배함이며, 견(繭)은 누에
고치이다. 칭(稱)은 누에고치로 명주실을 뽑아 베틀에 날을 걸어 바
로잡는 '날다'이고, 효(効)는 베틀에 씨와 날을 걸어 비단을 효과적으
로 짜는 것이니 가는 비단은 작업시간이 길고 얇아서 효용가치도 없
기 때문에 올이 보통이고 질기게 짜는 것이 효과적이다. 공(功)은 비
비단의 올이 보통인 것을 지칭한다. 피륙의 단위는 날실 40올을 한
새로 쳐서 승(升)이라고 하는바, 굵은 베를 최(衰)라 하고, 올이 중
간인 것을 공(功)이라 하며, 올이 매우 가는 15승포를 시(緦)라 한
다. 교(郊)는 교사(郊祀)로 하느님을 제사 지내는 것이요, 공(共)은
공(供)이며, 복(服)은 제복(祭服)이다. 전배들은 칭사효공(稱絲効功)
을 실의 생산량을 헤아려 그 공로를 평가한 것이라고 하였으나 옳지
않다. 성왕(聖王)이 어찌 부인과 여자들에게 경쟁심을 부추겨서 노동
력을 착취하고 사치스런 물건을 만들게 하여 제복(祭服)으로 쓰게
하겠는가? 내가 정상적인 비단의 생산과정으로 바로잡아서 문맥의
뜻이 통하게 하였다.

6-3-15 ─────────────────── 是月也에 命工師하사 슈百工으로
審五庫之量하야 金鐵과 皮革과
筋角齒와 羽箭幹과 脂膠丹漆을
毋或不良이니라.

『이달에 과학기술부장에게 명하여 일백 기능공으로 하여금 다섯 창고의 재고량을 심사하여 금과 쇠와 털가죽과 가죽과 힘줄과 뿔과 이빨과 깃털과 대살과 나무 살과 기름과 아교와 주사와 옻칠을 혹시라도 불량하지 않게 하니라.』

☯ 이 절은 공업용 원료창고의 물품을 심사하여 불량품이 없도록 해야 됨을 기술하였다.

공사(工師)는 과학기술부장이요, 백공(百工)은 일백 기능공(技能工)이며, 심(審)은 재고품(在庫品)을 심사하여 파손되거나 변질된 것을 확인하여 폐기처분함이고, 5고(五庫)는 과학기술부에서 관장하는 금속, 피혁, 뿔, 화살대, 염료의 다섯 창고이며, 량(量)은 질량(質量)과 수량(數量)을 모두 말한다. 근(筋)은 힘줄이고, 전(箭)은 대나무 활대이며, 간(幹)은 나무 활대이며, 단(丹)은 주사(朱沙)요, 칠(漆)은 옻이니 원자재를 잘 관리하는 것은 기술자의 몫이다.

6-3-16 ──────────────── 百工이 咸理이어든 監工이 日號하되 毋悖于時하며 毋或作爲淫巧하야 以蕩上心이라 하니라.

『일백 기능공이 모두 일을 맡아하거든 기술감독관이 날로 외치되 생산시기에 어기지 말며, 혹시라도 음란하거나 교묘한 물건을 만들어 위에 사람의 마음을 방탕하게 하지 말라고 하니라.』

☯ 이 절은 기능공에게 생산시기를 맞추고 또한 음란 사치한 물건

을 만들지 못하게 해야 됨을 기술하였다.

리(理)는 이사(理事)니 도급(都給) 맡은 일을 처리하는 것이요, 감공(監工)은 기술감독관이며, 호(號)는 호령(號令)이니 직접 지휘하여 단속함이다. 패(悖)는 어기는 것이고, 시(時)는 생산시기이며, 탕(蕩)은 방탕함이다.

공업생산품은 실용적이고 튼튼하며 편리함을 숭상하니 만일 음란 사치하고 신기 괴벽한 물건을 만들어 사람의 마음을 방탕하게 한다면 단속하지 않을 수 없는 것이다.

6-3-17 ──────────────── 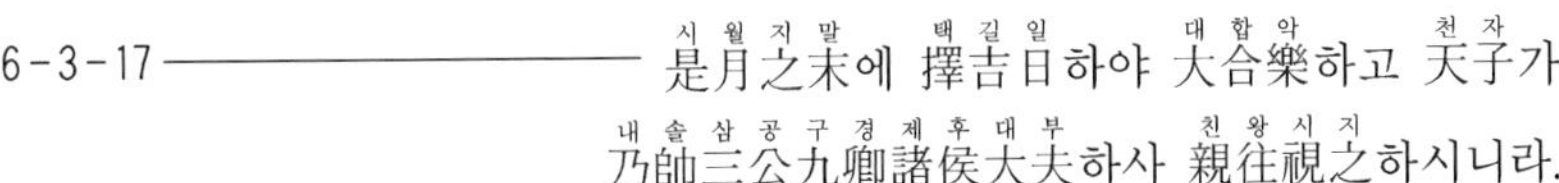

『이달의 말에 길한 날을 골라서 크게 음악가를 초청하고, 천자가 이에 3공과 9경과 제후와 대부를 거느리고 친히 가서 시찰하시니라.』

☯ 이 절은 생영(生榮)의 기쁨을 노래하면서 대동화합을 추구하며 음악회를 개최하는 예절을 기술하였다.

합(合)은 회합(會合)이고, 악(樂)은 음악가로, 대합악(大合樂)은 천하에서 음악가를 초청하여 대동 화합하는 음악회를 개최함이니 인민과 더불어 즐기기 위함이다. 시(視)는 시찰(視察)하고 격려하는 것이다.

6-3-18 ──────────────── 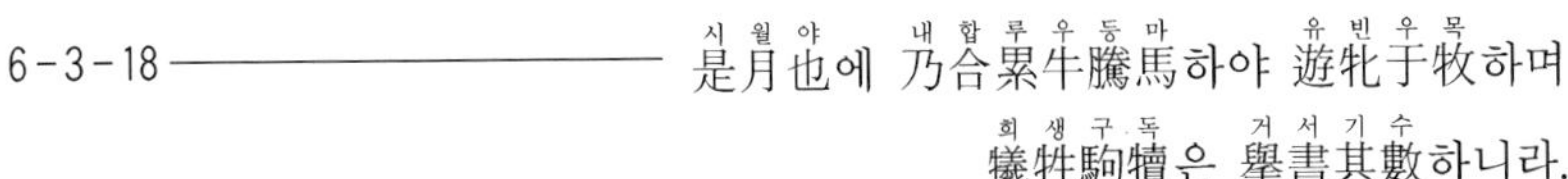

『이달에 이에 얽어맨 황소와 날치는 말을 짝짓게 하여 목장에서 수컷들을 놀게 하며, 희생에 쓸 망아지와 송아지는 모두 그 지수를 기록하니라.』

◉ 이 절은 짐승이 짝짓는 시기에 목축의 생산을 장려하는 절도를 기술하였다.

합(合)은 배합(配合)이니 짝짓기를 함이요, 루(累)는 여러 겹으로 얽어맨 것인즉, 루우(累牛)는 사나운 황소이고, 등(騰)은 날치는 것인즉, 등마(騰馬)는 날뛰는 수말이다.

교미기에 우량종자를 얻기 위하여 크고 힘이 센 황소를 묶어 두면 더욱 흥분하고, 크고 힘이 센 수말을 우리에 가두면 더욱 날뛰는 것이니, 이렇게 한 다음에 암컷들과 놀게 하면 우량종자를 얻게 된다. 빈(牝)은 수컷이고, 목(牧)은 목장으로 암컷이 있는 목장이며, 구(駒)는 망아지이고, 독(犢)은 송아지이며, 수(數)는 지수(指數)니 높이와 길이와 두께를 시기마다 기록하여 생육성장발달을 수치로 비교하는 수자이다. 여기에서 제물로 쓸 짐승은 짝짓기 때부터 특별 관리하는 정성을 확인할 수 있도다.

6-3-19 ──────────────── 命國難하야 九門에 磔攘하야 以畢春氣이니라.

『도읍의 초라니에게 굿을 하도록 명하여 아홉 도성 문에서 짐승을 찢어 죽이고, 재앙을 물리치게 하여 봄기운을 다하니라.』

◐ 이 절은 봄을 마지막 보내면서 뒤탈이 없도록 도성의 문에 굿을 하는 절도를 기술하였다.

국나(國難)는 국나(國儺) 또는 방상씨(方相氏)로 도읍의 초라니이다. 초라니는 기괴한 형상의 탈을 쓰며 붉은 저고리에다 푸른 치마를 입고 긴 대의 깃발을 흔들면서 온갖 방정맞은 말과 행동으로 질병을 옮기는 사악한 귀신을 쫓아내는 굿을 하는 사람인데 소매(小梅)라고도 한다. 9문(九門)은 앞(6-3-11)에서 이미 해설하였고, 책(磔)은 무서운 형벌을 상징하여 짐승을 찢어 죽이는 것이요, 양(攘)은 양재(攘災)니 재앙을 물리치는 것이며, 필(畢)은 다하여 마침이고, 춘기(春氣)는 동쪽에서 부는 온화한 기운이다. 온화한 봄바람에 전염병이 퍼지므로 이를 경고하기 위하여 도성의 문에서 초라니에게 굿을 하게 해서 일반인에게 전염병에 대한 주의를 환기시켰으니 대단히 지혜롭도다.

6-3-20 ─────────────── 季春에 行冬令이면 則寒氣가 時發하야
草木이 皆肅하며 國有大恐하니라.

『늦봄에 겨울의 시행령을 집행하면 찬 공기가 때로 퍼져서 풀과 나무가 모두 시들며 나라에 큰 두려운 일이 있느니라.』

◐ 이 절은 늦봄에 겨울의 시행령을 집행하면 음산한 기운이 일어나는 것을 밝혔다.

한기(寒氣)는 한랭(寒冷)한 공기이고, 숙(肅)은 시들어 오그라짐

이며, 공(恐)은 공황(恐慌)이다.

6-3-21 ──────────────── ^{행 하 령} 行夏令이면 ^{즉 민 다 질 역} 則民多疾疫하며
^{시 우} 時雨가 ^{불 강} 不降하며 ^{산 릉} 山陵은 ^{불 수} 不收하고

『여름의 시행령을 집행하면 인민이 전염병을 많이 앓고, 때에 알맞은 비가 내리지 않으며, 산과 언덕은 거두지 아니하고』

☯ 여기에서는 늦봄에 여름의 시행령을 집행하면 따뜻하고 건조한 날씨로 전염병이 퍼지고 가뭄이 들어 봄농사가 안 됨을 밝혔다.
수(收)는 가꾸고 거둬들임이다.

6-3-22 ──────────────── ^{행 추 령} 行秋令이면 ^{즉 천 다 침 음} 則天多沈陰하야
^{음 우} 淫雨가 ^{조 강} 蚤降하며 ^{병 혁} 兵革이 ^{병 기} 並起하니라.

『가을의 시행령을 집행하면 하늘이 침울하고 음산함이 많아 오래 오는 비가 일찍 내리며, 전란이 아울러 일어나니라.』

☯ 여기에서는 늦봄에 가을의 시행령을 집행하면 구름과 안개가 겹쳐 비가 오래 내려서 곡물에 해를 끼치고 전란이 일어남을 밝혔다.
침음(沈陰)은 구름과 안개가 겹쳐서 침울하고 음산한 기운이고, 음우(淫雨)는 오래 오는 비이고, 병혁(兵革)은 전란이다.

여기에서 때를 얻은 정치사업은 성공하고 때를 어긴 정치사업은 실패한다는 사실을 깨달을지어다.

6-4-1──────────────────────── 孟夏之月이라 日이 在畢하나니
昏에 翼이 中이요 旦에 婺女가 中이니라.

『초여름의 달이라, 해가 필수에서 달을 만남이 있으니, 저녁에 익성이 남쪽 하늘의 중앙에 있고, 아침에 무녀성이 남쪽 하늘의 중앙에 있느니라.』

◉ 이 장은 맹하(孟夏)인 사월(巳月)의 4월에 집행할 정치사업과 해서는 안 되는 정치사업을 기술하였으니 여기에서는 4월의 천체현상을 밝혔다.

필(畢)은 필수(畢宿)로 28수(宿)의 19째 별이고, 서방 7수(宿)의 5째 별로 신(申)방에 있으며, 익(翼)은 익성(翼星)으로 28수(宿)의 27째 별이고 남방 7수(宿)의 6째 별이요, 무녀(婺女)는 무녀성(婺女星)인데 28수(宿)의 10째인 여성(女星)을 지칭한다.

6-4-2──────────────────────────── 其日은 丙丁이요

『그 초여름을 주도한 날은 병일과 정일이요.』

☯ 이 절은 여름을 주도(主導)한 날을 밝혔다.

병(丙)과 정(丁)은 양기(陽氣)가 왕성한 천간(天干)이다.

6-4-3——————————————————— 其帝는 炎帝요 其神은 祝融이요.

『그 여름의 하느님은 불꽃 하늘이요, 그 여름의 신령은 불을 맡은 귀신이요.』

☯ 이 절은 여름을 관장하는 하느님과 신령을 기술하였다.

염제(炎帝)는 남쪽 하늘에서 불꽃처럼 이글거리는 태양(太陽)을 관장하는 하느님이고, 축융(祝融)은 불길이 위로 올라가기를 소망하는 신령으로 남해(南海)에 있다. 전배들이 염제(炎帝)를 신농(神農)씨라고 하고, 축융(祝融)을 전욱(顓頊)씨의 아들 려(黎)라고 하였으나 옳지 않다. 자연의 하늘과 신령을 인격신으로 해석하는 것은 우주관(宇宙觀)의 타락이니 인간의 주관적 공상에 지나지 않은 것이다.

6-4-4——————————————————— 其蟲은 羽요 其音은 徵요
律은 中中呂요 其數는 七이요
其味는 苦요 其臭는 焦요
其祀는 竈요 祭는 先肺니라.

『그 동물은 날짐승이요, 그 음계는 치요, 그 가락은 중려에 해당하

고, 그 수는 7이요, 그 맛은 쓰고, 그 냄새는 고린내요, 그 고사는 부
엌이요, 제사에는 폐를 먼저 올리느니라.』

◐ 이 절은 맹하(孟夏)인 4월에 특별히 왕성한 기운을 가진 것을
밝혔다.

우(羽)는 날짐승이고, 치(徵)는 여름의 소리이고, 중려(中呂)는 12
률 가운데 여섯 번째 소리 사률(巳律)로 6려(呂)의 하나인데 앞(6-
1-4)에서 이미 해설하였으며, 칠(七)은 5행(行)에서 화(火)의 성수
(成數)이다. 고(苦)는 쓴맛이며, 초(焦)는 고린내요, 조(竈)는 부엌이
니 부엌은 아궁이가 있어 불을 때기 때문에 축융신(祝融神)이 관할
하며, 폐(肺)는 폐장(肺臟)이니 허파 또는 부아라고 한다.

6-4-5────────────────────── 螻蟈이 鳴하며 蚯蚓이 出하며
王瓜가 生하며 苦菜가 秀하니라.

『청개구리와 참개구리가 울며, 지렁이가 나오며, 쥐참외가 생기며,
씀바귀가 이삭이 나오니라.』

◐ 이 절은 4월의 자연생태를 구체적으로 열거하였다.

루(螻)는 청개구리요, 곡(蟈)은 참개구리며, 구인(蚯蚓)은 지렁이
이다. 왕과(王瓜)는 쥐참외로 박과에 속하는 다년생 풀인데 뿌리는
암수 딴 그루이며, 봄마다 묵은 뿌리에서 싹이 나와 덩굴이 되어 길
이 3~4m로 뻗으며, 잎은 둥근 염통 모양인데 약간 패이고, 아귀마

다 덩굿손이 있으며, 어긋매껴 난다. 여름에 누른 꽃이 잎겨드랑이에서 피고 달걀만한 노란 열매가 열리며 씨는 검다. 열매는 화장품 원료로 쓰고 뿌리와 씨는 약재로 사용하는데 노랑하눌타리 또는 토과(土瓜)라고도 한다. 고채(苦菜)는 씀바귀 또는 고들빼기로 쓴맛이 나는 풀인데 봄에 어린잎을 뜯어서 나물로 먹는다. 수(秀)는 이삭이 나오는 것이다.

6-4-6————————————————— 天^천子^자가 居^거明^명堂^당左^좌个^가하시며

『천자가 명당의 왼쪽 곁방을 집무실로 하시며』

☯ 이 절은 4월이면 천자가 명당(明堂)의 왼쪽 곁방을 집무실로 사용함을 밝혔다.

명당(明堂)은 정부종합청사의 하나로 남쪽에 있는 붉은색 건물인데 경제부처가 사용하며 그 사당에 남천(南天)을 다스리는 염제(炎帝)를 명당(明堂) 중앙의 태묘(太廟)에 모시고 그 왼쪽 곁방에는 축융신(祝融神)을 종향(從享)하며 그 오른쪽 곁방에는 남방의 7수(宿) 정(井), 귀(鬼), 류(柳), 성(星), 장(張), 익(翼), 진(軫)의 별신을 종향(從享)하니 앞(6-1-6)에서 이미 해설하였다.

6-4-7————————————————— 乘^승朱^주路^로하며 駕^가赤^적駵^류하며

載^재赤^적旂^기하며 衣^의赤^적衣^의하며

服^복赤^적玉^옥하며 食^식菽^숙與^여鷄^계하니

其器는 高以粗하니라.

『붉은 수레를 타며, 불은 월다말에 멍에 씌우며, 붉은 쌍룡기를 수레에 세우며, 붉은 옷을 입으며, 붉은 옥을 차며, 콩과 닭을 먹으며, 그 그릇의 모양은 높고 크니라.』

◑ 이 절은 4월에 천자가 사용하는 의전(儀典)과 제도를 기술하였다.
로(路)는 수레이고, 류(駵)는 털빛이 붉고 갈기가 검은 월다말이요, 고(高)는 위가 높은 것이고, 조(粗)는 바닥이 좁고 위가 큰 것이다. 여름은 화덕(火德)이 왕성하므로 불의 붉은색과 불꽃이 위로 높이 올라가면서 퍼지는 모양을 숭상한 것이다.

6-4-8─────────────── 是月也에 以立夏하나니 先立夏三日에
太史가 謁之天子하야 曰某日이 立夏라
盛德이 在火라 하거든 天子가 乃齊하니라.

『이달에 여름을 세울 생각을 하나니 입하의 3일 전에 태사가 그것을 천자께 아뢰어 말하기를 아무 날이 입하라. 성대한 덕이 불에 있나이다 하거든 천자가 이에 몸과 마음을 가지런히 하니라.』

◑ 이 절은 입하(立夏) 3일 전에 천자가 입하(立夏)를 맞이할 준비를 해야 됨을 기술하였다.
태사(太史)의 역할은 입춘(立春) 때와 동일하니 앞(6-1-8)과 비

교하라.

6-4-9 ——————————— 立夏之日에 天子가 親帥三公九卿大夫하야
以迎夏於南郊하고 還反하사 行賞하며
封諸侯하며 慶賜를 遂行하야 無不欣說이니라.

『입하의 날에 천자가 친히 3공과 9경과 대부를 거느리고 남쪽 교
외에서 여름을 맞이하고 되돌아오시어 시상식을 거행하며 제후를 봉
하며 칭찬하고 내림은 계획대로 거행하여 흔쾌하게 기뻐하지 않음이
없게 하니라.』

◉ 이 절은 입하를 맞이하여 천자가 시행할 사항을 기술하였으니
국가사회의 발전에 기여한 공로가 있는 사람에게 포상해야 됨을 밝
혔다.
입하행사는 앞(6-1-9)에서 이미 밝힌 입춘행사와 같으나 그 규
모가 약간 작으니 살피기 바란다.

6-4-10 ——————————— 乃命樂師하사 習合禮樂하며

『이에 악사에게 명하시어 예절과 음악을 합쳐서 익히게 하며』

◉ 여기에서는 음악교사에게 예절과 음악을 합쳐서 가르치게 함을

밝혔다.

악사(樂師)는 각급학교에서 음악을 가르치는 스승이고, 합(合)은
배합(配合)함이니 예식의 절차에 따라 음악을 연주하여 실습함이다.

6-4-11 ──────────────── 命太尉하사 贊桀俊하며 遂賢良하며
擧長大하되 行爵出祿이 必當其位하니라.

『태위에게 명하사 재능이 뛰어난 사람을 등용하고 어질고 착한 사
람을 진급시키며 길고 큰 사람을 천거하되 작위를 주고 봉록을 지출
함이 반드시 그 위상에 합당토록 하니라.』

◉ 이 절은 국방부에 소속한 태위(太尉)가 인재발탁등용의 업무추
진요강을 기술하였으니 앞(5-16-5)을 참조하라.

태위(太尉)는 천자국의 대사마(大司馬)에 소속한 인사관리처장으
로 병법(兵法)과 군법(軍法)에 의거 군(軍)의 경찰권, 검찰권, 재판
권을 지휘 감독하는 벼슬이다. 찬(贊)은 찬인(贊引)이니 이끌어 등용
함이요, 걸(桀)은 빼어난 사람이며, 수(遂)는 진급(進級)함이고, 거
(擧)는 천거(薦擧)로 뽑아서 추천함이다. 장대(長大)는 체구가 늘씬
하고 힘이 강한 사람이고, 행(行)은 시행하여 주는 것이요, 출(出)은
지출함이며, 당(當)은 합당함이다.

6-4-12 ──────────────── 是月也에 繼長增高하야 毋有壞墮하며
毋起土功하며 毋發大衆하며 毋伐大樹니라.

『이달에 계속 길어지고, 더욱 높아지게 하여 허물거나 무너뜨림이 있지 말며, 토목공사를 일으키지 말며, 대중을 징발하지 말며, 큰 나무를 베지 말도록 하니라.』

◐ 여기에서는 초여름에 왕성하게 뻗어 나가는 양기(陽氣)의 생명력을 해쳐서는 안 됨을 밝혔다.

계장(繼長)은 옆으로 길게 계속 자라는 것이고, 증고(增高)는 위로 더욱 높이 자라는 것이며, 토공(土功)은 토목공사요, 발(發)은 징발하여 동원함이다. 만물이 성장 발전하는 시기에는 방해하지 않는 것이 예절이다.

6-4-13 ──────────────────────── 

是月也에 天子가 始絺하시니라.

『이달에 천자가 비로소 가는 칡베 옷을 입으시니라.』

◐ 여기에서는 천자가 여름옷을 입는 시기를 밝혔다.
치(絺)는 가는 칡베 옷이니 통풍이 잘되고 시원한 옷이다.

6-4-14 ──────────────────────── 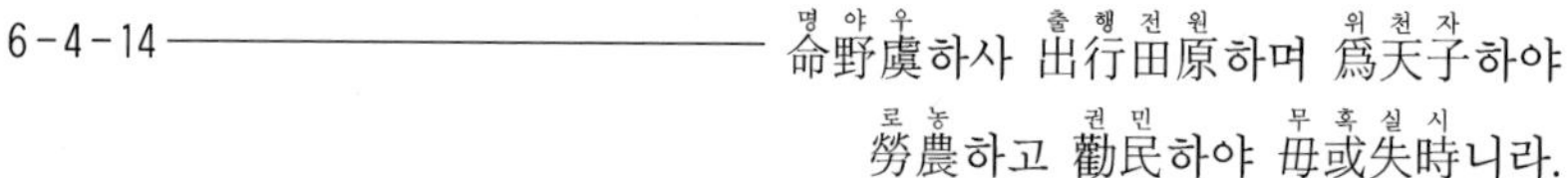

命野虞하사 出行田原하며 爲天子하야
勞農하고 勸民하야 毋或失時니라.

『밭과 산림을 관리하는 책임자에게 명하사 나아가 밭과 고원지대를 다니며 천자를 위하여 농민을 위로하고, 인민을 권하여, 혹시라도 때를 잃어버리지 말게 하니라.』

◑ 여기에서는 야(野)와 우(虞)의 직무를 기술하였다.

야우(野虞)는 앞(6-3-12)에서 이미 해설하였고, 위천자(爲天子)
는 정부의 식량생산정책을 위함이며, 로(勞)는 위로함이요, 권(勸)은
권장함이며, 시(時)는 농사의 시기이다.

6-4-15 ──────────────────────── 命司徒하사 循行縣鄙하며
命農勉作하야 毋休于都라 하니라.

『문교부장관에게 명하사 지방과 변두리를 차례로 다니며, 농민에
게 힘써 경작하라고 명령하여 도읍에서 놀지 말라고 하니라.』

◑ 이 절은 문교부장관도 농번기에는 지방을 돌면서 농사를 권장
해야 됨을 밝혔다.

현(縣)은 중앙정부가 직할하는 지방이고, 비(鄙)는 변두리의 시골
이며, 작(作)은 경작(耕作)이다. 학생들도 농번기의 방학 때에 도읍
에서 쉬지 못하게 함은 지방에 가서 농사를 돕게 함이다.

6-4-16 ──────────────────────── 是月也에 驅獸하야
毋害五穀하되 毋大田獵하니라.

『이달에 산짐승을 몰아내어 5곡을 해치지 말게 하되 대대적인 수

렵은 하지 말지니라.』

◐ 여기에서는 여름사냥을 하여 산짐승의 피해만 막고 대대적인 사냥은 하지 말라고 하였으니 자라는 산짐승을 잡지 못하게 함이다.
구(驅)는 구축(驅逐)함이고, 5곡(五穀)의 곡식의 돋아나는 싹이다.

6-4-17 ──────────────────────────── 農乃登麥이어든 天子가
乃以彘로 嘗麥하되 先薦寢廟하니라.

『농민이 이에 보리를 올리거든 천자가 이에 돼지를 잡아서 보리밥을 시식하되 먼저 종묘에 올리느니라.』

◐ 여기에서는 천자가 보리밥을 시식하는 절도를 기술하였다.
등(登)은 올리는 것이요, 상(嘗)은 시식(試食)함이다.

6-4-18 ──────────────────────────── 是月也에 聚畜百藥이니
靡草가 死하며 麥秋가 至하니라.

『이달에 일백 가지의 약초를 모아서 저축하니, 표피가 곱고 아름다운 풀잎이 죽으며, 보리가 익는 계절이 이르니라.』

◐ 이 절은 한여름이 되기 전에 일백 가지의 약초를 채취하여 저

장해야 됨을 기술하였다.

취(聚)는 거두어 모음이고, 축(畜)은 쌓아서 저장함이며, 약(藥)은 약초이다. 미(靡)는 표면이 곱고 아름다운 것이고, 초(草)는 풀잎이며, 맥추(麥秋)는 보리를 수확하는 철이니 곧 5월을 일컫는다. 약성(藥性)은 어린잎에 많은 까닭에 풀잎이 억세지기 전에 채집해야 약효가 더욱 좋은 것이다.

6-4-19 ──────────────────── 斷薄刑하며 決小罪하며 出輕繫하니라.

『가벼운 형벌을 판단하며, 작은 죄를 판결하며, 가벼운 범죄로 구속된 사람을 내보내느니라.』

☯ 이 절은 가벼운 형사사건은 심리하여 재판해서 석방하는 절도를 기술하였다.

단(斷)은 판단이요, 결(決)은 판결이며, 출(出)은 석방이고, 계(繫)는 계류(繫留)로 구속수감자이다. 만물이 성장 발전하는 여름에 가벼운 범법자는 불구속으로 심리하여 신체의 자유를 누리게 함은 인정(仁政)을 베풀기 위함이다.

6-4-20 ──────────────────── 蠶事가 畢하야 后妃가 獻繭이어든
乃收繭稅하되 以桑으로 爲均하야
貴賤長幼가 如一하야 以給郊廟之服하니라.

『누에 치는 일이 끝나서 후비가 누에고치를 바치시거든 이에 누에고치의 세를 수납하되 뽕나무로 평균을 삼아 귀하고 천하고 어른과 어린이가 한결같게 하여, 하느님과 종묘의 제복을 만드는 데 공급하니라.』

◯ 이 절은 견세(繭稅)의 공평한 징수법을 기술하였으니 앞(6-3-13, 14)에서 양잠을 권장한 결과이다.

후비헌견(后妃獻繭)은 왕비가 직접 양잠하여 거둔 누에고치를 왕에게 바치는 것이고, 견세(繭稅)는 각 가정에서 생산한 누에고치의 10분의 1을 현물로 국가에 납세하는 것이며, 이상위균(以桑爲均)은 뽕나무의 수량으로 평균을 삼아 과세표준을 정하는 것이다. 귀(貴)는 경대부(卿大夫)요 천(賤)은 서민이며, 여일(如一)은 한결같게 하여 공평 과세함이고, 급(給)은 공급이며, 교묘지복(郊廟之服)은 하느님과 종묘의 제복(祭服)을 제작하는 비단공장이다.

6-4-21 ──────────── 是月也에 天子가 飮酎하시며 用禮樂하시니라.

『이달에 천자가 거듭 빚은 술을 마시며, 예절과 음악을 사용하시니라.』

◯ 여기에서 지난해에 풍년이 들었으면 맹하(孟夏)의 철에 좋은 술을 빚어 연회(宴會)를 할 수 있음을 밝혔다.

주(酎)는 거듭 빚은 술이나 또는 소주이고, 예(禮)는 향음주례(鄕飮酒禮)의 향례(饗禮)와 연례(燕禮)이다.

 ——————————————— 孟夏에 行秋令이면 則苦雨가 數來하고
五穀이 不滋하며 四鄙가 入保하고

『초여름에 가을의 시행령을 집행하면 오래 내리는 궂은비가 자주 오고, 5곡은 맛이 들지 아니하며, 사방의 변두리 주민이 보호구역으로 들어오고』

☯ 이 절은 초여름에 가을의 정책사업을 집행하면 졸속의 폐단이 있음을 기술하였다.

고우(苦雨)는 오래 내리는 궂은비이고, 삭래(數來)는 자주 오는 것이며, 자(滋)는 자양분의 맛이요, 보(保)는 보호구역이니 보(堡)가 있는 곳이다.

 ——————————————— 行冬令이면 則草木이 蚤枯하며
後乃大水하야 敗其城郭하고

『겨울의 시행령을 집행하면 풀과 나무가 일찍 시들며, 뒤에는 이에 큰 홍수가 나서 그 성곽을 허물고』

☯ 여기에서는 겨울의 시행령을 집행한 재앙을 기술하였다.

 ——————————————— 行春令하면 則蝗蟲이 爲災하며

　　　　　　　　　　　　　　　　　暴風이 來格하며 秀草가 不實하니라.

『봄의 시행령을 집행하면 누리가 재앙이 되며, 폭풍이 이르러 오며, 이삭풀이 영글지 아니하니라.』

　◐ 여기에서는 행정이 너무 늦은 폐해를 기술하였다.
　황충(蝗蟲)은 누리인데 벼의 싹을 갉아먹는 곤충이고, 재(灾)는 재(災)이며, 격(格)은 이르는 것이요, 수초(秀草)는 이삭이 나온 풀이다.

6-5-1───────────────── 仲夏之月이라 日이 在東井하니
　　　　　　　　　　　　　　　昏에 亢이 中하고 旦에 危가 中이니라.

『한여름의 달이라 해가 동정수에서 달을 만남이 있으니 저녁에 항성이 남쪽 하늘의 중앙에 있고, 아침에 위성이 남쪽 하늘의 중앙에 있느니라.』

　◐ 이 장은 중하(仲夏) 오월(午月)의 5월에 집행할 정치사업과 해서는 안 되는 정치사업을 기술하였으니 여기에서는 5월의 천체현상을 밝혔다.
　동정(東井)은 별의 이름이니 곧 정수(井宿)로 미(未)방에 있는데 28수(宿)의 22번째이고, 항(亢)은 항성(亢星)으로 28수의 2번째 별이다. 위(危)는 28수의 12번째 별의 이름이다.

6-5-2 ──────────────────────── 其^기日^일은 丙^병丁^정이요 其^기帝^제는 炎^염帝^제요
其^기神^신은 祝^축融^융이요 其^기蟲^충은 羽^우요
其^기音^음은 徵^치요 律^률은 中蕤賓^{중유빈}이요
其^기數^수는 七^칠이요 其^기味^미는 苦^고요
其^기臭^취는 焦^초요 其^기祀^사는 竈^조요 祭^제는 先肺^{선폐}니라.

『그 한여름을 주도한 날은 병일과 정일이요, 그 여름의 하느님은 불꽃 하늘이요, 그 여름의 신령은 불을 맡은 귀신이요, 그 동물은 날짐승이요, 그 음계는 치요, 그 가락은 유빈에 해당하고, 그 수는 7이요, 그 맛은 쓰고, 그 냄새는 고린내요, 그 고사는 부엌이요, 제사에는 폐를 먼저 올리느니라.』

☯ 이 절은 중하(仲夏)인 5월에 특별히 왕성한 기운을 가진 것을 밝혔으니 앞(6-4-2, 3, 4)에서 이미 해설하였다.

유빈(蕤賓)은 12률(律) 가운데 7번째 소리 오률(午律)로 6률(六律)의 하나이다.

6-5-3 ──────────────────────── 小暑^{소서}가 至^지하며 螳蜋^{당랑}이 生^생하며
鵙^격이 始鳴^{시명}하며 反舌^{반설}은 無聲^{무성}이니라.

『소서가 이르며 사마귀가 생기며, 왜가리가 울기 시작하며, 때까치는 소리가 없느니라.』

◑ 이 절은 한여름에 나타나는 생태의 특징을 기술하였다.

소서(小暑)는 하지(夏至)의 다음 절기로 6월의 절후이며, 당랑(螳螂)은 사마귀인데 사마귀과에 속하는 곤충으로 몸길이 70~80㎜이고 머리는 3각형이고 배가 길며 몸빛은 녹색 또는 황갈색이며 뒷날개는 반투명이고 흑갈색에 불규칙한 담색 얼룩무늬가 있다. 앞다리의 정강이 마디 앞 끝의 돌기가 낫처럼 되어 다른 곤충을 잡아먹는 데 편리하다. 격(鵙)은 백설조(百舌鳥)의 다른 이름이니 왜가리로 백로과에 속한 새이며, 반설(反舌)은 때까치로 때까치과에 속하는 새인데 날개 길이 8~9㎝, 꽁지 8~9.8㎝이고, 암수의 빛깔이 다르며 수컷은 윗머리가 적갈색, 등은 잿빛에 자홍색이 돌고 날개는 흑색인데 하나의 백색 얼룩무늬가 있고 얼굴과 몸의 하면은 희며 눈을 지나는 검은 줄이 뚜렷함. 부리는 매와 비슷하나 한 개의 치상(齒狀) 돌기가 있으며 구부(口部)에 강모(剛毛)가 있다. 숲, 평지, 풀밭에서 단독 또는 한 쌍이 살며 메뚜기, 작은 새, 거미, 개구리, 물고기 같은 것을 잡아먹는데 가을에 시끄럽게 운다. 무성(無聲)은 성대가 없는 것처럼 울지 않는다는 뜻이다.

6-5-4—————————————— 天子가 居明堂太廟하사 乘朱路하고
駕赤駵하며 載赤旂하며 衣朱衣하며
服赤玉하며 食菽與鷄하며 其器는 高以粗하니라.

『천자가 명당의 태묘를 집무실로 하시며 붉은 수레를 타며 붉은 월다말에 멍에 씌우며 붉은 쌍룡기를 수레에 세우며 붉은 옷을 입으

며 붉은 옥을 차며 콩과 닭을 먹으며 그 그릇의 모양은 높고 크니라.』

◯ 이 절은 5월에 천자가 사용하는 거처(居處)와 의전(儀典)을 기술하였으니 앞(6-4-6, 7)을 참고하라.

6-5-5──────────────────────────────── 養壯佼하니라.

『몸이 건장하고 잘생긴 젊은이를 양성하니라.』

◯ 이 절은 앞에 명(命)이 없으니 양기(陽氣)가 왕성한 철에 지방에서 자체적으로 혈기가 왕성한 장사(壯士)와 미인(美人)을 선발하여 양성하는 절도를 밝혔다.

양(養)은 훈련하여 양성함이요, 장(壯)은 힘이 센 장사(壯士)나 장정(壯丁)이고, 교(佼)는 교인(佼人)이니 곧 미인(美人)인데 인간의 건강한 육체는 아름다운 매력이 있으므로 지역사회에서 자체적으로 이를 권장하여 젊은 남자들은 힘을 겨루는 장사 뽑기 대회를 열고, 젊은 여자들은 몸매를 겨루는 미인선발대회를 개최해서 표창함으로써 한여름에 젊은이들이 건강한 육체와 힘을 기르게 하였다.

6-5-6──────────────────────── 是月也에 命樂師하사 脩鞀鞞鼓하며
均琴瑟管簫하며 執干戚戈羽하며
調竽笙篪簧하며 飭鍾磬柷敔하며

『이달에 악사에게 명하사 작은북과 말에 메인 북과 북을 수리하며, 거문고와 비파와 쌍피리와 틀피리를 고르게 하며, 방패와 도끼와 창과 꿩깃털기를 가지며, 우와 생과 지와 황을 조절하며, 편종과 편경과 축과 어를 갖추며』

☯ 이 절은 음악선생에게 아악(雅樂)의 악기(樂器)를 갖추도록 명한 내용을 기술하였다.

악사(樂師)는 앞(6-4-10)에서 이미 해설하였고, 도(鞀)는 작은 북이요, 비(鞞)는 말에 메인 북으로 기고(騎鼓)니 적을 공격할 때에 두드린다. 관(管)은 쌍피리요, 소(簫)는 서로 길이가 다른 피리를 한 줄로 틀에 묶은 피리로 큰 것은 24관(管)이고, 작은 것은 16관(管)인데 순(舜)임금이 만든 악기이다. 척(戚)은 도끼이고, 우(羽)는 꿩의 깃털로 만든 기이며, 우(竽)는 큰 생황(笙簧)으로 36황(簧)이며, 생(笙)은 19황(簧)과 13황(簧)이 있으며, 지(箎)는 긴 피리이고, 황(簧)은 생황의 박통에 서로 길이가 다른 피리를 묶어 세워서 생(笙)을 불면 황(簧)이 울리는 것이다. 칙(飭)은 갖추는 것이고, 종(鍾)은 편종(編鍾)이요, 경(磬)은 편경(編磬)이며, 축(柷)은 동방의 나무를 상징하는 악기로 소나무로 만든 상자통 위에 구멍을 뚫고 자루막대를 그 구멍 속에 넣고 바닥과 4면을 쳐서 음악을 시작하는 악기요, 어(敔)는 가을에 만물이 완성함을 상징하여 호랑이가 엎드려 있는 모양에 그 등을 톱니처럼 만들고 대나무채로 쳐서 음악을 그치게 하는 악기이다. 각급학교에서 아악(雅樂)을 학습함은 고급문화를 보급하여 사람의 마음을 순화하기 위함이다.

6-5-7─────────────────────────── 命有司하사 爲民하야 祈祀山川百源하며
大雩帝하되 用盛樂하니라.

『책임자에게 명하사 인민을 위하여 산천의 일백 근원에 기도하여
고사 지내게 하며, 크게 하느님께 기우제 지내되 성대한 음악을 연주
하니라.』

◐ 이 절은 하느님께 기우제(祈雨祭)를 지내는 절도를 기술하였다.
원(源)은 원천(源泉)이고, 우(雩)는 기우제(祈雨祭)를 지냄이며,
제(帝)는 하느님이요, 성악(盛樂)은 성대한 아악(雅樂)이다.

6-5-8─────────────────────────── 乃命百縣하사 雩祀百辟卿士하되
有益於民者하야 以祈穀實하니라.

『이에 일백 현에 명하사 일백 임금과 경에게 비가 내리기를 기원
하는 고사를 지내되 인민에게 도움이 있게 하여 곡식이 영글기를 기
도하게 하니라.』

◐ 여기에서는 옛날의 훌륭한 제후와 경에게도 비를 바라는 고사
를 지내서 인민을 위하여 풍년이 들도록 기도해야 됨을 밝혔다.
현(縣)은 중앙정부가 직할하는 지방국가이고, 백벽(百辟)은 일백
제후요, 경사(卿士)는 공경(公卿)이니 모두 옛날에 인민을 위하여 헌
신 봉사한 관료인데 진실한 관료는 죽어서도 인민을 위하는 일에 기

여하는 것이다.

6-5-9―――――――――――――― 是月也에 農乃登黍하면 天子가 乃以雛로
嘗黍하며 羞以含桃하되 先薦寢廟하니라.

『이달에 농민이 이에 기장을 올리면 천자가 이에 병아리로써 기장 밥을 시식하며, 반찬은 앵두로써 하되 먼저 사당에 바치느니라.』

◐ 여기에서는 기장을 시식(試食)하는 절도를 기술하였으니 앞(6-4-17)에서 보리밥을 시식한 예절을 참조하라.

이 절에는 본래 농내등서(農乃登黍)가 없었으나 앞에 농내등맥(農乃登麥)과 뒤에 농내등곡(農乃登穀)의 예(例)에 의거하여 전배들이 여기로 옮겼으니 옳다.

6-5-10 ――――――――――――――― 令民으로 毋艾藍하야
以染하며 毋燒灰하며 毋暴布하며

『인민으로 하여금 쪽을 베어 들여 염색을 하지 말게 하며, 재를 태우지 말게 하며, 베를 햇볕에 바래지 말게 하며』

◐ 이 절은 한여름에 양기(陽氣)를 왕성하게 하여 해치지 말 것을 밝혔다.

예(艾)는 베어 들임이고, 람(藍)은 쪽이니 마디풀과에 속하는 1년
생 풀인데 잎에 남빛 색소가 들어 있어 청색염료로 쓴다. 회(灰)는
불에 탄 재이며, 폭(暴)은 햇볕에 쪼여서 바래게 함이다.

청색(靑色)은 봄의 색깔이므로 양기(陽氣)가 강성하지 못하고 재
를 태우면 양기(陽氣)가 소멸하며 베를 햇볕에 바래면 흰색이 되니
흰색은 가을의 색이므로 양기(陽氣)를 꺾기 때문에 못 하게 하였다.

6-5-11 ──────────────────────────── 門閭毋閉하며 關市毋索하며
挺重囚하고 益其食하며

『집의 대문과 마을의 동구문을 닫지 말며, 관문과 저자에서 수색
하지 말며 ,무거운 죄수를 너그럽게 하고, 그 음식을 더 먹이며』

◐ 여기에서는 양기(陽氣)가 무한히 발양하도록 문을 열고 너그럽
게 펼쳐야 됨을 밝혔다.

려(閭)는 마을의 동구문(洞口門)이요, 색(索)은 수색하여 찾음이
며, 정(挺)은 너그럽게 묶는 것이고, 중수(重囚)는 무거운 죄를 범한
죄수이다.

6-5-12 ──────────────────────────── 游牝을 別群하고 則縶騰駒하며 班馬政하니라.

『목장에서 놀게 했던 수컷들을 무리에서 나누고, 곧 날치는 망아

지도 가두게 하며, 말에 대한 정책을 반포하느니라.』

　◐ 여기에서는 교미기가 끝난 사나운 황소와 날치는 말을 다시 목
장의 무리와 분리하여 따로 관리하고 또한 아직 어리지만 날뛰는 수
컷은 우리에 가두어야 됨을 밝혔으니 앞(6-3-18)을 참조하라.
　반(班)은 널리 베풀어 알림이고, 마정(馬政)은 말을 개량(改良)하
는 정책이다.

6-5-13 ──────────────────── 是月也에 日長이 至라 陰陽이
爭하며 死生이 分하느니라.

『이달에 낮이 길기가 지극하므로 음기와 양기가 다투며, 죽고 사
는 것이 갈라지느니라.』

　◐ 이 절은 하지(夏至)에 낮이 가장 길기 때문에 하나의 음기(陰
氣)가 땅속에서 생기기 시작하여 다투고 살기(殺氣)와 생기(生氣)가
나누어짐을 기술하였으니 동지(冬至)와 정반대의 현상이다.
　일장(日長)은 낮의 길이요, 지(至)는 지극함이며, 음양쟁(陰陽爭)은
양(陽)이 극성하면 음(陰)이 생기고, 음이 극성하면 양이 생기는 모
순대립의 상극(相剋)관계에 있음이고, 사생분(死生分)은 양성(陽性)
의 생물은 음기(陰氣)에 감염되면 죽고, 음성(陰性)의 생물은 양기
(陽氣)에 노출되면 죽는 것이니 양성(陽性)의 생물은 양기(陽氣)를
얻어야 살고, 음성(陰性)의 생물은 음기(陰氣)를 얻어야 사는 것이다.

君子가 齊戒하야 處必掩身하야 毋躁하며 止聲色하야 毋或進하며 薄滋味하야 毋致和하며 節耆欲하야 定心氣하니라.

『군자가 몸과 마음을 가지런히 하고 삼가하야 거처함에 반드시 몸을 가리어 조급하게 움직이지 말며, 노래와 여색을 그쳐 혹시라도 가까이하지 말며, 영양분과 맛을 엷게 하여 요리를 극도로 하지 말며, 즐기는 욕망을 절제하여 마음과 기분을 안정하니라.』

◉ 이 절은 하지(夏至)에 군자가 처신하는 절도를 기술하였으니 양기(陽氣)가 극성할 때에 조심하여 음기(陰氣)가 침투함을 방어하는 지혜를 밝혔다.

엄신(掩身)은 몸의 양기(陽氣)는 감추어야 자라고 노출하면 시들기 때문에 옷을 입고 그늘에 거처하여 직사광선을 피하는 것이다. 조(躁)는 조급하게 움직이는 것이니 조급하게 움직이면 양기(陽氣)를 소모하며, 성(聲)은 노래를 부르는 것이고, 색(色)은 여색(女色)을 가까이함이니 모두 양기(陽氣)를 해치는 것이요, 진(進)은 가까이함이다. 자미(滋味)는 자양분이 풍부하고 맛이 있는 음식으로 양기(陽氣)를 돋우고, 치화(致和)는 조미(調味)를 극치(極致)로 함인데 양기(陽氣)가 극성한 때에 양기를 더욱 돋우는 음식을 먹으면 도리어 양기가 넘쳐서 절도를 잃어버린다. 기(耆)는 기(嗜)이니 즐겨서 좋아함이고, 욕(欲)은 욕구인데 즐기는 욕구를 절제해야 마음과 기분을 안정할 수 있는 것이다.

하지(夏至)는 양기(陽氣)가 극성(極盛)하므로 이를 소모하거나 해

치거나 넘치게 하거나 만족할 줄을 모르면 음기(陰氣)가 쉽게 침투
하여 오래가지 못한다.

6-5-15 ──────────────── 百官이 靜事無刑하야 以定晏陰之所成하니라.

『일백 관리가 사무를 쉬고 형벌이 없게 하여, 음기가 이루어진 곳
을 정하여 편안히 하니라.』

◐ 이 절은 음기(陰氣)가 유순(柔順)하게 성장되도록 배려해야 됨
을 기술하였다.

정(靜)은 휴식(休息)함이고, 사(事)는 사무(事務)니 정사(靜事)는
휴무(休務)로 곧 여름휴가이다. 무형(無刑)은 모든 관료가 휴가기간
이므로 형사재판의 공판까지도 열지 않은 것이며, 정안(定晏)은 자리
를 정하여 편안하게 함이니 새로 생긴 음기(陰氣)를 유순하게 길들
이기 위하여 일정한 음(陰)의 영역을 인정하며 자연의 순리에 따르
는 것이다.

6-5-16 ──────────────── 鹿角이 解하며 蟬이 始鳴하며
　　　　　　　　　　　　　　　半夏가 生하며 木菫이 榮이니라.

『사슴의 뿔이 빠지며, 매미가 울기 시작하며, 끼무릇이 나오며, 무
궁화가 꽃이 피니라.』

◑ 이 절은 하지(夏至) 직후의 자연생태의 특징을 기술하여 모내기를 끝내는 철임을 밝혔다.

해(解)는 해탈(解脫)이니 빠지는 것이고, 반하(半夏)는 끼무릇으로 천남성(天南星)과에 속하는 다년생 풀인데 땅속에 둥근 뿌리줄기를 가지며 꽃줄기는 높이가 30㎝가량이고 잎은 1~2개가 뿌리줄기에서 나는데 잎자루가 길며 세 쪽으로 나누어졌고 작은 잎은 난상타원형이다. 6~7월에 꽃줄기 끝의 불염포(佛焰苞) 속에 엷은 황백색의 꽃이 육수(肉穗)꽃 차례로 피며 잎자루의 상하부에 한 개씩 있는 작은 구아(球芽)가 떨어져 번식한다. 뿌리는 담, 구토, 기침의 약재로 쓰고 대체로 하지(夏至)로부터 11일째 되는 날에 나오기 때문에 모심기의 종기(終期)를 상징한다.

목근(木菫)은 목근(木槿)으로 무궁화인데 아욱과에 속하는 낙엽관목이며, 키는 3m가량이고 가지를 많이 친다. 나무껍질은 회백색이요, 잎은 어긋맞게 나고 거의 알 모양이며 톱니잎이다. 여름부터 가을까지 연한 자색의 종(鍾) 모양의 꽃이 잎겨드랑이에 하나씩 달려 차례로 매일 피는데 꽃은 종류에 따라 흰빛, 보랏빛, 붉은빛 등이 있으며, 추위에 강하고 줄기를 꺾어 꽂아도 잘 번식하며 한방에서 뿌리껍질과 꽃을 말리어 위장(胃腸) 카타르 등의 약재로 쓴다. 우리나라 국화(國花)이며, 순(舜) 또는 순화(舜花)라고도 한다. 영(榮)은 꽃이 차례로 피었다가 지는 것이니 화(華)처럼 일시에 모두 활짝 피는 꽃이 아니라는 뜻이다.

6-5-17 ──────────────────────────────── 是月也에 每用火南方하며

『이달에 남쪽에서 불을 쓰지 말며』

◯ 이 절은 화덕(火德)이 극성한 남쪽에서 불을 쓰면 양기(陽氣)
가 지나쳐서 음기(陰氣)가 생성하지 못하여 기후의 절도가 어그러짐
을 밝혔다.
　남방(南方)은 염제(炎帝)가 여름을 주관하는 곳이다.

6-5-18 ─────────────────── 可以居高明하며 可以遠眺望하며
可以升山陵하며 可以處臺榭하니라.

『높고 밝은 데서 사는 것이 좋으며, 전망을 멀리함이 좋으며, 산과
언덕을 오름이 좋으며, 누대에 거처함이 좋으니라.』

◯ 여기에서는 양기(陽氣)가 불꽃처럼 상승하는 곳에 시원한 바람
이 불어 건강에 좋음을 기술하였다.
　고명(高明)은 높고 밝음이니 화덕(火德)이요, 조망(眺望)은 전망
(展望)이며, 대(臺)는 흙을 높이 쌓은 돈대이고, 사(榭)는 정자(亭
子)나 누대이다.

6-5-19 ─────────────────── 仲夏에 行冬令이면 則雹凍이 傷穀하며
道路가 不通하며 暴兵이 來至하고

『한여름에 겨울의 시행령을 집행하면 우박과 얼음이 곡식을 상처
나게 하며, 도로가 통하지 않고, 포악한 군대가 침략하여 오고』

◑ 이 절은 한여름에 겨울의 시행령을 집행하면 음기(陰氣)가 득
세하여 양기(陽氣)가 꺾임을 밝혔다.

포(雹)는 우박이요, 포병(暴兵)은 포악한 침략군이다.

6-5-20 ──────────────────────────── 行春令이면 則五穀이 晚熟하며
百螣이 時起하야 其國이 乃饑하고

『봄의 시행령을 집행하면 5곡이 늦게 익으며, 일백 벼메뚜기가 때
로 일어나서 그 나라가 주리고』

◑ 여기에서는 시기가 늦은 정책의 폐단을 기술하였다.
특(螣)은 벼메뚜기로 벼 잎을 갉아먹는 대표적인 해충이다.

6-5-21 ──────────────────────────── 行秋令이면 則草木이 零落하야
果實이 早成하며 民殃於疫하니라.

『가을의 시행령을 집행하면 초목이 시들어 떨어져서 과실이 일찍
익으며, 민중이 전염병에 시달리느니라.』

영락(零落)은 잎이 시들어 떨어짐이니 가을의 살기(殺氣)가 득세한 까닭이고, 앙(殃)은 재난으로 앙갚음하는 것이다.

6-6-1─────────────────────── 季夏之月이라 日이 在柳하니
昏에 火가 中하고 旦에 奎가 中하니라.

『늦은 여름의 달이라. 해가 류수에서 달을 만남이 있으니 저녁에 대화성이 남쪽 하늘의 중앙에 있고, 아침에 규성이 남쪽 하늘의 중앙에 있느니라.』

☯ 이 장은 계하(季夏)인 미월(未月)의 6월에 집행할 정치사업과 해서는 안 되는 정치사업을 기술하였으니 여기에서는 6월의 천체현상을 밝혔다.

류(柳)는 유수(柳宿)니 28수(宿)의 24째 별로 남쪽의 제3성이며, 화(火)는 대화성(大火星)이니 28수(宿)의 5째 별인 심수(心宿)로 대적성(大赤星)이라고도 한다. 규(奎)는 규수(奎宿)인데 앞(6-2-1)에서 이미 해설하였다.

6-6-2─────────────────────── 其日은 丙丁이요 其帝는 炎帝요
其神은 祝融이요 其蟲은 羽요
其音은 徵요 律은 中林鍾이요
其數는 七이요 其味는 苦요

其臭는 焦요 其祀는 竈요 祭는 先肺하니라.

『그 늦여름을 주도한 날은 병일과 정일이요, 그 여름의 하느님은 불꽃 하늘이요, 그 여름의 신령은 불을 맡은 귀신이요, 그 동물은 날짐승이요, 그 음계는 치요, 그 가락은 임종에 해당하고, 그 수는 7이요, 그 맛은 쓰고, 그 냄새는 고린내요, 그 고사는 부엌이요, 제사에는 폐를 먼저 올리느니라.』

☯ 이 절은 계하(季夏)인 6월에 특별히 왕성한 기운을 가진 것을 밝혔으니 앞(6-4-2, 3, 4)에서 이미 해설하였다.

임종(林鍾)은 12률(律) 가운데 8번째 소리 미률(未律)로 6려(六呂)의 하나이다.

6-6-3————————————————温風이 始至하며 蟋蟀이 居壁하며
鷹乃學習하며 腐草가 爲螢하니라.

『따뜻한 바람이 이르기 시작하며, 귀뚜라미가 벽에서 살며, 매가 날갯짓을 배워서 익히며, 썩은 풀이 형광이 되며』

☯ 이 절은 늦여름의 자연생태적 특징을 기술하였다.

온풍(温風)은 열풍(熱風)이 점점 식어서 기온이 내려감이고, 실솔(蟋蟀)은 귀뚜라미요, 거벽(居壁)은 날개가 아직 자라지 못하여 벽에 붙어사는 것이며, 학습(學習)은 새끼 매가 날갯짓을 반복하여 나는

법을 배우고 익힘이다. 형(螢)은 형광(螢光)이니 어떤 물체가 어떤 빛을 받았을 때 다만 이를 반사만 하지 않고 그 받은 빛과는 다른 그 물체의 고유(固有)한 빛을 내는 현상이다.

6-6-4——————————————————— 天子가 居明堂右个하시며 乘朱路하며
駕赤駵하며 載赤旂하며 衣朱衣하며
服朱玉하며 食菽與鷄하며 其器는 高以粗하니라.

『천자가 명당의 오른쪽 곁방을 집무실로 하시며, 붉은 수레를 타며, 붉은 월다말에 멍에 씌우며, 붉은 옷을 입으며, 붉은 옥을 차며, 콩과 닭을 먹으며, 그 그릇의 모양은 높고 크니라.』

◑ 이 절은 6월에 천자가 사용하는 거처와 의전을 기술하였으니 앞(6-4-6, 7)을 참고하라.

6-6-5——————————————————— 命漁師하사 伐蛟取鼉하며 登龜取黿이니라.

『어사에게 명하사 이무기를 때려잡고, 악어를 골라서 잡으며, 거북을 끌어올려서 잡고, 큰 자라를 골라서 잡으니라.』

◑ 이 절은 어사(漁師)가 6월에 산란기가 끝난 파충류 가운데 잡아야 되는 것을 열거하였다.

어사(漁師)는 어업(漁業) 전문가로 어부(漁夫)를 교육하는 교사(教師)이며, 교(蛟)는 이무기로 물에서 사는 큰 구렁이인데 모양은 용(龍)과 비슷하지만 용처럼 비약(飛躍)하는 능력이 없다. 타(鼉)는 악어목(鰐魚目)에 속하는 파충류로 몸은 각질(角質)의 비늘로 덮이고, 언제나 물가에 살며, 물고기나 물새 등을 잡아먹는다. 눈은 머리 꼭대기에 있어 몸 전체가 물에 잠겨도 눈만은 수면에 남고, 주둥이가 넓고 길며, 이가 날카롭고 눈이나 콧구멍에 막으로 된 뚜껑이 있으며, 몸은 10m에 달하여 편평한 꼬리로 헤엄치고, 4개의 다리는 짧으며, 난생(卵生)인데 가죽은 여러 가지로 이용된다. 등(登)은 뭍으로 끌어 올려서 산채로 잡는 것이요, 원(黿)은 자라과에 속하는 파충류로 모양은 거북과 비슷하나 등딱지와 배에 각질(角質)의 비늘판이 없고 무른 딱지로 되었으며 딱지는 둥그스름하고 빛깔은 푸르죽죽한 회색인데 배는 흰빛, 주둥이는 뾰족하며 대가리에는 연한 회색 또는 흰빛의 아롱진 점이 있다. 5~6월에 60개의 알을 낳으며 2개월 만에 알이 깨는바 얕은 바다나 강에서 산다.

6-6-6 ──────────────────────────────── 命澤人하사 納材葦하니라.

『못을 관리하는 사람에게 명하여 재료가 되는 갈대를 납부하게 하니라.』

◉ 여기에서는 택인(澤人)에게 갈대를 납부할 책임을 기술하였다.

택인(澤人)은 못을 관리하는 사람이고, 재위(材葦)는 재료로 쓸 만한 갈대인데 갈대로는 갈대발, 갈삿갓, 삿자리 따위를 만든다.

是月也에 命四監하사 大合百縣之秩芻하야
以養犧牲하며 令民으로 無不咸出其力하야
以共皇天上帝와 名山大川四方之神하고
以祠宗廟社稷之靈하야 以爲民祈福하니라.

『이달에 사방의 감찰관에게 명하여 일백 직할지방국가의 일정한 수량의 여물을 크게 취합하여 희생용 짐승을 기르며, 인민으로 하여금 모두 그 힘을 내지 않음이 없게 하여 거룩한 하늘의 윗 하느님과 이름난 산, 큰 강, 사방의 귀신을 공경하고, 종묘와 사직의 영혼에게 제사 지내게 하여 인민을 위하여 복을 기원하니라.』

◐ 이 절은 희생(犧牲)으로 쓸 소와 돼지와 양을 기르는 절도를 기술하였다.

4감(四監)은 천자가 직할하는 지방국가에 4방(四方)의 현(縣)을 감찰하는 벼슬이니 8주(州)에는 각각 3감(三監)이 있고, 중앙정부에는 4감이 있으니 앞(5-4-3)을 참조하라. 질(秩)은 상(常)으로 그 종류와 수량의 등급이 예법으로 정해진 일정한 수량이요, 추(芻)는 꼴, 여물, 사료이고, 력(力)은 노동력이나 사료용의 곡식이며, 공(共)은 함께 공경함이다. 황천상제(皇天上帝)는 대우주(大宇宙)를 통일하여 주재(主宰)하는 유일(唯一)한 지상(至上)의 하느님이니 그 밑에 천종제(天宗帝), 신농제(神農帝) 그리고 동천제(東天帝), 남천제(南天帝), 중천제(中天帝), 서천제(西天帝), 북천제(北天帝)의 다섯 하느님을 거느린다. 신(神)은 귀신(鬼神)이니 음양(陰陽)의 오묘하고 신통한 작용능력을 발휘하는 초월자(超越者)로 인간의 의식과 경험의 범위 밖에서 존재하면서 하느님의 부림을 받는다. 영(靈)은 영혼(靈魂)이니 만물의 근원이 되는 불가사의한 기운으로 육체나 또는 물체에서 해방된 자유롭고 영원불멸한 존재인데 만물의 정기(精氣)가 되는 요인(要因)이다. 따라서 신(神)은 하늘에 가까운 까닭에 멀리 있는 존경의 대상이요, 령(靈)은 사람에게 가까운 까닭에 더불어 친근히 섬겨야 할 대상이다. 위민기복(爲民祈福)은 모든 제사가 인민의 행복을 추구하는 것이 그 목적이라는 뜻이니 앞(6-5-7)에서 말한 위민기사(爲民祈祀)와 같다.

6-6-8───────────────────────── 是月也에 命婦官하야 染采하되
黼黻文章을 必以法故하야 無或差貸하며
黑黃倉赤이 莫不質良하야 毋敢詐僞하며
以給郊廟祭祀之服하고 以爲旗章하야
以別貴賤等給之度하니라.

『이달에 여성관료에게 명하여 여러 가지 고운 빛깔로 물들이게 하되 곤룡포의 무늬와 색깔을 반드시 옛것을 본받아 혹시라도 모자라거나 더함이 없게 하며, 검정, 노랑, 파랑, 붉음이 우량품을 보증하지 않음이 없도록 하여 감히 속이거나 위장하지 말게 하며, 하느님과 종묘의 제사의복으로 공급하고, 깃발과 문양을 만들게 하여 귀하고 천한 높고 낮은 차례의 도수를 다르게 하니라.』

☯ 이 절은 부관(婦官)이 비단을 염색하는 절도를 기술하였다.
부관(婦官)은 궁중(宮中)의 세부(世婦)급에 해당하는 관직(官職)

이니 염색은 전문기술이 필요하기 때문에 세부(世婦)에게 명한 것인 즉 앞(2-7-6)에서 확인하라. 염채(染采)는 여러 가지 고운 빛깔로 염색함이고, 보(黼)는 흰색 실과 검은색 실로 도끼를 수놓은 것이며 불(黻)은 흑색과 청색으로 亞 모양을 수놓은 것이다. 문(文)은 여백의 공간에 아름다운 무늬를 수놓은 것이요, 장(章)은 특정한 사물을 표상하여 그림을 수놓은 것이며, 고(故)는 옛날 것이고, 차(差)는 부족함이며, 이(貳)는 더하여 보탬이다. 질(質)은 담보하여 보증함이고, 양(良)은 우량품이며, 등급(等給)은 등급(等級)이니 높고 낮은 차례이다.

6-6-9───────────── 是月也에 樹木이 方盛하니 命虞人하사

入山行木하되 毋有斬伐하니라.

『이달에 수목이 바야흐로 무성하니 사냥터지기에게 명하사 산에 들어가 나무를 순시하되 가지치기를 하거나 벌목함이 있지 말게 하니라.』

◑ 이 절은 나무의 성장기에 보호하여 감시하는 절도를 기술하였다.

행(行)은 순행(巡行)하며 감시함이고, 참(斬)은 가지를 치는 것이며, 벌(伐)은 나무를 베는 것이다. 만물은 모두 완전히 성장한 다음에 이용하는 것이 효용가치가 높다.

不可以興土功하며 不可以合諸侯하며
不可以起兵動衆하니 毋擧大事하야
以搖養氣하며 毋發令而待하야
以妨神農之事也니라 水潦가 盛昌하야
神農이 將持功이니 擧大事하면 則有天殃이니라.

『토목공사를 일으켜서는 안 되며, 제후를 회합해서도 안 되며, 군사를 일으키고 군중을 동원해도 안 되니, 큰 사업을 일으켜서 원기를 기르는 것을 흔들지 말며, 동원령을 발표하여 기다리게 해서 신농제의 일을 방해하지 말지니라. 강물과 빗물이 많이 넘쳐서 신농제가 장차 곡식의 성장활동을 지키나니 큰일을 일으키면 하늘의 재앙이 있느니라.』

◐ 여기에서는 앞 절에 이어 곡식의 성장활동을 방해하지 말 것을 기술하였다.

대사(大事)는 대대적인 국가의 행사로 나라의 원기(元氣)를 소모하는 일이고, 요(搖)는 흔들어 혼란스럽게 함이며, 양기(養氣)는 몸과 마음의 원기(元氣)를 기르는 것이다. 발령이대(發令而待)는 동원령을 발동하여 대기하게 함이고, 신농(神農)은 황천상제(皇天上帝)의 신하(臣下)로 곡식을 생산하는 농사를 관장하는 하느님인데 천시(天時)를 담당하는 천종제(天宗帝)와 같은 급이다. 전배들은 신농(神農)을 남쪽에서 여름을 관장하는 염제(炎帝)로 혼동하고 심지어 옛날 농사법을 개발한 임금인 신농씨(神農氏)라고 강변하였으니 모두 타락한 우주관(宇宙觀)에서 파생한 억설이기 때문에 내가 요(堯), 순

(舜)의 자연과학적 우주관과 천체설(天體說: 渾天思想)에 의거하여
바로잡았으니 앞(6-1-3)에서 이미 해설한 황천상제(皇天上帝)설을
보라. 로(潦)는 빗물이고, 성창(盛昌)은 물이 많아서 넘치는 것이며,
지(持)는 보호하여 지키는 것이고, 공(功)은 곡식의 성장활동이요,
천앙(天殃)은 황천상제(皇天上帝)가 내린 재앙이니 신농(神農)이 황
천상제의 신하이기 때문에 즉각 재앙이 내리는 것이다.

6-6-11 ──────────── 是月也에 土潤溽暑하며 大雨가 時行하나니
燒薙行水利하야 以殺草하면 如以熱湯이라
可以糞田疇하며 可以美土疆이니라.

『이달에 흙이 붇고 습하며 더우며, 큰비가 때로 지나가나니 들에
불을 놓고 풀을 깎아 물이 편리하게 흐르도록 해서 풀을 죽이면 썩
어서 끓은 물과 같으므로 밭이랑을 기름지게 하며, 농토의 경계를 아
름답게 하니라.』

◑ 이 절은 수로(水路)와 농지의 경계에 있는 풀을 베서 홍수에
대비하고 퇴비를 생산하는 절도를 기술하였다.

토윤(土潤)은 흙이 물에 붇어서 물컹물컹함이고, 욕서(溽暑)는 습
기가 많은 무더위이며, 시행(時行)은 태풍과 함께 지나감이다. 소
(燒)는 들판에 불을 놓음이고, 치(薙)는 풀을 깎는 것이며, 수리(水
利)는 물이 편리하게 흐르는 것이다. 살초(草殺)는 풀을 쌓아 퇴비를
만드는 것이고, 분(糞)은 거름을 주어서 땅을 기름지게 함이며, 미

(美)는 보기에 좋은 것이고, 토강(土疆)은 농토의 경계이다.

6-6-12 ──────────────── 季夏에 行春令이면 則穀實이 鮮落하고
國에 多風欬하며 民이 乃遷徙하니라.

『늦여름에 봄의 시행령을 집행하면 곡식의 열매가 설익어서 떨어지고, 나라에 감기로 기침을 하는 유행병이 많으며, 인민이 이에 집을 옮기고 이사하니라.』

◐ 이 절은 너무 늦은 정책의 폐단을 기술하였다.

선락(鮮落)은 싱싱한 상태로 떨어지는 것이니 설익어서 먹을 수 없으며, 풍해(風欬)는 찬바람에 감기가 들어 기침을 하는 유행병이요, 천사(遷徙)는 거처를 옮기고 집을 이사함이다.

6-6-13 ──────────────── 行秋令이면 則丘隰水潦하며
禾稼가 不熟하며 乃多女災하고

『가을의 시행령을 집행하면 언덕이 습기 차고, 강물에 빗물이 쌓이며, 곡식이 익지 아니하며, 이에 여자에게 재난이 많으니라.』

◐ 여기에서는 정책을 조기에 집행하는 폐단을 기술하였다.

화가(禾稼)는 벼를 비롯한 곡식이고, 여재(女災)는 여자가 임신했

다가 아이가 떨어지는 재난이다.

6-6-14───────────────────── 行冬令이면 則風寒이 不時하며
鷹隼이 蚤鷙하며 四鄙가 入保하니라.

『겨울의 시행령을 집행하면 바람과 추위가 때로 하지 아니하며,
매와 송골매가 일찍 억세게 되며, 사방의 변방에 사는 사람들이 보호
구역으로 들어오느니라.』

☯ 이 절은 정책의 시기를 반대로 집행한 폐단을 기술하였다.
불시(不時)는 갑자기 닥치는 것이고, 응(鷹)은 매이고, 준(隼)은
송골매요, 지(鷙)는 억세고 날랜 것이다.

6-7-1────────────────────────────── 中央은 土라.

『중앙은 흙이라.』

☯ 이 장은 5행(五行)이 상생(相生)하는 원리로 1년의 중앙은 토
(土)임을 기술하고 실제적인 용사(用事)는 각 계절의 중앙임을 밝혔다.
중앙(中央)은 공간적으로는 중천(中天)이고, 시간적으로는 각 계
절의 중간이며, 토(土)는 5행의 토(土)이니 그 운행원리가 나무는 불
을 내고, 불은 흙을 내고, 흙은 쇠를 내고, 쇠는 물을 내고, 물은 나

무를 내면서 상생(相生)하며 공존한다.

　살피건대 여름의 남천(南天)의 화덕(火德)이 다하면 중앙에 토덕(土德)이 생기고, 또한 토덕(土德)이 다하면 가을의 서천(西天)의 금덕(金德)이 일어나기 때문에 중의의 토(土)를 여기에서 기술하였다. 그러나 중천(中天)의 토(土)가 실제로 용사(用事)하는 것은 여름과 가을의 사이가 아니고 각 계절의 중앙인 까닭에 그 절기를 말하지 아니하였다. 1년 360일을 다섯으로 나누면 각각 72일이니 중앙토(中央土)의 72일은 4계절의 중앙에 나누어 붙이면 각 18일씩이다. 그리하여 4계절이 모두 3개월로 90일씩인데 중앙토(中央土)는 고루 화합하는 성질이 있으므로 봄에는 춘분(春分)을 전후한 18일을 담당하여 음기(陰氣)와 양기(陽氣)를 고르게 하고 밤과 낮을 똑같게 하며, 여름에는 하지(夏至)를 전후로 18일을 담당하여 양기가 극성하고 낮이 가장 길 때에 음기를 모아서 밤이 길어지게 하며, 가을에는 추분(秋分)을 전후하여 18일을 담당해서 양기와 음기를 고르게 하고 밤과 낮을 같게 하며, 겨울에는 동지(冬至)를 전후하여 18일을 담당해서 음기가 극성하고 밤이 가장 길 때에 양기를 일으켜서 낮이 길어지게 하는 것이다.

6-7-2————————————————————————— 其日은 戊己요.

『그 고르게 화합하는 날은 무일과 기일이요.』

◉ 이 절은 천간(天干)의 중앙을 밝혔다.

무(戊)는 무일(戊日)이고, 기(己)는 기일(己日)이니 중앙에서 화합하는 기운이 왕성한 날이다.

其帝는 黃帝요.

『그 화합을 주도하는 하느님은 고른 하느님이요.』

◑ 이 절은 토덕(土德)으로 절기를 고르게 화합하는 하느님은 황제(黃帝)임을 기술하였다.

황(黃)은 노란빛으로 모든 색깔과 잘 배합해서 그 빛을 고르고 우아하게 만들어 준다. 그러므로 황색(黃色)을 중앙색으로 인식하였고, 또 땅속이 황토(黃土)가 많으므로 중앙에서 사방을 고르게 화합하는 하느님을 황제(黃帝)라고 하였으니 그 뜻이 깊도다.

살피건대 사마천(司馬遷)은 『사기(史記)』를 지으면서 5제본기(五帝本記)의 첫머리에 헌원씨(軒轅氏)의 시호(諡號)가 황제(黃帝)라고 주장하였으나 옳지 않다. 당시에는 시호제도가 있지 않았을 뿐만 아니라 도대체 어느 신하가 자연천(自然天)의 이름을 감히 시호로 사용하겠는가? 필시 사마천은 하느님이 여덟 분이 계신 줄 모르고 오직 황천상제(皇天上帝)만 하느님이고 나머지 7제(帝: 하느님)는 인격신으로 격하하여 중국 고대사의 신화(神話)를 만들었으니 사마천이 요순(堯舜)의 하늘을 어지럽히고 후세(後世)를 오도(誤導)한 죄가 크도다. 이에 내가 이 월령(月令) 편을 역주(譯註)하면서 사마천의 무지를 엄중 성토하여 황천상제(皇天上帝)를 보필하는 일곱 하느님의 권위를 다시 복원하여 황천(皇天)에서 상제(上帝)를 돕는 천종제(天宗帝)와 신농제(神農帝) 그리고 창천(蒼天)의 태호제(太皞帝), 호천(昊天)의 염제(炎帝), 균천(鈞天)의 황제(黃帝), 민천(旻天)의 소호제(少皞帝), 상천(上天)의 전욱제(顓頊帝)의 거룩한 정체(正體)를 새로 정립(定立)하여 뚜렷이 밝혔으니 2,000여 년 동안 캄캄했던 저 하늘의 세계가 이제 찬연히 빛나도다.

6-7-4 ─────────────────────────────────── 其神은 后土요.

『그 화합을 맡은 신령은 땅을 주관하는 귀신이요.』

◉ 이 절은 중천(中天)의 황제(黃帝)를 보필하여 조화(調和)를 맡은 신령은 대지를 다스리는 후토신(后土神)임을 기술하였다.

후(后)는 군(君)과 같으니 주재(主宰)하여 다스린다는 뜻이니 전체 대지(大地)를 관장하는 귀신이고, 한정된 국가의 토지신은 사(社)이다.

6-7-5 ─────────────────────────────────── 其蟲은 倮요.

『그 동물은 몸에 털이나 날개가 없는 동물이요.』

◉ 이 절은 화합의 기운이 왕성한 동물을 기술하여 인간은 사회적 동물임을 밝혔다.

라(倮)는 나체동물로 몸에 털이나 깃이 없는 동물이니 곧 인간이다. 인체(人體)는 화합하는 기운이 있기 때문에 여러 가지를 먹고 살며, 또 여러 가지를 두루 화합하는 자질이 있는 까닭에 4계절에 걸쳐 모두 활동하면서 적게는 가정사회를 화합하고 크게는 국가세계를 화합하는 것이다.

6-7-6──────────────────── 其音은 宮이요 律은 中黃鍾之宮이요.

『그 음계는 궁이요, 그 가락은 황종의 궁에 해당하고』

☯ 이 절은 중앙토(中央土)의 화합하는 음계와 가락을 기술하였다. 궁(宮)은 5음계에서 화합을 주도하는 소리로 그 중앙에 배치하여 상(商), 각(角), 치(微), 우(羽)와 잘 배합함을 밝혀 5성8음도(五聲八音圖)와 6률6려도(六律六呂圖)에서 모두 중앙에 배치한다. 황종(黃鍾)은 12률(律) 가운데 첫 번째 소리로 자월(子月: 11월)에 해당하니 5성(聲)이 시작하는 바탕이므로 궁성(宮聲)이 되는데 율관(律管)의 직경을 3푼1리(三分一釐)로 만들어 안 구멍의 둘레를 9푼으로 동일하게 하여 황종은 그 길이를 9촌(九寸)으로 만드니 그 내면의 부피가 81인바 이를 기본음계인 궁으로 삼는다. 이 궁의 81에서 3분의 1을 제거하여 소리를 내리면 치(徵)가 되는데 그 부피는 54이다. 또 치의 54에서 3분의 1을 더하여 소리를 올리면 상(商)이 되는데 그 부피는 72이다. 다시 상의 72에서 3분의 1을 제거하여 소리를 내리면 우(羽)가 되는데 그 부피는 48이다. 역시 우의 48에서 3분의 1을 더

하여 소리를 올리면 각(角)이 되는데 그 부피는 64이다. 이리하여 궁은 81이고 상은 72, 각은 64, 치는 54, 우는 48인즉 황종의 궁이 가락의 으뜸으로서 그 소리가 가장 존엄하고 크니 나머지 소리는 모두 이로부터 생기는 것으로 앞(6−1−4)의 해설을 참고하라.

6-7-7─────────────────────────────── 其數는 五요.

『그 화합을 주도하는 수는 5요.』

◐ 이 절은 화합을 주도하는 수는 중앙의 5임을 기술하였다.

하늘이 5로써 토(土)를 생(生)하면 땅이 10으로써 그것을 성(成)하는바 목(木), 화(火), 금(金), 수(水)는 모두 성수(成數)를 기록하면서 오직 토(土)는 생수(生數)를 기록한 까닭은 10은 수의 끝이므로 수의 중앙인 5를 채택하여 화합의 중심임을 표출한 것이다.

6-7-8─────────────────────── 其味는 甘이요 其臭는 香이요.

『그 맛은 달고, 그 냄새는 향기요.』

◐ 이 절은 화합을 주도하는 맛과 냄새를 기술하였다.

감(甘)은 단맛으로 모든 맛을 조화(調和)하는 성질이 있고, 향(香)은 향기(香氣)로운 냄새니 모든 냄새를 중화(中和)시키는 성질이 있는데 대체로 흙에서 생장한 것은 달고 향기가 있는 것이다.

6-7-9——————————————————— 其祀는 中霤요 祭는 先心이니라.

『그 고사는 가운데 낙숫물이 떨어지는 곳이요, 제사에는 심장을 먼저 올리느니라.』

◐ 이 절은 한 해의 중간에 중류제(中霤祭)를 지내는 절도와 토지신(土地神)에 먼저 바치는 희생의 부위를 기술하였다.

중류(中霤)는 집의 전면 중앙에 낙숫물이 떨어지는 곳이니 곧 한 집의 중앙으로서 토지신(土地神)이 있는 곳이고, 심(心)은 심장(心臟)이니 한 몸의 중심(中心)이다. 채옹(蔡邕)이 중류(中霤)를 실(室)이라고 하였으나 옳지 않다. 토지신은 마당에 있는 것이다.

6-7-10——————————————————— 天子가 居太廟太室하시며

『천자가 태묘의 태실을 집무실로 하시며』

◐ 이 절은 한 해의 중간에 천자가 거처하는 집무실을 기술하였다.

태묘(太廟)는 중앙에 위치한 사당이고, 태실(太室)은 가운데 있는 방이니 앞(6-1-6)에서 이미 해설하였다.

6-7-11 ──────── 乘大路하며 駕黃駵하며 載黃旂하며 衣黃衣하며
服黃玉하며 食稷與牛하며 其器는 圜以閎하니라.

『큰 수레를 타며 노랑 월다말에 멍에 씌우며, 노랑 쌍룡기를 수레
에 세우며, 노랑 옷을 입으며, 노랑 옥을 차며, 피와 쇠고기를 먹으
며, 그 그릇의 모양은 둥글고 가운데가 넓으니라.』

☯ 이 절은 한 해의 가운데에 천자(天子)가 사용하는 의전(儀典)
과 제도를 기술하였다.

직(稷)은 피인데 포아풀과에 속하는 1년생 곡식이다. 돌피의 개량
종으로 키는 1m 내외이며 잎은 좁고 길며 평행맥을 이룬다. 8~9월
에 엷은 녹색 또는 자갈색의 꽃이 원추 꽃차례로 줄기 끝에 피고 이
삭은 길이 10~20㎝이며 작은 이삭은 길이 3㎜의 넓은 난형인데 영
(穎)은 짙은 암자갈색의 막질(膜質)이며 가시랭이가 있으니 곡식의
원조(元祖)이다. 환(圜)은 둥글둥글함이고, 굉(閎)은 가운데가 넓은
것이다.

6-8-1 ──────── 孟秋之月이라 日이 在翼하니
昏에 建星이 中이요 旦에 畢이 中하며

『초가을의 달이라, 해가 익수에서 달을 만남이 있으니 저녁에 건
성이 남쪽 하늘의 중앙에 있고, 아침에 필성이 남쪽 하늘의 중앙에
있으며』

◯ 이 장은 초가을인 신월(申月)의 7월에 시행할 정치사업과 집행해서는 안 되는 정치사업을 기술하였으니 여기에서는 초가을의 천체현상을 밝혔다.

익수(翼宿)는 사(巳)방에 있는 별로 앞(6-4-1)에서 이미 해설하였고, 건성(建星)은 앞(6-2-1)에서 이미 해설하였으며, 필성(畢星)은 앞(6-4-1)에서 이미 해설하였다.

6-8-2──────────────────────── 其日은 庚辛이요 其帝는 少皞요
其神은 蓐收요 其蟲은 毛요 其音은 商이요
律은 中夷則이요 其數는 九요 其味는 辛이요
其臭는 腥이요 其祀는 門이요 祭는 先肝이니라.

『그 초가을을 주도하는 날은 경일과 신일이요, 그 가을의 하느님은 적게 밝은 하늘이요, 그 가을의 신령은 쇠를 관장하는 귀신이요, 그 동물은 털 짐승이요, 그 음계는 상이요, 그 가락은 이측에 해당하고, 그 수는 9요, 그 맛은 매운 맛이요, 그 냄새는 비린내요, 그 고사는 대문이요, 제사에는 간을 먼저 올리느니라.』

◯ 이 절은 가을을 주도한 날과 가을을 운행하는 서쪽 하느님과 가을을 주관하는 귀신의 이름을 밝히고 초가을에 가장 활발한 만물의 현상을 기술하였다.

경(庚)과 신(辛)은 음기(陰氣)가 발생하는 천간(天干)이고, 소호(少皞)는 서쪽 하늘에서 정밀하고 명백하게 판결하는 하느님이요, 욕

수(蓐收)는 쇠를 관장하는 귀신으로 만물로부터 1년간 사용하는 자 릿값을 거두는 역할을 하는 자연신이다. 전배들이 소호(少暭)를 금천 씨(金天氏)라고 하고, 욕수(蓐收)를 소호(少暭)의 아들 해(該)라고 하였으나 옳지 않다. 자연의 하늘과 신령을 인격신으로 해석하는 것 은 우주관의 타락이다.

모(毛)는 모충(毛蟲)이니 털이 난 짐승이요, 상(商)은 가을의 첫 소리이고, 이칙(夷則)은 12률 가운데 아홉 번째 소리니 신률(申律)로 6률의 하나인데 앞(6-1-4)에서 이미 해설하였다. 9(九)는 5행에서 금(金)의 성수(成數)이며, 신(辛)은 매운맛이요, 성(腥)은 비린내요, 문(門)은 대문(大門)이니 재물과 복이 들어오는 곳이며, 간(肝)은 간 장(肝臟)이다.

6-8-3─────────────────────────── 凉風이 至하고 白露가 降하며
寒蟬이 鳴하며 鷹乃祭鳥하나니 用始行戮하니라.

『서늘한 바람이 이르고, 하얀 이슬이 내리며, 쓰르라미가 울며 매 가 이에 새를 잡아서 제사 지내나니 비로소 사형을 집행하니라.』

◑ 이 절은 초가을의 자연생태를 구체적으로 열거하고 사형집행 (死刑執行)의 시기임을 기술하였다.

량풍(凉風)은 서쪽에서 불어오는 서늘한 가을바람이고, 백로(白露) 는 찬이슬이며, 한선(寒蟬)은 가을 매미로 쓰르라미이다. 응(鷹)은 매과에 속하는 맹조(猛鳥)인데 초가을에 새를 잡아서는 먹지 않고

있으므로 제사 지내는 것으로 인식하였으며, 행륙(行戮)은 사형(死刑)을 집행하는 것이니 하늘이 살기(殺氣)를 발양할 때에 국가도 숙살(肅殺)의 기강을 세우는 것이다.

6-8-4─────────────────────────────── 天子가 居總章左个하시며

『천자가 총장의 왼쪽 곁방을 집무실로 하시며』

◐ 이 절은 7월이면 천자가 총장(總章)의 왼쪽 곁방을 집무실로 사용함을 밝혔다.

총장(總章)은 정부종합청사의 하나로 서쪽에 있는 흰색 건물인데 법무부처가 사용하며, 그 사당에 서천(西天)을 다스리는 소호제(少皞帝)를 총장(總章) 중앙의 태묘(太廟)에 모시고, 그 왼쪽 곁방에 욕수신(蓐收神)을 종향(從享)하며, 그 오른쪽 곁방에는 서방의 7수(宿)인 규(奎), 루(婁), 위(胃), 묘(昴), 필(畢), 자(觜), 삼(參)의 별신을 종향(從享)하니 앞(6-1-6)에서 이미 해설하였다.

6-8-5─────────────────────────── 乘戎路하며 駕白駱하며 載白旂하며
衣白衣하며 服白玉하며 食麻與犬하며
其器는 廉以深하니라.

『군사용 수레를 타며, 흰 가리온 말에 멍에 씌우며, 흰 쌍룡기를

수레에 세우며, 흰옷을 입으며, 백옥을 차며, 깨와 개고기를 먹으며, 그 그릇은 위가 모지고 바닥이 깊으니라.』

◑ 이 절은 7월에 천자가 사용하는 의전(儀典)과 제도를 기술하였다.

융로(戎路)는 군사용 수레이고, 백락(白駱)은 백마(白馬)의 말갈 기가 검은 가리온 말이요, 백기(白旂)는 백룡(白龍)을 그린 기이고, 마(麻)는 호마(胡麻)로 참깨와 들깨이며, 렴(廉)은 모진 것이다.

6-8-6─────────────── 是月也에 以立秋하나니 先立秋三日에
太史가 謁之天子하야 曰某日이 立秋라
盛德이 在金이라 하거든 天子가 乃齊하니라.

『이달에 가을을 세울 생각을 하나니 입추의 3일 전에 태사가 그것을 천자께 아뢰어 말하기를 아무 날이 입추라 성대한 덕이 쇠에 있나이다 하거든 천자가 이에 몸과 마음을 가지런히 하니라.』

◑ 이 절은 입추 3일 전에 천자가 재계(齊戒)하여야 됨을 기술하였다.

입추(立秋)는 하지(夏至)로부터 소서(小暑)와 대서(大暑)가 지난 다음의 절기로 가을을 세운다는 뜻이다. 금(金)은 쇠로 5행에서 서방의 가을을 일으키는 기운이다.

立秋之日에 天子가 親帥三公과 九卿과
諸侯와 大夫하야 以迎秋於西郊하고 還反하사
賞軍帥武人於朝하시고 天子가 乃命將帥하사
選士厲兵하며 簡練桀俊하며 專任有功하야
以征不義하며 詰誅暴慢하야 以明好惡하야 順彼遠方하니라.

『입추의 날에 천자가 친히 3공과 9경과 제후와 대부를 거느리고 서쪽 교외에서 가을을 맞이하고, 되돌아오시어 조정에서 군대의 장수와 군인을 포상하시고, 천자가 이에 장수에게 명하사 병사를 선발하고 병기를 갈며, 용맹스럽고 재간이 있는 사람을 골라 훈련하며, 공적이 있는 장수에게 오로지 위임하여 불의한 나라를 정벌하며, 포악하고 게으른 제후를 문책하여 처벌해서, 좋아함과 싫어함을 밝혀 그 먼 지방을 순종하게 하니라.』

◉ 이 절은 입추를 맞이하여 천자가 거행할 사항을 기술하였으니 군대의 장수와 병사를 포상하고, 상무정신(尙武精神)을 일으켜 불의(不義)한 나라를 정벌해야 됨을 밝혔다.

군수(軍帥)는 군대를 지휘하는 장수(將帥)들이고, 여병(厲兵)은 병기를 갈아서 날을 세움이요, 간(簡)은 간택(簡擇)이며, 걸(桀)은 용맹함이다. 전임(專任)은 오로지 위임하여 맡기는 것이고, 유공(有功)은 훈련의 공적이 있는 장수이며, 힐주(詰誅)는 문책하여 처벌함이다.

6-8-8─────────────────────── 是月也에 命有司하사 修法制하며 繕囹圄하며
具桎梏하야 禁止姦하며 愼罪邪하며 務搏執하니라.

『이달에 책임자에게 명하여 법률과 제도를 다듬으며 감옥을 수선하며, 족쇄와 수갑을 구비하여 간교한 행위를 금지하여 못하게 하며, 사악한 행동을 신중히 죄주며, 체포하여 구속함에 힘쓰니라.』

◉ 이 절은 법률의 기강을 세워서 치안(治安)을 확보하고 범인을 체포 구속하여 간사(姦邪)한 무리들을 처벌할 것을 기술하였다.

유사(有司)는 앞(6-2-7)에서 말한 책임자들이니 봄에는 불구속을 원칙으로 하고, 가을에는 구속을 원칙으로 한다. 간(姦)은 간교(姦巧)한 행위로 경미한 범죄니 금지시키고, 사(邪)는 사악(邪惡)한 행위로 중대한 범죄니 신중히 살펴서 죄를 주어 처벌하는 것이다. 박(搏)은 수색하여 체포함이요, 집(執)은 구속하여 신문함이다.

6-8-9─────────────────────── 命理하사 瞻傷하며 察創하며
視折하며 審斷決하야 獄訟을
必端平하며 戮有罪하되 嚴斷刑하니라.

『재판관에게 명하여 폭행당한 상처를 둘러보며, 베인 상처를 살피며, 골절을 보며 끊어지고 쪼개진 것을 살펴 재판을 반드시 바르고 공평하게 하며, 죄가 있는 사람을 처벌하되 형벌을 엄히 처단하니라.』

◉ 이 절은 가을철에 폭행상해죄를 특별히 엄중 단속할 것을 기술하였다.

이(理)는 이관(理官)이니 재판관이며, 상(傷)은 폭행당한 상처이고, 창(創)은 창이(創夷)로 칼에 베인 상처니 자창(刺創)이다. 절(折)은 골절(骨折)로 뼈에 금이 가거나 부러진 것이요, 단(斷)은 뼈와 살이 모두 끊어진 것이고, 결(決)은 뼈가 쪼개지고 살이 으깨진 것이다. 옥(獄)은 폭행상해죄에 대한 형사재판이고, 송(訟)은 손해배상을 요구하는 민사소송이며, 단(端)은 단정(端正)이니 정당함이고, 육(戮)은 처벌하는 것이요, 엄단(嚴斷)은 엄중히 처단하여 금지(禁止)시킴이다.

가을에는 혈기가 왕성하고 몸이 날래기 때문에 싸움이 많으므로 폭행상해죄를 엄단하여 금지시키고 각종 운동회와 음악회를 열어서 화합의 길로 이끌어야 된다.

6-8-10 ——————————————— 
天地始肅이라 不可以贏이니라.

『하늘과 땅이 비로소 쌀쌀하므로 재판사건의 처리를 남겨 두어서는 안 되니라.』

◉ 이 절은 앞 절에 이어 날씨가 추워지기 전에 서둘러 폭행 치상사건을 모두 처리하여 미제사건이나 미결사건이 없어야 함을 기술하였다.

숙(肅)은 숙살(肅殺)의 기운이니 기온이 쌀쌀하여 초목이 시들고

곤충이 겨울잠을 자며 동물이 우리로 들어가기 시작하는 가을의 서
쪽 바람 기운이다. 영(贏)은 남겨 두는 것인데 미제(未濟)사건이나
미결(未決)사건으로 남겨 두는 것이다.

가을은 하늘과 땅도 숙청(肅淸)하여 깨끗하고 충실한 결실을 맺게
하므로 국가사회도 역시 폭력을 엄금하고 상해(傷害)를 방지하여 결
백하고 건강한 삶을 보장해야 되는 것이다.

6-8-11 ─────────────── 是月也에 農乃登穀하며 天子가 嘗新하되
先遷寢廟하시고 命百官하사 始收斂하며
完隄防하고 謹壅塞하야 以備水潦하며
脩宮室하며 坏垣牆하며 補城郭하니라.

『이달에 농부가 이에 곡식을 올리며, 천자가 새 곡식을 맛보되 먼
저 종묘에 드리시고, 일백 관리에게 명하사 가을걷이를 시작하며, 제
방을 완전하게 수리하고, 물막이를 신중히 하여 큰물에 대비하며, 주
택을 수리하며, 담장의 틈을 흙으로 막으며, 성곽을 보수하니라.』

☯ 이 절은 초가을에 시행할 사항을 구체적으로 기술하였다.

등(登)은 올리는 것이고, 곡(穀)은 조생종의 5곡이며, 상신(嘗新)
은 새 곡식을 맛보는 것이요, 천(遷)은 몇 가지 음식만을 드리는 간
소한 제사이다. 수렴(收斂)은 추수(秋收)를 함이고, 근(謹)은 신중하
고 오로지 함이며, 옹색(壅塞)은 물막이로 물이 흘러들지 못하게 막
는 것이다. 수로(水潦)는 큰물이요, 배(坏)는 흙으로 틈을 막아 보수
함이다.

6-8-12 ──────────────── 是月也에 無以封諸侯와 立大官하니라.

『이달에 제후를 봉함과 큰 관청을 세우지 말지니라.』

◑ 이 절은 초가을에 해서는 안 될 일을 기술하였다.

가을은 결실의 계절이므로 새로운 일을 착수할 때가 아니다. 입(立)은 설립(設立)이고, 대관(大官)은 중대한 관청이나 기관이다.

6-8-13 ──────────────── 毋以割地와 行大使와 出大幣니라.

『토지를 나누어 쪼갬과 대사를 보냄과 큰돈을 지출하지 말지니라.』

◑ 이 절은 앞 절에 이어 초가을에 해서는 안 될 사항을 기술하였다.

할지(割地)는 토지의 일부를 분할하여 주거나 받는 것인데 가을의 응결·응집의 시기에 역행하는 일이고, 큰 사신을 보내고 큰돈을 지출하는 것도 모두 열매와 뿌리에 양기(陽氣)의 생명력을 굳게 축적하는 시기와 어긋난 행위이다.

6-8-14 ──────────────── 孟秋에 行冬令하면 則陰氣大勝하며
介蟲이 敗穀하며 戎兵이 乃來하고

『초가을에 겨울의 시행령을 집행하면 음산한 기후가 크게 성하며,

곤충이 곡식을 해치며, 오랑캐의 군대가 이에 침략하여 오고』

　◑ 이 절은 초가을에 겨울의 시행령을 집행하면 음산한 일이 생김
을 기술하였다.
　음기(陰氣)는 음산한 기운이요, 승(勝)은 왕성함이고, 개충(介蟲)
은 갑충(甲蟲)이니 갑각류의 곤충이요, 패(敗)는 해침이다.

6-8-15 ──────────────────────── 行春令이면 則其國이 乃旱하고
　　　　　　　　　　　　　　　　　陽氣가 復還하야 五穀이 無實하며

『봄의 시행령을 집행하면 그 나라가 이에 가물고, 따뜻한 기운이
다시 돌아와서 5곡이 영글지 않으며』

　◑ 이 절은 초가을에 봄의 시행령을 집행하면 찬바람이 생기지 못
하므로 계속 건조하고 따뜻하여 곡식이 영글지 못함을 기술하였다.

6-8-16 ──────────────────────── 行夏令이면 則國에 多火災하며
　　　　　　　　　　　　　　　　　寒熱이 不節하야 民多瘧疾이니라.

『여름의 시행령을 집행하면 나라에 화재가 많으며, 추위와 더위가
절제하지 아니하여 민간에 학질이 많으니라.』

ⓢ 이 절은 초가을에 여름의 시행령을 집행하면 나라에 화재가 많고 한기(寒氣)와 열기(熱氣)가 각각 절제력(節制力)을 상실하므로 민간에 학질이 많이 유행하는 것을 기술하였다.

학질(瘧疾)은 일정한 시간을 주기적으로 오한(惡寒)과 발열(發熱)을 반복하는 질병인데 학질모기가 병원균을 매개한다.

6-9-1————————————— 仲秋之月이라 日이 在角하니 昏에
牽牛가 中이요 旦에 觜觿가 中하며

『한가을의 달이라. 해가 각수에서 달을 만남이 있으니 저녁에 견우성이 남쪽 하늘의 중앙에 있고, 아침에 자휴성이 남쪽 하늘의 중앙에 있으며』

ⓢ 이 장은 한가을인 유월(酉月)의 8월에 시행할 정치사업과 집행해서는 안 되는 정치사업을 기술하였으니 여기에서는 한가을의 천체현상을 밝혔다.

각(角)은 각수(角宿)로 28수의 첫 번째로 진(辰)방에 있는 동방 7수(宿)의 첫째인데 평도(平道), 천전(天田), 진현(進賢), 주정(周鼎), 고루(庫樓), 남문(南門) 등의 여러 별로 나누어진다. 견우(牽牛)는 앞(6-3-1)에서 이미 해설하였고 자휴(觜觿)는 28수의 20번째로 서방 7수의 여섯째인 자수(觜宿)를 구성한 자휴(觜觿), 좌기(座旗), 사괴(司怪)의 세 별 가운데 하나이다.

6-9-2 ────────────────────

其日은 庚辛이요 其帝는 少皞요
其神은 蓐收요 其蟲은 毛요
其音은 商이요 律은 中南呂요
其數는 九요 其味는 辛이요
其臭는 腥이요 其祀는 門이니
祭는 先肝이니라.

『그 한가을을 주도하는 날은 경일과 신일이요, 그 가을의 하느님
은 적게 밝은 하늘이요, 그 가을의 신령은 쇠를 관장하는 귀신이요,
그 동물은 털 짐승이요, 그 음계는 상이요, 그 가락은 이측에 해당하
고 그 수는 9요, 그 맛은 매운맛이요, 그 냄새는 비린내요, 그 고사는
대문이요, 제사에는 간을 먼저 올리느니라.』

◐ 이 절은 가을을 주도하는 날과 하느님과 귀신을 밝히고 한가을
에 가장 활발한 만물의 현상을 기술하였으니 앞(6-8-2)에서 이미
해설하였다.

6-9-3 ────────────────────

盲風이 至하고 鴻鴈이 來하며
玄鳥가 歸하며 群鳥가 養羞니라.

『빠른 바람이 이르고, 큰 기러기와 작은 기러기가 오며, 제비가 가
며, 뭇 새가 영양분을 섭취하니라.』

◑ 이 절은 한가을의 자연생태를 열거하였다.

　맹풍(盲風)은 빠른 바람으로 질풍(疾風)이니 앞뒤를 가리지 않고 치닫는 바람이며, 홍안(鴻雁)은 앞(6-1-5)에서 이미 해설하였으니 봄에는 북쪽으로 오고, 가을에는 남쪽으로 오며, 현조(玄鳥)는 제비로 봄에는 북쪽으로 왔다가 가을에는 남쪽으로 돌아간다. 양(養)은 섭취함이고, 수(羞)는 영양분이 많은 먹이인데 겨울을 나기 위하여 가을에 영양분을 몸에 비축하는 것이다.

6-9-4──────────────── 天子가 居總章太廟하시며 乘戎路하며
駕白駱하며 載白旂하며 衣白衣하며
服白玉하며 食麻與犬하며 其器는 廉以深하니라.

『천자가 총장의 태묘를 집무실로 사용하시며, 군사용 수레를 타며, 흰 가리온 말에 멍에 씌우며, 흰 쌍룡기를 수레에 세우며, 흰옷을 입으며 백옥을 차며, 깨와 개고기를 먹으며, 그 그릇은 위가 모지고 바닥이 깊으니라.』

◑ 이 절은 9월에 천자가 사용하는 집무실과 의전(儀典)제도를 기술하였으니 앞(6-8-4, 5)에서 이미 해설하였다.

6-9-5──────────────── 是月也에 養衰老하되
授几杖하며 行麋粥飮食하니라.

『이달에 늙어 쇠약한 사람을 먹이되 안석과 지팡이를 주며, 미음
과 죽과 음식을 돌리느니라.』

　◐ 이 절은 한가을에 새로운 곡식으로 양로(養老)잔치를 거행하는
절도를 기술하였다.

　양(養)은 봉양(奉養)이요, 노쇠(老衰)는 70 이상의 노인으로 늙어
서 쇠약한 사람이고, 행(行)은 나란히 앉은 자리에 순서를 지키며 골
고루 돌리는 것이며, 미(糜)는 미음이요, 음식(飮食)은 여러 가지 정
결한 음식이다.

　풍요로운 가을에 노쇠한 사람을 공경하여 안석과 지팡이를 주고
음식을 돌려 그 안락과 건강을 보살피는 경로연(敬老宴)은 인정(仁
政)의 연례행사이다.

6-9-6───────────────── 乃命司服하사 具飭衣裳하고
文繡를 有恒하며 制有小大하며
度有長短하며 衣服은 有量이라
必循其故하야 冠帶가 有常이니라.

『이에 의복책임관에게 명하사 의상을 모두 갖추게 하고, 무늬와
자수를 한결같이 똑같음이 있게 하며, 품에는 적고 큼이 있으며, 기
장에는 길고 짧음이 있으며, 의복은 적당한 분량이 있으므로 반드시
그 옛것을 따라야 관과 띠가 항상됨이 있느니라.』

　◐ 이 절은 의복을 제작하는 절도를 기술하였다.

사복(司服)은 의복을 제작하는 책임자요, 구(具)는 구비(具備)하여 갖춤이고, 칙(飭)은 칙정(飭正)으로 정통하고 바르게 함이다. 의(衣)는 상의(上衣)이고, 상(裳)은 하의(下衣)이며, 문(文)은 무늬요, 수(繡)는 자수(刺繡)며, 항(恒)은 일정한 제도와 규격이다. 제(制)는 품으로 윗도리에 있어서 양쪽 겨드랑이 밑의 가슴과 등을 두르는 부분의 넓이이고, 도(度)는 기장으로 옷의 길이이며, 량(量)은 분량(分量)으로 부피나 무게 및 수량이다. 고(故)는 옛것이요, 상(常)은 상제(常制)로 일정한 제도와 규격이다.

옷은 인간의 품격을 나타내고 활동에도 편리해야 되며 또한 풍속과 유행을 일으키는 것이므로 모양이 일그러지거나 거동에 불편하거나 지나치게 사치하고 화려한 것은 만들지 못하게 하였다.

6-9-7─────────────────────── 乃命有司하사 申嚴百刑하야
斬殺을 必當하며 毋或枉橈니
枉橈不當하면 反受其殃하니라.

『이에 책임자에게 명하사 일백 형벌을 거듭 엄격히 하야 목을 베어 죽이는 형벌을 반드시 합당하게 하며, 혹시라도 법을 굽히고 사실을 왜곡하지 말지니 법을 굽히고 사실을 왜곡하여 부당하게 처형하면 도리어 그 앙화를 받으니라.』

☯ 이 절은 고등법원과 대법원에서 중죄인의 최종심판을 정당하게 판결하여 집행할 것을 기술하였으니 앞(6-8-9, 10)에서의 판결에

불복한 사건이다.

　신(申)은 거듭함이고, 엄(嚴)은 엄격히 살펴서 심리함이며, 참(斬)은 도끼로 목을 베어 죽이는 것이요, 살(殺)은 칼로 목을 베어 죽이는 것이니 모두 사형(死刑)을 선고하는 판결이다. 당(當)은 합당(合當)함이니 정당한 법률로 사실에 합당하게 판결함이며, 왕(枉)은 왕법(枉法)이니 법을 굽혀서 억울하게 적용함이고, 요(橈)는 굽히고 어수선하게 함인데 사건의 진상을 왜곡하고 산만(散漫)하게 조작함이다. 앙(殃)은 앙화(殃禍)로 하늘의 재앙과 사람의 해침을 자초하여 보복을 당하는 것인즉 누구를 원망하리오.

6-9-8ㅡㅡㅡㅡㅡㅡㅡㅡㅡㅡ 是月也에 乃命宰祝하사 循行犧牲하야
視全具하며 按芻豢하며 瞻肥瘠하며 察物色하되
必比類하야 量小大하며 視長短하야
皆中度하고 五者備當하면 上帝其饗하시니라.

『이달에 이에 요리사와 축관에게 명하사 희생을 돌아가면서 수량이 온전하게 갖추었는지를 보며, 꼴과 사료를 살피며, 살찜과 파리함을 휘둘러보며, 모양과 털 빛깔을 살피되, 반드시 같은 종류를 비교하여 작고 큼을 헤아리며 길고 짧음을 보아서 모두 법도에 적중하고 다섯 가지가 갖추어 합당하면 윗 하느님이 그 흠향하시니라.』

　◑ 이 절은 8월에 희생으로 쓸 가축의 성장도를 살펴서 충실한 것으로 선택하여야 됨을 기술하였으니 대개 앞(6-3-18)에서 특별히

관리했던 가축이다.

재(宰)는 재인(宰人)이니 요리사이고, 축(祝)은 축관(祝官)이며, 순행(循行)은 여러 곳에 있는 목장을 차례로 돌아다니며 현황을 조사함이고, 전구(全具)는 그 수량이 온전히 갖추어 있는 것이며, 추(芻)는 꼴이고, 환(豢)은 사료이며, 물(物)은 모양이요, 색(色)은 털의 빛깔이다. 비(比)는 비교함이고, 류(類)는 같은 종류이며, 중(中)은 적중함이고, 도(度)는 법도이다. 5자(五者)는 5생(五牲)이니 다섯 가지 희생(犧牲)으로 곧 소, 양, 돼지, 개, 닭 등이며, 비(備)는 수량을 갖춤이고, 당(當)은 규격이 합당함이다. 상제(上帝)는 황천(皇天)의 윗 하느님이니 우주의 만물을 창조하여 주재하는 최고 유일자(唯一者)인데 앞(6-1-3)에서 이미 해설하였으며, 향(饗)은 흠향(歆饗)이니 향례(饗禮)를 받아 잡수시는 것이다.

6-9-9──────────────────── 天子가 乃難하사 以達秋氣하며
以犬으로 嘗麻하시되 先薦寢廟하시니라.

『천자가 이에 재난을 물리치는 굿을 하시어 가을 기운을 통달하게 하며, 개고기로써 깨를 맛보시되 먼저 조상님께 바치느니라.』

◯ 이 절은 천자가 나례(儺禮)를 거행하여 역귀(疫鬼)를 물리치고 가을바람이 도달하게 하며 개고기와 깨를 처음 맛보되 종묘에 먼저 올림을 기술하였다.

나(難)는 나례(儺禮)로 앞(6-3-19)에서 이미 해설하였고, 견(犬)

과 마(麻)는 앞(6-8-5)에서 이미 해설하였다. 대체로 천자가 나례
(儺禮)를 거행한 것은 가을의 숙살(肅殺)한 기운으로 역귀(疫鬼)를
물리쳐서 온 세상을 깨끗하고 충실하게 만들려는 대청소(大淸掃)를
하기 위한 방법이라고 할 것이다.

6-9-10 ──────────────── 是月也에 可以築城郭하며
建都邑하며 穿竇窖하며 修囷倉하니라.

『이달에 성곽을 쌓으며, 도읍을 세우며, 곡식저장용의 굴과 움을
파며, 둥근 곳집과 네모진 곳집을 수리해야 하니라.』

◯ 이 절은 8월에 해야 되는 일을 열거하였다.

천(穿)은 파거나 뚫은 것이요, 두(竇)는 곡식저장용 땅굴이고, 교
(窖)는 땅을 파고 곡식을 저장하는 움이며, 균(囷)은 원통형으로 집
을 지어 양곡을 저장하는 둥근 곳집이고, 창(倉)은 4각형으로 기둥을
세우고 벽을 쌓아 만든 네모진 곳집인데 모두 추수한 양곡을 저장하
기 위하여 만들고 수리하는 것이다.

6-9-11 ──────────────── 乃命有司하사 趣民收斂하며
務畜菜하야 多積聚하니라.

『이에 책임자에게 명하사 인민에게 가을걷이를 빨리하게 하며, 가

축과 채소에 힘을 써서 많이 쌓아 모으게 하니라.』

　◉ 이 절은 가을걷이를 빨리 끝내고 가축과 야채를 힘써 길러 겨울준비를 많이 할 것을 기술하였다.

　수렴(收斂)은 앞(6-8-11)에서 이미 해설하였고, 축(畜)은 가축이요, 채(菜)는 무와 배추인데, 적(積)은 채소를 저장함이고, 취(聚)는 가축을 우리에 몰아넣은 것이다.

6-9-12 ——————————————————— 乃勸種麥하사 毋或失時니
其有失時에 行罪無疑니라.

『이에 보리를 심기를 권하사 혹시라도 때를 잃지 말지니 그 때를 잃음이 있음에 죄를 시행함을 의심이 없게 하니라.』

　◉ 이 절에서는 가을걷이를 독촉한 다음에 보리를 파종하도록 권할 것을 밝혔다.

　맥(麥)은 가을보리로 10월경에 씨앗을 뿌려 다음 해 5월경에 꽃줄기가 나와 5㎝가량의 이삭이 나는데 알이 떨어지는 정도에 따라 겉보리와 쌀보리로 나눈다. 보리쌀은 쌀 다음가는 주식(主食) 곡물로서 보리밥, 술, 된장, 엿 등의 원료이다. 행죄(行罪)는 농사에 태만하여 보리를 파종하지 못한 책임을 묻는 것인즉 지방행정관료를 처벌하고 또 고의적으로 보리를 심지 않은 농민에게는 벌금을 내게 함이며, 무의(無疑)는 확실히 처벌하여 용서가 없는 것이다.

6-9-13 ──────────── 是^시月^월也^야에 日^일夜^야가 分^분하고 雷^뢰始^시收^수聲^성하며
蟄^칩蟲^충이 坏^배戶^호하며 殺^살氣^기가 浸^침盛^성하며
陽^양氣^기가 日^일衰^쇠하야 水^수始^시涸^학하니라.

『이달에 낮과 밤의 길이가 똑같이 나누어지고, 우레가 비로소 소리를 거두며, 겨울잠을 자는 벌레가 흙으로 문을 막으며, 살기가 점점 번져서 왕성하며, 양기가 날로 쇠퇴하여 물이 마르기 시작하니라.』

☯ 이 절은 중추(仲秋)의 달에 추분(秋分)이 있고 양기(陽氣)가 쇠퇴하고 음기(陰氣)가 왕성하기 시작하여 생태계에 변화가 있음을 기술하였다.

일야분(日夜分)은 앞(6-2-9)에서 이미 해설하였으니 여기에서는 추분(秋分)이며, 뢰(雷)는 앞(6-2-10)에서 이미 해설하였으니, 우뢰는 2월에 나와서 8월에 땅속으로 들어간다. 배호(坏戶)는 흙으로 출입문을 막는 것이고, 살기(殺氣)는 음기(陰氣)로 나뭇잎을 말라 시들게 하는 한랭한 기온이며, 침성(浸盛)은 점점 번져서 왕성함이요, 학(涸)은 말라서 물기가 없음이다.

6-9-14 ──────────── 日^일夜^야가 分^분이어든 則^즉同^동度^도量^량하며
平^평權^권衡^형하며 正^정鈞^균石^석하며 角^각斗^두甬^용하니라.

『낮과 밤의 길이가 똑같이 나누어지거든 곧 척도와 계량을 동일하게 하며, 저울추와 저울대를 균평하게 하며, 고정된 저울추를 바로잡

으며 말과 섬을 비교하니라.』

◑ 여기에서는 추분(秋分)이 되면 모든 도량형기를 정확하게 통일
해서 대동평등사회의 토대를 구축하는 시기임을 밝혔으니 앞(6-2-
12)에서 이미 서술한 춘분(春分)의 일과 같다.

권(權)은 저울대에 걸어서 이동하는 저울추이고, 균석(鈞石)의 균
(鈞)은 30근(斤)으로 고정된 저울추이다.

6-9-15 ──────────────── 是月也에 易關市하야 來商旅하야
納貨賄하야 以便民事하며 四方이 來集하며
遠鄕이 皆至하면 則財不匱하야
上無乏用하고 百事가 乃遂하니라.

『이달에 관문과 시장을 쉽게 하여 장사꾼과 나그네가 오게 하여
돈과 재물을 들어오게 하여서 민간의 사업을 편리하게 하며, 사방이
와서 모이게 하며, 먼 시골에서도 모두 이르게 하면 재물을 궤에 숨
기지 아니하여 위에서 쓰기에 부족함이 없고, 일백 가지의 일이 이에
이루느니라.』

◑ 여기에서는 국경의 관문(關門)을 통행에 편리하게 하고, 시장
의 교역을 쉽게 하여 유무상통(有無相通)하게 해서 무역과 관광을
진흥할 것을 기술하였다.

이(易)는 쉽게 함이니 세금을 낮추고 안전을 보장함이며, 화(貨)

는 화폐요, 회(賄)는 상품이며, 민사(民事)는 민생사업(民生事業)이
니 곧 민간의 경제생활이다. 궤(匱)는 물건을 저장하는 궤로서 보배
를 개인의 집 안에 사장(死藏)시킴을 뜻하고, 상(上)은 국가의 정부
요, 수(遂)는 목표를 달성함이다.

모름지기 정부는 4방원근(四方遠近)의 재물을 가치가 있게 활용하
도록 유무상통(有無相通)하게 함과 동시에 또한 그 재화를 확대재생
산하는 정책을 부지런히 개발해야지 쓸 데가 없어서 버리게 하거나
사장(死藏)시켜서는 안 된다.

6-9-16 ──────────────────── 凡擧大事하되 毋逆大數하고
必順其時하며 愼因其類하니라.

『무릇 큰 행사를 거행하되 어림수를 어기지 말고, 반드시 그 때를
따르며 신중히 그 유례를 인연할지니라.』

☯ 여기에서는 제사(祭祀), 전쟁 등의 큰일을 거행함에는 반드시
예산을 세워서 집행하고 풍년과 흉년을 살펴서 그 유례(類例)를 기
준으로 삼을 것을 기술하였다.

대사(大事)는 국가의 큰일이니 제사, 전쟁 등의 사업이고, 대수(大
數)는 어림수로 미리 예측하여 계산한 예산(預算) 회계(會計)이다.
시(時)는 시절이니 풍년과 흉년의 시절이며, 류(類)는 과거에 이미
거행하였던 행사규모와 같은 유례이다.

6-9-17 ──────────────────── 仲秋에 行春令이면 則秋雨가 不降하야
草木이 生榮하며 國乃有恐하니라.

『한가을에 봄의 시행령을 집행하면 가을비가 내리지 아니하여, 풀
과 나무가 삶을 누리며, 나라가 이에 두려움이 있느니라.』

◉ 이 절은 중추(仲秋)에 춘령(春令)을 집행하면 일기가 건조하고
따뜻해서 화재의 위험이 있음을 경고하였다.
　생영(生榮)은 살아서 삶을 누리는 것이고, 공(恐)은 화재의 공포
이다.

6-9-18 ──────────────────── 行夏令이면 則其國이 乃旱하야
蟄蟲이 不藏하며 五穀이 復生하고

『여름의 시행령을 집행하면 그 나라가 이에 가물어 겨울잠을 자는
벌레가 몸을 숨기지 아니하며, 5곡이 다시 살아나고』

◉ 여기에서는 중추에 여름의 시행령을 집행하면 살기(殺氣)가 일
어나지 못함을 밝혔다.
　장(藏)은 몸을 감추어 숨김이요, 부생(復生)은 곁가지가 나와서
다시 생장함이다.

 行冬令이면 則風災數起하며
收雷先行하야 草木이 蚤死하니라.

『겨울의 시행령을 집행하면 풍재가 자주 일어나며, 우레를 거둠을 먼저 행하여 초목이 일찍 죽으니라.』

◐ 여기에서는 8월에 겨울의 시행령을 집행하면 살기(殺氣)가 지나치게 극성함을 밝혔다.

풍재(風災)는 태풍의 피해이고, 수뢰(收雷)는 앞(6-9-13)에서 말한 뢰시수성(雷始收聲)이며, 선행(先行)은 시기보다 먼저 가는 것이요, 조사(蚤死)는 열매가 익기도 전에 일찍 조락(凋落)하므로 결실을 맺지 못한 것이다.

 季秋之月이라 日이 在房하니
昏에 虛가 中이요 旦에 柳가 中이니라.

『늦가을의 달이라. 해가 방수에서 달을 만남이 있으니 저녁에 허성이 남쪽 하늘의 중앙에 있고, 아침에 유성이 남쪽 하늘의 중앙에 있으며』

◐ 이 장은 늦가을인 술월(戌月)의 9월에 시행할 정치사업과 집행해서는 안 되는 정치사업을 기술하였으니 여기에서는 늦가을의 천체현상을 밝혔다.

방(房)은 방수(房宿)로 묘(卯)방에 있는 28수의 4째인데 동방7수 가운데 네 번째에 위치하고, 허(虛)는 허성(虛星)인데 28수의 12번째로 북방7수 가운데 네 번째에 위치하며, 유(柳)는 앞(6-6-1)에서 이미 해설하였다.

6-10-2 ───────────────── 其日은 庚辛이요 其帝는 少皞요
其神은 蓐收요 其蟲은 毛요 其音은 商이요
律은 中無射이요 其數는 九요 其味는 辛이요
其臭는 腥이요 其祀는 門이요 祭는 先肝이니라.

『그 늦가을을 주도한 날은 경일과 신일이요, 그 가을의 하느님은 적게 밝은 하늘이요, 그 가을의 신령은 쇠를 관장하는 귀신이요, 그 동물은 털 짐승이요, 그 음계는 상이요, 그 가락은 무역에 해당하고 그 수는 1요, 그 맛은 매운맛이요, 그 냄새는 비린내요, 그 고사는 대문이요, 제사에는 간을 먼저 올리느니라.』

☯ 이 절은 가을을 주도하는 날과 하느님과 귀신을 밝히고 늦가을에 가장 활발한 만물의 현상을 기술하였으니 앞(6-8-2)에서 이미 해설하였다.

무역(無射)은 12률 가운데 11번째 소리로 9월과 무(戊)에 해당한다.

6-10-3 ───────────────── 鴻鴈이 來賓하며 爵이 入大水하야 爲蛤하며
鞠有黃華하며 豺가 乃祭獸戮禽하니라.

『큰 기러기와 작은 기러기가 안내를 받아 찾아오며, 참새가 큰물
로 들어가 조개가 되며, 국화에 노란색 꽃이 피어 있으며, 승냥이가
이에 짐승을 잡아 제사 지내고, 새를 잡아 찢어 놓으니라.』

◑ 여기에서는 늦가을의 자연생태를 특징적으로 기술하였다.

홍안(鴻鴈)은 한가을에 이미 남쪽으로 왔는데 늦가을에 또 오기
때문에 마치 손님이 주인의 안내를 받아 찾아와서 모두 모이는 것
같으므로 내빈(來賓)이라고 하였다. 작(爵)은 참새이고, 대수(大水)
는 강이나 호수 또는 바다이며, 합(蛤)은 조개이니 늦가을에 참새 떼
가 물가로 멀리 날아가서 보이지 않고 물에는 조개가 자라서 많아지
기 때문에 참새가 큰 물속으로 들어가 조개가 되었다고 시적으로 운
치가 있게 표현하였다. 국(鞠)은 국(菊)과 같고, 황화(黃華)는 노란
색의 꽃이 피는 것이며, 시(豺)는 승냥이로 사나운 짐승이요, 제수
(祭獸)는 짐승을 잡아서 바로 먹지 않고 두었다가 먹으므로 제사를
지내는 모양과 같으며, 육(戮)은 몸통을 찢어서 죽이는 것이니 또한
제물을 바치는 형식과 비슷한 것이다.

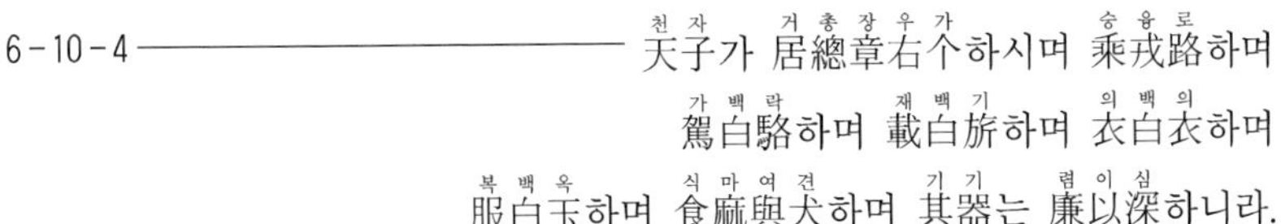

6-10-4 ─────────────── 天子가 居總章右个하시며 乘戎路하며
駕白駱하며 載白旂하며 衣白衣하며
服白玉하며 食麻與犬하며 其器는 廉以深하니라.

『천자가 총장의 오른쪽 곁방을 집무실로 하시며, 군사용 수레를
타며, 흰 가리온 말에 멍에 씌우며, 흰 쌍룡기를 수레에 세우며, 흰옷

을 입으며, 백옥을 차며 깨와 개고기를 먹으며, 그 그릇은 위가 모지고 바닥이 깊으니라.』

◉ 이 절은 9월에 천자가 사용하는 의전(儀典)과 제도를 기술하였으니 앞(6-8-4, 5)에서 이미 해설하였다.

6-10-5 ─────────────────── 是月也에 申嚴號令하야 命百官하사
貴賤無不務內하야 以會天地之藏하야 無有宣出하니라.

『이달에 호령을 거듭 엄격히 하여 일백 관리에게 명하사 귀한 것과 천한 것을 힘써 걷어 들이지 않음이 없게 하여, 하늘과 땅의 저장물을 모아 흩어져 나감이 있지 않도록 하니라.』

◉ 이 절은 늦가을에는 자연의 부존자원을 모두 모아서 이용하도록 힘쓰고 하늘땅에 저장된 사물을 흩어져 자연 소멸하지 않게 해야 됨을 밝혔다.

귀천(貴賤)은 값이 많은 물건과 값이 낮은 물건이고, 무납(務內)은 집 안이나 창고 속에 들이기를 힘씀이니 겨울에는 땅이 얼고 눈이 내려서 거두지 못하므로 미리 저장하여 두는 것이다. 천지지장(天地之藏)은 하늘과 땅의 저장물(貯藏物)로 곧 자연의 부존자원이요, 선출(宣出)은 흩어져서 나감이니 비바람과 눈서리에 휘날리어 변질되고 부패해서 이용가치가 없어지는 것이다. 전배들은 귀천(貴賤)을 관직으로 오인하였고, 선출(宣出)을 지출(支出)로 착각하였기에 내가

바로잡았으니 살피기 바란다.

　자연자원을 개발 이용하여 후생복지사회를 건설하는 것은 왕도정치(王道政治)의 기본 경제정책이요, 물건이 있으면 반드시 쓸 데가 있고, 물질의 가치는 수량으로 변하고 질량으로 바뀌는 것이므로 양질의 물건을 많이 모으는 것은 또한 가치를 창출하는 지혜이다.

6-10-6 ──────────────────────── 乃命冢宰하야 農事를 備收하고
舉五穀之要하며 藏帝籍之收於神倉하되
祗敬必飭이니라.

『이에 총리에게 명하여 농사를 갖추어 거두고, 5곡의 총생산량의 회계를 종합하며, 하느님의 제사답에서 거둔 곡식을 신창에 저장하되 공경하고 공경하여 반드시 조심하고 바르게 할지니라.』

　◉ 이 절은 조세(租稅) 또는 공전(公田)의 농산물의 수납을 갖추어 끝내고 곧 5곡의 총생산량을 통계한 회계를 모두 종합하며, 천자가 직접 경작한 제사답에서 수확한 곡식을 신창(神倉)에 저장하는 절도를 기술하였다.

　농사(農事)는 농업에 관계되는 사업으로 여기에서는 추곡(秋穀)의 납세(納稅)에 관한 사무이다. 비수(備收)는 법률에 정한 사항을 빠짐없이 갖추어 수납(收納)을 종료함이고, 거(擧)는 모두 종합하는 것이며, 요(要)는 중요한 항목을 나누어 알기 쉽게 통계(統計)한 회계(會計)이다. 제적(帝籍)은 하느님의 제사를 지내기 위하여 천자가 몸소

경작하는 적전(籍田)이요, 수(收)는 수확물이며, 신창(神倉)은 오로
지 하늘에 제사 지낼 물건만을 저장하는 신성한 창고이다.

6-10-7 ──────────────────────── 是月也에 霜이 始降이어든 則百工이
休하리니 乃命有司하사 曰寒氣總至라
民力이 不堪이니 其皆入室하라시니라.

『이달에 서리가 처음 내리거든 일백 기능공이 휴식하리니 이에 책
임자에게 명하사 말씀하시기를 찬 기운이 모여서 이르므로 인민의
체력이 감당하지 못하니 그 모두 실내로 들어가도록 하라고 하시느
니라.』

◉ 여기에서는 9월 하순의 상강(霜降) 절후가 되면 모든 기능공의
건강을 위하여 실내로 들어가게 해야 됨을 기술하였다.
　휴(休)는 휴식함이니 추위로 인하여 일을 할 수 없기 때문이며,
한기(寒氣)는 한랭(寒冷)한 기후이고, 총(總)은 모이는 것이다. 민력
(民力)은 인민의 체력이요, 감(堪)은 감내하여 이기는 것이며, 실
(室)은 실내(室內)로 보온이 되는 공간이다.

6-10-8 ──────────────────────── 上丁에 命樂正하야 入學習吹하니라.

『상순 정일에 음악장관에게 명하여 태학에 들어가서 관악기를 연

주하여 익히느니라.』

◐ 이 절은 9월에 태학의 후기 신입생을 입교시켜 제2학기를 시작하는 것을 기술하였으니 제1학기는 앞(6-1-13)에서 이미 해설하였다.

취(吹)는 관악기를 입으로 불어서 연주하는 것이다. 매 학기 초에는 노래와 춤을 익히니 즐겁기 그지없다.

6-10-9 ──────────────── 是^시月^월也^야에 大^대饗^향帝^제하고 嘗^상하되 犧^희牲^생을 告^고備^비于^우天^천子^자하니라.

『이달에 하느님께 큰 제향을 올리고 종묘에 가을제사를 지내되 희생을 구비하여 천자에게 보고하니라.』

◐ 이 절은 1년의 농사를 끝내고 하느님과 조상신에게 성대한 추수감사의 제사를 지내는 절도를 기술하였다.

대향(大饗)은 큰 제향(祭享)이고, 상(嘗)은 가을제사의 이름으로 앞(5-12-2)에서 이미 해설하였다. 비(備)는 앞(6-9-8)에서 말한 5자비당(五者備當)의 비(備)이다.

6-10-10 ──────────────── 合^합諸^제侯^후하고 制^제百^백縣^현하며 爲^위來^래歲^세하야 受^수朔^삭日^일하고 與^여諸^제侯^후所^소稅^세於^어民^민하며 輕^경重^중之^지法^법과 貢^공職^직之^지數^수를 以^이遠^원近^근土^토地^지所^소宜^의로 爲^위度^탁하야

以給郊廟之事하되 無有所私하니라.

『제후를 집단적으로 회합하고, 중앙정부의 직할영역에 있는 일백 국가를 감사하며, 내년을 위하여 달력을 받게 하고, 제후가 국민에게 세금을 부과할 바를 주며, 작은 일과 큰일을 분담하는 법식과 선비를 뽑아 중앙정부에 추천하는 직원의 수를 멀고 가까운 토지의 알맞은 바로써 헤아리게 하여, 교제와 종묘의 일을 나누어 주되 사사로운 바가 있지 않게 하니라.』

◉ 이 절은 9월에 추수를 마치고 지방제후를 회합하고 중앙정부가 직할하는 지역의 국가를 감사하면서 내년의 달력을 배포함과 동시에 조세할당량을 주면서 또한 교제(郊祭)와 종묘제사에 협조사항을 시달함을 밝혔다.

합(合)은 회합(會合)이니 제후를 합동으로 조회함이고, 제(制)는 절제(節制)로 감사하고 감독함이며, 삭일(朔日)은 초하루인데 매월 1일을 표시한 달력이다. 여(與)는 주는 것이고, 소세(所稅)는 세금으로 거두는 세목(稅目)과 세율(稅率)이며, 경중지법(輕重之法)은 작은 일과 큰일을 분담하는 법식이고, 공(貢)은 공사(貢士)로 제후국에서 인재를 선발하여 천자국에 추천하는 것이요, 직(職)은 관직(官職)이며, 수(數)는 직급의 정원수이다. 교묘지사(郊廟之事)는 천자국의 교제(郊祭)와 종묘제사를 돕는 책임을 분담하는 일이다. 전배들은 여(與)를 접속사로 보았으나 내가 동사로 해석하였으니 살피기 바란다.

 ——————————————————— 是月也에 天子가 乃敎於田獵하야

以習五戎하며 班馬政하니라.

『이달에 천자가 이에 수렵에 대하여 교련하게 하여 다섯 가지 무기를 익히며 말에 대한 정책을 반포하니라.』

◐ 여기에서는 추계군사훈련과 전투기마부대의 편성을 기술하였다.

교(敎)는 교련(敎鍊)이고, 5융(五戎)은 궁시(弓矢), 수(殳: 날 없는 창), 모(矛: 세모진 창), 과(戈: 짧은 창), 극(戟: 갈래진 창) 등의 다섯 가지 병기이며, 반(班)은 반포(班布)함이요, 마정(馬政)은 말에 대한 정책으로 종류와 색깔과 크기를 분류하여 전투기마부대를 편성하는 것이다. 수렵을 통하여 군사훈련을 시키는 것은 대단히 현명한 일이다.

6-10-12 ——————————————————— 命僕及七騶하야 咸駕하야 載旌旐하야

授車以級하야 整設于屛外하며

司徒가 搢扑하야 北面誓之하니라.

『시종무관 및 일곱 마부에게 명하야 모두 멍에 씌우고, 지휘용 소꼬리기와 거북뱀기를 세우게 하여, 계급으로써 전차를 주고, 임금이 행차하는 길 어귀 밖에 정렬하여 세우며, 교육부장관이 종아리채를 허리띠에 꽂고, 북쪽을 향하여 맹세하니라.』

◑ 여기에서는 수렵을 통한 군사훈련을 하기 위하여 출동식을 거행하는 절도를 기술하였으니 다음 절과 연속하여 살피기 바란다.

복(僕)은 임금을 호위하는 시위무관(侍衛武官)이고, 7추(七騶)는 일곱 마부인데 천자국에는 6군(六軍)이 있으나 여기에서는 천자가 타는 수레의 마부를 합쳐 일곱이라고 하였다. 정(旌)은 소꼬리기로 부대장이 지휘하는 기이고, 조(旐)는 거북뱀을 그린 기로 후방부대를 표시하는 기이니, 전군(前軍), 중군(中軍), 좌군(左軍), 우군(右軍), 후군(後軍)을 편성하여 전투편대를 조직한다는 뜻이다.

거(車)는 전차(戰車)이고, 급(級)은 계급이며, 병외(屛外)는 임금이 거동할 때에 길 어귀를 지키는 병문(屛門)의 밖이며, 복(扑)은 학생을 처벌할 때에 종아리를 때리는 막대기인바 성적이 나쁘면 가볍게 처벌한다는 뜻이다. 북면(北面)은 천자(天子)가 남면(南面)하므로 천자를 향한 것이요, 세(誓)는 군률(軍律)을 지키겠다는 맹세이다.

6-10-13————————————— 天子가 乃厲飾하사 執弓挾矢하야
以獵하시고 命主祠하며 祭禽于四方하니라.

『천자가 이에 엄격하게 가다듬어 활을 들어 화살을 끼고 사냥하시고, 조상의 제사를 받들어 모시며, 짐승을 사방에 제사 지내라고 명하느니라.』

◑ 여기에서는 천자가 직접 활을 쏘아 사냥하고 사냥이 끝나면 가장 큰 짐승으로는 조상께 제물로 바치고 또한 사방의 산천에 제사

지내야 함을 밝혔다.

여식(厲飾)은 군복을 단정하게 입는 것이고, 주사(主祠)는 조상의 제사를 받들어 모시는 것이며, 금(禽)은 사냥에서 잡은 크고 살찐 짐승이요, 4방(四方)은 네 방면의 산천신령이다.

6-10-14 ———————————————————— 是月也에 草木이 黃落이어든 乃伐薪爲炭하니라.

『이달에 풀과 나무가 노란 잎이 떨어지거든 이에 땔나무를 베서 숯을 만드니라.』

◑ 이 절은 겨울에 난방용 땔감을 준비하는 절도를 기술하였다.

황락(黃落)은 서리를 맞은 나뭇잎이 노랗게 단풍이 들어 떨어지기 시작함이고, 신(薪)은 땔나무로 나무가 굽거나 비틀어져서 재목으로 쓸 수 없는 잡목이다.

6-10-15 ———————————————————— 蟄蟲이 咸俯하야 在內하고 皆墐其戶하니라.

『겨울잠을 자는 곤충이 모두 몸을 움츠리어 집 속에 있으면서 그 출입구를 모두 흙으로 발라 막으니라.』

◑ 여기에서는 겨울잠을 자는 곤충의 생태를 밝혔다.

부(俯)는 머리를 숙이고 몸을 움츠림이요, 내(內)는 집 속이고, 근(墐)은 출입구를 흙으로 발라 막은 것이다.

6-10-16 ——————————————————— 乃趣獄刑하야 毋留有罪하며

『이에 형사소송의 형량결정을 재촉하여 죄가 있는 사건을 보류하지 말며』

◑ 여기에서는 형사소송사건을 민첩하게 처리해서 법의 기강을 확립할 때임을 밝혔다.

촉(趣)은 촉(促)의 뜻이고, 형(刑)은 형량을 판결함이며, 류(留)는 미결사건으로 보류함이다.

6-10-17 ——————————————————— 收祿秩之不當과 供養之不宜者니라.

『관록의 등급이 알맞지 않음과 어버이 봉양에 마땅하지 않은 것은 회수하니라.』

◑ 여기에서는 책임을 완수하지 못한 관료의 봉록과 어버이 공양을 위하여 베풀었던 특혜를 받았으면서도 불성실한 사람은 그 특혜를 환수해야 함을 밝혔다.

수(收)는 환수함이요, 녹질(祿秩)은 관(官)과 록(錄)의 등급이며, 공양(供養)은 늙은 부모를 잘 봉양하라고 국가에서 지원하는 특혜이다. 책임을 완수하지 못한 관료를 좌천하고 파면하는 것은 관기숙정(官紀肅正)이요, 부모를 봉양하지 않은 불효자를 불리하게 하는 것은 가도(家道)를 바로잡아 사회의 풍속을 일으키는 일이다.

6-10-18 

『이달에 천자가 이에 개고기로 입쌀밥을 맛보시되 먼저 종묘에 올리시니라.』

◐ 여기에서는 천자가 만생종의 입쌀밥을 맛보는 절도를 기술하였으니 앞(6-8-11)에서 말한 조생종과는 다른 것이다.
도(稻)는 도미(稻米)로 입쌀 또는 백미(白米)라고도 한다.

6-10-19 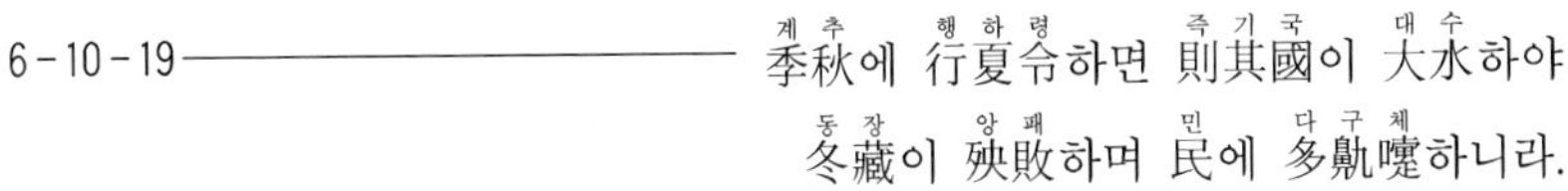

『늦가을에 여름의 시행령을 집행하면 그 나라에 큰 홍수가 나서 겨울의 저장물이 재앙으로 부패하며, 인민에게 코가 막히고 재채기를 하는 감기가 많으니라.』

◉ 이 절은 늦가을에 여름의 시행령을 집행하는 부작용을 기술하
였다.

동장(冬藏)은 겨울의 양식을 저장함이니 앞(6-9-10)에서 말한
두교(竇窖)이요, 앙패(殃敗)는 홍수에 무너지고 물이 침투하여 부패
함이다. 구(鼽)는 코가 막힘이고, 체(嚔)는 재채기로 감기가 들었다
는 말이다.

6-10-20 ——————————————— 行冬令하면 則國多盜賊하야
邊竟이 不寧하며 土地가 分裂하니라.

『겨울의 시행령을 집행하면 나라에 도적이 많고, 변방의 국경이
편안하지 아니하며 땅이 갈라지느니라.』

◉ 여기에서는 늦가을에 겨울의 시행령을 집행하는 부작용을 기술
하였다.

변경(邊竟)은 변방의 국경지대이고, 불녕(不寧)은 외적이 침노하
여 불안함이며, 분열(分裂)은 기후가 갑자기 추워서 땅이 얼어붙으며
갈라진 현상이다.

6-10-21 ——————————————— 行春令하면 則煖風이 來至하야
民氣解惰하며 師興不居하니라.

『봄의 시행령을 집행하면 따뜻한 바람이 이르러 와서 인민의 기력이 풀어지고 게을러지며, 군대가 일어나 머물지 못하니라.』

◉ 여기에서는 늦가을에 봄의 시행령을 집행하는 부작용을 기술하였다.

사흥(師興)은 군대가 일어나 토벌함이고, 불거(不居)는 한곳에 머물지 못함이니 사방으로 출동한다는 뜻이다.

6-11-1 ──────────────── 孟冬之月이라 日이 在尾하니
昏에 危가 中하고 旦에 七星이 中하며

『초겨울의 달이라, 해가 미수에서 달을 만남이 있으니 저녁에 위성이 남쪽 하늘의 중앙에 있고, 아침에 7성이 남쪽 하늘의 중앙에 있으며』

◉ 이 장은 초겨울인 해월(亥月)의 10월에 시행할 정치사업과 집행해서는 안 되는 정치사업을 기술하였으니 여기에서는 초겨울의 천체현상을 밝혔다.

미(尾)는 인(寅)방에 있는 별로 앞(6-1-1)에서 이미 해설하였고, 위(危)는 앞(6-5-1)에서 해설하였으며, 7성(七星)은 앞(6-3-1)에서 해설하였다.

其日은 壬癸요 其帝는 顓頊이요

其神은 玄冥이요 其蟲은 介요

其音은 羽요 律은 中應鍾이요

其數는 六이요 其味는 鹹이요

其臭는 朽요 其祀는 行이요

祭는 先腎이니라.

『그 초겨울을 주도하는 날은 임일과 계일이요, 그 겨울의 하느님은 어둔 하늘이요, 그 겨울의 신령은 검은 신령이요, 그 동물은 갑각류요, 그 음계는 우요, 그 가락은 응종에 해당하고 그 수는 6이요, 그 맛은 짠맛이요, 그 냄새는 썩은 냄새요, 그 고사는 길귀신이요, 제사에는 신장을 먼저 올리느니라.』

◯ 이 절은 겨울을 주도하는 날과 겨울을 운행하는 북쪽 하느님과 겨울을 주관하는 귀신의 이름을 밝히고 초겨울에 가장 활발한 만물의 현상을 기술하였다.

임(壬)과 계(癸)는 음기(陰氣)가 극성하는 천간(天干)이고, 전욱(顓頊)은 북쪽 하늘에서 어둡고 캄캄하여 흐리멍덩하게 어물어물 처리해서 종결하는 하느님이요, 현명(玄冥)은 물을 관장하는 귀신으로 이승에서 생명이 다한 것을 모두 데려가서 저승의 하늘로 보내는 역할을 하는 자연신이다. 전배들은 현명(玄冥)을 소호(少皥)씨의 아들이라고 하였으나 어불성설(語不成說)이기에 내가 바로잡았으니 살피기 바란다.

개(介)는 갑각류(甲殼類)로 거북, 자라, 게, 조개 등으로 석회질의 딱딱한 껍질이 있는 동물이고, 우(羽)는 겨울의 결빙소리이며, 응종

(應鍾)은 12률 가운데 열두 번째 소리니 6려(六呂)의 하나로 10월과
해(亥)에 해당하는바 앞(6-1-4)에서 이미 해설하였다. 6(六)은 5행
에서 수(水)의 성수(成數)이며, 함(鹹)은 짠맛이고, 후(朽)는 썩은
냄새요, 행(行)은 길귀신이니 대문 밖의 길에서 지내는 고사의 대상
이며, 신(腎)은 신장(腎藏)이니 콩팥이다.

6-11-3 ──────────────────────── 水가 始冰하며 地가 始凍하며
雉入大水하야 爲蜃하며 虹藏不見하니라.

『물이 비로소 얼음이 얼며, 땅이 비로소 얼어붙으며, 꿩이 큰물로
들어가서 이무기가 되며, 무지개가 숨어서 나타나지 아니하니라.』

　◑ 여기에서는 초겨울의 자연생태를 특징적으로 기술하였다.
　빙(冰)과 동(凍)은 기온이 물의 빙점(冰點) 이하로 내려가서 춥다
는 뜻이며, 치(雉)는 꿩이고, 신(蜃)은 이무기인데 앞(6-10-3)에서
의 참새와 조개처럼 출현과 잠복의 현상을 시적으로 운치가 있게 표
현한 것이며, 홍(虹)은 무지개이고, 장(藏)은 숨은 것이며, 현(見)은
나타남이니 무지개는 빛이 물방울에 굴절 반사되어 7색으로 나타나
는 현상이라 그 실체가 없으나 아름답게 표현하기 위하여 마치 실체
가 있어서 숨고 나타나는 물건처럼 묘사하였도다.

6-11-4 ──────────────────────── 天子가 居玄堂左个하시며

『천자가 현당의 왼쪽 곁방을 집무실로 하시며』

◑ 이 절은 10월이면 천자가 현당(玄堂)의 왼쪽 곁방을 집무실로 사용함을 밝혔다.

현당(玄堂)은 정부종합청사의 하나로 북쪽에 있는 검은색 건물인데 국방부가 사용하며, 그 사당에 북천(北天)을 다스리는 전욱제(顓頊帝)를 현당(玄堂) 중앙의 태묘(太廟)에 모시고 그 왼쪽 곁방에 현명신(玄冥神)을 종향(從享)하며, 그 오른쪽 곁방에는 북방의 7수(宿)인 두(斗), 우(牛), 여(女), 허(虛), 위(危), 실(室), 벽(璧)의 별신을 종향(宗享)하니 앞(6-1-6)에서 이미 해설하였다.

6-11-5 ――――――――――― 乘玄路하며 駕鐵驪하며 載玄斿하며
衣黑衣하며 服玄玉하며 食黍與彘하며
其器는 閎以奄하니라.

『검은 수레를 타며, 가라말에 멍에 씌우며, 검은 쌍룡기를 수레에 세우며, 검은 옷을 입으며, 검은 옥을 차며, 기장과 돼지고기를 먹으며, 그 그릇은 속이 넓고 크며 위를 덮으니라.』

◑ 이 절은 10월에 천자가 사용하는 의전(儀典)과 제도를 기술하였다.

현로(玄路)는 검은색의 수레로 완전히 포장한 장갑차이며, 철려(鐵驪)는 가라말인데 털빛이 온통 검은 말에 검은 철갑을 씌운 말이

며, 현기(玄旂)는 검은 쌍룡을 그린 기요, 흑의(黑衣)는 검은 비단옷이고, 현옥(玄玉)은 검은 옥이며, 체(彘)는 돼지이고, 굉(閎)은 속이 넓고 큰 모양이요, 엄(奄)은 위를 덮어 좁게 만든 것이다.

6-11-6 ─────────────────── 是月也에 以立冬이니 先立冬三日하야
太史가 謁之天子하야 曰某日이 立冬이라
盛德이 在水라 하거든 天子가 乃齊하시니라.

『이달에 겨울을 세울 생각을 하나니 입동의 3일 전에 태사가 그것을 천자에게 아뢰어 말하기를 아무 날이 입동이라 성대한 덕이 물에 있나이다 하거든 천자가 이에 몸과 마음을 가지런히 하니라.』

☯ 이 절은 입동 3일 전에 천자가 재계(齊戒)하여야 됨을 밝혔다.

입동(立冬)은 추분(秋分)으로부터 한로(寒露)와 상강(霜降)이 지난 다음의 절기로 겨울을 세운다는 뜻이고, 수(水)는 물로 5행에서 북방의 겨울을 일으키는 기운이다.

6-11-7 ─────────────────── 立冬之日에 天子가
親帥三公九卿大夫하야 以迎冬於北郊하고
還反하사 賞死事하며 恤孤寡하니라.

『입동의 날에 천자가 친히 3공과 9경과 대부를 거느리고, 북쪽 교

외에서 겨울을 맞이하고, 되돌아오시어 죽은 사람의 공적사실을 밝혀
서 포상하며, 고아와 과부를 구제하니라.』

◉ 이 절은 입동을 맞이하여 천자가 거행할 사항을 기술하였으니
순국(殉國)한 충신과 의사(義士)의 공적사실을 밝혀서 포상하고 그
유가족을 구제(救濟)하여 나라에 충의(忠義)정신을 떨치게 해야 됨
을 밝혔다.

사사(死事)는 순국(殉國), 순직(殉職), 순절(殉節)한 사람의 공적
사실(功績事實)이요, 고(孤)와 과(寡)는 순사(殉死)한 사람의 아들,
딸과 아내이다. 입춘과 입추에는 제후(諸侯)를 회동하였으나 입하와
입동에는 제후를 제외하였으니 기후가 고르지 못한 까닭이다.

6-11-8 ─────────────────────── 是月也에 命太史하야 釁龜筴하나니
占兆審卦의 吉凶을 是察하되
阿黨則罪하야 無有掩蔽니라.

『이달에 태사에게 명하여 거북과 산가지로 겨울의 날씨를 예측하
게 하나니 거북점의 조짐과 자세히 계산하여 정한 괘의 길하고 흉함
을 이에 살피되 아부하여 작당했으면 처벌하여 숨기거나 가림이 있
지 못하게 하나라.』

◉ 이 절은 월동준비를 위하여 겨울철의 날씨를 예측하는 절도를
기술하였다.

　태사(太史)는 태복(太卜)이 친 점괘를 확인하여 역사에 기록을 맡은 관직이고, 흔(釁)은 조짐(兆朕)을 보는 것이니 미리 예측하여 판단함이요, 귀(龜)는 거북점이고, 협(筴)은 젓가락인데 산가지를 셈하여 괘(卦)를 뽑는 도구이다. 점조(占兆)는 거북점의 조짐이고, 심괘(審卦)는 심정(審定)한 괘(卦)인데 산가지를 셈하여 얻은 괘이니 모두 3인의 거북점과 3인의 산가지점으로 얻은 점과 괘이다. 시찰(是察)은 태복(太卜)이 판단한 길흉의 논리를 태사(太史)가 살펴서 검증하고 검산하여 재확인함이고, 아당(阿黨)은 3인의 거북점을 친 사람과 3인의 산가지점을 친 사람이 서로 아부하여 작당해서 의도적으로 길흉의 판단을 굴절 왜곡하는 것이고, 엄폐(掩蔽)는 본래의 자료를 숨기고 삭제하여 재점검할 수 없도록 방해하는 행위이다.

　전배들은 길흉(吉凶)과 시찰(是察)을 분해하여 서로 다른 뜻의 두 구절로 해석하였으나 내가 결합시켜 한 구절로 해석하였으니 살피기 바란다.

6-11-9 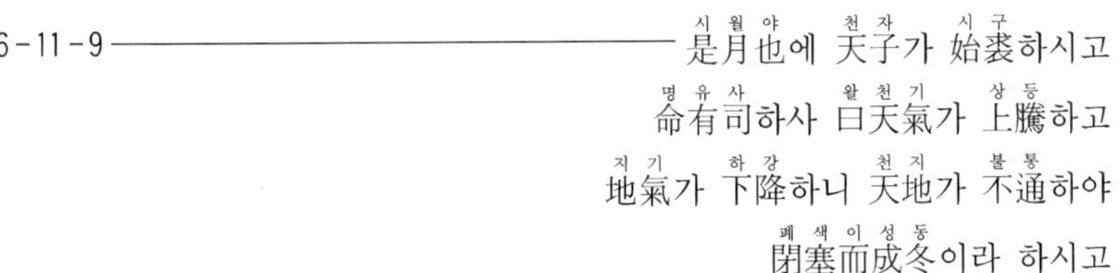

『이달에 천자가 비로소 겨울옷을 입으시고, 책임자에게 명하사 말하시기를 하늘의 양기는 위로 올라가고, 땅의 음기는 아래로 내려가니, 하늘과 땅이 교통하지 아니하여 닫고 막으면서 겨울철이 조성되었다고 하시고』

◑ 이 절은 천자가 겨울철이 형성된 자연과학의 논리를 밝혀 모든 인민에게 보온과 난방에 철저한 대비를 하도록 경계해야 됨을 밝혔다.

구(裘)는 가죽옷으로 겨울옷이며, 천기(天氣)는 하늘의 맑고 따뜻한 원기(元氣)로 만물이 바탕 하여 비롯하는 기운이고, 지기(地氣)는 땅의 맑고 눅눅한 정기(精氣)로 만물이 바탕 하여 생성하는 기운인데 겨울에는 태양과 지구의 거리가 멀어져서 낮이 짧고 밤이 길기 때문에 천기는 상승하여 올라가고 지기는 하강하여 내려온다고 표현하였다. 천지불교(天地不交)는 천기와 지기가 교통(交通)하지 않고 절교(絕交)함이고, 폐색(閉塞)은 문을 닫아서 왕래를 막음이니 교류가 없는 것이요, 성동(成冬)은 겨울철이 형성된다는 뜻이다.

하늘땅이 각각 자기의 기운을 수렴하여 자체의 기운을 바르게 지킨다면 만물도 역시 하늘땅의 자연법칙에 순응하여 겨울에는 문을 닫아 왕래를 막고 자기의 기운을 뿌리에 모아서 바르게 지켜야 될 것이다.

6-11-10 ──────────────── 命百官하사 謹蓋藏하며 命有司하사
循行積聚하야 無有不斂하며

『일백 관료에게 명하사 삼가 지붕에 이엉을 얹고, 겨울식량을 저장하게 하며, 책임자에게 명하사 여러 곳으로 쌓이고 모인 데로 돌아다니게 하여 거두지 않은 것이 있지 않게 하며』

◑ 여기에서는 월동(越冬)준비를 서둘러 완료할 것을 기술하였다.

근(謹)은 삼가 부지런히 함이고, 개(蓋)는 지붕에 이영을 얹어 건물을 튼튼하게 하는 것이고, 장(藏)은 월동식량을 확보하여 저장함이다. 인민은 옷과 식량과 집이 있어야 겨울을 안전하게 지낼 수 있으니 땅이 얼고 눈보라가 내리기 전에 겨울옷을 입게 하고, 겨울식량을 저장하게 하며, 집을 따뜻하게 수리하게 하는 것이다. 순행(循行)은 여러 곳으로 따라서 돌아다니는 것이고, 적취(積聚)는 쌓이고 모인 물건이니 산과 들에 미처 거두지 못한 곡식이나 과일 또는 자연자원인데 그대로 두면 버리게 되므로 누구나 거두어 가게 하는 것이다.

6-11-11 ──────────────────── 坏城郭하며 戒門閭하며
脩鍵閉하며 愼管籥하니라.

『성곽의 틈을 흙으로 발라서 막으며, 집의 대문과 마을의 입구를 경계하며, 열쇠와 자물쇠를 수리하며, 빗장을 신중히 하니라.』

● 여기에서는 겨울철에 문단속을 철저히 할 것을 기술하였다.

배(坏)는 틈을 흙으로 발라서 막음이고, 려(閭)는 마을의 출입구이며, 건(鍵)은 열쇠이고, 폐(閉)는 자물쇠요, 관약(管籥)은 문빗장으로 문을 잠글 때에 가로 지르는 나무때기나 또는 쇠장대이다.

6-11-12 ──────────────────── 固封疆하며 備邊竟하며
完要塞하며 謹關梁하며 塞徯徑하니라.

『영토를 튼튼하게 하며, 변경을 방비하며, 요새지를 완벽하게 하며, 관문과 다리를 신중히 지키며, 샛길과 지름길을 막으니라.』

◐ 여기에서는 겨울철에 국토방위를 철저히 할 것을 기술하였다.

근(謹)은 신중히 지킴이고, 관(關)은 관문이며, 량(梁)은 다리이다. 해(徯)는 샛길이요, 경(徑)은 지름길이니 모두 국경선에 있는 자유통행로를 지칭한다.

6-11-13─────────────── 飭喪紀하되 辨衣裳하며 審棺槨之厚薄과
塋丘壟之大小高卑厚薄之度와 貴賤之等級하니라.

『상례의 기강을 바로잡되 상복을 변별하며, 속널과 겉널의 두껍고 얇음과 묘지와 묘 둑과 묘 둑 꼭지의 크고 작고, 높고 낮고, 두텁고 얇은 도수와 귀하고 천한 등급을 살피느니라.』

◐ 여기에서는 겨울철에 상례의 기강을 바로잡아 상장(喪葬)의 예절을 밝혀 풍속을 두텁게 하는 절도를 기술하였다.

칙(飭)은 다듬어 바로잡는 것이요, 상기(喪紀)는 상례(喪禮)를 지키는 기강(紀綱)이며, 의상(衣裳)은 상복(喪服)이니 참최(斬衰), 자최(齊衰), 대공(大功), 소공(小功), 시마(緦麻) 등으로 분별한다. 후박(厚薄)은 널의 두께가 7촌(寸)이면 두꺼운 것이고, 3촌(寸)이면 얄팍한 것이며, 영(塋)은 묘지이고, 구(丘)는 봉분(封墳)이며, 농(壟)은 묘 둑 꼭지니 앞(3-5-2)에서 이미 해설하였다. 소대(小大)는 묘가

크고 작음이고, 고비(高卑)는 묘 둑이 높고 낮음이며, 후박지도(厚薄
之度)의 후박(厚薄)은 희생(犧牲)의 많고 적음이요, 귀천(貴賤)은 도
덕과 공로와 정신을 평가하여 시호(諡號)를 내림이다.

　겨울은 한 해를 종결하는 계절이므로 인생을 종결하는 상례(喪禮)
의 기강을 바로잡으니 아름다운 끝내기로써 새봄의 희망을 기약하듯
이 따뜻한 사랑을 잉태하는 재생력을 배양하는 것이다.

6-11-14─────────────────────── 是月也에 命工師效功하야 陳祭器하고
按度程하며 毋或作爲淫巧하야 以蕩上心이요
必功致爲上하며 物勒工名하여 以考其誠하되
功有不當이어든 必行其罪하야 以窮其情하니라.

　『이달에 공업기술부장관에게 명하여 공들여 만든 공산품을 바치게
하여 제기를 진열하고, 법도와 과정을 살피며, 혹시라도 작품이 음란
하고 기교하여 임금의 마음을 방탕하지 못하게 하고, 반드시 공산품
이 치밀한 것으로 이름을 새겨서 그 성실성을 고찰하게 하되 공정에
합당하지 아니함이 있거든 반드시 그 죄를 행하여 그 의도를 궁박하
게 하니라.』

　◉ 이 절은 공산품의 품평회를 열어서 건전한 과학기술을 장려하
고 기능공을 표창하는 절도를 기술하였다.

　공사(工師)는 일백 기능공의 장(長)이니 곧 과학기술부장관이고,
효(效)는 바치는 것이며, 공(功)은 공을 들여 만든 공산품이다. 제기

(祭器)는 기능공이 제출한 것으로 여러 가지가 있지만 제기가 가장 고귀한 물건이므로 표기하였고, 도(度)는 규격과 법도이고, 정(程)은 제작과정이며, 음교(淫巧)는 사치하고 비실용적인 것이요, 치(致)는 치밀함이다. 륵(勒)은 새기는 것이고, 공명(工名)은 기능공의 이름이며, 고(考)는 고찰(考察)함이요, 궁(窮)은 막혀서 통하지 않음이고, 정(情)은 속임수로 명성을 얻으려는 의도이다.

6-11-15 ───────────────────────────────── 是月也에 大飮하고 烝하며

『이달에 크게 향음주례를 거행하고, 시조에게 겨울제사를 지내며』

◑ 이 절은 풍년에 향음주례(鄕飮酒禮)를 거행하고 또 겨울제사를 지내는 절도를 기록하였다.

대음(大飮)은 풍년에 노인을 초청하여 술과 음식을 대접하는 향연(享宴)으로 경로(敬老)잔치이니 앞(5-19-3)에서 이미 해설하였고 또한 다음의 향음주의(鄕飮酒義) 편에 그 뜻을 밝히고 있다. 증(烝)은 앞(5-12-2)에서 이미 해설하였다. 전배들은 대음(大飮)과 증(烝)을 동시의 행사로 해석하였으나 그렇다면 증(烝)이 대음(大飮)의 앞에 놓여야 된다. 따라서 각각 다른 두 가지의 행사로 보는 것이 타당하니 사람이 먼저 화락(和樂)해야 귀신을 섬길 수 있으므로 겨울제사보다 경로잔치를 먼저 거행하였다.

天子가 乃祈來年于天宗하시고
大割하야 祠于公社及門閭하며
臘先祖五祀하며 勞農以休息之하니라.

『천자가 이에 천종제에게 내년의 기후가 순조롭기를 기원하시고, 희생을 크게 분할하여 선공의 사당과 사직 및 궁문과 마을의 입구에 제사 지내며, 선조와 5사에 합동으로 1년의 사업을 보고하는 납향제사를 지내며, 농민을 위로하고 휴식하게 하니라.』

◉ 이 절은 천자가 내년의 풍년을 기원하면서 1년의 농사를 끝내고 농민을 휴식하게 하는 절도를 기술하였다.

기(祈)는 기원함이고, 내년(來年)은 내년의 기후가 순조로움이며, 천종(天宗)은 황천상제(皇天上帝)의 신하(臣下)로 1년 12달 360일의 기후와 날씨를 관장하는 하느님인데 농사를 관장하는 신농제(神農帝)와 함께 상제(上帝)를 좌우에서 보필하니 앞(6-6-10)의 해설을 참고하라. 이러한 하늘의 다스리는 원리와 법칙에 따라 왕제(王制)에서 전례(典禮)가 달력을 만들어 반포하게 하였으니 앞(5-6-5)에서 살피기 바란다. 대할(大割)은 희생(犧牲)을 잡아 크게 분할함이고, 공(公)은 선공(先公)의 사당이요, 사(社)는 사직(社稷)이며, 문려(門閭)는 궁궐의 문과 마을 입구이며, 납(臘)은 납향(臘享)으로 1년의 농사와 사업을 끝내고 보고하는 연말의 합동제사이며, 선조(先祖)는 종묘(宗廟)에 모신 선조요, 5사(五祀)는 도읍의 5사(五祀)이고, 로(勞)는 위로하여 치하함이다.

 ───────────── 天子가 乃命將帥하야

講武하고 習射御하며 角力하니라.

『천자가 이에 장수에게 명하야 무도를 강습하고, 활쏘기와 말타기를 연습하며, 힘을 겨루느니라.』

☯ 여기에서는 10월에 군사훈련을 실시하는 절도를 기술하였다.
무(武)는 무도(武道)이고, 각력(角力)은 힘을 겨루는 운동이니 씨름과 같은 것이다.

 ───────────── 是月也에 乃命水虞漁師하야

收水泉池澤之賦하되 毋或敢侵削衆庶하야

兆民以爲天子가 取怨于下니

其有若此者면 行罪無赦니라.

『이달에 이에 산림과 못을 관리하는 책임자와 어업을 관리하는 관장에게 명하여 수산자원을 이용한 세금을 징수하되 혹시라도 감히 서민대중의 이익을 침해하고 삭감하여 억조 인민이 천자가 하층 민중에게 원망을 취했다고 말하지 말게 할지니 그 이와 같은 사람이 있으면 죄를 처벌하여 용서함이 없느니라.』

☯ 이 절은 수산자원을 이용한 사람에게 세금을 징수하되 소득의 10분의 1만을 세금으로 징수하여 원망이 없게 해야 되는 절도를 기

술하였다.

수우(水虞)는 수택(水澤)과 산림을 관하는 우인(虞人)이고, 어사(漁師)는 어업을 관장하는 책임자이며, 수천지택지부(水泉池澤之賦)는 수산자원을 이용한 사람에게 부과하는 국세(國稅)이다. 중서(衆庶)는 수산자원을 이용하여 생계를 유지하는 하층민중이고, 조민(兆民)은 억조 만민이니 모든 국민이며, 이위(以爲)는 생각하고 말하는 것이다.

전배들은 중서조민(衆庶兆民)을 합쳐서 보았으나 중서(衆庶)는 수산자원을 이용하며 세금을 내는 사람들이고, 조민(兆民)은 비판하는 공론을 형성한 사람들이므로 내가 분리하였으니 작은 이익을 취하려다가 많은 비판의 소리를 들으면 무슨 이익이 있겠느냐는 뜻이다.

6-11-19 ─────────── 孟冬에 行春令하면 則凍閉不密하니
地氣上泄하며 民多流亡하니라.

『초겨울에 봄의 시행령을 집행하면 어름의 닫음이 치밀하지 아니하여 땅의 기운이 올라가 흩어지며, 민간에 떠돌아다니는 사람이 많으니라.』

☯ 이 절에서는 초겨울에 봄의 시행령을 집행하는 부작용을 기술하였다.

상설(上泄)은 위로 올라가서 퍼짐이고, 유망(流亡)은 일정한 직업이 없이 떠돌아다니는 것이다.

6-11-20 ——————————————— 行夏令이면 則國多暴風하고
方冬不寒하야 蟄蟲이 復出하고

『여름의 시행령을 집행하면 나라에 폭풍이 많고, 10월의 초겨울이
춥지 아니하여 겨울잠을 자려던 곤충이 다시 나오고』

● 여기에서는 초겨울에 여름의 시행령을 집행하는 부작용을 기술
하였다.

방동(方冬)은 10월의 초겨울을 지칭하고, 포풍(暴風)은 사납고 빠
른 바람인데 관습적으로 폭풍이라고 한다.

6-11-21 ——————————————— 行秋令이면 則雪霜不時하며
小兵이 時起하며 土地侵削하니라.

『가을의 시행령을 집행하면 눈과 서리가 알맞은 때가 아니며, 작
은 군대가 때로 일어나며, 토지를 강박하여 착취하니라.』

● 여기에서는 초겨울에 가을의 시행령을 집행하는 부작용을 기술
하였다.

불시(不時)는 알맞은 때가 아닌 것이고, 소병(小兵)은 작은 군대
이며, 침삭(侵削)은 강제로 협박하여 착취함이다.

仲冬之月이라 日이 在斗하니
昏에 東辟이 中하고 旦에 軫이 中하며

『한겨울의 달이라, 해가 두수에서 달을 만남이 있으니 저녁에 동벽성이 남쪽 하늘의 중앙에 있고, 아침에 진성이 남쪽 하늘의 중앙에 있으며』

◑ 이 장은 한겨울인 자월(子月)의 11월에 시행할 정치사업과 집행해서는 안 되는 정치사업을 기술하였으니 여기에서는 한겨울의 천체현상을 밝혔다.

두(斗)는 두수(斗宿)로 축(丑)방에 있으며, 28수(宿)의 8번째인데 북방7수의 첫째 자리인바, 북두7성(北斗七星)이라고도 한다. 동벽(東辟)은 동벽(東壁)으로 28수(宿)의 14번째인데 북방7수의 일곱째 자리니 벽성(壁星)이라고도 하며, 진(軫)은 28수(宿)의 28째로 남방7수의 일곱째 자리이다.

其日은 壬癸요 其帝는 顓頊이요
其神은 玄冥이요 其蟲은 介요
其音은 羽요 律은 中黃鍾이요
其數는 六이요 其味는 鹹이요
其臭는 朽요 其祀는 行이요
祭는 先腎이니라.

『그 한겨울을 주도한 날은 임일과 계일이요, 그 하느님은 어둔 하늘이요, 그 겨울의 신령은 검은 신령이요, 그 동물은 갑각류요, 그 음계는 우요, 그 가락은 황종에 해당하고, 그 수는 6이요, 그 맛은 짠맛이요, 그 냄새는 썩은 냄새요, 그 고사는 길귀신이요, 제사에는 신장을 먼저 올리느니라.』

◐ 이 절은 겨울을 주도하는 날과 하느님과 귀신의 이름을 밝히고 한겨울에 가장 활발한 만물의 현상을 기술하였느니 앞(6-11-2)에서 이미 해설하였다.

황종(黃鍾)은 12률(律) 가운데 첫 번째의 소리로 자월(子月)의 11월에 해당하니 앞(6-1-4)에서 이미 해설하였다.

6-12-3 ─────────────────────── 冰益壯하야 地가 始坼하며
鶡旦이 不鳴하며 虎가 始交하니라.

『얼음이 더욱 굳어져서 땅이 비로소 갈라지고 터지며, 할단새가 울지 않으며, 범이 흘레하기 시작하니라.』

◐ 여기에서는 한겨울의 생태를 특징적으로 기술하였다.

장(壯)은 굳고 단단함이요, 갈단(鶡旦)은 할단새로 닭이나 꿩과 비슷한데 야생하면서 새벽에 울지만 한겨울에는 울지 않는다.

天子가 居玄堂太廟하시며 乘玄路하며
駕鐵驪하며 載玄旂하며 衣黑衣하며
服玄玉하며 食黍與彘하며
其器는 閎以奄하니라.

『천자가 현당의 태묘를 집무실로 하시며, 검은 수레를 타며, 가라 말에 멍에 씌우며, 검은 쌍룡기를 수레에 세우며, 검은 옷을 입으며, 검은 옥을 차며, 기장과 돼지고기를 먹으며, 그 그릇은 속이 넓고 크며 위를 덮으니라.』

◑ 이 절은 11월이면 천자가 현당의 태묘를 집무실로 쓰면서 천자가 사용하는 의전(儀典)을 기술하였으니 앞(6-11-4, 5)에서 이미 해설하였다.

飭死事하며

『죽은 사람의 일을 다듬어 바로잡으며』

◑ 여기에서는 죽은 사람에 관한 사무를 바로잡아 처리함을 밝혔으니 곧 앞(6-11-13)에서 말한 일이다.

命有司하사 曰土事毋作하며

_{신 무 발 개}　　_{무 발 실 옥}
愼毋發蓋하며 毋發室屋과
_{급 기 대 중}　　_{이 고 이 폐}
及起大衆하야 以固而閉니라.

『책임자에게 명하사 말씀하시기를 토목공사를 하지 말며, 삼가 이엉을 열지 말며, 가옥을 열거나 대중을 일으키지 말아서 튼튼하게 닫으라고 하니라.』

☯ 여기에서는 한겨울에는 토목공사나 건축공사를 중지하고 따뜻한 방에서 쉬게 해야 됨을 밝혔다.

토사(土事)는 토목공사이고, 발(發)은 개(開)와 같으며, 개(蓋)는 이엉이니 앞(6-11-10)에서 이미 해설하였고, 실옥(室屋)은 사람이 거주하는 방이다.

6-12-7 ─────────────────

_{지 기}　　_{저 설}　　_{시 위 발 천 지 지 방}
地氣가 沮泄하면 是謂發天地之房이라
_{제 칩}　　_{즉 사}　　_{민 필 질 역}
諸蟄이 則死하며 民必疾疫하고
_{우 수 이 상}　　_{명 지 왈 창 월}
又隨以喪하나니 命之曰暢月이니라.

『땅의 기운이 새서 흩어지면 이를 일러 하늘땅의 방이 열리므로 여러 가지 겨울잠을 자는 벌레가 곧 죽으며, 인민이 반드시 전염병을 앓고, 또한 따라서 초상이 나나니 그 달을 명명하여 말하기를 꽉 채워서 막는 달이라고 하니라.』

☯ 여기에서는 한겨울에는 모든 기운을 꽉 채워서 막아야 추위를

넘길 수 있음을 밝혔다.

 지기(地氣)는 땅의 음기(陰氣)이고, 저(沮)는 새는 것이며, 천지지
방(天地之房)은 천상(天上)의 맑은 양기층(陽氣層)을 형성한 기류와
지하(地下)의 습한 음기층(陰氣層)을 형성한 지대가 각각 분리되어
교류하지 않은 두 개의 공간이다. 명(命)은 명명(命名)으로 이름을
지어 붙임이고, 창(暢)은 충색(充塞)이니 꽉 채워서 막는 것으로, 창
월(暢月)은 한겨울에는 만물이 각각 몸에 기운을 꽉 채워서 막아야
만 추위를 이기고 생명을 보존할 수 있다는 뜻인바 11월의 별칭이다.

 음기(陰氣)가 극성하는 동지(冬至)에 하나의 양기(陽氣)가 발동하
여 새봄을 일으키는 것이므로 만물도 한겨울에는 몸 안에 양기가 충
만하게 해야 새봄의 활력을 배양할 수 있는 것이니 만물의 생명력은
지극히 고요하게 감춘 곳에서 생기는 원리를 여기에서 확인할지어다.

6-12-8 ──────────────── 是月也에 命奄尹하사 申宮令하고 審門閭하며
謹房室하야 必重閉하며 省婦事하야 毋得淫하며
雖有貴戚近習이라도 毋有不禁이니라.

『이달에 환관의 우두머리에게 명하사 궁중의 규칙을 거듭 밝히고,
궁문과 마을입구를 살피며, 거실을 정숙하게 하여 반드시 거듭 닫으
며, 부녀자의 일을 생략하여 음란하지 못하게 하며, 비록 귀하거나 친
척의 가까이함이 있더라도 금지하지 않음이 있지 말게 하니라.』

 ☯ 이 절은 11월에 궁중을 엄중히 단속하여 출입을 금지하고 음란

함을 방지하는 절도를 기술하였으니 양기(陽氣)를 충만하게 하는 방법이다.

엄윤(奄尹)은 환관(宦官)의 우두머리로 내시를 관리하며, 궁령(宮令)은 궁중(宮中)의 업무규정이고, 생(省)은 생략하여 감손함이다. 근습(近習)은 가까이하여 친밀한 사람이고, 금(禁)은 출입을 금지시킴이니 먼저 궁중을 지극히 고요하게 해서 내면의 양기(陽氣)를 충만하게 기르도록 실내에서 작업하는 부녀자의 일도 생략하여 감손(減損)하였으니 대단히 슬기로운 조치이다.

6-12-9 ─────────── 乃命大酋하사 秫稻를 必齊하며
麴蘖을 必時하며 湛熾를 必潔하며
水泉을 必香하며 陶器를 必良하며
火齊를 必得하며 兼用六物하야
大酋가 監之하야 毋有差貸니라.

『이에 주조장의 우두머리에게 명하사 찹쌀을 반드시 고루며, 누룩과 엿기름을 반드시 때를 맞추며, 찹쌀을 물에 불려서 찌는 것을 반드시 정결하게 하며, 술을 담그는 물을 반드시 맑고 향기로운 물로 하며, 술독을 반드시 우량품으로 하며, 불을 일정하게 함을 반드시 얻으며, 아울러 여섯 물건을 이용하되 주조장의 우두머리가 감독하여 모자람이나 더함이 있지 말아야 하니라.』

● 여기에서는 향기로운 제주(祭酒)를 만드는 정성과 절도를 기술

하였다.

　대추(大酋)는 주조장(酒造場)의 우두머리이고, 출도(秫稻)는 찹쌀
이며, 제(齊)는 모양과 크기와 색깔을 고르게 함이다. 국(麴)은 누룩
이니 술을 만들고, 얼(蘖)은 엿기름이니 단술을 만들며, 시(時)는 제
철에 알맞은 시기요, 침(湛)은 술밥을 찌기 위하여 찹쌀을 물에 불리
는 것이고, 치(熾)는 술밥을 찌기 위하여 불을 뜨겁게 때는 것이다.
수(水)는 시내에 흐르는 물이고, 천(泉)은 땅속에서 솟아나는 샘물이
며, 향(香)은 맑고 깨끗한 단물이다. 도기(陶器)는 흙으로 만든 질그
릇이니 술독을 일컫고, 양(良)은 우량품으로 튼튼한 것이다. 화제(火
齊)는 양조창고(釀造倉庫)에 불을 때어서 미생물이 발효하도록 일정
한 온도를 유지함이고, 득(得)은 알맞은 온도를 얻은 것이며, 6물(六
物)은 세(歲), 시(時), 일(日), 월(月), 성(星), 신(辰)으로 해와 철과
날과 달과 시간인데 해에는 평년과 윤년이 있고, 철에는 봄, 여름, 가
을, 겨울이 있으며, 일에는 초하루와 보름과 그믐이 있으며, 달에는
큰 달과 작은 달이 있으며, 시간에는 낮과 밤과 아침과 저녁이 있으
므로 이러한 기온의 변화와 시간의 길고 짧음을 적절히 이용하라는
뜻이다. 차(差)는 부족함이고, 이(貳)는 더하여 보탬이다. 대저 술을
만드는 주법(酒法)을 엄수해야 명주(名酒)를 만들어 제주(祭酒)로
쓸 수 있으니 정성을 들여야 한다.

6-12-10 ──────────────────────── 天子가 命有司하사

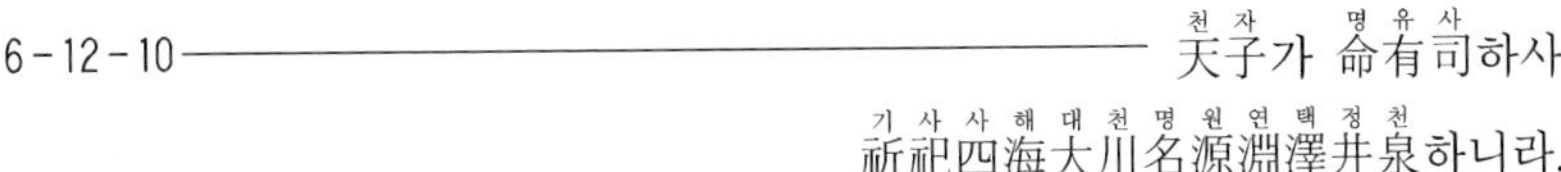

祈祀四海大川名源淵澤井泉하니라.

『천자가 책임자에게 명하사 사방의 바다와 큰 내와 이름난 발원지와 깊은 못과 넓은 늪과 우물과 샘에 인민의 행복을 기원하는 고사를 지내니라.』

◯ 여기에서는 한겨울에 수덕(水德)이 왕성하므로 인민의 생명수(生命水)가 되어 주기를 기원하며 고사를 지내는 절도를 기술하였다.

기사(祈祀)는 기도(祈禱)하는 고사(告祀)이고, 원(源)은 발원지(發源地)요, 연(淵)은 깊은 못이며, 택(澤)은 넓은 늪지대이다.

6-12-11 ──────────────── 是月也에 農有不收藏積聚者하거나
馬牛畜獸有放佚者어든 取之라로 不詰하니라.

『이달에 농부가 쌓이고 모인 것을 거두어 저장하지 않은 것이 있거나 마소와 집에서 기르는 짐승이 흩어져 도망한 것이 있거든 누구나 취득할지라도 힐책하지 아니하니라.』

◯ 이 절에서는 동짓달이 되어도 거두지 않고 방치한 농작물과 잃어버리고 찾지 않은 가축은 누구든지 취득하여 소유해도 됨을 기술하였다.

농작물과 가축은 사람을 먹이기 위하여 하늘이 낸 것이므로 방치해서 썩히거나 죽이는 것보다는 누구나 거두어 이용하는 것이 하늘의 뜻이다. 휵수(畜獸)는 사람이 기르는 짐승이고, 방일(放佚)은 흩어져서 도망하는 것이며, 취(取)는 곡식을 거두고 짐승을 찾아서 자

기의 소유물로 함이며, 힐(詰)은 힐책(詰責)이니 국가나 사회에서 범
죄행위로 문책함이다. 불힐(不詰)은 범죄를 문책하지 않고 오히려 하
늘이 준 자연자원을 소중하게 아끼고 이용하는 착한 행위로 평가한
다는 뜻인데 앞(6-11-10)에서는 산과 들의 자연자원을 거두어 가
지게 함이고, 여기에서는 개인소유의 농작물과 축산물이라도 버리고
거두거나 찾지 않은 것을 말하였다.

6-12-12─────────────────── 山林藪澤에 有能取蔬食하며
田獵禽獸者어든 野虞가 敎道之하고
其有相侵奪者어든 罪之不赦니라.

『산림과 숲이 우거진 큰 늪에 자의적으로 초목의 과실을 따며, 새
와 짐승을 사냥하는 사람이 있거든 산림과 들판을 관리하는 사람이
공동소유물에 대한 도덕을 가르치고, 그 서로 작당하여 침입해서 탈
취한 사람이 있거든 처벌하여 용서하지 아니하니라.』

☯ 이 절에서는 국가사회의 공동소유물에 대한 보호의 절도를 기
술하였다.

수택(藪澤)은 숲이 우거진 큰 늪이고, 소사(蔬食)는 초목의 열매
나 과실이며, 도(道)는 공동체의 이익을 개인이 해치면 안 되는 도덕
심이요, 상(相)은 서로 작당함이며, 탈(奪)은 공동체의 이익을 탈취
하는 행위이다.

是月也에 日短이 至라
陰陽이 爭하며 諸生이 蕩하니라.

『이달에 낮이 짧음이 지극하므로 음과 양이 다투며, 모든 생명체의 발동기관이 힘차게 움직이느니라.』

☯ 이 절에서는 동지(冬至)에 1양(一陽)이 발동하는 현상을 기술하였으니 앞(6-5-13)에서 말한 하지(夏至)와는 정반대의 현상이다.

일단(日短)은 낮의 짧음이요, 음양쟁(陰陽爭)은 음(陰)이 극성하면 양(陽)이 생기는 모순대립의 상극(相剋)관계에 있음이며, 제(諸)는 여러 가지의 모든 만물이고, 생(生)은 생명체의 발동기관(發動機關)이며, 탕(蕩)은 힘차게 움직이는 것이다.

君子가 齊戒하야 處必掩身하야 身欲寧하며
去聲色하며 禁耆欲하며 安形性하며
事欲靜하야 以待陰陽之所定하니라.

『군자가 몸과 마음을 가지런히 하고 삼가야 거처함에 반드시 몸을 가리어 몸이 편안코자 하며, 노래와 여색을 멀리하며, 즐기는 욕망을 엄금하며, 형체와 심성을 편안히 하며, 일은 고요하고자 하여 음과 양이 결정하는 바를 기다리느니라.』

☯ 이 절은 동지(冬至)에 군자가 처신하는 절도를 기술하였으니

음기(陰氣)가 극성할 때에 새로 시발(始發)하는 양기(陽氣)를 잘 보호해야 됨을 밝혔는데 앞(6-5-14)에서 말한 하지(夏至) 때와 비슷하다.

엄신(掩身)은 양기(陽氣)를 감추어서 기르고자 함이요, 신욕녕(身欲寧)은 몸을 편하게 해서 원기(元氣)를 북돋기 위함이며, 거(去)는 떠나서 멀리함이다. 사욕정(事欲靜)은 바야흐로 음과 양이 다투는 순간이므로 양기(陽氣)를 산란스럽게 하지 않으려는 것이고, 소정(所定)은 자연의 법칙에 따라 음양의 승부가 결정되어 마침내 양기가 승리함이다.

여기에서 군자는 하지(夏至) 때보다도 동지(冬至) 때에 더욱 근신함을 알아야 할지니 가을을 맞이하는 일보다 봄을 맞이하는 일이 더욱 절실하고 크기 때문이다.

6-12-15 ——————————————— 芸始生하며 荔가 挺出하며
蚯蚓이 結하며 麋角이 解하며
水泉이 動하니라.

『궁궁이가 싹이 나오기 시작하며 여주가 넝쿨이 기어 나오며, 지렁이가 몸을 움츠리며, 고라니 뿔이 빠지며, 시냇물과 샘물이 녹아서 흐르니라.』

◑ 여기에서는 한겨울의 자연생태를 특징적으로 열거하였다.

운(芸)은 궁궁이로 미나리과에 속하는 다년생 풀인데 키는 1.5~2m

가량이고, 잎은 깃 모양으로 여러 번 째졌으며, 희고 작은 꽃이 가을에 피며, 산이나 골짜기에 저절로 난다. 뿌리는 한약재로 쓰고 향내가 나며 어린잎은 식용하니 궁궁(芎藭), 천궁(川芎)이라고도 한다.

려(荔)는 여주로 박과에 속하는 1년생 넝쿨풀이며, 줄기는 가늘고 길어 덩굴손으로 감겨 오르며, 잎은 어긋매껴 나고, 손바닥 모양으로 갈라지고, 암수 한 그루로 여름과 가을에 누른빛의 단성화가 피며, 열매는 거죽이 우둘투둘한데 처음에는 푸르나 여물면 황적색으로 변하고 저절로 쪼개져 붉은 살이 비어져 나온다. 열매껍질은 쓴맛이 있고, 어린 열매는 식용하니 여지(荔枝), 고과(苦瓜)라고도 한다. 정출(挺出)은 기어 나오는 것이고, 결(結)은 몸을 움츠리고 굽힘이며, 미(麋)는 고라니이다.

6-12-16 ──────────────────────────────── 日短이 至하거든

則伐木하며 取竹箭하니라.

『낮이 짧음이 지극하거든 곧 나무를 베며, 대나무와 화살대를 채취하니라.』

◐ 여기에서는 목재와 대나무를 채취하는 시기를 밝혔다.

벌목(伐木)은 임목(林木)을 벌채함이고, 취(取)는 채취함이며, 죽(竹)은 대나무요, 전(箭)은 화살대를 만드는 산죽이다.

是月也에 可以罷官之無事하며
去器之無用者하며 塗闕廷門閭하며
築囹圄하니 此以助天地之閉藏也니라.

『이달에 관청의 일이 없는 부서를 혁파하고, 그릇의 쓸 데 없는 것을 제거하며, 대궐과 관청의 문과 마을 출입구를 도색하며, 감옥소를 건축하니 이로써 하늘땅의 닫아 감추는 것을 돕느니라.』

◑ 이 절에서는 한겨울에 시행하는 관청의 일을 열거하였다.

파(罷)는 혁파(革罷)로 폐지함이고, 도(塗)는 도색(塗色)이며, 궐(闕)은 대궐이요, 정(廷)은 내각(內閣)의 집무실로 정부종합청사이다.

仲冬에 行夏令하면 則其國乃旱하며
氛霧가 冥冥하며 雷乃發聲하니라.

『한겨울에 여름의 시행령을 집행하면 그 나라가 이에 가물며, 짙은 안개가 어둑어둑하며, 우레가 이에 소리를 내니라.』

◑ 이 절은 한겨울에 여름의 시행령을 집행하는 부작용을 열거하였다.

기무(氛霧)는 짙은 안개이고, 명명(冥冥)은 어두컴컴하여 시야가 흐림이다. 천도(天道)의 운행과 인사(人事)의 정령(政令)이 서로 모순되면 이상기후가 나타나서 사업은 실패하는 것이다.

　　　　行秋令하면 則天時가 雨汁하야
瓜瓠가 不成하며 國有大兵하고

『가을의 시행령을 집행하면 하늘의 날씨가 비와 진눈깨비를 내려서 오이와 표주박이 익지 아니하며, 나라에 큰 군대를 동원함이 있고』

◑ 여기에서는 한겨울에 가을의 시행령을 집행하는 부작용을 기술하였다.

집(汁)은 진눈깨비이고, 호(瓠)는 표주박이며, 불성(不成)은 익지 아니함이다.

인사(人事)의 정령(政令)이 천도(天道)의 운행보다 늦어지면 이상 기후가 나타나서 결실을 이루지 못하는 것이다.

　　　　行春令하면 則蝗蟲이 爲敗하며
水泉咸竭하며 民多疥癘하니라.

『봄의 시행령을 집행하면 누리가 풀을 몰락하게 하며, 시냇물과 샘물이 모두 마르며 민간에 옴이 많으니라.』

◑ 여기에서는 한겨울에 봄의 시행령을 집행하는 부작용을 기술하였다.

황충(蝗蟲)은 앞(6-14-24)에서 이미 해설하였고, 패(敗)는 패퇴(敗頹)니 힘을 잃고 주저앉아 몰락함이며, 개려(疥癘)는 옴으로 작은

결절이 형성되고 몹시 가려운 전염성 피부병으로 개선충(疥癬蟲)이
손가락, 팔, 발가락, 겨드랑이 사이에 기생하여 짓무르면서 차차 온몸
으로 퍼진다.

인사(人事)의 정령(政令)이 천도(天道)의 운행보다 빠르면 이상기
후가 나타나서 시행착오가 많은 것이다.

6-13-1 ——————————————— 季冬之月이라 日이 在婺女하니
昏에 婁가 中하고 旦에 氐가 中이니라.

『늦은 겨울의 달이라 해가 무녀수에서 달을 만남이 있으니, 저녁
에 누성이 남쪽 하늘의 중앙에 있고, 아침에 저성이 남쪽 하늘의 중
앙에 있느니라.』

◉ 이 장은 계동(季冬)인 축월(丑月)의 12월에 집행할 정치사업과
해서는 안 되는 정치사업을 기술하였으니 여기에서는 12월의 천체현
상을 밝혔다.

무녀(婺女)는 28수(宿)의 10번째로 자(子)방에 있는 북방7수 가운
데 셋째 자리로서 여수(女宿)라고도 하며, 루(婁)는 28수의 16째로
서방7수 가운데 둘째 별이고, 저(氐)는 28수의 3번째로 동방7수 가운
데 셋째 별이다.

6-13-2 ——————————————— 其日은 壬癸요 其帝는 顓頊이요
其神은 玄冥이요 其蟲은 介요

其音은 羽요 律은 中大呂요

其數는 六이요 其味는 鹹이요

其臭는 朽요 其祀는 行이요

祭는 先腎이니라.

『그 늦은 겨울을 주도하는 날은 임일과 계일이요, 그 겨울의 하느님은 어둔 하늘이요, 그 겨울의 신령은 검은 신령이요, 그 동물은 갑각류요, 그 음계는 우요, 그 가락은 대려에 해당하고, 그 수는 6이요, 그 맛은 짠맛이요, 그 냄새는 썩은 냄새요, 그 고사는 길귀신이요, 제사에는 신장을 먼저 올리느니라.』

◐ 이 절은 늦은 겨울을 주도하는 날과 하느님과 귀신의 이름을 밝히고 늦은 겨울에 가장 활발한 만물의 현상을 기술하였으니 앞(6-11-2)에서 이미 해설하였다.

대려(大呂)는 12률(律) 가운데 두 번째 소리로 6려(呂)의 하나로 축월(丑月)의 12월에 해당한다.

6-13-3 ———————————————— 鴈이 北鄕하며 鵲이 始巢하며

雉가 雊하며 鷄가 乳하니라.

『기러기가 북쪽을 향하여 날고, 까치가 비로소 까치집을 지으며, 꿩이 울며, 닭이 알을 낳으니라.』

☯ 여기에서는 늦은 겨울의 날짐승에 대한 특징적 생태를 열거하였다.

향(鄕)은 향(向)과 같으며, 구(雊)는 우는 것이요, 유(乳)는 알을 낳는 것이다.

학자는 여기에서 날짐승이 가장 먼저 새봄을 준비하는 생물임을 확인할지어다.

6-13-4 ────────── 天子가 居玄堂右个하시며 乘玄路하며
駕鐵驪하며 載玄旂하며 衣黑衣하며
服玄玉하며 食黍與彘하며
其器는 閎以奄하니라.

『천자가 현당의 오른쪽 곁방을 집무실로 하시며, 검은 수레를 타며, 가라말에 멍에 씌우며, 검은 옷을 입으며, 검은 옥을 차며, 기장과 돼지고기를 먹으며, 그 그릇은 속이 넓고 크며 위를 덮으니라.』

☯ 이 절은 12월에 천자의 집무실과 천자가 사용하는 의전(儀典)을 기술하였으니 앞(6-11-5, 6)에서 이미 해설하였다.

6-13-5 ────────── 命有司하사 大難하며 旁磔하고
出土牛하야 以送寒氣하니라.

『책임자에게 명하사 크게 재난을 물리치는 굿을 하며, 넓은 길에
서 짐승을 찢어 죽이고, 흙으로 만든 소를 문밖에 내놓고 찬 기운을
전송하니라.』

　● 이 절은 12월에 늦겨울의 추위를 물러가게 하는 초라니 굿을
기술하여 대대적으로 청소하는 절도를 기술하였으니 앞(6-3-19, 6
-9-9)에서 이미 해설하였다.

　대나(大難)는 전국적으로 관청(官廳)과 민가(民家)에서 모두 대청
소를 함이고, 방책(旁磔)은 넓은 길에서 짐승을 찢어 죽여 재앙을 물
리치는 것이며, 토우(土牛)는 흙으로 만든 소의 모양인데 토(土)는
수(水)를 이기고 소는 견인력이 강력하므로 겨울의 수덕(水德)을 이
끌고 나감을 상징하였고, 송(送)은 전송(餞送)함이다.

　대체로 보건위생을 위하여 늦은 봄에는 도읍을 청소하여 여름을
깨끗한 환경에서 맞이하고, 또 한가을에는 궁궐을 깨끗이 청소하여
겨울을 준비하였으며, 늦은 겨울에는 대대적으로 민간가정까지 청소
하여 새해를 깨끗한 환경에서 맞이하게 하였으니 초라니 굿은 청소
를 신명나게 하도록 권장하는 놀이였기에 후세에 초라니 굿은 재앙
을 물리치는 행사로 전하게 된 것이다.

6-13-6 ─────────────────── 征鳥가 厲疾이어든 乃畢山川之祀와

及帝之大臣과 天之神祇하니라.

『철새가 높게 빨리 날아가거든 이에 산천의 고사 및 제왕의 대신

과 하늘의 신령에 대한 제사를 마치느니라.』

◑ 이 절에서는 겨울 철새가 떠나가면 겨울에 지내는 제사를 모두
끝내야 함을 밝혔다.

정조(征鳥)는 철새로 정벌군이 3개월을 머물다가 돌아가듯이 철새
가 한 철을 머물다가 가기 때문에 일컫은 이름이다. 려(厲)는 높아서
위태함이고, 질(疾)은 빠른 것이며, 필(畢)은 종료함이다. 제(帝)는
옛날의 거룩한 덕을 베풀어 인류를 구원한 선왕(先王)이니 요(堯),
순(舜), 우(禹), 탕(湯), 문왕(文王), 무왕(武王)을 지칭하고 천지신
기(天之神祇)는 구망(句芒), 축융(祝融), 욕수(蓐收), 현명(玄冥), 후
토(后土)와 28수(宿)의 성좌신(星座神) 등이다.

6-13-7 ──────────────── 是月也에 命漁師하야 始漁하고
天子가 親往하사 乃嘗魚하되
先薦寢廟하시니라.

『이달에 어업을 관리하는 장관에게 명하여 비로소 물고기를 잡게
하고, 천자가 친히 가시어 이에 물고기를 맛보시되, 먼저 종묘에 올
리느니라.』

◑ 이 절에서는 12월에 물고기를 잡도록 허가함을 밝혔다.
어사(魚師)는 앞(6-11-18)에서 이미 해설하였고, 친왕(親往)은
물고기의 종류와 크기를 살피기 위함이다. 대저 물고기는 번식기와

성장기에는 잡지 못하도록 금지하고 다 큰 것만을 잡게 하므로 12월
에야 고기잡이를 허가한 것이다.

6-13-8 ──────────────────── 冰方盛하면 水澤이 腹堅하나니
命取冰하야 冰以入하니라.

『얼음이 바야흐로 강성하면 강물과 못의 얼음이 두껍고 굳으니 얼
음을 채취하여 얼음창고에 넣으라고 명하니라.』

◉ 여기에서는 12월에 얼음을 채취하여 얼음창고에 저장하는 시기
를 밝혔다.
복(腹)은 두터운 것이니 얼음의 두께가 두꺼운 것이다.

6-13-9 ──────────────────── 슈告民하야 出五種하며 命農하야
計耦耕事하며 脩耒耜하며 具田器하니라.

『하여금 인민에게 알리어 5곡의 종자를 꺼내서 확인하며, 농민에
게 명하여 김매고 밭 갈 일을 계획하며, 쟁기를 수리하며, 농기구를
갖추게 하니라.』

◉ 이 절에서는 12월에 새봄의 농사에 대한 계획과 준비를 해야
되는 절도를 기술하였다.

출(出)은 창고에서 꺼내어 확인함이고, 우경(耦耕)은 두레나 품앗이로 농사일에 짝을 지어 함께하는 작업방식인데 넓은 들판에서 종일 혼자 김을 매면 힘이 들고 능률도 없으므로 둘 이상이 짝을 지어 재미나게 일하도록 공동체문화를 형성함이다. 뢰(耒)는 쟁기의 자루이고, 사(耜)는 쟁기의 보습이며, 전기(田器)는 밭에서 농사를 짓는 데 필요한 각종 농기구이다.

6-13-10─────────────────────── 命樂師하야 大合吹而罷하니라.

『악사에게 명하여 크게 취주악을 합주하고, 해산하니라.』

☯ 이 절은 크게 군악대를 모아 취주악을 합주하여 양기(陽氣)를 북돋우고 동계군사훈련병을 해산하는 절도를 기술하였다.

합(合)은 합주(合奏)함이고, 취(吹)는 취주악(吹奏樂) 또는 취타악(吹打樂)으로 군중에서 나팔, 호적, 대각 따위를 불고, 라(鑼), 정(鉦), 바라, 징, 북 따위를 치는 군악이며, 파(罷)는 해산하여 집으로 돌아감이다.

6-13-11─────────────────────── 乃命四監하야 收秩薪柴하야
以共郊廟及百祀之薪燎하니라.

『이에 4방의 감찰관에게 명하여 일백 직할국가의 일정한 수량의

장작과 섶을 거두어 하느님 제사와 종묘제사 및 일백 제사의 땔감과 마당불감으로 공급하니라.』

◉ 이 절은 동지(冬至)로부터 벌목(伐木)을 허가하였으므로 직할 국가에서 땔감을 거두어 비축했다가 제사 때에 공급하는 절도를 기술하였으니 앞(6-6-7)에서 희생을 기르는 꼴을 취합한 뜻과 같다.

4감(四監)과 질(秩)은 앞(6-6-7)에서 이미 해설하였고, 신(薪)은 통나무를 쪼갠 장작이요, 시(柴)는 나무의 가지를 묶은 섶이며, 공(共)은 공(供)과 같고, 료(燎)는 마당에 불을 피워서 밝게 하는 것이다.

6-13-12──────────────────────── 是月也에 日窮于次하고 月窮于紀하며
星回于天하야 數將幾終하고 歲且更始하니라.

『이달에 해가 운행하는 차례에서 궁박하고, 달이 운행하는 질서에서 궁박하며, 별이 하늘에서 돌아 운행하는 날수를 장차 거의 마치고, 세월이 또한 옛것을 고치어 새로 시작하니라.』

◉ 이 절에서는 해와 달과 별이 1년 12월 365일의 운행을 거의 마치고, 일차(日次)와 월기(月紀)를 새로 시작하는 천체변화의 원리를 기술하였다. 일궁우차(日窮于次)는 태양이 운행하여 달과 만나서 차례로 머무르는 곳이니 곧 12월에는 태양이 무녀수(婺女宿)에서 달과 만남을 끝냈으므로 정월에는 다시 형실수(營室宿)에서 만나게 되는

것인데 앞(6-1-1)에서 해설하였다. 월궁우기(月窮于紀)는 달이 운행하여 태양과 만나서 차례로 머무르는 순서인데 1달은 30일이니 12달은 360일이 끝났으므로 다시 시작한다는 뜻이다. 성회우천(星回于天)은 천동설(天動說: 지구중심설)에 의하여 별은 하루에 1번씩 지구를 돌면서 그 방위와 각도가 조금씩 변하지만 1년이 되면 원래의 위치로 되돌아오는 것을 말한다. 수(數)는 1년 동안의 일수(日數)로 태양은 365일 940분의 235일이고, 달은 354일 930분의 348일이니 음양력(陰陽曆)은 1년은 360일로 정하고 윤달을 넣어서 조절하였으며, 세(歲)는 세수(歲首), 또는 세차(歲次), 세서(歲序)로 세월이 바뀌는 차례이다.

6-13-13───────────────── 專而農하야 民毋有所使니라.

『농사에 전념하게 하여 민중에게 시키는 것이 있지 말아야 하니라.』

◉ 여기에서는 해가 장차 바뀌어 새해가 돌아오는 연말(年末)에는 농사준비에 전념하도록 민중에게 잡역(雜役)을 시켜서는 안 됨을 기술하였다.

전(專)은 전념(專念) 또는 전공(專攻)함이고, 이(而)는 어(於)와 같은 전치사요, 농(農)은 앞(6-13-9)에서 말한 농사준비 사항이다.

6-13-14───────────────── 天子가 乃與公卿大夫로 共飭國典하며

^{론 시 령}   ^{이 대 래 세 지 의}
論時令하사 以待來歲之宜하니라.

『천자가 이에 공과 경과 대부로 더불어 나라의 법전을 정비하여 다듬으며, 네 철의 정책사업의 시행령을 의논하여 내년의 알맞은 시기를 기다리느니라.』

◑ 이 절은 연도 말에 국가의 법전을 현실에 맞게 다듬어 정비하고 내년의 4분기에 시행할 사업계획을 완성하여 새해를 맞이할 것을 밝혔다.

공칙(共飭)은 공동으로 참여하여 회의해서 정비함이고, 국전(國典)은 나라의 법전(法典)이며, 시령(時令)은 4시의 정책시행령이니 1년의 정책을 4분기로 나누어 세우는 것이다.

6-13-15 ──────────────────────────

^{내 명 태 사}   ^{차 제 후 지 열}
乃命太史하사 次諸侯之列하야
^{부 지 희 생}   ^{이 공 황 천 상 제}   ^{사 직 지 향}
賦之犧牲하야 以共皇天上帝와 社稷之饗하고

『태사에게 명하사 제후의 반열을 차례로 희생을 부과하여, 거룩한 하늘의 윗 하느님과 사직의 제향에 공급하고』

◑ 이 절은 천자가 제후국에 희생(犧牲)으로 바칠 공물(貢物)의 수량을 정해 주어서 천제(天祭)와 사직제(社稷祭)에 공급하는 절도를 기술하였다.

차(次)는 차례가 있게 함이고, 열(列)은 반열이니 벼슬의 등급순

이며, 부(賦)는 공물(貢物)의 종류와 수량을 정해서 부과(賦課)함이
요, 공(共)은 공급함이다.

6-13-16 ─────────────────── 乃命同姓之邦하사 共寢廟之芻豢하니라.

『이에 동성의 연방국가에 명하사 종묘의 희생을 공급하며』

　☯ 여기에서는 종묘에 바치는 희생은 천자와 성(姓)이 같은 연방
정부에서도 공급함을 밝혔으니 앞(6-9-8)에서 천자국에 이미 희생
을 기르고 있음을 알 것이다.

6-13-17 ─────────────────── 命宰하사 歷卿大夫로 至于庶民은 土田之數로
　　　　　　　　　　　　　　　　而賦犧牲하야 以共山林名川之祀하나니

『요리사에게 명하사 경과 대부를 차례로 하여 서민에게 이르기까
지 농지의 수량으로 희생을 부과하여, 산림과 이름난 하천의 고사에
공급하나니』

　☯ 여기에서는 경(卿)과 대부(大夫)를 중심으로 전체 농민에게 희
생을 부과해서 지역의 산과 숲 그리고 이름난 하천의 고사(告祀)에
공급하는 절도를 기술하였다.
　재(宰)는 앞(6-9-8)에서 이미 해설하였고, 력(歷)은 차례로 분
별함이다.

6-13-18 ――――――― 凡在天下九州之民者가 無不咸獻其力하야
以共皇天上帝와 社稷과 寢廟와 山林名川之祀니라.

『무릇 천하의 9주에 사는 인민이 모두 그 힘을 바치지 않음이 없
게 하여, 거룩한 하늘의 윗 하느님과 사직과 종묘와 산림과 이름난
하천의 제사에 공급하니라.』

◐ 여기에서는 모든 사람이 다 같이 헌신 노력하여 함께 제사를
지내는 것이 제사의 본의임을 결론적으로 밝혔다.

6-13-19 ――――――― 季冬에 行秋令하면 則白露가 蚤降하며
介蟲이 爲妖하며 四鄙가 入保하고

『늦은 겨울에 가을의 시행령을 집행하면 흰 이슬이 빨리 내리며,
갑각류가 재앙이 되고, 사방의 변방이 보호구역으로 들어가고』

◐ 이 절은 늦은 겨울에 가을의 시행령을 집행하는 부작용을 기술
하였다.
요(妖)는 독기(毒氣)를 품은 것이고, 사비(四鄙)는 사방의 변방으
로 국경지대요, 보(保)는 안전을 보장하는 구역이다.

6-13-20 ――――――― 行春令하면 則胎夭多傷하며

$$\underset{\text{국 다 고 질}}{國多固疾}하니 \underset{\text{명 지 왈 역}}{命之曰逆}이며$$

『봄의 시행령을 집행하면 잉태하여 뱃속에 든 아이가 많이 상하며, 나라에 고질병이 많으니 이름 하여 말하기를 역행했다고 하며』

◐ 여기에서는 늦은 겨울에 봄의 시행령을 집행하는 부작용을 서술하였다.

태요(胎夭)는 태아(胎兒)이며, 고질(固疾)은 오랫동안 낫지 않는 질병이요, 역(逆)은 역행(逆行)이니 종결의 시기에 시작하는 것이 때를 역행한 것이다.

6-13-21 ─────────────────── $\underset{\text{행 하 령}}{行夏令}하면 \underset{\text{즉 수 로}}{則水潦}가 \underset{\text{패 국}}{敗國}하며$
$\underset{\text{시 설}}{時雪}이 \underset{\text{불 강}}{不降}하며 \underset{\text{수 동}}{水凍}이 \underset{\text{소 석}}{消釋}하니라.$

『여름의 시행령을 집행하면 물과 장맛비가 나라를 허물며, 때에 맞는 눈이 내리지 아니하며, 물과 언 땅이 마르고 풀리느니라.』

◐ 여기에서는 여름의 시행령을 집행하는 부작용을 기술하였다.

로(潦)는 장맛비이고, 시설(時雪)은 겨울에 때를 맞추어 내리는 눈이다.

모름지기 각 분기별 정책의 집행은 그 적기(適期)에 맞추어 힘쓸지니 조급하게 서둘러도 안 되고 게을러서 늦어도 안 되며 억지로 역행해서도 안 됨을 인식할지어다.

7. 증자문(曾子問)

증자(曾子: 기원전 505~435)는 노(魯)나라의 남무성(南武城) 사람인데 이름은 삼(參)이고, 자는 자여(子輿)이며, 공자의 도통(道統)을 이은 제자로 대학(大學)과 효경(孝經)을 지어서 유학(儒學)의 기본 도덕을 밝혀 자사(子思)에게 전했다.

문(問)은 널리 배우고 의심이 나는 것을 살펴서 질문함이니 이 편은 증자가 묻고 공자가 답변하는 문답체(問答體)로 구성되었기 때문에 그 편명(篇名)으로 하였다.

무릇 예절은 보통의 일상생활에서 정해진 행동규범이기 때문에 특수한 상황이나 복합적으로 착종한 경우에는 임시적으로 비상한 방법을 쓰지 않을 수 없는 것이다. 이러한 권도(權道)를 써서 임기응변(臨機應變)하는 조절능력은 오직 성인(聖人)만이 가능하므로 증자가 여러 가지 특별한 상황을 가설하여 관례(冠禮), 혼례, 상례, 제례, 조례(朝禮), 빙례(聘禮) 등의 복합적 상황에서 임시조치의 방법을 공자에게 물으니 공자가 친절하고 자세하게 답한 내용이다.

7-1-1 —————————— 曾子가 問曰君薨而世子生이어든 如之何리까 孔子가 曰卿大夫士가 從攝主하야 北面於西階南하여 大祝이 裨冕하고 執束帛하야 升自西階하되 盡等이나 不升堂하고 命母哭하니라.

『증자가 물어 말하기를 임금이 승하함에 세자가 탄생하거든 어떻게 하리까? 공자가 말씀하시기를 경과 대부와 선비가 섭정하는 주님을 좇아 서쪽 계단의 남측에서 북방을 향하며, 대축이 관복과 관모를 쓰고, 비단을 묶은 예물을 들고 서쪽 계단으로 오르되 계단의 끝에서 당에는 오르지 아니하고, 곡을 하지 말라고 큰 소리로 알리느니라.』

◑ 이 장에서는 임금이 승하한 다음에 세자(世子)가 탄생하였을 때는 즉각 섭주(攝主)를 세우고 세자(世子)의 출생을 천자에게 보고하는 의례절차를 밝혔으니 여기에서는 아직 장례를 치르기 전에 태어난 경우를 논했다.

세자(世子)는 임금의 자리를 이을 아들이고, 섭주(攝主)는 섭정(攝政)이니 임금을 대신하여 정치를 하는 사람이며, 서계(西階)는 손님이 사용하는 계단이요, 태축(大祝)은 춘관(春官)에 속한 벼슬로 제사에 축문을 총괄하며, 비면(裨冕)은 대부(大夫) 이상의 관복과 관모이다. 속백(束帛)은 묶은 비단으로 임금이 세자에게 하사(下賜)하기 위한 예물(禮物)을 준비한 것이며, 진등(盡等)은 계단의 등급을 모두 오른 끝 계단이다.

7-1-2――――――――――――――――― 祝이 聲三하고 告曰某之子가
生할새 敢告하노이다 하거든
升奠幣于殯東几上하고 哭降하면
衆主人과 卿大夫士와 房中이 皆哭하되
不踊하고 盡一哀反位하야 遂朝奠하며
小宰가 升舉幣하니라.

『축관이 기침 소리를 세 번 하고, 아뢰어 말하기를 아무개의 아드 님이 탄생하여서 감히 알리나이다 하거든, 대축이 당으로 올라가서 빈궁의 동쪽에 설치한 궤연 위에 폐백을 드리고 곡하며 내려오면 여 러 상주와 경과 대부와 선비와 방에 있는 여상제들이 모두 곡하되 뛰지는 아니하고, 한 번의 슬픔을 다하고 자리로 돌아가 마침내 아침 음식을 올리는 전을 드리며, 소재가 폐백을 들고 내려오니라.』

● 여기에서는 세자가 탄생한 다음 날 아침에 공개적으로 빈궁(殯 宮)에 보고하고, 조전(朝奠)을 드려야 됨을 밝혔다.

성삼(聲三)은 아침에 신령을 깨우기 위하여 기침소리를 세 번 내 는 것이니 그 소리는 '희흠(噫歆)'이며, 모(某)는 승하한 임금의 이름 이고, 빈(殯)은 빈궁(殯宮)으로 발인할 때까지 임금의 관을 안치한 곳이요, 궤(几)는 궤연(几筵)이니 죽은 이의 혼백이나 신주를 모셔 두는 영좌(靈座)이다. 중주인(衆主人)은 여러 상주(喪主)들이요, 조 전(朝奠)은 빈소(殯所)에 아침밥을 드리는 의식이고, 소재(小宰)는 왕궁(王宮)의 정령(政令)을 관장하는 벼슬이며, 거폐(擧幣)는 폐백을 거두어 들고 나와서 세자(世子)에게 전하는 것이니 뒤에 12-15-3을 보라.

전배들은 모(某)를 부인의 성씨라고 하였으나 옳지 않으니 세자 (世子)는 부인의 아들이 아니고 임금의 아들임을 보고하는 의식이다. 또 전배들은 거폐(擧幣)를 양쪽 계단의 사이에다가 묻은 것이라고 하였으나 옳지 않다. 세자의 탄생을 보고하는 소중한 비단과 보배를 세자(世子)에게 주지 않고 무엇 때문에 땅속에다 파묻을 것인가?

三日에 衆主人과 卿과 大夫와 士가
如初位하야 北面하며 大宰와 大宗과 大祝이
皆裨冕하고 少師가 奉子以衰하야 祝이 先하고
子가 從하며 宰宗人이 從하야 入門이어든 哭者가
止하며 子가 升自西階하야 殯前에 北面하며
祝이 立于殯東南隅하야 祝이 聲三하고 曰某之子某가
從執事하야 敢見이라거든 子가 拜稽顙하고 哭하며
祝宰宗人과 衆主人과 卿과 大夫와 士가 哭踊三者를
三하고 降東反位하야 皆袒하며 子가 踊하며 房中이
亦踊三者를 三하고 襲衰杖하여 奠하고 出하거든
大宰가 命祝史하야 以名으로 徧告于五祀와 山川하니라.

『3일에 여러 상주와 경과대부와 선비가 처음과 같이 자리하여 북쪽을 향하며, 국무총리와 교육부장관과 태축이 모두 관복과 관모를 쓰고 감찰원장이 세자를 상복으로 받들어 축관이 앞서고 세자가 쫓으며, 총리부와 교육부의 사람이 따라서 문으로 들어오거든 곡하는 것을 그치며, 세자가 서쪽 계단으로 올라서 빈궁 앞에 북쪽을 향하며, 축관이 빈궁의 동남쪽 모퉁이에 서서 기침소리를 세 번 하고 말하기를 아무개의 아들 아무개가 집사를 쫓아 감히 알현하나이다 하거든 세자가 절하고 이마를 땅에 대고 곡하며, 축관과 총리부와 교육부의 사람과 여러 상주와 경과대부와 선비가 곡하고 뛰기를 세 번 하는 것을 3차례 하고 내려와 동쪽으로 가서 자리로 돌아가 모두 웃옷을 벗어 메며 세자가 뛰며, 방 안에 여상제가 또한 뛰기를 세 번 하는 것을 3차례 하고, 세자가 상복을 위에 더 입고 지팡이를 짚고 아침 음식을 올리는 전을 드리고 나가거든 국무총리가 축관과 사관에게 명하여 세자의 이름으로 다섯 곳의 고사와 산천에 두루 알리라고 하니라.』

　◑ 이 절은 세자가 빈궁(殯宮) 앞에서 정식으로 세자가 되어 상복(喪服)을 입는 절차를 기술하였다.

　3일(三日)은 세자의 탄생을 빈궁에 보고한 지 3일이고, 북면(北面)은 대궐의 신하의 자리요, 태재(大宰)는 천관(天官)의 총재(冢宰)로 국무총리나 수상이며, 태종(大宗)은 춘관(春官)의 태종백(大宗伯)으로 교육부장관이고, 소사(少師)는 3고(三孤)의 수장으로 감찰원장이다. 세자를 정부에서 공식적으로 인정하였음을 확인하기 위하여 정부의 요인이 직접 예식을 거행하는 것이다. 곡용3자(哭踊三者)는 곡하며 세 번 가슴을 치고 한 번 뛰는 것을 3차례 하는 것으로 1절(節)을 삼는 의식(儀式)이며, 3(三)은 3절(節)을 한다는 말이다. 습(襲)은 옷을 겹쳐서 입히는 것이고, 장(杖)은 상주가 짚는 지팡이로 세자가 어리니 소사(少師)가 대신 짚는 것이며, 5사(五祀)는 제후(諸侯)의 5사로 사명(司命), 중류(中留), 국문(國門), 국행(國行), 공려(公厲)요, 산천(山川)은 제후국의 큰 산과 강이다.

　대제 제후(諸侯)가 죽고 그 나라의 새로운 임금을 세움에는 먼저 그 나라 사람이 신임하고 지지하는 어진 이를 선출하여 천자(天子)에게 추천하면 이에 천자가 임명하여 봉(封)하는 것이다. 그러나 그 국민이 신임하고 지지하는 인물이 없을 때에는 부득이 임시로 섭정(攝政)을 세우고 공경(公卿)이 공화정치(共和政治)를 할 수 있는바 여기에서는 세자(世子)가 20세가 되어 성년(成年)이 될 때까지 섭정(攝政)할 경우를 논했으니 이러할 경우에는 천자가 특별 관리한다.

 ── 曾子가 問曰如已葬而世子生이어든

則如之何리까 孔子가 曰大宰大宗이

從大祝而告于禰하고 三月에 乃名于禰하고

以名으로 徧告하되 及社稷宗廟山川하니라.

『증자가 물어 말하기를 만약에 이미 장사를 지냈는데 세자가 탄생하거든 어찌하리까? 공자가 말씀하시기를 국무총리와 교육부장관이 태축을 쫓아 아버지의 궤연에 보고하고, 3개월에 이에 아버지의 궤연에 세자가 알현하며 이름을 아뢰고, 이름으로 널리 알리되 사직과 종묘와 산천에 미치느니라.』

☯ 이 절은 제후가 승하한 지 5개월이 되어 장사를 지낸 다음에는 이미 천자가 새로운 임금을 봉(封)했기 때문에 세자는 3개월이 지나야 아버지의 궤연에 알현함을 밝혔다.

이(禰)는 아버지의 사당이니 아버지의 혼백(魂帛)을 모신 궤연(几筵)이요, 3월내명(三月乃名)은 아기가 태어나면 3개월이 되어야 아기를 아버지에게 보이고, 아버지는 이때에 아기의 이름을 지어 주는 예절이다. 급(及)은 그 앞에 5사(五祀)를 생략했다는 뜻이다.

천자가 이미 새로운 임금을 봉(封)하여 임금을 세웠으면 세자(世子)가 탄생하였어도 죽을 때까지 재위하다가 죽은 뒤에는 세자에게 임금의 자리를 사양해야 되는 것이다.

 ── 孔子가 曰諸侯가 適天子할새 必告于祖하고

奠于禰하며 冕而出視朝하며 命祝史하야

告于社稷宗廟山川하고 乃命國家五官而后行하되
道而出하니라 告者는 五日而徧하나니 過是면
非禮也니라 凡告에 用牲幣하나니 反亦如之니라.

『공자가 말씀하시기를 제후가 천자에게 갈 때에 반드시 조상님께 고유하고, 아버지 사당에 음식을 드리며 곤룡포를 입고 면류관을 쓰고 나와서 조회를 보며, 축관과 태사에게 명하여 사직과 종묘와 산천에 교유하게 하고 이에 국가의 다섯 장관에게 명령한 이후에 떠나되 길제사를 지내고 출발하니라. 고유하는 제사는 5일로써 두루 하나니 이를 지나가면 예절이 아니니라. 무릇 고유함에는 희생과 폐백을 드리나니 돌아옴에 또한 똑같이 하니라.』

◯ 이 절에서는 제후가 천자에게 가서 직무에 대한 보고를 할 때에 정직하고 진실하게 말해야 되는 절도를 밝혔으니 제후의 세자(世子)를 책봉(冊封)함에는 공개적으로 천자에게 보고하여 승인을 받아야 되는 까닭이다.

고(告)는 고유(告由)함이니 그 사유와 목적을 명확히 보고함이고, 국가5관(國家五官)은 사도(司徒: 교육부장관), 사공(司空: 건설부장관), 사구(司寇: 법무부장관), 사마(司馬: 국방부장관), 사사(司士: 감찰부장관)이다. 도(道)는 조도(祖道)로 먼 길을 떠날 때에 도로신(道路神)에게 무사하기를 비는 고사(告祀)이고, 고자(告者)는 고유(告由)하는 제사요, 과시(過是)는 5일이 지나간 것이며, 비례(非禮)는 즉각 공개행사로 진행하지 않음이다.

諸侯가 相見할새 必告于禰하고
朝服而出視朝하며 命祝史하야 告于五廟와
所過山川하며 亦命國家五官하고 道而出하니라
反必親告于祖禰하고 乃命祝史하야
告至于前所告者하고 而後에 聽朝而入하니라.

『제후가 서로 회견함에 반드시 아버지의 사당에 고유하고, 제후의 예복을 입고 나와서 조회를 보며, 축관과 사관에게 명하여 종묘와 지나가는 곳의 산과 강에 고유하며, 또한 국가의 다섯 장관에게 명령한 이후에 길제사를 지내고 출발하니라. 돌아와서도 반드시 친히 조상과 아버지의 사당에 고유하고, 그런 뒤에 조회에서 보고를 듣고 들어가니라.』

◉ 여기에서는 제후가 서로 만나서 회견할 때에도 정직하고 진실하게 말해서 신의를 지켜야 됨을 밝혔으니 세자(世子)를 책봉하고 이웃 나라에 알림에도 공개적으로 해야 함을 거듭 강조하였다.

상견(相見)은 주인과 손님의 관계로 만나서 회견(會見)함이고, 조복(朝服)은 제후의 예복(禮服)인데 현관(玄冠)에 치의(緇衣)와 소상(素裳)으로 관복(官服) 중에서 예식을 거행할 때에 입는 의상이니 천자에게 가서 조회할 때에는 곤룡포를 입고, 제후가 서로 회견할 때에는 예복을 입는다. 5묘(五廟)는 제후의 종묘에는 태조(太祖)를 중심으로 2소(昭), 2목(穆)을 배향하기 때문에 다섯 신위를 모셨다는 뜻으로 붙인 이름이며, 입(入)은 내전으로 들어가서 휴식함이다.

曾子가 問曰並有喪이어든 如之何리까
何先何後니까 孔子가 曰葬은 先輕而後重하고
其奠也는 先重而後輕이 禮也니라
自啓及葬으로 不奠하며 行葬에 不哀次하니라
反하야 葬은 奠而後에 辭於殯하고 遂脩葬事하니라
其虞也에 先重而後輕이 禮也니라.

『증자가 물어 말하기를 같은 날 함께 초상이 있거든 어찌하리까? 누구를 먼저 하고 누구를 뒤에 합니까? 공자가 말씀하시기를 장례식은 가벼운 상복을 먼저 하고 무거운 상복을 뒤에 거행하며, 그 음식을 드리는 전은 무거운 상복을 먼저 하고 가벼운 상복을 뒤에 하는 것이 예법이니라. 가벼운 상복을 먼저 발인하기 위하여 빈소를 열 때로부터 장사 지냄에 이르기까지는 음식을 드리는 전을 하지 않으며, 장지로 감에도 슬퍼하며 머물지 않으니라. 돌아와 무거운 상복을 장사 지냄에는 음식을 드리고 전을 한 다음에 빈소에 말씀을 하고 마침내 장례식을 거행하는 일을 진행하니라. 그 우제를 지냄에는 무거운 상복을 먼저 지내고, 가벼운 상복을 나중에 지내는 것이 예법이니라.』

◉ 이 장은 같은 날에 한가족이 함께 죽었을 경우를 가상하여 장례식과 전(奠)의 순서를 기술하였으니 장례식은 가벼운 상복(喪服)을 먼저 거행하고, 제사는 무거운 상복을 먼저 지내는 예절을 밝혔다.

병(並)은 함께 나란히 함이고, 경(輕)과 중(重)은 상복(喪服)을 서로 비교하여 보다 가볍고 무거운 차이이다. 자계급장(自啓及葬)은 보다 가벼운 상복의 장례식을 거행하기 위하여 계빈(啓殯)하고 매장(埋葬)하는 과정이요, 불전(不奠)은 음식을 드리는 계빈전(啓殯奠),

조전(朝奠), 조전(祖奠), 견전(遣奠) 등의 모든 전(奠)을 생략함이니
장차 무거운 상복의 장례식이 있으므로 가벼운 상복의 혼백(魂帛)은
새벽에 조용히 먼저 떠나서 무거운 상여의 출행을 방해하지 않겠다
는 사양지심(辭讓之心)의 표출이다. 행장(行葬)은 장지로 운구하는
행렬이고, 불애차(不哀次)는 슬퍼하며 머물러 시간을 허비하면 장차
무거운 상복의 장례식이 늦어질 것을 배려하여 가벼운 상복이 뒤도
돌아보지 않고 서둘러 빨리 떠나는 공경지심(恭敬之心)의 표출이다.
반(反)은 가벼운 상복의 장례식을 마치고 집으로 돌아옴이고, 장(葬)
은 무거운 상복의 장례식을 거행함이며, 사(辭)는 가벼운 상복의 장
례를 마치고 돌아왔다는 보고의 말씀이다. 우(虞)는 장례식을 거행하
여 묘를 쓰고 집으로 돌아와서 당일 저녁에 지내는 초우(初虞)와 그
다음 날에 지내는 재우(再虞), 그리고 삼우(三虞)를 일컫는다.

 독자는 여기에서 사람이나 귀신이나 모두 어른의 큰일이 있으면
아랫사람은 조용히 서둘러 피해야 되는 예절을 여기에서 확인할지어
다. 전배들은 이 절을 이해하지 못하고 장례일자를 다르게 하는 것처
럼 억지로 해설하였기에 내가 동일장(同日葬)으로 바로잡았으니 살
피기 바란다.

7-3-1──────────────── 孔子가 曰宗子는 雖七十이라도 無無主婦니
                        非宗子면 雖無主婦라도 可也니라.

『공자가 말씀하시기를 종가의 맏아들은 비록 70세라도 주부와 관
계가 없는 것이 없나니 종가의 맏아들이 아니면 비록 주부가 없어도
괜찮으니라.』

◯ 이 장은 가례(家禮)를 거행함에는 주인(主人)과 주부(主婦)가 각각 일을 분담하여 추진하므로 비록 70세가 되었어도 자부(子婦)나 손부(孫婦)가 없으면 재혼(再婚)하여 종부(宗婦)가 있어야 됨을 강조하였다.

종자(宗子)는 종가(宗家)의 맏아들이고, 무무주부(無無主婦)는 부모를 공양(供養)하고 제사를 지냄에 주부와 관계가 없는 것은 없다는 뜻이며, 비종자(非宗子)는 부모도 모시고 살지 않고 제사도 없는 지자(支子)이다.

7-4-1──────────────── 曾子가 問曰將冠子할새 冠者가 至하야 揖讓而入이라가 聞齊衰大功之喪하면 如之何이니까 孔子가 曰內喪則廢하고 外喪則冠而不醴하며 徹饌而埽하고 卽位而哭이니라 如冠者가 未至이어든 則廢니라.

『증자가 물어 말하기를 장차 아들에게 관을 씌우려 할 때에 관을 씌울 손님이 대문에 이르러 주인이 대문 밖에 나아가 손님에게 읍하고 사양하며, 대문을 들어오다가 자최나 대공의 상복을 입어야 되는 사람이 죽었다는 부음을 들으면 어떻게 합니까? 공자가 말씀하시기를 대문 안에서의 초상이라면 폐지하고, 대문 밖에서의 초상이면 손님이 성년자에게 관만 씌워 주고 단술은 주지 않으며, 음식을 거두며 청소하고 자리에 나아가 곡을 하니라. 만일 관을 씌울 손님이 이르지 않았거든 곧 폐지하니라.』

◑ 이 장은 관례(冠禮)를 거행할 때에 자최나 대공의 초상이 나면 대처하는 절도를 기술하였다.

관자(冠子)는 아들이 20세가 되어 성년식을 거행하려고 관을 씌우는 행사이고, 관자(冠者)는 아들에게 관을 씌우기 위하여 초청한 손님이며, 지(至)는 대문에 이르러 온 것이다. 읍양(揖讓)은 주인과 손님이 서로 먼저 대문을 들어가도록 세 번 청하고 세 번 사양하는 예절이고, 내상(內喪)은 대문 안에서의 초상이요, 외상(外喪)은 대문 밖에서의 초상이며, 예(醴)는 예주(醴酒)로 관례에서 성년자에게 성인의 관을 씌운 다음에 술을 먹을 자격을 인정하여 단술을 마시게 하는 것이다. 철찬(徹饌)은 관례를 거행하기 위하여 차린 음식상을 철거함이니 곧 관례를 모두 마친 것으로 인정함이다.

7-4-2
如將冠子而未及期日하여서
而有齊衰大功小功之喪이어든 則因喪服而冠이니라
除喪하고 不改冠乎이니까 孔子가 曰天子가
賜諸侯大夫冕弁服於大廟어든 歸設奠할새
服賜服하나니 於斯乎에 有冠醮하고 無冠醴니라
父沒而冠할새 則已冠하고 埽地而祭於禰하며
已祭而見伯父叔父하고 而後에 饗冠子니라.

『만약 장차 아들에게 관을 씌우려고 하다가 기약한 날짜에 미치지 못해서 자최나 대공이나 소공의 초상이 있거든 곧 상복을 인연하여 관을 쓰니라. 상복을 벗고 관례를 고치지 않습니까? 공자가 말씀하시기를 천자가 제후나 대부에게 면류관과 고깔모자와 옷을 태묘에서 내리거든 돌아가서 조상에게 전을 드릴 때에 하사받은 옷을 입나니 이에 관례의식의 별님에게 빌고 술을 마시는 초례는 있어도 관례의식의 단술을 마시는 절차는 없느니라. 아버지가 돌아가시고 관례를 거행할 때에는 곧 이미 관을 쓰고는 땅을 쓸고 아버지의 사당에 제사 지내며, 이미 제사 지내고서 큰아버지와 작은아버지에게 보인 이후에 관을 씌운 손님에게 향연을 베푸니라.』

　● 여기에서는 관례를 거행하려고 기일을 이미 정했는데 자최나 대공이나 소공의 초상이 나면 성인(成人)의 상복을 입는 것으로 관례를 대신하지만 오직 참최(斬衰)는 3년의 상복을 벗은 다음에 다시 날을 정하여 관례를 거행하는 것임을 밝혔으니 관례를 거행할 주인(主人)이 죽었으므로 행사를 폐지한 것으로 인정하는 까닭이다.

　미급기일(未及期日)은 기일이 되기 이전이고, 인상복이관(因喪服而冠)은 상복을 성인의 상복으로 입어서 어른의 상관(喪冠)을 쓰는 것이며, 개관(改冠)은 상관(喪冠)을 벗고 길관(吉冠)으로 바꾸어 쓸 때에 다시 관례를 거행하는 것이다. 초(醮)는 관을 모두 씌운 다음에 성년자가 술잔을 들고 별님에게 앞날의 행복을 빌고 마시는 절차요, 부몰이관(父沒而冠)은 아버지가 죽음에 3년의 상복을 벗고 손님을 초청하여 관례를 거행하는 것이다.

7-5-1━━━━━━━━━━━━━━━━━━━━━━━━━━ 曾子가 問曰祭如之何거든

則不行旅酬之事矣이니까 孔子가 曰聞之하니

小祥者는 主人이 練祭而不旅하고

奠酬於賓이라도 賓弗擧가 禮也니라 昔者에

$$\text{魯昭公이 練而擧酬行旅하니 非禮也요}$$
$$\text{孝公이 大祥에 奠酬不擧하니 亦非禮也니라.}$$

『증자가 물어 말하기를 제사가 어떤 경우라야 여러 사람이 음복주를 권하는 행사를 행하지 않습니까? 공자가 말씀하시기를 들으니 소상이라는 것은 주인이 상복을 빨아서 입고, 제사를 지내되 여러 사람이 음복주를 권하지 아니하고, 손님에게 권하는 술잔을 드려도 손님이 술잔을 들지 않는 것이 예절이니라. 옛날에 노나라 소공이 상복을 빨아 입고서 손님에게 술을 권하는 잔을 들고 여러 사람에게 음복주를 권하는 행사를 행했나니 예절이 아니요, 효공이 대상에 손님에게 술을 권하는 잔을 들어 마시지 않았으니 또한 예절이 아니니라.』

◯ 이 장은 큰 제사에 여러 사람이 함께 음복(飮福)하는 절차가 있으나 오직 소상(小祥)에는 주인과 손님이 서로 음복주를 권하는 절차가 없음을 밝혔다.

여(旅)는 무리이고, 수(酬)는 주인이 손님에게 술을 권하는 것이니, 여수(旅酬)는 제사를 지내고 젊은이들이 음복주(飮福酒)를 어른들에게 함께 권하는 연례(宴禮)의 절차이다. 연제(練祭)는 상복(喪服)을 빨아 입고 돌아가신 지 1년이 되는 기일(忌日)에 지내는 소상(小祥)이며, 전수(奠酬)는 권하는 술잔을 드리는 것이고, 소공(昭公)은 춘추 말기의 노나라 임금이고, 효공(孝公)은 춘추 이전의 노나라 임금이니 은공(隱公)의 할아버지이다.

춘추 이전에는 효도정신이 넘쳐서 대상(大祥)에도 술을 먹지 않았거늘 춘추 후기에는 효도정신이 메말라서 소상(小祥)에도 술을 먹었

으니 예절이 무너지는 세대를 알 수 있는 것이다. 만일 증자가 이에
대한 질문을 하지 않았더라면 소상에 여수(旅酬)가 없는 것을 누가
알았으리오!

7-5-2──────── 曾子가 問曰大功之喪에 可以與於饋奠之事乎이니까
孔子가 曰豈大功耳리오 自斬衰以下에 皆可하니
禮也니라 曾子가 曰不以輕服而重相爲乎니까
孔子가 曰非此之謂也니라 天子諸侯之喪에는
斬衰者가 奠하고 大夫는 齊衰者가 奠하고
士는 則朋友가 奠하고 不足이어든
則取於大功以下者하고 不足이어든 則反之니라.

『증자가 물어 말하기를 대공의 상복을 입고 제물을 갖추어 빈소에
전을 드리는 행사에 참여할 수 있습니까? 공자가 말씀하시기를 어찌
대공뿐이리오. 참최상복으로부터 이하에 모두 할 수 있으니 예절이니
라. 증자가 말하기를 상복을 가볍게 하고 예절을 위하여 돕는 것을
무겁게 하지 않겠나이까? 공자가 말씀하시기를 이것을 말함이 아니
니라. 천자와 제후의 초상에는 참최상복을 입은 사람이 전을 드리고,
대부는 자최상복을 입은 사람이 전을 드리고, 선비는 곧 붕우가 전을
드리고 부족하거든 대공상복을 입은 이하 사람 중에서 취택하고 부
족하거든 곧 그 이상에서 돕게 하니라.』

◉ 이 절은 상복(喪服)을 입었어도 빈소(殯所)에 궤전(饋奠)하는

일은 서로 돕는 것이 예절이로되 천자와 제후의 상에는 가장 무거운 상복을 입은 사람이 돕고 대부의 상에는 보통 상복을 입은 사람이 돕고, 선비의 상에는 가장 가벼운 상복을 입은 사람이 돕는 것임을 밝혔다.

여(與)는 참여함이고, 궤전(饋奠)은 제물을 갖추어 빈소(殯所)에 전(奠)을 드리는 것이며, 경복(輕服)은 상복을 입고 일을 해서 상복을 소홀이 취급함이요, 중상위(重相爲)는 예절을 행하기 위하여 돕는 것을 중요하게 여기는 것이다. 비차지위야(非此之謂也)는 자기의 상복을 입고 남의 집의 궤전(饋奠)을 돕는 것을 말함이 아니고, 자기 집안의 초상에 상복을 입고 상례(喪禮)를 돕는 것을 말한다는 뜻이다. 천자와 제후는 그 신분이 고귀하므로 무거운 상복을 입은 사람이 예절을 돕는 것이 예절이고, 대부는 신분이 보통이므로 보통 상복을 입은 사람이 돕는 것이 예절이며, 선비는 신분이 낮으므로 가벼운 상복을 입은 사람이 돕는 것이 예절이다. 반지(反之)는 대공(大功) 이상에서 취택함이다.

증자는 자기 집안의 상복을 입고 남의 집안의 초상에 가서 예절을 돕는 경우를 물었으나 공자는 그러한 경우는 있을 수 없으므로 자기 집의 상복을 입고 자기 집안의 초상에 예절을 돕는 절도로 가르쳤으니 그 뜻이 깊도다.

7-5-3————————————————曾子가 問曰小功에 可以與於祭乎이니까
孔子가 曰何必小功耳리오 自斬衰以下가 與祭하니
禮也니라 曾子가 曰不以輕喪而重祭乎이니까
孔子가 曰天子諸侯之喪祭也는 不斬衰者不與祭하고

大夫는 齊衰者與祭하고 士는 祭에 不足이어든
則取於兄弟大功以下者이니라.

『증자가 물어 말하기를 소공의 상복을 입음에 제사에 참여해야 합니까? 공자가 말씀하시기를 어찌 반드시 소공상복뿐이리오. 참최상복으로부터 이하가 제사에 참여하니 예절이니라. 증자가 말하기를 상복을 가볍게 하고 제사를 무겁게 하지 않겠나이까? 공자가 말씀하시기를 천자와 제후의 장사 뒤에 지내는 제사는 참최상복을 입은 사람이 아니면 제사에 참여하여 집사를 하지 못하고, 대부는 자최의 상복을 입은 사람이 아니면 제사에 참여하여 집사를 하지 못하고, 선비는 제사에 집사가 부족하거든 형제 가운데 대공의 상복 이하를 입은 사람에서 취택하니라.』

◉ 여기에서는 제사에 집사(執事)가 되는 경우를 밝혔으니 대개 앞 절의 구문과 비슷한바, 증자는 가벼운 상복을 입고 길제(吉祭)에 가서 집사를 할 수 있느냐고 물었으나 그것은 흉례(凶禮)와 길례(吉禮)를 혼합하여 있을 수 없으므로 공자가 상제(喪祭)로 말하였다.

여제(與祭)는 제사에 참여하여 집사(執事)가 되는 것이고, 상제(喪祭)는 장사 지내고 집으로 돌아와서 우제(虞祭)를 지내는 것이다. 우제(虞祭)에서도 천자와 제후는 고귀하므로 참최의 상복을 입은 사람이 집사가 되고 대부는 보통이며 선비는 가벼운 상복을 입은 사람이 돕는 것이다.

7-5-4──────────────────────── 曾^증子^자가 問^문曰^왈相^상識^식이어든 有^유喪^상服^복이라도
可^가以^이與^여於^어祭^제乎^호이니까 孔^공子^자가 曰^왈緦^시라도
不^불祭^제어늘 又^우何^하助^조於^어人^인이리오.

『증자가 물어 말하기를 서로 아는 사이면 상복을 입고 있어도 제사에 참여하여 집사가 될 수 있습니까? 공자가 말씀하시기를 시마상복을 입었을지라도 제사 지내지 않거늘 또한 어찌 남의 제사에 도우리오!』

☯ 여기에서는 상복(喪服)은 흉복(凶服)이므로 절대로 길제(吉祭)에 참여하여 집사가 될 수 없음을 밝혔다.

상식(相識)은 서로 얼굴을 알고 가깝게 지내며 협조하는 사이이고, 시(緦)는 시마(緦麻) 3월의 상복으로 가장 가벼운 것이요, 부제(不祭)는 자기의 집안에 제사도 지내지 않은 것이며, 인(人)은 남의 집안에 제사를 뜻한다.

7-5-5──────────────────────── 曾^증子^자가 問^문曰^왈廢^폐喪^상服^복하고
可^가以^이與^여於^어饋^궤奠^전之^지事^사乎^호이니까
孔^공子^자가 曰^왈說^탈衰^최與^여奠^전이 非^비禮^례也^야니
以^이擯^빈相^상은 可^가也^야니라.

『증자가 물어 말하기를 상복을 벗고 음식을 갖추어 빈소에 전을 드리는 일에는 참여하여 집사를 할 수 있습니까? 공자가 말씀하시기를 상복을 벗고 전을 드리는 일에 참여하여 집사를 함은 예절이 아니니 손님의 응접을 맡아 돕는 것은 할 수 있느니라.』

◐ 여기에서는 상복을 벗자마자 즉시 남의 초상집에 가서 궤전(饋奠)의 집사 역할을 할 수 없음을 밝혔으니 비록 상복을 벗었어도 아직 남아 있는 슬픔이 있으므로 근신해야 되는 것이다.

폐(廢)는 폐지하여 제거함이고, 탈최(說衰)는 상복을 벗음이며, 빈상(擯相)은 주인을 위하여 손님의 응접을 맡아 돕는 것이다.

앞 절에서는 흉복(凶服)으로 길례(吉禮)에 참여하여 돕지 못함을 논했고, 여기에서는 흉복을 벗자마자 흉례(凶禮)에 참여하여 적극적으로 돕지 못함을 논하였다.

7-6-1—————————— 曾子가 問曰昏禮에 旣納幣하고 有吉日이어늘
女之父母가 死어든 則如之何이니까 孔子가 曰壻가
使人吊하니라 如壻之父母가 死어든 則女之家가
亦使人吊하되 父喪이어든 稱父하고 母喪이어든
稱母니 父母가 不在어든 則稱伯父世母니라
壻가 已葬이어든 壻之伯父가 致命女氏하되
曰某之子有父母之喪이라 不得嗣爲兄弟일새
使某致命이라 하니라 女氏許諾하되 而不敢嫁가
禮也니라 壻가 免喪이어든 女之父母가 使人請하되
壻弗取어든 而后에 嫁之가 禮也니라
女之父母가 死어든 壻亦如之니라.

『증자가 물어 말하기를 혼례에서 이미 혼인을 약속하여 폐백을 드리고, 친영할 혼인날을 정했거늘 여자의 부모가 죽으면 어떻게 합니까? 공자가 말씀하시기를 남자 쪽에서 사람을 보내 조문하니라. 만약

에 남자의 부모가 죽거든 곧 여자의 집에서 또한 사람을 보내 조문하되 아버지의 초상이면 아버지의 이름으로 조문하고, 어머니의 초상이면 어머니의 이름으로 조문하나니 부모가 살아 있지 않으면 큰아버지나 큰어머니의 이름으로 하니라. 남자가 이미 장례를 하였거든 남자의 큰아버지가 여자의 집에 혼인약속을 반납하되 말하기를 아무개의 아들에게 부모의 상복이 있으므로 형제의 인척이 됨을 이을 수 없기에 아무개로 하여금 혼인약속을 반납하나이다 하니라. 여자의 집에서는 허락하되 감히 다른 데로 시집보내지 않는 것이 예절이니라. 남자가 3년 상복을 벗거든 여자의 부모가 사람을 시켜 혼인을 요청하되 남자가 취하지 않거든 그 뒤에 다른 곳으로 시집보내는 것이 예절이니라. 여자의 부모가 죽거든 남자가 또한 그와 같이 하니라.』

◉ 이 장은 혼례에서 이미 약혼을 하고 또 혼인의 날짜까지 정했는데 그 부모가 죽을 경우를 가정하여 대처요령을 밝혔으니 혼인약속을 무효화하는 것이다.

납폐(納幣)는 남자의 아버지가 여자의 부모에게 정식으로 혼인을 요청하는 혼서(婚書)와 혼인선물의 함을 보내는 것이고, 길일(吉日)은 친영(親迎)하는 혼인날이며, 서(壻)는 남자 또는 사나이이다. 세모(世母)는 큰어머니로 세대를 대표하는 어머니란 뜻이고, 치(致)는 되돌려 주어서 반납함이요, 명(命)은 혼인을 약속하여 혼인을 요청하는 명령이며, 형제(兄弟)는 인척(姻戚)을 맺는 형제관계이다. 혼인약속은 무효화하지만 그러나 양쪽에서 모두 혼례의 연기를 희망하고 있는 상황이다.

曾子가 問曰親迎하야 女在塗어늘
而壻之父母가 死어든 如之何니이까
孔子가 曰女가 改服하고
布深衣縞總하야 趨喪이니 女가 在塗어늘
而女之父母가 死어든 則女가 反이니라.

『증자가 물어 말하기를 남자가 아내를 친히 맞이하여 감에 여자가 길에 있거늘 남자의 부모가 죽거든 어떻게 합니까? 공자가 말씀하시기를 여자가 혼례복을 벗고 베로 만든 예복을 입으며, 흰 비단으로 머리를 묶고 빨리 초상집으로 가나니 여자가 길에 있거늘 그 여자의 부모가 죽거든 그 여자가 친정으로 되돌아가니라.』

○ 여기에서는 이미 친영(親迎)하여 감에 도중에서 남자와 여자의 부모가 죽었을 경우를 가정하여 대처요령을 밝혔으니 이미 혼인한 부처(夫妻)의 관계가 성립된 것으로 인정하였다.

도(塗)는 도로이고, 개복(改服)은 혼례복을 벗고 평상복으로 입는 것이며, 포(布)는 베이며, 심의(深衣)는 흰색으로 만든 예복이요, 호(縞)는 흰 비단이며, 총(總)은 머리를 묶는 것이다. 포심의(布深衣)는 정식 상복(喪服)은 아니고 소박한 예복을 입는다는 뜻이며, 호총(縞總)은 원래 머리를 풀어야 하지만 우선 흰 댕기로 묶어 두는 것이니 약간 배려함이요, 반(反)은 되돌아가는 것이다.

如壻가 親迎하야 女가 未至어늘
而有齊衰大功之喪이어든 則如之何이니까

孔子가 曰男은 不入하야 改服於外次하며
女는 入하야 改服於內次하고 然後라사
卽位而哭하니라 曾子가 問曰除喪하면
則不復昏禮乎이니까 孔子가 曰祭過時하면
不祭가 禮也어늘 又何反於初하리오.

『만약에 남자가 아내를 친히 맞이하여 감에 여자가 아직 이르지 아니하였거늘 자최나 대공의 초상이 나면 어떻게 합니까? 공자가 말씀하시기를 남자는 대문에 들어가지 아니하여 대문 밖의 대기소에서 옷을 바꾸어 입고, 여자는 대문에 들어가 대문 안의 대기소에서 옷을 바꾸어 입고, 그런 다음에 자리에 나아가 곡을 하니라. 증자가 말하기를 상복을 벗으면 다시 혼례를 합니까? 공자가 말씀하시기를 제사도 때가 지나면 제사를 지내지 않는 것이 예절이거늘 또한 어찌 처음에로 돌아가리오.』

◯ 여기에서는 이미 친영(親迎)을 하였으면 남은 행사는 취소하였어도 혼례를 마친 것으로 인정하여 다시 할 수 없는 예절을 밝혔다.

외차(外次)는 대문 밖에서 손님이 기다리는 대기실이고, 내차(內次)는 대문 안에서 손님이 기다리는 대기실이며, 제상(除喪)은 상복을 입는 기간이 끝나서 상복을 벗는 것이다.

독자는 여기에서 모든 예절의식은 후퇴하여 반복함이 없는 것을 알기 바란다. 그리고 자최나 대공의 초상에는 혼례를 중지하지만 소공(小功)이나 시(緦)의 초상은 가벼운 상복이므로 혼례를 중지하지 않고 계속 진행하도록 배려하였으니 혼례도 대단히 중요한 예절이기 때문이다.

7-6-4─────────────────────── 孔子가 日嫁女之家가 三夜를
不息燭은 思相離也요 取婦之家가
三日을 不擧樂은 思嗣親也니라
三月而廟見에 稱來婦也하고
擇日而祭於禰하나니 成婦之義也니라.

『공자가 말씀하시기를 딸을 시집보내는 집에 3일 밤을 촛불을 끄지 아니함은 서로 이별함을 생각함이요, 며느리를 얻는 집에 3일 동안을 음악을 연주하지 아니함은 어버이의 일을 이을 것을 생각함이니라. 3개월이 되면 사당에 뵘에 며느리가 왔다고 일컫고, 날을 받아 아버지의 사당에 제사 지내나니 며느리가 되었다는 뜻이니라.』

◉ 여기에서는 혼례의 중대성을 서술하였으니 혼례는 집안의 대를 이어 가는 기본예절이므로 며느리는 시부모를 공양(供養)하고 조상의 제사를 지내는 책임이 있는 것을 밝혔다.

사상리(思相離)는 딸을 시집보내서 가족이 서로 이별하는 아픔으로 잠을 이루지 못함이고, 불거악(不擧樂)은 악기를 악기 틀에 걸어 음악을 연주하지 않음이니 어버이의 사업을 계승하는 무거운 책임감으로 걱정을 하는 것이다. 택일(擇日)은 혼인한 다음 날부터 선택할 수 있으며, 제(祭)는 음식을 공양(供養)하는 도리를 행함이고, 성부(成婦)는 며느리가 된 것이니 아내의 역할뿐만 아니라 시부모를 섬

기는 의무까지 완수하려는 결의와 자세를 보였다는 의미이다.

7-6-5————————— 曾子가 問曰女가 未廟見而死어든
則如之何이니까 孔子가 曰不遷於祖하며
不祔於皇姑하며 壻가 不杖하며 不菲하며
不次하고 歸葬于女氏之黨은 示未成婦也니라.

『증자가 물어 말하기를 여자가 아직 사당에 뵙지 못하고 죽었거든 어떻게 합니까? 공자가 말씀하시기를 조상의 사당으로 천구(遷柩)하여 뵙지 아니하고, 신주를 죽은 시어머니의 곁에 붙여 놓지도 아니하며, 남편이 지팡이를 짚지 않으며, 짚신을 신지 않으며, 야외의 빈소에 머물지 않고, 여자집의 마을에 돌아가 장사 지냄은 아직 며느리가 되지 못했음을 보임이니라.』

● 여기에서는 죽은 시부모에게 음식을 공양(供養)하는 도리를 한 번도 하지 못하고 죽은 여자는 결코 며느리는 되지 못하며 단지 아내로서의 대우만 받을 뿐임을 기술하였으니 시부모가 이미 죽었거든 여자는 속히 날을 선택하여 시부모의 제사를 지내야 함을 밝혔다.

묘현(廟見)은 남자의 집안에 있는 조상의 사당에 며느리가 들어왔음을 보이며 보고하는 의식이니 옛날에는 3개월에 거행하였으나 중세에는 혼인한 지 3일에 거행하였는바 이혼이 자유로운 세상에는 천천히 하고 이혼을 억제하는 세태에는 빨리하였다.

천(遷)은 천구(遷柩)이고, 조(祖)는 조묘(祖廟)이며, 부(祔)는 신

주(神主)를 조상의 신주의 곁에 붙여 놓은 것이요, 황고(皇姑)는 죽은 시어머니를 높인 말이며, 부장(不杖)은 부장기(不杖期)이고, 비(菲)는 풀로 만든 상제의 신이며, 차(次)는 상차(喪次)로 상주가 빈소에서 거처함이요, 당(黨)은 마을이다.

○ 이 절은 여자가 시집가서 시부모를 공양(供養)하고 조상의 제사를 지내는 며느리가 되지 못하면 시집의 귀신이 될 수 없음을 기술하였다.

단지 남자의 아내 역할만 하고 시부모에게 며느리 노릇을 하지 못하여 시집조상을 모신 사당이나 산소도 모르며 자녀도 생산하지 못했다면 죽어서도 조상의 사당에 들어가지 못하고 시집의 선영(先塋)에 묻힐 수 없는 것인즉 살아서의 처신이 죽어서의 대우를 결정한다는 뜻이다.

7-6-6─────────────────── 曾子가 問曰取女하되 有吉日而女死어든 如之何이니까 孔子가 曰壻齊衰而吊하고 旣葬而除之하나니 夫가 死어든 亦如之니라.

『증자가 물어 말하기를 여자에게 장가들되 혼인날을 정하고, 여자가 죽거든 어떻게 합니까? 공자가 말씀하시기를 남자는 자최의 상복을 입고 조문하고, 이미 장사 지내면 상복을 벗나니, 사내가 죽거든 또한 그와 같이 하니라.』

◑ 여기에서는 아직 혼인식은 거행하지 않았으므로 남편과 아내의 사이는 아니지만 그래도 이미 약혼을 하였으므로 유시무종(有始無終)의 현실은 인정해야 됨을 밝혔다.

취(取)는 장가드는 것이고, 자최(齊衰)는 자최장기(齊衰杖期)니 아내의 상복이며, 역여지(亦如之)는 여자가 참최(斬衰)의 상복을 입는 것이니 곧 남편의 상복이다.

예절은 인간의 순수한 마음과 사회의 보편적 정서를 말미암아 제작하였기 때문에 예절관계는 비록 작은 것이라도 그 의미와 가치를 존중하는 것이다.

7-7-1 ——————————————— 曾子가 問曰喪에 有二孤하며
廟에 有二主가 禮與이니까
孔子가 曰天無二日하며 土無二王하고
嘗禘郊社에 尊無二上하니 未知其爲禮也로다.

『증자가 물어 말하기를 초상집에 두 상주가 있으며, 사당에 두 신주가 있는 것이 예절입니까? 공자가 말씀하시기를 하늘에 두 태양이 없으며, 땅에 두 왕이 없고, 가을제사와 여름제사와 하느님제사와 땅신제사에 존숭함에 둘을 높임이 없나니 그 예절이 됨을 알지 못하리로다.』

◑ 이 장은 예절의 존엄한 실체는 오직 하나임을 기술하여 상주(喪主)가 둘일 수 없고 신주(神主)가 둘일 수 없음을 밝혔다.

2고(二孤)는 상주(喪主: 孤子)가 두 명이라는 말이고, 2주(二主)
는 신주(神主)가 두 개라는 말이니 비록 아들이 많아서 상제(喪制)
가 여러 사람이라도 상례를 주관하는 상주(喪主)는 맏아들이나 승중
(承重)한 큰손자가 되는 것이며, 사당에 같은 신의 신주를 두 개나
봉안할 수 없는 것이다. 2일(二日)은 태양이 두 개라는 말이고, 2왕
(二王)은 왕이 두 명이라는 말이니 자연의 현상으로나 사회의 현실
에 어긋나는 것이다.

7-7-2————————————————— 昔者에 齊桓公이 亟擧兵할새
作僞主以行하고 及反하야 藏諸祖廟하니
廟有二主가 自桓公으로 始也니라.

『옛날에 제나라 환공이 갑자기 군사를 일으킬 때에 거짓으로 신주
를 만들어서 군사를 출동하고, 돌아옴에 미쳐 조상의 사당에 보관하
니 사당에 두 개의 신주가 있는 것은 환공으로부터 비롯하니라.』

◐ 여기에서는 사당에 신주가 두 개씩 있게 된 것은 제나라 환공
으로부터 비롯한 비례(非禮)임을 논증하였다.

기(亟)는 창졸간에 갑자기이고, 거병(擧兵)은 전쟁을 일으킴이며,
위주(僞主)는 위장한 신주(神主)니 가짜 신주이다.

고대의 전쟁에서는 군사출동의 엄숙성을 고취하기 위하여 종묘의
신주를 수레에 싣고 임금이 출진하였는바 제나라 환공은 졸연히 전
쟁을 일으키면서 신주를 위조하고 또 돌아와 그것을 종묘에 소장하

였으니 무례(無禮)를 거듭한 것이다.

7-7-3━━━━━━━━━━━ 喪之二孤는 則昔者에 衛靈公이 適魯할새
遭季桓子之喪하야 衛君이 請吊어늘
哀公이 辭不得命이라 公이 爲主하야
客이 入吊에 康子가 立於門右하야 北面하니
公이 揖讓하며 升自東階하야 西鄕한 대
客이 升自西階하야 吊하니 公이 拜興哭하거늘
康子가 拜稽顙於位한대 有司가 弗辯也니
今之二孤는 自季康子之過也니라.

『초상집에 두 상주가 있음은 곧 옛날에 위나라 영공이 노나라에 갔을 때에 계환자의 초상을 당하여 위나라 임금이 조문하기를 청하거늘 애공이 사양하였으나 허락을 얻지 못하므로 애공이 상주가 되어 손님이 들어와서 조문함에 강자가 대문의 오른쪽에 서서 북쪽을 향하니 공이 맞이하여 읍하고 사양하면서 동쪽 계단으로부터 올라가 서쪽을 향한대 손님이 서쪽 계단으로부터 올라가 조문하니 공이 절하고 일어나서 곡을 하거늘 강자가 상주의 자리에서 절하고 이마를 땅에 댄대 책임자가 분별하지 못한 것이니 오늘날에 상주가 둘이 있는 것은 계강자로부터 잘못된 것이니라.』

◐ 여기에서는 초상집에 상주가 둘이 있게 된 것은 계강자(季康子)가 임금의 조문에는 상주 노릇을 피하여 임금이 상주가 되게 하는 예절을 몰라서 생긴 무례(無禮)임을 논증하였다.

계환자(季桓子)는 노나라 대부(大夫)요, 애공(哀公)은 노(魯)나라의 임금이며, 위주(爲主)는 상주(喪主)가 되는 것이며, 객(客)은 위나라 영공을 지칭한다. 무릇 예법에 임금이 이웃 나라의 대부(大夫)의 죽음에 조문을 가면 이웃 나라의 임금이 상주가 되어 맞이하는 것이 예절이며, 또한 대부(大夫)가 죽어서 이미 빈소(殯所)를 설치하여 임금이 조문을 오면 상주(喪主)는 상주의 자리를 피하여 문밖의 오른쪽에 서서 북쪽에 향하여 곡을 하고 절하며 이마를 땅에 대는 것이 예절이다. 강자(康子)는 계환자의 아들이며, 위(位)는 상주(喪主)의 자리로 곧 빈소의 동쪽이다. 따라서 애공(哀公)과 강자(康子)가 모두 상주의 자리에서 위나라 영공의 조문을 받으므로 상주가 둘이 된 것이다.

대저 주인과 손님의 관계가 성립되지 않고 언제나 주인인 사람이 있나니 신하는 임금을 손님으로 맞이할 수 없고, 자식은 아버지를 손님으로 대우할 수 없으며, 제자는 스승을 손님으로 대접할 수 없는 것이니, 모름지기 임금은 신하의 집에서도 주인이고, 아버지는 자식의 집에서도 주인이며, 스승은 제자의 집에서도 주인이 되는 것이다.

7-8-1 曾子가 問曰古者에 師行할새

必以遷廟主로 行乎이니까 孔子가

曰天子가 巡守하실새 以遷廟主로 行하사

載于齊車하나니 言必有尊也니라

今也에 取七廟之主하야 以行하니 則失之矣니라.

『증자가 물어 말하기를 옛날에 군사가 출행할 때에 반드시 종묘에
서 옮긴 신주와 함께 행군합니까? 공자가 말씀하시기를 천자가 순수
하실 때에 종묘에서 옮긴 신주와 함께 행군하사 깨끗한 수레에 싣나
니 반드시 존숭함이 있는 것을 말하는 것이니라. 오늘에는 일곱 사당
의 신주를 모아서 행군하니 곧 실례이니라.』

◉ 이 장은 천자나 제후가 군사를 거느리고 행군할 때에는 종묘
(宗廟)에서 옮긴 신주(神主)와 함께 행군하였음을 밝혔다.

사행(師行)은 천자가 군사를 거느리고 출행함이고, 천묘주(遷廟主)는
천자국의 태묘(太廟)에서 새로 조묘(祧廟)로 옮긴 신주(神主)니 곧 천
자의 7대조로 영녕전(永寧殿)에 처음 들어가는 신주이다. 재거(齊車)는
깨끗한 수레이며, 7묘(七廟)는 태묘(太廟)에 모신 태조(太祖)와 3소3목
(三昭三穆)의 신주를 일컬으며, 실(失)은 실례(失禮)이다.

7-8-2─────────────────── 當七廟五廟에 無虛主니 虛主者는
惟天子가 崩하시고 諸侯가 薨함과
與去其國과 與祫祭於祖에 爲無主耳니라
吾聞諸老聃하니 曰天子가 崩하시고
諸侯가 薨하거든 則祝이 取群廟之主하야
而藏諸祖廟가 禮也니 卒哭成事而后에
主가 各反其廟니라.

『일곱 사당과 다섯 사당에 당해서는 신주를 비움이 없으니 신주를
비우는 것은 오직 천자가 승하하시고, 제후가 서거함과 그 도읍을 떠

남과 태조의 사당에서 합동제사를 지냄에 신주가 없게 될 뿐이니라. 나는 노담에게 들었나니 말하기를 천자가 승하하시고, 제후가 서거하거든 곧 축관이 여러 사당의 신주를 거두어서 태조의 사당에 소장함이 예절이니 졸곡에 상사를 완성한 이후에 신주가 각각 그 사당으로 돌아간다고 하니라.』

◑ 이 절은 태묘(太廟)의 일곱 사당과 종묘(宗廟)의 다섯 사당에는 임금이 죽었을 때와 임금이 망명을 떠날 때와 합동제사를 지낼 때를 제외하고는 신주를 비울 수 없음을 설파하였다.

7묘(七廟)는 천자국의 태묘(太廟)이고, 5묘(五廟)는 제후국의 종묘(宗廟)니 태조를 비롯하여 2소2목(二昭二穆)을 지칭한다. 허주(虛主)는 사당에 신주가 없는 것이요, 거기국(去其國)은 도읍을 버리고 임금이 피난을 떠나는 것이며, 협제(祫祭)는 합동제사를 지내는 것이다. 위무주(爲無主)는 사당에 신주가 없게 되는 경우이고, 노담(老聃)은 노자(老子)가 아니고 옛날의 현인이다. 졸곡성사(卒哭成事)는 3우제(三虞祭)를 지낸 다음에 길제(吉祭)로 조석상식(朝夕上食)을 그치는 제사를 지내고 초하루와 보름만을 찾는 까닭에 장례를 완성하였다는 뜻으로 성사(成事)라고 하였다.

7-8-3───────────────────────── 君이 去其國할새 太宰가
取群廟之主以從이 禮也니라.

『임금이 그 나라를 떠나갈 때에는 국무총리가 여러 사당의 신주를

거두어 따르는 것이 예절이니라.』

◉ 여기에서는 임금이 도읍을 버리고 피난을 갈 때에는 행정책임 자가 종묘의 신주를 거두어 함께 가야 됨을 밝혔다.

무릇 피난(避難)을 할 때에도 조상의 신주(神主)를 버리지 않고 함께함은 조상을 숭배하는 지극한 정성으로 조상과 자손이 일체임을 증명하는 예절이다.

7-8-4───────────────── 袷祭於祖할새 則祝이 迎四廟之主하나니
主가 出廟入廟에 必蹕이라고 老聃이 云하니라.

『태조의 사당에서 합동제사를 지낼 때에는 곧 축관이 네 사당의 신주를 맞이하나니 신주가 사당에서 나오고, 사당에 들어감에 반드시 길을 깨끗이 청소한다고 노담이 말하니라.』

◉ 여기에서는 종묘에서 합동제사를 지낼 때에 축관이 각 사당의 신주를 태조의 사당으로 옮기는 절도를 기술하였다.

영4묘(迎四廟)는 종묘(宗廟)의 2소2목(二昭二穆)을 중앙의 태실 (太室)로 합치는 것이고, 필(蹕)은 임금이 출행함에 길을 청소하여 사람의 왕래를 금지함이다.

7-8-5───────────────── 曾子가 問曰古者에 師行할새 無遷主면
則何主이니까 孔子가 曰主命이니라 問曰何謂也이니까

孔子가 曰天子諸侯가 將出에 必以幣帛皮圭로
告于祖禰하고 遂奉以出하야 載于齊車以行하야
每舍에 奠焉而後에 就舍하며 反必告하되
設奠卒하며 斂幣玉하야 藏諸兩階之間하고
乃出하나니 蓋貴命也니라.

『증자가 물어 말하기를 옛날에 군사가 출행할 때에 종묘에서 옮긴 신주가 없으면 어떤 신주입니까? 공자가 말씀하시기를 신주의 명령이니라. 물어 말하기를 무엇을 일컫는 것입니까? 공자가 말씀하시기를 천자와 제후가 장차 출동함에 반드시 돈과 비단과 가죽과 홀로써 조상과 아버지의 사당에 아뢰고, 마침내 받들고 나와서 깨끗한 수레에 싣고 가서 매양 군사가 머무르는 곳마다 음식을 올리는 전을 드린 다음에 숙사에 나아가며 돌아옴에 반드시 보고하되 음식을 차려서 전을 베풀고 마치며, 돈과 옥을 거두어 양쪽 계단의 사이에 묻고, 이에 사당을 나가나니 대개 명령을 귀중히 함이니라.』

◉ 여기에서는 천묘주(遷廟主)가 없을 경우에는 신주(神主)의 명령을 받드는 절도를 기술하였으니 신주의 명령은 조상과 아버지의 사당에 고유(告由)하면서 바쳤던 예물(禮物)로 천주(遷主)를 대신함을 밝혔다.

주명(主命)은 신주(神主)의 명령이다. 매사(每舍)는 매양 군사가 머물러 자는 곳이고, 취사(就舍)는 임금의 숙사(宿舍)로 나아감이며, 양계지간(兩階之間)은 종묘(宗廟)의 동·서 계단 사이요, 귀명(貴命)은 조상과 아버지의 명령을 귀중하게 받드는 것이다.

이것은 건국의 역사가 짧아 아직 영녕전(永寧殿)에 들어간 7대조가 없는 경우인즉, 할아버지나 아버지의 명령을 신주(神主)처럼 받들어 군률(軍律)을 엄수하는 예절이니 그 뜻이 크도다.

7-9-1─────────────────────── 子游가 問曰喪慈母하되
如母가 禮與이니까 孔子가 曰非禮也니라
古者에 男子는 外有傅하고 內有慈母하더니
君命所使教子也어니 何服之有리오.

『자유가 물어 말하기를 자모를 상복 입되 어머니같이 함이 예절입니까? 공자가 말씀하시기를 예절이 아니니라. 옛날에 남자는 밖에 스승이 있고, 안에 자모가 있었나니 임금이 명령하여 하여금 아들을 가르치게 하는 바이거늘 무슨 상복이 있으리오.』

☯ 이 장은 자모(慈母)의 상복(喪服)에 대하여 기술하였다.

상(喪)은 상복(喪服)을 입는 것이요, 자모(慈母)는 그 뜻이 둘이니 하나는 어머니를 여읜 뒤에 자기를 길러 준 서모(庶母)이고, 또 하나는 천자와 제후의 아들에게 생활법도를 가르치는 여선생인데 자유(子游)가 사대부(士大夫)의 자모복(慈母服)을 물었으나 공자가 천자와 제후의 아들을 가르치는 여선생으로 설명하여 사대부의 자모복은 어머니와 같은 자최3년(齋衰三年)이지만 천자와 제후의 자모는 상복을 입지 않는 것임을 밝혔다. 남자(男子)는 왕자(王子)를 지칭하고, 자(子)는 세자(世子)이다.

　살피건대 적모(嫡母)와 계모(繼母)와 양모(養母)와 자모(慈母)는
어머니와 똑같은 자최3년(齊衰三年)이고, 가모(嫁母)와 출모(出母)는
자최장기(齊衰杖期)이며, 서모(庶母)와 유모(乳母)는 시마(緦麻) 3월
이다.

7-9-2　　　　　　　　　　　　　　　　　昔者에 魯昭公이 少喪其母하고

有慈母者가 良하더니 及其死也에 公이

弗忍也하야 欲喪之어늘 有司가 以聞하야

曰古之禮에 慈母는 無服하니 今也에 君이

爲之服하면 是는 逆古之禮而亂國法也라

若終行之면 則有司가 將書之하야

以遺後世하리니 無乃不可乎이까 公이

曰古者에 天子가 練冠以燕居라 하고

公이 弗忍也하야 遂練冠以喪慈母하니

喪慈母가 自魯昭公으로 始也니라.

　『옛날에 노나라 소공이 어려서 그 어머니를 여의고 자모가 있었는
데 어질더니 그 죽음에 미쳐 공이 차마 못 하여 상복을 입고자 하거
늘 책임자가 들은 것으로 말하기를 옛날의 예법에 자모는 상복이 없
으니 이제 임금이 자모를 위하여 상복을 입으면 이는 옛날의 예법을
거스르고, 나라의 법도를 어지럽히는 것이므로 만약 끝내 행한다면
책임자가 장차 기록하여 후세에 남기리니 이에 불가하지 않으리까!
공이 말하기를 옛날에 천자가 흰 관으로 한가롭게 머물렀다고 하고,
공이 차마 못 하여 마침내 흰 관으로 자모의 상복을 입으니 자모를

상복 입음이 노나라 소공으로부터 시작하니라.』

　● 여기에서는 임금이 자모의 상복을 입은 것은 노나라 소공으로
부터 비롯한 비례(非禮)임을 역사적으로 변증하였다.

　노소공(魯昭公)은 춘추 말기의 임금이고, 문(聞)은 예전에 들어서
알고 있는 지식이요, 연관(練冠)은 흰 비단으로 만든 관인데 상복(喪
服)을 입을 때에 쓴다. 연거(燕居)는 일이 없이 한가히 집에 있는 것
이니 안거(安居), 한거(閒居)인즉, 비록 정식 상복은 입지 않았으나
또한 거상(居喪)하는 것처럼 집에서 사모하였으므로 상복을 입은 것
과 동일한 행동이다.

7-10-1 ──────────────────────── 曾子가 問曰諸侯가 旅見天子할새
入門하야 不得終禮하고 廢者는 幾이니까
孔子가 曰四니라 請問之하나이다
曰大廟가 火와 日食과 后之喪과
雨霑服失容이면 則廢하나라 如諸侯가
皆在而日食이어든 則從天子救日하되
各以其方色與其兵하고 大廟가 火어든
則從天子救火하되 不以方色與兵이니라.

『증자가 물어 말하기를 제후가 합동으로 천자를 알현할 때에 문에
들어가서 예식을 마치지 못하고 폐지하는 것은 몇 가지입니까? 공자
가 말씀하시기를 네 가지 경우니라. 청컨대 네 가지의 경우를 묻나이
다. 말씀하시기를 태묘가 화재로 불탈 때와 일식이 일어났을 때와 왕

후의 초상이 났을 때와 비가 의복을 적시어 모양새를 잃으면 곧 폐
지하나니 만일 제후가 모두 있는데 일식이 일어나면 천자를 따라서
태양을 구하되 각각 그 지방의 의복 색깔과 그 병기로 하고 태묘가
불타거든 곧 천자를 따라 불을 끄되 지방의 의복 색깔과 병기로 하
지 않으니라.』

☯ 이 장은 제후가 합동으로 천자를 알현하는 예식을 중도에 폐지
하는 네 가지 경우를 기술하였다.

여현(旅見)은 여러 사람이 합동으로 알현함이고, 기(幾)는 얼마이
며, 일식(日食)은 일식(日蝕)이다. 방색(方色)은 5방의 의복 색깔이
요, 기병(其兵)은 그 지방의 병장기(兵仗器)인데 동방의 제후는 청색
옷에 갈래진 창인 극(戟)을 들고, 남방의 제후는 붉은 옷에 세모진
창인 모(矛)를 들며, 서방의 제후는 백색 옷에 쇠뇌인 노(弩)를 들
며, 북방의 제후는 검은 옷에 방패인 순(楯)을 들며, 중앙의 제후는
황색 옷에 북인 고(鼓)를 드는 것이다.

일식(日蝕)은 자연현상으로 달이 태양을 가리기 때문에 신하(臣
下)의 의복 색깔과 병장기를 뚜렷이 밝혀 태양을 구하고, 태묘(大廟)
의 화재는 급히 불을 꺼야 되기 때문에 의장을 갖출 수 있는 틈이
없는 것이다.

7-10-2 ──────────────────────────── 曾子가 問曰諸侯가 相見할새
揖讓入門하야 不得終禮하고 廢者는 幾이니까
孔子가 曰六이니라 請問之하나이다 曰天子가

崩함과 太廟가 火함과 日食과 后와
夫人之喪과 雨霑服失容이어든 則廢니라.

『증자가 물어 말하기를 제후가 서로 만나 상견례를 할 때에 맞이하여 읍하고 사양하면서 대문에 들어가서 예식을 마치지 못하고 폐지하는 것은 몇 가지의 경우입니까? 공자가 말씀하시기를 여섯 가지의 경우이니라. 청컨대 그 여섯 가지의 경우를 묻나이다. 말씀하시기를 천자가 승하하심과 태묘가 화재로 불탐과 일식과 왕후와 제후의 부인의 초상이 남과 비가 의복을 적시어 모양새를 잃으면 폐지하니라.』

☯ 여기에서는 제후가 서로 만나 상견례(相見禮)를 하다가 중도에서 폐지하는 여섯 가지의 경우를 기술하였다.

상견(相見)은 주인과 손님이 서로 만나 인사하는 상견례(相見禮)이고, 읍양(揖讓)은 주인이 읍하고 먼저 들어가기를 청하면 손님이 읍하고 사양하는 예절이며, 후(后)는 왕후(王后)이고, 부인(夫人)은 제후의 정실부인이다.

7-10-3 ──────────── 曾子가 問曰天子가 嘗禘郊社五祀之祭할새
簠簋를 旣陳이어든 天子가 崩커나 后之喪이어든
如之何이니까 孔子가 曰廢하니라.

『증자가 물어 말하기를 천자가 조상 하느님, 국토신, 다섯 고사의 제사를 지낼 때에 제기를 이미 진설하였는데 천자가 승하하시거나 왕

후의 초상이 나면 어떻게 합니까? 공자가 말씀하시기를 폐지하니라.』

　◐ 여기에서는 천자가 나라의 큰 제사를 지낼 때에 제수(祭需)를
이미 진설(陳設)하였어도 천자가 승하하거나 왕후의 초상이 나면 즉
시 폐지하는 절도를 기술하였다.
　비록 제사상은 이미 차렸어도 아직 분향강신(焚香降神)을 하여 신
령(神靈)을 부르지 않았기 때문에 폐지할 수 있는 것이니 만일 분향
강신하고 이미 제사를 지내고 있으면 신령이 모든 제사를 받아 잡수
신 것으로 인정하고 제사를 마친다.

7-10-4 ──────────────────── 曾子가 問曰當祭而日食하거나
大廟가 火어든 其祭也에
如之何이니까 孔子가 曰接祭而已矣니
如牲至未殺이어든 則廢이라.

『증자가 물어 말하기를 제사를 당하여 일식이 일어나거나 태묘가
화재로 불타거든 그 제사를 지냄에 어떻게 합니까? 공자가 말씀하시
기를 제사를 접수할 뿐이니 만약 희생이 이르렀으나 죽이지 않았거
든 곧 폐지하니라.』

　◐ 여기에서는 신령이 제사를 접수(接受)한 것으로 인정하는 경우
를 기술하였다.
　접(接)은 접수(接受)함이니, 접제(接祭)는 신령이 제사를 받아 잡

수신 것으로 인정하고 그 이후의 의례절차를 생략하는 것이다. 전배들은 접(接)을 첩(捷)으로 해석하여 접제의 절차를 신속하게 진행하는 것으로 보았으나 옳지 않다. 일식이나 태묘의 화재에 천자는 즉각 구일(救日)과 구화(救火)의 긴급구난의 일에 나서야 된다고 앞(7-10-1)에서 밝혔거늘 어찌 제사를 계속 지내고 있을 틈이 있겠는가! 그러므로 내가 접수하여 받아들인 제사로 해석하였으니 살피기 바란다. 희생(犧牲)이 이르렀어도 아직 죽이지 않았으면 제사를 폐지하는 것은 제사의 정식절차가 시작되지 않았으므로 폐지하는 것이다. 대체로 사람의 행사는 이미 시작하였어도 중도에 폐지할 수 있지만 신령의 행사는 아직 시작하지 않았으면 폐지할 수 있으나 이미 시작하였으면 접수(接受)한 것으로 인정해서 남은 절차를 생략할 뿐이다.

7-10-5 ──────────────── 天子가 崩하사 未殯이어든 五祀之祭를
不行하고 旣殯而祭하되 其祭也에
尸入하야 三飯不侑하며 酳不酢而已矣니라
自啓로 至于反哭에 五祀之祭를 不行하고
已葬而祭하되 祝畢獻而已니라.

『천자가 승하하사 아직 빈궁을 설치하지 않았거든 다섯 고사의 제사를 거행하지 아니하고, 이미 빈궁을 설치하였거든 제사를 지내되 그 제사를 지냄에 시동이 방에 들어가서 세 공기의 밥을 먹음에 음식을 섭정에게 권하지 않으며, 술로 양치질하되 섭정에게 술을 권하지 않을 뿐이니라. 빈궁을 열어 발인함으로부터 장사 지내고 돌아와

서 곡함에 이르기까지 다섯 고사의 제사를 거행하지 아니하고, 이미 장사 지냈으면 제사 지내되 축관이 섭정의 술을 받아 마시는 것으로 마칠 따름이니라.』

❂ 여기에서는 5사(五祀)의 제사는 천자의 승하와 관계없이 반드시 지내되 다만 빈궁(殯宮)을 설치하기 전과 장사 지내는 날은 피하는 것이 예절임을 밝혔다.

천자의 승하에 종묘의 조상에 대한 제사는 지내지 않지만 5사(五祀)는 국민생활의 안전을 기원하는 고사(告祀)이므로 섭정(攝政)이 대신 지내되 그 예절의 의식은 조금 강쇄(降殺)하는 것이다. 시(尸)는 시동(尸童)이고, 입(入)은 입실(入室)이니 방에 들어가는 것이며, 3반(三飯)은 식사예절에 있어서 3공기의 밥을 먹는 것이요, 유(侑)는 섭정(攝政)이 제주(祭主)가 되어 시동에게 음식을 권하므로 시동도 섭정의 제주에게 음식을 권하는 예절이며, 윤(酳)은 음식예절에 있어서 식사를 마치고 마지막에 술을 마시면서 양치질을 함이요, 작(酢)은 시동이 섭정의 제주에게 술을 권함이다. 계(啓)는 계빈(啓殯)이고, 축(祝)은 축관(祝官)이며, 필헌(畢獻)은 섭정제주가 축관에게 술을 권하고 축관이 그 술을 마시는 것으로 모든 예식절차를 마친다는 뜻이니 이미 장사 지냈으므로 축관에게까지 술을 대접한 것이다.

7-10-6 —————————————————— 曾子가 問曰諸侯之祭社稷에

俎豆既陳이어늘 聞天子崩과

后之喪과 君薨과 夫人之喪이어든

如之何이니까 孔子가 曰廢니라

自^자薨^훙으로 比^비至^지于^우殯^빈과 自^자啓^계로
至^지于^우反^반哭^곡은 奉^봉帥^솔天^천子^자하니라.

『증자가 물어 말하기를 제후가 국토신과 곡식신에게 제사를 지냄에 희생을 담은 제기를 이미 진설하였거늘 천자가 승하하심과 왕후의 초상과 임금의 서거와 제후 부인의 초상을 듣거든 어떻게 합니까? 공자가 말씀하시기를 폐지하니라. 제후가 서거함으로부터 연달아 빈궁을 설치함에 이르기까지와 빈궁을 열어 발인함으로부터 장사 지내고 돌아와서 곡함에 이르기까지는 천자의 예법을 받들어 따르느니라.』

☯ 여기에서는 제후국의 사직(社稷)제사를 폐지하는 경우를 기술하였으니 제후국에서도 5사(五祀)의 제사는 앞 절(7−10−5)에서 말한 천자국의 예절을 준용함을 밝혔다.

조두(俎豆)는 도마와 접시로 희생을 담아 올리는 제기(祭器)요, 비(比)는 연달아의 뜻이며, 천자(天子)는 천자의 예법제도이다. 봉솔천자(奉帥天子)는 제후국가도 천자국가와 똑같이 임금이 죽으면 종묘(宗廟)와 사직(社稷)의 제사는 폐지하되 5사(五祀)의 제사만은 연기하여 빈궁을 설치한 다음이나 장사 지내고 반곡한 이후에 약간 격식을 간소하게 해서 지내니 그것은 섭정(攝政)이 지내도 되는 제사이기 때문이고, 임금이 직접 제주(祭主)가 되는 종묘제향이나 사직제사는 섭정(攝政)이 대신하여 지낼 수 없는 까닭에 폐지하는 것이다.

7−10−7 ——————————————— 曾^증子^자가 問^문曰^왈大^대夫^부之^지祭^제에 鼎^정俎^조既^기陳^진하며

$$邊豆旣設하고\ 不得成禮하야\ 廢者는$$

$$幾이니까\ 孔子가\ 曰九니라\ 請問之하노이다$$

$$曰天子崩과\ 后之喪과\ 君薨과\ 夫人之喪과$$

$$君之大廟火와\ 日食과\ 三年之喪과\ 齊衰와$$

$$大功에\ 皆廢니라\ 外喪은\ 自齊衰以下면\ 行也니라$$

$$其齊衰之祭也엔\ 尸入하야\ 三飯不侑하며$$

$$醋不酢而已矣요\ 大功엔\ 酢而已矣며$$

$$小功總엔\ 室中之事而已矣니\ 士之所以異者는\ 總不祭나$$

$$所祭가\ 於死者에\ 無服이어든\ 則祭니라.$$

『증자가 물어 말하기를 대부의 제사에 희생을 삶고 잘라서 솥과 도마에 이미 진설하며, 과일과 나물을 대나무제기와 나무제기에 이미 차려 놓고도 제례를 거행할 수 없어 폐지하는 경우는 몇 가지입니까? 공자가 말씀하시기를 아홉 가지니라. 청컨대 그것을 묻나이다. 말씀하시기를 천자가 승하하심과 왕후의 초상과 자기 나라의 제후가 서거함과 제후의 부인의 초상과 자기 나라 제후의 종묘에 화재가 남과 일식과 3년복을 입을 초상과 자최의 상복을 입을 초상과 대공의 상복을 입을 초상에는 모두 폐지하니라. 대문의 밖에서 난 초상은 자최의 상복 이하면 제사를 거행하니라. 그 자최의 상복을 입는 초상에 제사를 지냄에는 시동이 방에 들어가서 세 공기의 밥을 먹음에 음식을 제주에게 권하지 않으며, 술로 양치질을 하되 제주에게 술을 권하지 않을 뿐이요, 대공에는 술을 권할뿐이며, 소공과 시마의 초상에는 실내의 행사로 한정할 뿐이니 선비가 다르게 하는 바는 시마의 상복을 입는 초상에도 제사를 지내지 않음이나 제사의 대상이 죽은 사람에게 상복이 없으면 제사 지내니라.』

◯ 여기에서는 대부(大夫)가 제사를 폐지하는 경우를 기술하였으니 선비는 모든 상복에 제사를 지내지 않으나 대부는 대문 밖의 초상은 자최상복 이하면 약간 격식을 간략하게 지냄을 밝혔는바 선비는 외부의 손님이 적고 대부는 외부의 손님이 많으므로 제사를 지내게 한 것이다.

정조(鼎俎)와 변두(籩豆)는 모두 제기(祭器)이고, 진(陳)은 진열(陳列)하여 펼쳐 놓음이며, 설(設)은 설치(設置)하여 밑을 받쳐서 음식을 그릇 위에 쌓아 올려 괴는 것이다. 성례(成禮)는 예식을 모두 거행하여 완성함이고, 시입(尸入)은 앞(7−10−5)에서 이미 해설하였으며, 실중지사(室中之事)는 가족 내부의 행사로 진행한다는 뜻이요, 소제(所祭)는 제사의 대상으로 곧 제사를 받을 신령이다.

살피건대 천자와 제후는 3년복의 초상에만 제사를 폐지하고, 대부는 대문 안에서 대공(大功) 이상의 초상에만 제사를 폐지하며, 대문 밖에서 자최(齊衰) 이하의 초상에는 제례를 거행하고, 선비는 시마(緦麻)의 상복에도 제사를 폐지하지만 다만 시마의 초상에 제사를 받은 신령이 죽은 사람에게 상복이 없으면 제사 지내는 것이니 곧 높은 귀신의 제사는 친척의 죽음에 영향이 미치지 않고, 낮은 귀신의 제사는 친척의 죽음에 영향이 미치는 것을 알 수 있다.

7-11-1 ──────────────────── 曾子가 問曰三年之喪에 吊乎이까

孔子가 曰三年之喪에 練하고도

不群立하며 不旅行하니라

君子는 禮以飾情이니

三年之喪而吊哭이 不亦虛乎아

『증자가 물어 말하기를 3년의 상복을 입음에 조상합니까? 공자가 말씀하시기를 3년의 상복을 입음에 상복을 빨아서 입고도 군중과 함께 서지 않으며, 무리로 다니지 아니하니라. 군자는 예절로써 심정을 아름답게 나타내나니 3년의 상복을 입으면서 조상하여 곡함이 또한 허식이 아니리오.』

◉ 이 장에서는 3년의 거상(居喪)기간에는 일반적으로 다른 사람의 죽음에 조상(吊喪) 가지 않는 것이 예절임을 기술하였다.

연(練)은 연복(練服)이니 이미 소상(小祥)이 지났다는 뜻이고, 군립(群立)은 군중이 모인 자리에 참여한 것이며, 여행(旅行)은 무리로 나들이를 함이다. 식(飾)은 아름답게 수식함이고, 정(情)은 마음속의 진정(眞情)이며, 허(虛)는 허식(虛飾)이다.

살피건대 어버이가 자식을 낳아 3년 동안 보호하듯이 자식도 어버이가 돌아가심에 3년 동안 어버이의 혼백(魂帛)을 곁에서 지키는 것이 예절이 아니리오.

7-11-2 ——— 曾子가 問曰大夫士가 有私喪하야 可以除之矣에 而有君服焉이어든 其除之也를 如之何이니까 孔子가 曰有君喪服於身이어든 不敢私服이어늘 又何除焉이리오 於是乎에 有過時而弗除也하나니 君之喪服을 除而后에 殷祭가 禮也니라.

『증자가 물어 말하기를 대부와 선비가 자기 집안의 상복이 있어 상복을 벗을 수 있음에도 임금의 상복이 있으면 그 상복을 벗는 것을 어떻게 합니까? 공자가 말씀하시기를 임금의 상복이 몸에 있거든 감히 자기 집안의 상복을 입지 못하거늘 또한 어찌 벗으리오. 이러한 경우에는 상복 입는 기간이 지나도 대상제사를 지내지 못함이 있나니 임금의 상복을 벗은 다음에 성대한 제사를 지내는 것이 예절이니라.』

☯ 여기에서는 임금의 서거에 입는 상복은 자기 집안의 상복에 우선함을 기술하고 가정의 사상(私喪)도 중요하므로 임금의 상복을 벗은 다음에 그 남은 기간에 해당하는 만큼 거상(居喪)하지 말고 곧 소대상(小大祥)에 버금하는 성대한 제사를 지내야 함을 밝혔다.

사상(私喪)은 자기 가족의 상복이고, 제(除)는 소대상(小大祥)의 제사를 지내고 상복을 벗음이며, 은제(殷祭)는 대상(大祥)의 시기가 지났어도 날을 받아 성대하게 제사를 지내서 못다 한 마음의 정성을 바치는 것이다.

7-11-3 ────────────────── 曾子가 問曰父母之喪은 弗除라도
可乎잇까 孔子가 曰先王이 制禮하되
過時면 弗擧禮也니 非弗能이라도
勿除也란 患其過於制也니라 故로
君子는 過時에 不祭가 禮也니라.

『증자가 물어 말하기를 부모의 상복은 벗지 않아도 괜찮습니까? 공자가 말씀하시기를 선왕이 예법을 제정하되 때가 지나면 거행하지 않

음을 예절로 하였나니 할 수 없는 것이 아니라도 다시 상복을 벗는 대상제사를 지내지 말게 함은 그 제도에 벗어남을 걱정한 것이니라. 그러므로 군자는 때가 지남에 제사를 지내지 않음이 예절이니라.』

  ☯ 여기에서는 선왕(先王)의 예법을 제정한 정신은 때가 가장 중요한 최고 가치임을 기술하여 때가 지나면 제사도 지내지 않음을 밝혔다.

  비불능(非弗能)은 할 수 없는 것이 아니라는 말이니 곧 할 수 있다는 뜻이고, 물제(勿除)는 대상(大祥)의 제사를 지내지 말게 하는 것이며, 과어제(過於制)는 예법과 제도에 벗어나는 것이다.

7-11-4 ──────────────────────────── ^{증자}曾子가 ^{문왈군훙}問曰君薨하야 ^{기빈}旣殯이어늘
^{이신유부모지상}而臣有父母之喪이면 ^{즉여지하}則如之何이니까
^{공자}孔子가 ^{왈귀거우가}曰歸居于家하고 ^{유은사}有殷事면
^{즉지군소}則之君所하되 ^{조석}朝夕은 ^부否니라.

『증자가 물어 말하기를 임금이 서거하여 이미 빈궁을 설치하였거늘 그 신하가 부모의 상을 당함이 있으면 어떻게 합니까? 공자가 말씀하시기를 돌아가 집에서 거상하고, 큰 행사가 있으면 임금의 처소로 가되 아침저녁에는 가지 않으니라.』

  ☯ 여기에서는 임금이 서거했을 때에 그 신하가 부모의 상을 당하여 거상(居喪)하는 절도를 기술하였다.

거(居)는 거상(居喪)함이고, 은사(殷事)는 성대한 행사인데 곧 초하루와 보름날 아침에 전(奠)을 드리는 것이며, 군소(君所)는 임금의 처소(處所)요, 조석(朝夕)은 아침저녁으로 전(奠)을 올리는 것이다.

7-11-5   曰君旣啓어늘 而臣有父母之喪이면
則如之何이니까 孔子가 曰歸哭하고
而反하야 送君하니라.

『말하기를 임금의 빈궁을 이미 열었거늘 그 신하가 부모의 상을 당함이 있으면 어떻게 합니까? 공자가 말씀하시기를 집으로 돌아가서 곡을 하고 되돌아와서 임금의 장례 행렬을 영결하여 보내느니라.』

◐ 이 절은 앞 절에 이어 증자가 임금의 장례식을 거행하는 즉전에 그 신하가 부모의 상을 당했을 경우를 물었다.

계(啓)는 계빈(啓殯)이요, 귀곡(歸哭)은 집에 돌아가 부모의 상에 곡함이며, 반(反)은 군소(君所)로 되돌아옴이요, 송군(送君)은 임금의 발인식(發靷式)에 참여하여 장지(葬地)로 보내는 것이다.

무릇 집이 멀면 망곡(望哭)으로 대신할 수 있는 것이다.

7-11-6   曰君未殯이어늘 而臣有父母之喪이면
則如之何이니까 孔子가 曰歸殯하고
反于君所하며 有殷事면 則歸하고

朝^조夕^석에는 否하니 大^대夫^부는 室^실老^로가
行^행事^사하고 士^사는 則^즉子^자孫^손이 行^행事^사하니라
大^대夫^부의 內^내子^자는 有^유殷^은事^사어든
亦^역之^지君^군所^소하되 朝^조夕^석은 否^부니라.

『말하기를 임금이 서거하여 아직 빈궁을 설치하지 않았거늘 그 신하가 부모의 상을 당함이 있으면 어떻게 합니까? 공자가 말씀하시기를 집으로 돌아가서 빈소를 설치하고, 임금의 처소로 되돌아오며, 성대한 행사가 있으면 집으로 돌아가고, 아침과 저녁은 집에 가지 않으니 대부는 가신장이 일을 거행하고, 선비는 곧 아들과 손자가 일을 거행하니라. 대부의 정실은 성대한 일이 있거든 또한 임금의 처소로 가되 아침과 저녁에는 가지 않으니라.』

◉ 여기에서는 증자가 앞 절에 이어 임금이 서거하자 그 신하의 부모가 죽은 경우를 설정하여 물었다.

은사(殷事)와 조석(朝夕)은 앞(7-11-4)에서 이미 해설하였고, 실로(室老)는 가신장(家臣長)이요, 내자(內子)는 정실(正室)이다. 제후(諸侯)는 사망한 지 5일에 입관(入棺)하여 빈궁(殯宮)을 설치하고, 사대부(士大夫)는 사망한 지 3일에 대렴(大斂)하여 빈소(殯所)를 설치하는 것이 예법이므로 임금과 부모가 거의 동시에 죽었어도 부모의 빈소를 먼저 설치하는 것이다.

7-12-1 ——————————————————— 賤^천不^불誄^뢰貴^귀하며 幼^유不^불誄^뢰長^장이 禮^례也^야니

唯天子가 稱天以誄之하나니
諸侯가 相誄는 非禮也니라.

『천한 사람은 귀한 사람에게 시호를 주지 않으며, 어린이는 늙은 이에게 시호를 주지 않음이 예절이니 오직 천자가 하늘을 칭탁하며 시호를 내리나니 제후가 서로 시호를 주는 것은 예절이 아니니라.』

◑ 이 장은 오직 천자만이 하늘의 이름으로 시호(諡號)를 내릴 수 있음을 기술하였다.

뢰(誄)는 죽은 사람의 평생의 공적을 평가하여 시호(諡號)를 내리는 것이고, 칭천(稱天)은 하늘을 칭탁(稱託)함이니 곧 가장 공정하고 정밀하게 평가하여 영원히 불변하는 인물평이라는 뜻이다.

7-13-1 ——————————— 曾子가 問曰君이 出疆하되 以三年之戒하야
以椑從하나니 君이 薨하면 其入은 如之何이니까
孔子가 曰共殯服이어든 則子가 麻弁絰하며
疏衰菲杖하고 入自闕하야 升自西階하고
如小歛이어든 則子가 免而從柩하야 入自門하야
升自阼階하나니 君大夫士가 一節也니라.

『증자가 물어 말하기를 임금이 국경을 나아가되 3년상을 대비하여 임금의 널로써 뒤따르게 하나니 임금이 서거하면 그 들어오는 절차를 어떻게 합니까? 공자가 말씀하시기를 대렴하여 상복을 공급했거

든 곧 아들이 삼으로 만든 고깔과 수질을 하며 거칠고 추한 상복을 입고, 짚신을 신으며 대나무 지팡이를 잡고 허문 곳으로부터 들어가 서쪽 계단으로부터 올라가고, 만일 소렴을 했거든 곧 아들이 통건을 쓰고 입관한 널을 쫓아 궁궐의 문으로부터 들어가서 동쪽 계단으로부터 올라가나니 임금과 대부와 선비가 동일한 절차이니라.』

◑ 이 장은 임금이 밖에서 서거하여 상례(喪禮)를 거행하려고 송상(送喪)할 때에 아들이 맞이하는 예절을 기술하였으니 이미 입관(入棺)하였으면 허문 곳으로 맞이하고, 입관하기 전이면 문으로 맞이해야 됨을 밝혔다.

3년(三年)은 3년복을 입는 초상이요, 계(戒)는 방비함이며, 벽(椑)은 임금의 관(棺)이다. 입(入)은 맞이하여 집으로 들어감이고, 공(共)은 공(供)이니 공급함이며, 빈복(殯服)은 입관(入棺)하고 성복(成服)한 상복이요, 자(子)는 임금의 적자(適子)이다. 마변(麻弁)은 상관(喪冠)이고, 질(絰)은 수질(首絰)이며, 소최(疏衰)는 참최(斬衰)의 상복이요, 비(菲)는 풀로 만든 짚신이다. 궐(闕)은 종묘의 서쪽 담장을 허물어 길을 만든 것이고, 문(免)은 통건으로 소렴하고 쓰는 건이며, 문(門)은 로침(路寢)으로 들어가는 로문(路門)이요, 일절(一節)은 동일한 절차이다.

7-14-1 ——————————————————————— 曾子가 問曰君之喪에 既引이어늘
聞父母之喪하면 如之何이니까 孔子가
曰遂하니 既封而歸하되 不俟子니라.

『증자가 물어 말하기를 임금의 초상에 이미 발인하여 상여 줄을 잡아당기거늘 부모의 상사를 들으면 어떻게 합니까? 공자가 말씀하시기를 마치나니 이미 봉분제를 지냈으면 집으로 돌아가되 아들을 기다리지 않으니라.』

☯ 이 장은 임금의 장례 행렬에서 상여 줄을 잡아당기는 신하가 부모의 상사(喪事)를 듣고 행동하는 예절을 기술하였으니 임금의 장례 행렬에 상여 줄을 잡았으면 평토제(平土祭)까지는 책임을 완수해야 됨을 밝혔다.

인(引)은 발인(發靷)하여 상여 줄을 잡고 상여를 이끌며 감이요, 수(遂)는 책임을 완수하여 마치는 것이며, 봉(封)은 봉분제(封墳祭)로 하관(下棺)하여 흙을 묻은 다음에 지내는 제사로 평토제라고도 한다. 귀(歸)는 신하가 자기의 집으로 돌아감이고, 불사자(不俟子)는 임금의 아들이 평토제를 지내고 대궐로 혼백(魂帛)을 모시고 돌아가기를 기다리지 않고 먼저 하산(下山)한다는 뜻이다.

7-14-2 ──────────────── 曾子가 問曰父母之喪에 旣引及塗어늘
聞君薨하면 如之何이니까 孔子가
曰遂하니 旣封하고 改服而往하니라.

『증자가 물어 말하기를 부모의 초상에 이미 발인하여 상여 줄을 잡아당겨 길에 미치거늘 임금이 서거함을 들으면 어떻게 합니까? 공자가 말씀하시기를 마치나니 이미 봉분제를 지내고 예복으로 바꾸어

입고 가니라.』

　◯ 여기에서는 부모의 장례 행렬이 이미 발인하여 장지로 가는 도중에 임금의 서거를 듣고 행동하는 신하의 예절을 기술하였으니 평토제를 지내고 집으로 돌아와서 예복으로 바꾸어 입고 임금의 처소로 가야 됨을 밝혔다.

　급도(及塗)는 상여가 장지로 가는 길에 들어선 것이고, 수(遂)와 봉(封)은 앞 절(7-14-1)에서 해설하였으며, 개복(改服)은 부모의 상복을 벗고 조문하는 예복으로 갈아입는 것이니 감히 자기 부모의 상복으로 임금의 서거에 조문할 수 없는 것이다.

7-15-1 ──────────────────── 曾子가 問曰宗子가 爲士요 庶子가
　　　　　　　　　　　　　　　　爲大夫어든 其祭也에 如之何이니까
　　　　　　　　　　　　　　　　孔子가 曰以上牲으로 祭於宗子之家하되
　　　　　　　　　　　　　　　　祝은 曰孝子某가 爲介子某하야
　　　　　　　　　　　　　　　　薦其常事라 하니라.

　『증자가 물어 말하기를 종가의 맏아들은 선비가 되고 여러 아들이 대부가 되었거든 그 제사에 어떻게 합니까? 공자가 말씀하시기를 상등품의 희생으로 종자가 맏아들 집에서 제사를 지내되 축문은 말하기를 효자 아무개가 돕는 아들 아무개를 인연하여 희생을 올리오니 그 일상적인 연례행사입니다라고 하니라.』

◐ 이 장은 반드시 종가(宗家)에서 제사를 지내되 다만 제수(祭需)는 자손 가운데서 가장 높은 벼슬을 기준으로 차려야 됨을 밝혔다.

　종자(宗子)는 종가의 맏아들이니 곧 적장자(嫡長子)로 본가(本家)를 상속하는 아들이고, 서자(庶子)는 종자(宗子) 이외의 여러 아들이니 차자(次子)로부터 모든 아들을 통칭한바 첩(妾)의 아들만을 지칭한 것이 아님을 살피기 바란다. 상생(上牲)은 상등품의 희생(犧牲)으로 대부(大夫)가 올리는 제수(祭需)를 일컬으며, 축(祝)은 축문(祝文)이고, 효자(孝子)는 종가의 맏아들로서 본가(本家)를 이어받아 종통(宗統)을 수호하며 조상의 제사를 지내는 아들이라는 뜻이요, 개자(介子)는 종자(宗子) 이외의 차자(次子)나 지자(支子) 또는 첩자(妾子)나 양자(養子)로서 후손 가운데 가장 높은 벼슬을 하여 조상의 제사를 받들도록 종가(宗家)를 돕고 집안을 빛내는 아들이다. 천(薦)은 제물을 올린다는 말이요, 상사(常事)는 해마다 항상 있는 연례행사이다.

　살피건대 대부는 사당에 1소1목(一昭一穆)이고, 선비는 1소(一昭)일 뿐이니 종자가 선비이고, 서자가 대부이면, 사당에 1목이 추가되어 제사가 많아지는 까닭에 서자(庶子)라고 호칭하지 않고 개자(介子)로 높이는 것이다.

7-15-2 ──────────────────── 若宗子가 有罪하야 居於他國하고
庶子가 爲大夫어든 其祭也에 祝은
曰孝子某가 使介子某로 執其常事라 하나니
攝主는 不厭祭하며 不旅하며 不假하며
不綏祭하고 不配하나니라.

『만약 종가의 맏아들이 죄가 있어서 다른 나라에 머물고, 여러 아들이 대부가 되었거든 그 제사에 축문은 말하기를 효자 아무개가 돕는 아들 아무개로 하여금 그 일상적인 연례행사를 집행케 하였습니다 하나니, 대신하여 주관한 사람은 기도하는 제사를 지내지 않으며, 여러 사람에게 음복주를 권하지 않으며, 축복하지 않으며, 안녕을 기원하는 제사를 지내지 아니하고, 사당에 배향하지 않으니라.』

☯ 여기에서는 다른 나라에 머물고 있는 종가의 맏아들을 대신하여 돕는 아들이 사당의 제사를 지냄에는 일상적인 연례행사로 지내는 제사 이외에는 특별한 행사를 할 수 없음을 밝혔다.

섭주(攝主)는 개자(介子)가 종자(宗子)를 대신하여 제사를 주관하는 사람이고, 엽제(厭祭)는 기도(祈禱)하여 재앙을 물리치고 복을 비는 제사로 미성년자의 죽음에 시동(尸童)이 없이 제사 지내는 것이고, 여(旅)는 여수(旅酬)로 음복주(飮福酒)를 여러 어린이가 어른들에게 권하는 것이며, 가(假)는 가(嘏)로 좋은 운수를 축복함이요, 수제(綏祭)는 안녕을 기원하는 제사이다. 배(配)는 배향(配享)이니 섭주(攝主)는 비록 사당을 수호하였어도 죽어서 종가의 사당에는 절대로 배향할 수 없는 것이다.

살피건대 전배들이 이 경문을 이해하지 못하고 전부 오역하였기에 내가 바로잡았으니 종자가 불행한 가운데 있으므로 자축행사와 특별행사를 절제한 것이다.

7-15-3 ——————————————————— 布奠于賓이어든 賓이 奠而不擧하며
不歸肉하나니 其辭于賓하되

曰宗兄宗弟宗子가 在他國하야
使某辭라 하니라.

『손님에게 제사 지낸 음식을 차려서 대접하거든 손님이 음식만 먹고 술잔은 옮겨만 놓고 들지 아니하며 제사 지낸 고기를 가지고 돌아가지 아니하나니, 그 손님에게 말씀드리되 말하기를 종가의 형님, 종가의 아우, 종가의 맏아들이 다른 나라에 있으므로 아무개로 하여금 말씀드리라고 하였나이다.』

☯ 여기에서는 개자(介子)가 제사를 지내고 연회(燕會)할 때에도 손님이 제사음식은 나누어 먹되 술은 먹지 않고 또한 제사 지낸 고기도 가지고 가지 않는 절도를 밝혔으니 역시 종자가 불행한 가운데 축제로 받아들일 수 없음을 알 수 있는 것이다.

포전(布奠)은 제사 지낸 음식을 차려서 손님에게 대접함이고, 전이불거(奠而不擧)는 손님이 손님의 음식상에 놓인 술잔을 음식상의 바깥쪽 끝으로 옮겨 놓고 마시지 아니함이며, 육(肉)은 제육(祭肉)이니 정상적인 제사에서는 영광스러운 축복으로 생각하여 손님이 가지고 돌아가는 것이나 불행한 종자를 대신한 제사에서는 마음이 아파서 차마 가지고 가지 못하는 것이다. 종형(宗兄), 종제(宗弟), 종자(宗子)는 항렬의 관계에 따라 개자(介子)가 종자(宗子)를 호칭하는 말이니 섭주가 차자(次子)이면 종형(宗兄), 서형(庶兄)이면 종제(宗弟), 혹시 할아버지나 아버지의 항렬이거나 아들이나 손자의 항렬이면 종자(宗子)라고 호칭한다.

曾子가 問曰宗子가 去在他國하고
庶子가 無爵而居者는 可以祭乎이니까
孔子가 曰祭哉인저 請問其祭하오니
如之何이니까 孔子가 曰望墓而爲壇하야
以時祭니 若宗子가 死어든 告於墓而後에
祭於家니 宗子가 死어든 稱名하고 不言孝하되
身沒而已니라 子游之徒에 有庶子祭者가
以此하니 若義也니라 今之祭者는
不首其義하나니 故로 誣於祭也니라.

『증자가 물어 말하기를 종가의 맏아들이 떠나가서 다른 나라에 있고, 여러 아들은 벼슬이 없이 머물러 사는 사람은 제사를 지내도 됩니까? 공자가 말씀하시기를 제사를 지낼진저! 청컨대 그 제사 지내는 예절을 묻사오니 어떻게 합니까? 공자가 말씀하시기를 묘를 바라보고 제단을 만들어 시향으로 지내야 하니 만약 종가의 맏아들이 죽거든 묘에 아뢴 다음에 집에서 제사 지내니 종가의 맏아들이 죽었거든 축문에 이름만 호칭하고 효는 말하지 아니하되 자신이 죽을 때까지만 지낼 뿐이니라. 자유의 학도에 여러 아들로 제사 지내는 사람이 있었는데 이렇게 하니 그것이 옳으니라. 오늘날의 제사 지내는 사람은 그 뜻을 으뜸으로 생각하지 않으니 그러므로 제사에 망령되게 속이느니라.』

　◯ 여기에서는 종자(宗子)가 종가를 떠나가서 외국에 있고, 여러 아들은 평민의 신분으로 살고 있을 때에 부모와 조상의 제사는 시향(時享)으로 지내야 됨을 기술하였다.

거(去)는 사당과 묘를 버려두고 떠나감이고, 망묘(望墓)는 먼 곳에서 조상의 무덤이 있는 쪽을 바라보는 것이며, 시제(時祭)는 시향(時享) 또는 시사(時祀)로 먼 조상을 묘사(墓祀)로 받드는 것이니 사당제사보다는 간소하게 지내는 제사이다. 가(家)는 종자(宗子)의 다음가는 아들의 집이요, 칭명불언효(稱名不言孝)는 축문에서 효(孝)를 빼고 관계의 대수(代數)와 이름만 쓰는 것이니 앞(7-15-1, 2)에서 이미 해설하였다. 몰신(沒身)은 당대에만 한정한다는 뜻으로 다음 대에는 적자(嫡子)가 되기 때문에 효(孝)를 넣어야 되며, 약(若)은 제2인칭 대명사요, 수(首)는 으뜸으로 생각함이며, 무(誣)는 무망(誣妄)이다.

살피건대 종가의 맏아들이 사당과 묘를 버려두고 떠나가서 외국에 머무는 것은 지극히 불행한 여건에 있으므로 비록 여러 아들이 제사를 지내더라도 감히 사당이나 묘소에서 지내지 못하고 묘를 향하여 제단을 따로 만들어 시향(時享)의 급으로 낮추어 지내서 대리로 지내는 제사임을 조상에게 알리도록 하였으니 그 종자(宗子)를 생각함이 지극하도다.

7-16-1 ──────────────── 曾子가 問曰祭必有尸乎이니까 若厭祭亦可乎이니까 孔子가 曰祭成喪者는 必有尸하고 尸必以孫이니 孫幼어든 則使人抱之하며 無孫이어든 則取於同姓이 可也니라 祭殤하되 必厭은 蓋弗成也일새니 祭成喪而無尸면 是는 殤之也이니라.

『증자가 물어 말하기를 제례에는 반드시 시동이 있어야 합니까? 기도하는 제사처럼 하여도 또한 괜찮습니까? 공자가 말씀하시기를 성인으로 초상을 치른 사람을 제향함에는 반드시 시동이 있어야 하고, 시동은 반드시 손자로써 하나니, 손자가 어리거든 곧 사람으로 하여금 안고 있게 하며, 손자가 없거든 곧 같은 성씨에서 취택함이 옳으니라. 미성인으로 장사 지낸 사람을 제사 지내되 반드시 기도(祈禱)만 하는 것은 대개 성인이 아니기 때문이니 성인으로 초상을 치른 사람을 제향하면서 시동이 없으면 이것은 미성인으로 장사 지낸 사람으로 취급한 것이니라.』

◉ 이 장은 성인(成人)의 상례(喪禮)를 거행한 사람의 제향(祭享)과 미성인(未成人)의 상례(殤禮)를 거행한 사람의 엽제(厭祭)에 대한 차이점을 기술하였다.

제(祭)는 향례(饗禮)로서 부모와 가까운 조상을 사당이나 방 안에서 제향드리는 것이며, 시(尸)는 시동(尸童)으로 손자를 제사상의 신위(神位)에 앉게 하여 조손일체(祖孫一體)의 정신을 확인하는 것이니 인격신(人格神)을 제향할 때에만 있고, 자연신에게 고사(告祀) 드릴 때에는 시동이 없으므로 곧 시동이 있고 없는 것으로 제(祭)와 사(祀)가 구별된다. 엽제(厭祭)는 앞(7−15−2)에서 이미 해설하였으니 사(祀)와 엽제(厭祭)는 모두 시동(尸童)이 없으나 사(祀)는 3헌배례(三獻拜禮)가 있는데 엽제는 단지 기도(祈禱)만 하고 절이 없는 것이 다르다. 성상자(成喪者)는 성인으로 상례를 거행한 사람이니 관례(冠禮)를 치른 것이요, 상(殤)은 20세가 되기 전에 죽은 미성년의 장례식을 치른 것이고, 불성(弗成)은 성인(成人)이 되지 않은 사람이다.

孔子가 曰有陰厭하며 有陽厭하니라
曾子가 問曰殤不祔祭라 하나니
何謂陰厭陽厭이니까 孔子가 曰宗子가
爲殤而死어든 庶子가 弗爲後也니라
其吉祭에 特牲으로 祭殤하되 不擧하며
無肵俎하며 無玄酒하며 不告利成이니 是謂陰厭이며

『공자가 말씀하시기를 사당집에서 기도하는 제사가 있고, 살림집에서 기도하는 제사가 있느니라. 증자가 물어 말하기를 미성년자로 죽은 사람은 조상의 신주 곁에 모시는 제사를 지내지 않는다고 하나니 어떻게 하는 것을 사당집에서 기도하는 제사라 하고 살림집에서 기도하는 제사라고 합니까? 공자가 말씀하시기를 종가의 맏아들이 20세 미만에 죽거든 여러 아들이 후계자가 되지 못하니라. 그 상복을 입는 기간을 마치고 길제를 지냄에 큰 희생으로 미성년자로 죽은 사람을 사당집에서 제사 지내되 제상차림을 괴지 않으며, 도마에 차린 토막고기가 없으며, 술이 없으며, 제사를 잘 지냈다고 보고함이 없으니 이것을 일컬어 사당집에서 기도하는 제사라고 하며』

◑ 여기에서는 엽제(厭祭)에는 음엽(陰厭)과 양엽(陽厭)의 두 가지 절도가 있음을 밝히고 종자(宗子)가 미성년으로 죽었을 때에는 사당집에서 기도하는 제사를 지내는 의식을 기술하였다.

음엽(陰厭)은 종자(宗子)가 어려서 죽었을 때에 사당집에서 기도하는 제사를 지냄이고, 양엽(陽厭)은 여러 아들이 어려서 죽었을 때에 살림집에서 기도하는 제사를 지냄이니 죽은 뒤의 혼령을 모신 사당을 음(陰)이라 하고, 살아 있는 사람의 살림집을 양(陽)이라 하는 음택(陰宅)과 양택(陽宅)의 뜻이다. 부제(祔祭)는 졸곡을 마친 뒤에 그 신주(神主)를 그의 조상의 신주 곁에 모시고 지내는 제사이니 곧 사당에 신주를 모시는 뜻이며, 후(後)는 후계자가 되는 것이요, 길제(吉祭)는 상기(喪期)를 마치고 길복(吉服)을 입고 지내는 제사니 성인(成人)으로 초상 치른 사람은 죽은 지 27개월 만에 지내지만 미성년자로 죽은 사람은 상복을 입는 기간을 단축하기 때문에 장상(長殤: 16세~19세)과 중상(中殤: 12세~15세)은 대공 9월(大功九月)이 지난 다음이고, 하상(下殤: 8세~11세)은 소공 5월(小功五月)이 지난 다음이며, 무복지상(無服之殤: 생후 3개월~7세)은 13일이 지나야 하는 것이다. 특생(特牲)은 큰 희생이요, 불거(不擧)는 모든 제물을 갖추어 진설하여 괴지 아니함이니 대략 차리는 것이며, 기(胏)는 토막처럼 크게 자른 고깃덩어리이고, 조(俎)는 도마제기니, 기조(胏俎)는 술안주용이며, 현주(玄酒)는 술의 근원을 뜻하여 술동이와 함께 놓은 것인데 술을 비유하였으니 미성년의 제사에는 술과 안주가 없다는 뜻이다. 불고리성(不告利成)은 제사를 마치고 축관이 제주(祭主)에게 길(吉)하게 제사를 완성하였음을 보고하는 말이나 여기에서는 미성년자의 불행하게 죽은 사람을 제사 지내는 것이므로 차마 그런 말을 하지 못하는 것이니 이(利)는 길(吉)의 뜻이다.

　살펴건대 전배들은 종자(宗子)가 미성년으로 죽었을 때의 제주(祭主)를 족인(族人) 가운데 그와 더불어 형제가 되는 사람으로 대행케 하여 그 제례를 주관하여야 된다고 하였으나 옳지 않다. 대행체제를 갖춤에 어찌 가까운 형제를 버리고 먼 형제를 선택하겠는가? 종가의 맏아들이 어려서 죽으면 여러 아들은 후계자가 될 수 없다는 것은 차자(次子) 이하로 다시 종자(宗子)를 삼을 수 없다는 뜻인바, 대단히 엄중한 의리(義理)이다. 대저 장자(長子)가 비록 어려서 죽었을지라도 차자(次子)로 다시 장자(長子)를 삼을 수 없게 함은 곧 하늘이 인간을 탄생시킨 천연의 질서를 존중하기 위함이므로 그 종통(宗統)이 차자(次子)로 이어지는 것이다.

7-16-3 ─────────────── 凡殤與無後者를 祭於宗子之家하되
當室之白하고 尊于東房하나니 是謂陽厭이니라.

『무릇 미성년으로 장사 지낸 사람과 후계자가 없는 사람을 종가의 맏아들의 살림집에서 제사를 지내되 거실의 밝은 곳을 선택하고, 높은 사람은 동쪽 방에서 거행하나니 이것을 살림집에서 기도하는 제사라고 하니라.』

　☯ 여기에서는 미성년으로 죽은 여러 아들이나 또는 성인으로 후계자가 없이 죽은 겨레붙이는 사당에 들어가지 못하므로 종가 맏아들 살림집의 밝은 거실에서 기도하는 제사를 지내는 절도를 기술하였다.
　상(殤)은 서자(庶子)가 미성년으로 죽은 사람이고, 무후자(無後者)는 성인(成人)으로 아들이 없이 죽은 친족(親族)이며, 종자지가(宗子之家)는 종가(宗家)의 살림집이니 종자(宗子)가 아니면 사당에 들어가지 못하므로 살림집에서 기도하는 제사를 지내는 것이다. 당(當)은 적당한 곳을 선택함이고, 백(白)은 밝은 것이며, 존(尊)은 존경할 대상이다. 동방(東房)은 동쪽에 있는 방이니 실(室)보다 더욱 밝은 방이다.
　살피건대 사당의 제사는 문중(門中)의 행사이고, 살림집의 제사는 가족의 행사이니 그 규모와 격식에 있어서 대소(大小)와 후박(厚薄)

의 차이가 없을 수 없으므로 음엽(陰厭)은 특생(特牲)이 있으나 양
엽(陽厭)은 특생이 없으며, 또한 무복지상(無服之殤)과 하상(下殤)
그리고 중상(中殤), 장상(長殤)의 분별이 있는 것을 알아야 한다.

7-17-1 ──────────────────── 曾子가 問曰葬引이 至于堩이어늘
日有食之이어든 則有變乎이니까 且不乎이니까
孔子가 曰昔者에 五從老聃하야 助葬於巷黨일새
及堩하야 日有食之이러니 老聃이 曰丘야
止柩就道右하야 止哭以聽變하라 하고 旣明反而後라야
行이 曰禮也라 하더니 反葬而丘가 問之曰夫柩는
不可以反者也니 日有食之에 不知其已之遲數이어늘
則豈如行之哉리오 老聃이 曰諸侯가 朝天子할새
見日而行하고 逮日而舍奠하며 大夫使할새 見日而行하고
逮日而舍하나니 夫柩는 不蚤出하며 不莫宿이니
見星而行者는 唯罪人과 與奔父母之喪者乎인저
日有食之하니 安知其不見星也리오 且君子는 行禮하되
不以人之親으로 痁患이라 하니 吾聞諸老聃云하노라.

『증자가 물어 말하기를 장례 행렬의 상여 줄이 이미 마을 앞 길에
이르렀거늘 일식이 있거든 곧 변경함이 있습니까? 또한 변경하지 않
습니까? 공자가 말씀하시기를 옛적에 내가 노담을 따라 마을에서 장
례식을 도울 때에 마을 앞 길에 이르러 일식이 일어나더니 노담이 말
하기를 구야 운구 행렬을 정지시키고 길 오른쪽으로 나아가 곡을 그
치고, 일식의 변화를 기다려라 하고, 이미 태양의 밝음이 되돌아온 뒤

에라야 가는 것이 예절이라고 하더니, 장례 행렬을 집으로 되돌아감
에 내가 그것에 대하여 물어 말하기를 대저 운구 행렬은 되돌아갈 수
없는 것이니 일식이 일어남에 그 그침의 늦고 빠름을 알지 못하거늘
곧 어찌 진행함만 같으리오? 노담이 말하기를 제후가 천자에게 조회
를 갈 때에 해를 보고 길을 가고 해가 기울면 머물러 조상의 위패에
전을 올리며, 대부가 사신 노릇을 할 때에 해를 보고 길을 떠나고, 해
가 기울면 머물러 자나니 무릇 운구 행렬은 새벽에 출발하지 않으며,
저녁에 자지 아니하니 별을 보고 길을 가는 사람은 오직 죄인과 부모
의 초상에 달려가는 사람인저! 일식이 있으니 어찌 그 별이 보이지
않음을 알리오. 또한 군자는 예식을 진행하되 사람의 어버이로 걱정
하지 않게 한다고 하니 나는 그것을 노담에게 들어서 말하노라.』

◉ 이 장은 장례 행렬이 아직 마을을 떠나지 않았을 때에 일식이
일어나면 즉각 운행을 중지하고 집으로 되돌아와서 다음 날에 출발
해야 되는 예절을 기술하였으니 만일 장례 행렬이 이미 마을을 멀리
떠나서 장지(葬地)에 이르렀다면 부득이 장례식을 계속 진행하여야
될 것이다.

긍(堩)은 마을 앞의 길이니 항상 다니던 익숙한 길이요, 변(變)은
예식을 변경함이며, 불(不)은 불변(不變)함이다. 노담(老聃)은 앞(7
−8−2, 4)에서 이미 해설하였으니 도덕경(道德經)을 지은 노자(老
子)가 아니고, 명반(明反)은 태양의 광명이 다시 되돌아오는 것이요,
반장(反葬)은 장례 행렬이 되돌아옴이다. 이(已)는 일식이 그침이고,
삭(數)은 빠른 것이며, 견일(見日)은 해가 뜨는 것을 보는 것이고,
체일(逮日)은 해가 서쪽으로 기우는 것이며, 사(舍)는 머물러 자는
것이고, 전(奠)은 앞(7−8−5)에서 이미 해설하였다. 조출(蚤出)은

이른 새벽에 출발함이고, 모(莫)는 모(暮)이며, 견성(見星)은 아침이
나 저녁에 별이 보임이요, 점환(痁患)은 고민하고 걱정함이다. 일식
이 일어나면 길일(吉日)이 아니고, 효자는 어버이를 영결(永訣)하고
싶지 않기 때문에 하늘의 변고를 말미암아 장례를 연기하니 효심(孝
心)의 극치이다.

7-18-1 曾子가 問曰爲君使而卒於舍어든
禮에 曰公館엔 復하고 私館엔 不復이라 하니
凡所使之國에 有司所授舍가 則公館已이라 하거늘
何謂私館不復也이니까 孔子가 曰善乎라 問之也여
自卿大夫士之家曰私館이요 公館과
與公所爲曰公館이니 公館復은 此之謂也니라.

『증자가 물어 말하기를 임금의 사신이 되어 객사에서 졸하거든 예
법에 말하기를 공관에서는 혼을 부르고 사관에서는 혼을 부르지 않
는다고 하니 무릇 사신으로 가는 곳의 나라에 책임자가 객사를 주는
곳이 곧 공관일 뿐이라고 하거늘 어떤 경우를 일컬어 사관에서는 혼
을 부르지 않는다고 합니까? 공자가 말씀하시기를 착하도다, 질문이
여, 경으로부터 대부와 선비의 집을 말하여 사관이요, 공관과 임금이
정한 곳을 말하여 공관이니 공관에서는 혼을 부른다는 것은 이것을
일컬음이니라.』

◉ 이 장은 사신(使臣)이 머무르는 개사(客舍)의 공관(公館)과 사
관(私館)을 기술하였으니 사신이 공관에서 졸하면 초혼(招魂)을 하

고, 사관에서 졸하면 초혼을 안 한 것을 밝혔다.

　사(舍)는 객사(客舍)이고, 복(復)은 초혼(招魂)함이며, 공관(公館)
은 임금이 빈객(賓客)을 머물게 하는 곳이요, 사관(私館)은 경(卿),
대부(大夫), 사(士)가 자기의 집에서 머물게 하는 곳이다. 공관은 빈
객을 위한 곳이므로 초혼을 하고, 사관은 남의 집이므로 초혼을 하지
못하는 것이다.

7-19-1 ────────────── 曾子가 問曰下殤은 土周로 葬于園할새
　　　　　　　　　　　　逐輿機而往은 塗邇故也어늘 今에
　　　　　　　　　　　　墓가 遠하면 則其葬也를 如之何이니까.

『증자가 물어 말하기를 8세부터 11세까지의 어린이로 죽은 장례는
흙을 구워 만든 질그릇으로 널을 대신하여 가까운 동산에 매장할 때
에 마침내 수레 바탕의 틀에 둘이 마주 들고 감은 길이 가까운 까닭
이거늘 이제 묘지가 멀면 그 매장하는 것을 어떻게 합니까?』

　◑ 이 장은 하상(下殤)의 묘지가 먼 곳에 있을 경우에 대처하는
방법을 물었다.

　하상(下殤)은 8세에서 11세까지의 어린이로 죽은 장례식이고, 토주
(土周)는 와관(瓦棺)이니 앞(3-9-1)에서 이미 해설하였으며, 장(葬)
은 매장(埋葬)함이요, 원(園)은 가까운 동산이나 전원(田園)의 변두리
이며, 여기(輿機)는 수레바탕의 틀이니 가로로 두 개의 나무 위에 널
빤지를 깔고 앞과 뒤에서 두 사람이 마주 들고 가는 운반기구이다.

살피건대 주(周)나라는 하상(下殤)이 와관(瓦棺)이고, 중상(中殤)이 직주(墍周)이며, 장상(長殤)이 관곽(棺槨)이라고 앞(3-9-2)에서 밝혔는데 여기에서는 하상(下殤)을 토주(土周)라고 하였으니 토주(土周)는 직주(墍周)가 아니라 와관(瓦棺)으로 보아야 마땅하기에 내가 바로잡았다.

7-19-2 ─────────────────────────────────── 孔子가 曰吾는 聞諸老聃하니
曰昔者에 史佚이 有子而死하니
下殤也러라 墓遠이라거늘 召公이 謂之하야
曰何以不棺歛於宮中고 하니 史佚이
曰吾不敢乎哉인저 召公이 言於周公이어늘
周公이 曰豈不可리오 한대 史佚이 行之하니
下殤에 用棺衣하야 棺이 自史佚로 始也니라.

『공자가 말씀하시기를 나는 그것을 노담에게 들었나니 말하기를 옛날에 사일이 아들을 두었다가 죽으니 하상이더라. 묘지가 멀다고 하거늘 소공이 일러 말하기를 어찌하여 집에서 널로 염습하지 않는가 하니 사일이 말하기를 나는 감당하지 못할진저! 소공이 주공에게 말하거늘 주공이 말하기를 어찌할 수 없으리오 한대 사일이 실행하니 하상에 널과 옷을 사용하여 입관함이 사일로부터 시작한 것이니라.』

◑ 여기에서는 비록 하상(下殤)이라도 묘지가 먼 곳에 있으면 관(棺)과 수레를 이용할 수 있는 권도(權道)를 기술하였다.

노담(老聃)은 앞(7-17-1)에서 이미 해설하였고, 사일(史佚)은

주(周)나라 초기의 사관(史官)으로 성이 윤씨(尹氏)이며, 소공(召公)과 주공(周公)은 주(周)나라의 혁명과업을 완수한 공신이다. 궁중(宮中)은 사일(史佚)의 집이요, 불감(不敢)은 예절을 어기는 것을 감당하지 못함이며, 용(用)은 사용함이다.

　예절은 상도(常道)와 권도(權道)가 있으니 일상적인 공통예절은 상도(常道)이고, 비상한 경우에 특별조치는 권도(權道)이니 사람의 마음을 편안하게 하는 것이 예절의 본래 목적이기 때문이다.

7-20-1 ──────────────────── 曾子가 問曰卿大夫가 將爲尸於公할새
受宿矣而有齊衰內喪이어든 則如之何이니까
孔子가 曰出舍於公館하야 以待事가 禮也니라.

『증자가 물어 말하기를 경대부가 장차 공실에서 시동을 위할 때에 숙직하라는 명령을 받았는데 대문 안에 자최의 상복이 있는 초상을 당하거든 곧 어떻게 합니까? 공자가 말씀하시기를 밖으로 나아가 공관에 머물면서 제사가 끝나기를 기다림이 예절이니라.』

　◯ 이 장은 경대부(卿大夫)가 제관(祭官)이 재계(齊戒)하고 있는 향관청(享官廳)을 보호하며 숙직(宿直)하고 있을 때에는 집안에 자최(齊衰)의 상복이 있는 초상이 났어도 제사를 마친 다음에라야 임금에게 보고할 수 있음을 기술하였으니 임금이 제사를 지내기 위하여 재계(齊戒)하면 신하는 가급적 번거롭게 하지 말아야 됨을 밝혔다.

　위시(爲尸)는 시동(尸童)을 위하여 안전을 보살피는 것이고, 공

(公)은 공실(公室)이니 향관청(享官廳)을 일컬으며, 수숙(受宿)은 숙직(宿直)하라는 명령을 받은 것이다. 내상(內喪)은 앞(7-4-1)에서 이미 해설하였고, 출(出)은 향관청에서 나아감이요, 사(舍)는 머물러 있는 것이며, 공관(公館)은 여기에서는 일반관청의 집무실이고, 사(事)는 제사(祭事)를 마치는 것이다.

대체로 목욕재계하는 기간에는 외부인의 만남을 삼가는 것이므로 번거롭게 하지 않는 것이 예절이다.

7-20-2 ─────────────────────── 孔子가 曰尸가 弁冕而出이어든
卿大夫士가 皆下之하며
尸必式하나니 必有前驅하니라.

『공자가 말씀하시기를 시동이 고깔이나 면류관을 쓰고 나아가거든 경과대부 및 선비가 모두 수레에서 내리며, 시동은 반드시 수레의 가로막대를 잡고 일어서나니 반드시 앞에서 인도하는 수레가 있느니라.』

◉ 여기에서는 시동(尸童)의 행차에 대한 예절을 기술하여 시동을 보호하는 직책의 엄중성을 밝혔다.

변면(弁冕)은 고깔과 면류관이니 관(冠)을 지칭하고, 전구(前驅)는 앞에서 길을 열어 안내하는 수레이다.

7-21-1 ─────────────────────── 子夏가 問曰三年之喪에 卒哭하고
金革之事를 無辟也者가 禮與이니까

初有司與이니까 孔子가 曰夏后氏는
三年之喪에 旣殯而致事하고 殷人은
旣葬而致事하더니 記에 曰君子는
不奪人之親하며 亦不可奪親也라
하나니 此之謂乎인저.

『자하가 물어 말하기를 3년의 상복에 졸곡하고, 전쟁의 사무를 피함이 없는 것이 예절입니까? 애당초에 국가의 동원령이 있는 것입니까? 공자가 말씀하시기를 하나라 왕조는 3년의 상복에 이미 빈소를 설치하면 사무를 반납하고, 은나라 사람은 이미 장사 지내면 사무를 반납하더니 기록에 말하기를 군자는 남의 어버이의 상복에 슬퍼하는 마음을 빼앗지 아니하며, 또한 어버이의 상복에 슬퍼하는 마음을 빼앗을 수도 없다고 하나니 이것을 일컬음인저.』

◉ 이 장은 어버이의 상복을 입고 거상(居喪)하는 기간에는 일체의 공직(公職)이나 사적인 업무에 종사할 수 없는 예절을 기술하였다.

금혁(金革)은 창칼과 갑옷으로 전쟁을 뜻하고, 피(辟)는 피(避)이며, 유사(有司)는 국가의 전쟁동원령이 있는 것이며, 친(親)은 어버이인데 여기에서는 어버이의 초상에 슬퍼하는 마음이다. 부모를 잃은 사람에게 상복을 벗고 전투복을 입으라고 강요하는 것은 천륜(天倫)을 어기고 인정(人情)을 해치는 것이므로 강제 동원하는 것은 군자의 도량이 아니다.

子夏가 曰金革之事를 無辟也者가
非與이니까 孔子가 曰吾聞諸老聃하니
曰昔者에 魯公伯禽이 有爲爲之也라 하나
今以三年之喪으로 從其利者를 吾弗知也니라.

『자하가 말하기를 전쟁의 일을 피함이 없는 것이 비례입니까? 공자가 말씀하시기를 나는 그것에 대하여 노담에게 들으니 말하기를 옛날에 노나라 임금 백금이 직무가 있어서 그렇게 하였다고 하나 이제 3년의 상복으로 그 이익을 추구하는 것을 나는 알지 못하노라.』

◐ 여기에서는 침략자나 반란군을 정벌하는 구국의 전쟁에는 비록 거상(居喪) 기간에도 전투복을 입고 출정해야 되겠지만 이익을 추구하고 공명(功名)을 세우기 위하여 다른 나라를 빼앗는 전쟁에는 종군하지 말아야 됨을 밝혔다.

노공백금(魯公伯禽)은 노나라 임금 백금으로 주공(周公)의 아들이며, 유위(有爲)는 직무가 있는 것이니 주(周)나라 성왕(成王)의 명에 의하여 동남방의 오랑캐를 진압하여 국제평화를 유지하는 책임이다. 기리(其利)는 전쟁을 통하여 이익과 공명을 추구함이요, 불지(弗知)는 옳지 않다는 뜻이다. 천하가 어지러우면 나라를 지킬 수 없고 나라가 어지러우면 가정을 지킬 수 없기 때문에 천하국가의 위기에 모두 전선으로 달려가는 것이 마땅하다.

8. 문왕세자(文王世子)

　　문왕(文王)은 왕계(王季)의 아들로 이름이 창(昌)인데 할아버지 태왕(太王)의 뜻을 받들어 그 시조 후직(后稷)의 농업정책을 대대적으로 개발하며 요순(堯舜)의 덕치인정(德治仁政)을 계승하므로 태공망(太公望) 같은 어진 인물이 보필하여 강대국이 되어서 서백(西伯)이 되었고, 주역학(周易學)을 일으켜 인류문화를 크게 부흥함으로써 천하제후의 3분의 2가 귀속하여 아들 무왕(武王)이 은(殷)나라 주(紂)를 정벌하고, 주(周)나라가 혁명을 성공하는 기반을 구축한 업적으로 문왕(文王)이라는 시호(諡號)를 받았다.

　　세자(世子)는 차기 임금으로 선출될 수 있는 자격을 인정받은 임금의 아들로 태자(太子) 또는 동궁(東宮)인데 적장자(嫡長子)를 차기 임금의 후보(候補)로 세우면 태자(太子)라고 호칭하고, 중자(衆子)를 차기 임금의 후보로 세우면 세자(世子)라고 하였다.

　　문왕세자(文王世子)는 문왕이 세자가 되어 제왕(帝王)의 학문과 덕행을 익히는 절도를 기술하였다는 뜻이니 부모에 대한 효도와 자손에 대한 교양의 범절을 포괄하였기에 무왕(武王)이 세자로 있을 때의 행실과 주공(周公)이 성왕(成王)을 보도(補導)한 내용을 기술하였는바, 세자교육의 모범준칙이요, 또한 고대의 학제(學制)와 교육사 및 형법사를 연구할 수 있는 귀중한 자료이다.

8-1-1————————文王之爲世子에 朝於王季하되

日三이더라 鷄初鳴而衣服하고
至於寢門外하야 問內豎之御者러니
日今日에 安否는 何如오 하며
內豎가 日安하시오 하면 文王이
乃喜하더니라 及日中이어든 又至하여
亦如之하며 及莫어든 又至하여 亦如之하니라.

『문왕이 세자가 됨에 왕계에게 찾아가되 날마다 세 번씩이었다. 닭이 첫 회를 울면 옷을 입고, 내전의 문 밖에 이르러 내전의 전갈하는 신하에게 물었으니 말하기를 오늘에는 편안하고 편안하지 않으심이 어떠합니까 하며, 내전의 전갈하는 신하가 말하기를 편안하십니다 하면 문왕이 이에 기뻐하더니라. 해가 하늘의 중앙에 미치거든 또 이르러 똑같이 하며, 저녁에 미치거든 또 이르러 역시 똑같이 하니라.』

☯ 이 장은 문왕(文王)이 세자(世子)가 됨에 부왕(父王)이신 왕계(王季)의 건강을 걱정하여 정성을 다한 사실을 사관(史官)이 기록한 것이다.

조(朝)는 방문(訪問)함이고, 왕계(王季)는 문왕의 아버지이며, 일3(日三)은 매일 세 번씩 함이요, 침문(寢門)은 내전(內殿)의 문이며, 내수(內豎)는 천관(天官)으로 내전(內殿)과 외조(外朝)에 통신을 전달하는 소신(小臣)이다. 안부(安否)는 편안하고 편안하지 않음이요, 어(御)는 당직(當直) 근무함이며, 일중(日中)은 해가 중천(中天)에 있는 정오(正午)이고, 모(莫)는 모(暮)이다.

맏아들은 어버이에게 하루 세 때를 직접 공양(供養)할 도리(道理)

가 있고, 또 저녁에 잠자리를 깔아 평안히 쉬게 하며 아침에 안부를 물어보는 혼정신성(昏定晨省)의 예절이 있으므로 문왕이 세자가 되어 부왕(父王)에게 매일 세 번씩 찾아가는 것은 당연한 일이다.

8-1-2────────────────────────── 其有不安節이어든 則內竪가
以告文王하며 文王은 色憂하야
行不能正履하다가 王季가 復膳이어든
然後라사 亦復初하며 食上에
必在視寒煖之節하고 食下에 問所膳하니
命膳宰하야 日末有原하라 하야
應曰諾이라 한 然後에 退하니라.

『그 편안치 못한 때가 있거든 곧 내전의 전갈하는 신하가 문왕에게 알리게 하며, 문왕은 얼굴빛이 근심스러워하여 다님에 바르게 잘 걷지도 못하다가 왕계가 밥상의 음식 가짓수를 평시와 같이 도로 회복하거든 그런 뒤라사 또한 처음의 상태로 되돌아오며, 수라상을 올림에 반드시 차고 따뜻한 절도를 살피고, 수라상이 내려옴에 잡수신 반찬을 물으니, 요리사에게 명령하여 말하기를 미루어 두었다가 다시 올리는 일이 있지 마라 하여, 응답하여 말하기를 예라고 한 뒤에 물러나니라.』

◉ 이 절은 문왕이 세자가 되어 부왕(父王)이신 왕계(王季)를 잘 섬겨서 3시공양(三時供養)을 직접 살피는 절도를 기술하였다.

정이(正履)는 걸음걸이가 반듯함이고, 복선(復膳)은 무슨 연고가

있어 임금이 반찬의 수를 감손하였다가 밥상의 음식 가짓수를 평시
와 같이 도로 회복함이며, 복초(復初)는 처음의 상태로 되돌아옴이
다. 식상(食上)은 밥상을 올리는 것이며, 재(在)는 살피는 것이고, 식
하(食下)는 밥상을 내려오는 것이며, 소선(所膳)은 잡수신 바의 반찬
이요, 원(原)은 미루어 두었다가 두 번 사용함이다.

　문왕은 세자로서 당연한 도리(道理)와 예절을 실천하였을 뿐인데
도 전배들은 성인(聖人)의 뛰어난 행실이라고 찬미하였으니 주례(周
禮)의 본의를 망각한 것이다. 문왕(文王)과 무왕(武王)은 초인적인
행실을 잘한 것이 아니고, 인간의 공통적인 본성에 충실한 보편적 도
덕윤리를 잘 지켰음을 알아야 한다.

8-1-3───────────────── 武王이 帥而行之하고 不敢有加焉하더니
文王이 有疾하신대 武王이 不說冠帶而養하되
文王이 一飯하시면 亦一飯하고 文王이 再飯하시면
亦再飯하더니 旬有二日이어늘 乃間하시니라.

『무왕이 그것을 따라서 실행하고, 감히 더함이 있지 아니하더니
문왕이 질병이 있으신대 무왕이 관과 띠를 벗지 않고 공양하되 문왕
이 한 끼를 잡수시면 역시 한 끼를 먹고, 문왕이 두 끼를 잡수시면
역시 두 끼를 먹더니 12일이 지나 이에 질병이 나으시니라.』

　◉ 여기에서는 무왕(武王)이 세자(世子)가 되어 문왕(文王)을 섬
김에도 문왕처럼 보편적인 도리(道理)와 예절을 지켰을 뿐이요, 초인

적인 특별한 행동을 하지 않았음을 기술하였다.

　솔(帥)은 따라감이고, 가(加)는 더욱 보탬이며, 탈(說)은 탈(脫)과
같다. 일반(一飯)은 하루에 한 끼니를 먹음이요, 재반(再飯)은 하루
에 두 끼니를 먹음이며, 순(旬)은 10일이고, 간(間)은 질병이 나은
것이다. 여기에서 문왕과 무왕은 인류의 보편적인 효도로 부모를 섬
긴 사실을 확인할 수 있다.

8-1-4─────────────────── 文王이 謂武王하야 曰女는 何夢矣아
武王이 對曰夢에 帝與我九齡하시니다
文王이 曰女는 以爲何也아 武王이 曰西方에
有九國焉하니 君王이 其終撫諸이신저
文王이 曰非也니라 古者에 謂年齡하나니
齒亦齡也니라 我는 百이요 爾는 九十이니
吾與爾三焉하리라 文王은 九十七에
乃終하시고 武王은 九十三而終하시다.

『문왕이 무왕에게 일러 말씀하시기를 너는 무슨 꿈을 꾸었느냐?
무왕이 대답하여 말하기를 꿈에 하느님이 나에게 아홉 개의 이빨을
주시더이다. 문왕이 말씀하시기를 너는 무슨 뜻이라고 생각하느냐?
무왕이 말하기를 서쪽 지방에 아홉 나라가 있으니 임금이 그 마침내
어루만지실진저, 문왕이 말씀하시기를 아니니라, 옛날에 나이를 일컬
었나니 이빨이 또한 나이이니라. 나는 100살을 받았고, 너는 90살을
받았으니 내가 너에게 3살을 주리라. 문왕은 97세에 승하하시고, 무

왕은 93세로 승하하시다.』

　　☯ 여기에서는 문왕(文王)이 병석에서 하느님으로부터 이빨 10개
를 받은 꿈을 꾸고 병이 나으니 신기하여 무왕(武王)도 무슨 꿈을
꾸었는지 묻고 이빨 9개를 받은 꿈을 꾸었다고 하자 아버지의 자애
로운 마음으로 아들을 위로하여 3살을 아들에게 주면서 꿈을 팔았던
내용을 기술하였다.

　　몽(夢)은 길몽(吉夢)과 흉몽(凶夢)이 있으며 또 성실하면 꿈도 진
실하고 사망(邪妄)하면 꿈도 허망하므로 일률적으로 논할 수 없지만
진실한 효자(孝子)에게 하느님이 꿈에 나타나서 복을 주는 일은 고
금에 많은 것이다. 제(帝)는 하느님이요, 구령(九齡)은 아홉 개의 새
로 나는 이빨이니 아홉 줄의 나이를 상징하고, 무(撫)는 포용하여 보
살피는 것이며, 아백(我百)은 문왕이 꿈에 10개의 이빨을 하늘로부터
받았다는 말이며, 삼(三)은 3년이니 문왕이 무왕보다 10년이나 많이
받았으므로 아들의 섭섭한 마음을 달래기 위하여 꿈을 팔았으니 하
느님도 그 부정(父情)을 헤아려 응당 따르지 않을 수 없었을 것이다.

　　인명(人命)은 재천(在天)이라 수(壽)와 요(夭)는 서로 바꾸지 못
하지만 3년 정도의 나이는 서로 사고팔 수 있음을 여기에서 살피기
바란다.

8-2-1───────────────── 成王이 幼하사 不能涖阼이라거늘
周公이 相이러니 踐阼而治할새
抗世子法於伯禽은 欲令成王之知父子君
臣長幼之道也라 成王이 有過어든

則撻伯禽하나니 所以示成王世子之道也가
文王之爲世子也러라.

『성왕이 어리시어 동쪽 섬돌에 임할 수 없다고 하거늘 주공이 돕더니 동쪽 섬돌에 올라서 다스릴 때에 세자의 법도를 백금에게 거들게 함은 성왕으로 하여금 부자와 군신과 장유의 도리를 알게 하려고 함이었다. 성왕이 허물이 있거든 곧 백금을 회초리로 종아리를 쳤으니 성왕에게 세자의 도리를 보이는 원리가 문왕이 세자가 되었을 때의 도리와 예절이었던 것이다.』

◎ 이 장은 주공(周公)이 어린 성왕(成王)에게 문왕이 세자가 되었을 때에 행한 도리(道理)와 예절을 간접적인 방법으로 훈도(訓導)한 사실을 기술하였다.

리(涖)는 임(臨)함이고, 조(阼)는 사당의 동쪽 섬돌계단이니 제주(祭主)가 사용하므로 리조(涖阼)는 제사를 주관한다는 뜻이다. 주공(周公)은 문왕의 아들이며 무왕의 아우요, 성왕의 숙부(叔父)이고, 상(相)은 총재(冢宰)가 되어 섭정(攝政)함이다. 항(抗)은 거들어 돕는 것이요, 세자법(世子法)은 세자로서 실천해야 하는 당연한 법도이며, 백금(伯禽)은 주공(周公)의 맏아들이고, 주공(周公)이 성왕(成王)에게 문왕이 행한 것만을 가르치고자 하였으니 또한 천하 공통의 효도요, 특별히 고원난행(高遠難行)한 것이 아니었음을 살피기 바란다.

전배들은 문왕지위세자야(文王之爲世子也)를 군더더기 문장으로 보았으나 옳지 않으니 앞에 소이(所以)의 술어로 보아야 마땅하기에 내가 바로잡았으니 살피기 바란다.

凡學世子及學士하되 必時니 春夏에
學干戈하고 秋冬에 學羽籥하니 皆於東序하니라.

『무릇 세자 및 학사를 가르치되 때를 살피나니 봄과 여름에는 방패와 창을 들고 춤추는 것을 가르치고, 가을과 겨울에는 꿩깃기와 피리를 들고 춤추는 것을 가르치니 모두 태학에서 하니라.』

☯ 이 장에서는 세자(世子)도 일반 학생과 마찬가지로 태학(太學)에 입학하여 공통의 교양과목을 이수해야 됨을 기술하였다.

범효(凡學)는 태학에서 공통과목으로 가르치는 것으로, 효(學)는 효(斅)와 같고, 학사(學士)는 태학생(太學生)이며, 필(必)은 살피는 것이다. 간과(干戈)는 방패와 창을 들고 춤추는 무무(武舞)요, 우약(羽籥)은 꿩깃털로 만든 기와 피리를 들고 춤추는 문무(文舞)이며, 동서(東序)는 태학이니 앞(5−19−16)에서 이미 해설하였다.

살피건대 앞(5−16−1)에서는 봄·가을에는 예악(禮樂)을 가르치고, 겨울·여름에는 시서(詩書)를 가르친다고 하였고, 여기에서는 봄·여름에는 무무(武舞)를 배우고, 가을·겨울에는 문무(文舞)를 배운다고 하였으니 여름과 겨울에는 가사(歌詞)와 곡조를 배우는 것이 분명하다.

小樂正이 學干이어든 大胥가 贊之하고
籥師가 學戈이어든 籥師丞이
贊之하며 胥가 鼓南이니라.

『소악정이 방패춤을 가르치거든 큰 조교가 돕고, 피리교사가 창춤을 가르치거든 피리교사의 보조가 도우며, 서리가 남쪽 마당에서 북을 치니라.』

◑ 여기에서는 춤학과 담당교수와 조교 및 교육장소를 기술하였다.

소악정(小樂正)과 대서(大胥)는 앞(5-16-3)에서 이미 해설하였고, 약사(籥師)는 피리를 가르치는 교사이며, 약사승(籥師丞)은 피리교사를 돕는 부교사이며, 서(胥)는 서리(胥吏)로 낮은 조교이다. 고(鼓)는 북을 쳐서 장단을 맞추는 것이고, 남(南)은 남정(南庭)이니 완전히 공개된 태학의 명륜당(明倫堂) 앞뜰이다. 전배들은 남(南)을 남쪽 오랑캐의 음악이라고 하였으나 옳지 않다. 악무(樂舞)는 정악(正樂)을 가르쳐서 우아하고 장중한 율동을 익히기 위한 교육인데 어찌 조잡하고 경망스러운 오랑캐의 민속노래를 연주하겠는가? 모름지기 태학에서 교육하는 문무(文舞)와 무무(武舞)는 석전(釋奠)이나 종묘제례에서 8일무(八佾舞)와 6일무(六佾舞)를 추기 위하여 익히거늘 남방의 오랑캐 춤을 배워서 어디에 쓸 것인가!

8-3-3————————————————— 春誦夏弦이어든 大師가 詔之瞽宗하며
秋學禮이어든 執禮者가 詔之하고
冬讀書이어든 典書者가 詔之하니
禮在瞽宗이요 書在上庠이니라.

『봄에는 시가를 외우고 여름에는 현악기를 연주하거든 태사가 고

종 음악당에서 천자의 깨우치는 말씀을 가르치며, 가을에 예절을 배우거든 집례자가 왕의 깨우치는 말씀을 가르치고, 겨울에 서전을 읽거든 서전을 담당한 사람이 왕의 깨우치는 말씀을 가르치니 예절교육은 고종음악당에서 하고, 서전강의는 고전연구실에서 하니라.』

◉ 여기에서는 시서예악(詩書禮樂)의 교육시기와 장소 그리고 특강담당자를 기술하였다.

송(誦)은 시가(詩歌)를 암기하여 낭송함이고, 현(弦)은 현(絃)과 같으니 현악기를 연주함이며, 태사(大師)는 3공(三公)의 최고위직에 있는 사람이요, 조(詔)는 임금의 깨우치는 말씀을 가르치는 것이다. 고종(瞽宗)은 은(殷)나라의 태학 이름이고, 상상(上庠)은 순(舜)임금 시대의 태학 이름인데 주(周)나라가 그 학문의 전통을 계승하기 위하여 태학 내에 독립건물을 지어 건물이름으로 썼으니 고종(瞽宗)은 방음벽을 설치하여 음악당으로 사용하고, 상상(上庠)은 높고 건조한 곳에 세워서 도서관의 연구실 및 토론실로 사용하였음을 짐작할 수 있다. 집례자(執禮者)는 예절의 의식절차를 주관하여 집행하는 사람이니 예절교육의 주임교수이고, 전서자(典書者)는 서전(書傳)의 책과 교육을 주관하여 정치철학과 왕도정치의 역사교육을 담당한 주임교수인바, 이들이 천자의 조유(詔諭)를 받아 태학생에게 특강을 실시하는 것이다.

천자가 시서예악(詩書禮樂)에 대한 기본견해를 태학생에게 보이도록 한 것은 태학의 교육내용이 현실정치와 일치하여 교육의 이상과 정치의 현실이 괴리하는 것을 방지하기 위함이니 그 뜻이 매우 심오하도다. 왜냐하면 임금이 학생에게 성현(聖賢)의 글과 노래를 배우라고 하였으므로 현실정치에서 그들에게 성현을 비난하고 도덕에 어그러진 행위를 요구할 수 없게 되는 것이다.

 凡祭與養老에 乞言合語之禮를
皆小樂正이 詔之於東序하니라.

『무릇 제향과 양로연회에 노인에게 착한 가르침을 구하고, 말을
종합하는 예절을 모두 소악정이 왕의 깨우치는 말씀으로 태학에서
가르치느니라.』

◉ 여기에서는 제향(祭享)과 양로연(養老宴)에서 왕의 걸언(乞言)
에 대하여 합의안(合議案)을 도출하는 회의예절을 가르치는 법도를
기술하였다.

제(祭)는 제향을 마치고 연회할 때요, 양로(養老)는 앞(5-19-1)
에서 이미 해설하였으며, 걸언(乞言)은 임금이 노인에게 착한 말이나
방책을 구하는 것이니 일반국민에게 구언(求言)하는 것보다 더욱 공
경하는 말이요, 합어(合語)는 같은 자리에 참석한 노인들이 임금의
걸언(乞言)에 대답하기 위하여 합동회의를 열어서 의사를 통일해서
합일안을 도출하는 것이다.

살피건대 특정인에게 지명하지 않고 다중의 집단에 임금이 물었을
때에는 다수의 찬성안과 소수의 반대의견을 밝혀서 대답해야지 각각
자기주장만 하거나 또는 소수의견을 무시하여 묵살하는 것은 합어
(合語)하는 예절이 아니다. 전배들은 합어(合語)를 참석한 노인들이
서로 사교(社交)하는 말로 해석하였는데 옳지 않다. 예절에 사담(私

談)이 없고 공식행사에 개인행동이 없거늘 어찌 사사로운 교제를 하
겠는가?

8-3-5─────────────────── 大樂正이 學舞干戚과 語說과
命乞言하되 皆大樂正이 授數하거든
大司成이 論說在東序하니라.

『음악부장관이 방패와 도끼를 들고 춤추는 것과 합동회의를 열어
서 말을 하고 논설을 주장하는 것과 왕의 명령으로 노인에게 좋은
말을 구하는 것을 가르치되 음악부장관이 책임과제를 주거든 태학총
장이 태학강당에서 강론하고 해설하니라.』

☯ 여기에서는 세자(世子)와 태학생들의 학업성적을 전체적으로
종합 평가하는 방법과 제도를 기술하였다.

척(戚)은 도끼로 무무(武舞)의 소도구요, 어(語)는 합어(合語)니
회의에서 의제를 합의하는 방법이고, 설(說)은 논설(論說)이니 동의
(同意案)과 개의안을 논리적으로 해설하는 방법이다. 명(命)은 조명
(詔命)으로 왕이 깨우쳐 말하는 명제(命題)요, 수(數)는 책임과제이
다. 대사성(大司成)은 태학이 교무(校務)를 통괄하고 소속직원을 감
독하며 학생을 지도하는 총장이다.

살피건대 태학생의 학업수준을 평가하는 과제는 교육부장관이 출
제하고 그 평가를 시행한 일은 대학총장이 담당하니 평가의 공명성
과 학원의 자율성을 모두 보장하는 합리적인 제도이다.

—————————————— 凡侍坐於大司成은 者遠近이
間三席에 可以問이니 終則負牆이요
列事未盡이어든 不問이니라.

『무릇 태학총장을 곁에서 모시고 앉음에는 이에 멀고 가까운 거리
가 세 개의 돗자리를 사이하여 물어야 하나니 질문을 마치면 장벽을
등지고 앉고, 벌인 일이 아직 끝나지 않았거든 묻지 아니하니라.』

◉ 여기에서는 태학총장이 강론하고 해설을 할 때에 질문하는 법
도를 기술하였다.

자(者) 이에로 자(玆)와 같으며, 원근(遠近)은 거리이고, 석(席)은
돗자리인데 대체로 돗자리의 광(廣)은 3척 3촌 3푼으로 3석(三席)이
면 1장(丈)이 되는 까닭에 스승과 제자가 앉아서 문답하는 거리를
함장(函丈)이라고 하였다.

부장(負牆)은 담장을 등지고 선다는 말이니 좌석의 끝으로 물러나
다른 사람이 질문하도록 배려한다는 뜻이다.

—————————————— 凡學은 春에 官이
釋奠于其先師하나니
秋冬에 亦如之하니라.

『무릇 태학은 봄에 관원이 그 세상을 떠난 스승에게 희생을 바치
고, 기리나니 가을과 겨울에 또한 그와 같이 하니라.』

◑ 이 장은 세자(世子)와 태학생이 선성(先聖), 선사(先師)의 도덕사상을 기리는 석전(釋奠)에 참여하는 절도를 기술하였다.

관(官)은 관원(官員)이니 임금을 포함한 정부의 고위관리이고, 석전(釋奠)은 음식을 풀어서 올린다는 뜻으로 제사(祭祀)와는 약간 다르다. 제(祭)는 시동(尸童)이 있고, 여러 어린이가 어른에게 음복주를 권하는 여수(旅酬)와 나이순으로 앉아서 밥과 술을 먹는 연모(燕毛)의 연회가 있으나, 사(祀)에는 시동(尸童)과 여수(旅酬)가 없으며, 석전(釋奠)에는 시동(尸童), 여수(旅酬), 연모(燕毛)가 모두 없는 까닭에 제사(祭祀)라고 이름 하지 않고 석전(釋奠)이라고 명명하였다.

살피건대 석전(釋奠)은 학기 초인 춘추(春秋) 2월 8월의 상정일(上丁日)에 거행하였거늘 여기에서는 동(冬)에도 거행한다고 하였으니 관(官) 자의 오기인 듯하다.

8-4-2───────────────── 凡始立學者는 必釋奠于先聖先師하되 及行事하야 必以幣니라.

『무릇 처음에 태학을 건립한 사람은 반드시 옛날의 성인과 세상을 떠난 스승에게 희생을 바치고, 기리되 행사에 미쳐서 반드시 폐백을 드리니라.』

◑ 여기에서는 새로 건국한 임금은 태학을 세우고 선성(先聖)과 선사(先師)에게 석전(釋奠)을 거행하여 폐백(幣帛)을 올려야 됨을 밝혔다.

입학(立學)은 태학을 건립함이요, 선성(先聖)은 옛날에 도덕을 밝혀 인류의 사표가 된 성인(聖人)이며, 선사(先師)는 옛날에 훌륭한 학설을 세워 사람을 가르쳤던 대현(大賢)이다. 폐(幣)는 폐백(幣帛)으로 비단, 보물, 화폐 등 예물을 올리는 전폐례(奠幣禮)이다.

8-4-3————————————————————————— 凡釋奠者는 必有合也니

有國故어든 則否니라

凡大合樂엔 必遂養老니라.

『무릇 석전이라는 것은 반드시 음악을 합주함이 있나니 나라에 연고가 있으면 아니 하니라. 무릇 음악을 대대적으로 합주함에는 반드시 나아가 노인에게 석전의 음식을 먹게 하느니라.』

◐ 여기에서는 석전(釋奠)에 음악을 합주(合奏)하되 나라에 연고가 있으면 음악연주를 생략하고, 또 왕이 친히 임하여 석전을 거행할 때에는 대대적으로 음악을 합주하며, 이어 양로(養老)의 행사까지 수행하여야 됨을 밝혔다.

합(合)은 합주(合奏)하여 선성(先聖), 선사(先師)의 도덕학술을 칭송함이고, 국고(國故)는 나라의 연고인즉 나라에 재난이나 상사(喪事)가 있는 것이다. 대합악(大合樂)은 대대적으로 음악을 합주함이니 당상악(堂上樂)과 당하악(堂下樂), 문무(文舞), 무무(武舞)를 갖춤이고, 수(遂)는 나아가 이어서 마침이며, 양로(養老)는 앞(5-19-1)에서 이미 해설하였다.

凡語于郊者는 必取賢歛才焉이니
或以德進하고 或以事擧하고 或以言揚하며
曲藝를 皆誓之하야 以待又語하나니
三而一有焉이어든 乃進其等하되 以其序하니
謂之郊人이라 하야 遠之於成均이라도
以及取爵於上尊也니라.

『교외에서 하느님에게 제사를 지내고, 말을 같이하는 것은 반드시 어진 이를 뽑고, 인재를 모으려는 것이니 혹 덕성으로 진출하고, 혹 사업으로 등용하고, 혹 말로써 표창하며, 조그마한 기능이라도 모두 서약하여 기다리게 해서 또다시 말을 같이하나니 세 가지 중에 하나라도 있으면 이에 그 등급을 승진시키되 그 차례로써 하나니 그들을 교제에서 뽑은 사람이라고 하여, 태학에서 멀리했을지라도 상등의 높은 자리에 벼슬을 취하는 데 미치게 하니라.』

☯ 여기에서는 교제(郊祭)에서 합어(合語)하여 하늘이 낸 인재를 발탁 등용하는 임시특별 임용고시의 제도를 기술하였다.

어(語)는 합어(合語)로 앞(8-3-4)에서 이미 해설하였고, 교(郊)는 교제(郊祭)니 동교(東郊)는 앞(6-1-9)에서, 남교(南郊)는 6-4-9에서, 서교(西郊)는 6-8-7에서 북교(北郊)는 6-11-7에서 이미 해설하였다. 전배들은 교외에 있는 학교라고 오역하였기에 내가 바로 잡았다. 곡예(曲藝)는 조그마한 재주나 기능이며, 서(誓)는 서약하여 약속함이고, 대(待)는 다음의 합어(合語) 때를 기다림이요, 우어(又語)는 다시 말을 같이하게 함이다. 3(三)은 덕(德)과 사(事)와 언

(言)이며, 등(等)은 등급이고, 서(序)는 서열이요, 원(遠)은 멀리함이며, 성균(成均)은 지방제후국의 태학이름이다. 이것은 지방제후국의 대학교에서는 입학을 허락하지 않았다는 뜻이니 곧 대학교를 다니지 않은 독학생(獨學生)이며, 작(爵)은 관작(官爵)이고, 상(上)은 상등급(上等級)이요, 존(尊)은 존위(尊位)이다. 전배들은 작(爵)을 술잔으로 오해하고, 존(尊)을 술통으로 착각하여 억지논리를 폈으나 제도권에 안주한 기득권자들의 권력독점논리에 지나지 않는 것이다. 나는 이를 과감히 타파하고 학문의 자유와 인재등용문을 널리 개방하는 논리로 전환하여 비록 학교를 다니지 않았더라도 홀로 초야에서 공부하여 훌륭한 인격을 도야하고, 사업수완이 있으며, 언론(言論)이 공명정대하면 나라에서 왕이 천제(天祭)를 지내고, 합어(合語)의 과거장을 열어 하늘이 낸 인재를 발탁하는 것이 하늘의 뜻임을 새 시대에 선언한다.

8-4-5─────────────────────始立學者는 旣興器用幣하고
然後에 釋菜하되 不舞하고 不授器하며
乃退儐于東序하야 一獻하나니
無介하고 語는 可也니 敎世子니라.

『처음 태학을 건립한 사람은 이미 그릇을 제작하며, 폐백으로 쓸 물건을 갖추고, 그런 뒤에 나물을 펼쳐 올리되 춤을 추지 아니하고, 기물도 주지 아니하며, 이에 안내인을 태학으로 물러가게 하여 선성(先聖)과 선사(先師)께 한 잔의 술을 올리나니 수행원이 없고, 말을

같이하는 것은 가능하니 세자를 가르치느니라.』

　◉ 여기에서는 세자가 태학에 입학하는 절차를 기술하였으니 세자가 태학생이 됨에는 손님의 신분이 아니고 제자의 신분으로 행동해야 됨을 밝혔다.

　흥(興)은 공사를 일으켜 제작함이고, 용(用)은 쓸 만하게 갖춤이며, 석채(釋菜)는 성현의 사당에 나물을 위주로 술을 드리는 의식인데 석전(釋奠)보다 간소하여 일무(佾舞)가 없으며, 술을 한 잔만 올릴 수도 있다. 불수기(不授器)는 모든 행사의 절도에 보조자가 없이 직접 그릇을 손수 챙긴다는 말이니 왕세자의 신분으로 행사를 거행함이 아니라 학생의 신분으로 거행하여야 된다는 뜻이며, 빈(儐)은 주인을 도와 오신 손님을 안내하는 사람이고, 개(介)는 손님을 수행하며 심부름을 하는 사람이니, 빈(儐)은 주인 쪽의 집사이고, 개(介)는 손님 쪽의 집사인즉, 안내인과 수행원이 있으면 주인과 손님의 관계가 성립하는 까닭에 스승과 제자의 관계를 맺을 수 없는 것이다. 그러므로 세자는 안내인과 수행원을 모두 물리치고 혼자서 학생의 신분으로 태학에 들어가야 된다. 어(語)는 앞(8-3-4)에서 이미 해설하였다.

　교세자(敎世子)는 학교의 검소 질박함과 스승을 높임과 겸손한 배움의 자세가 제자의 직분임을 세자에게 가르쳐야 된다는 뜻이다.

8-4-6──────────────────── 凡三王이 敎世子하되 必以禮樂하시니

樂은 所以脩內也요 禮는 所以脩外也니

禮樂이 交錯於中하야 發形於外라

是故로 其成也가 懌하야 恭敬而溫文이니라.

『무릇 3왕이 세자를 가르치되 반드시 예절과 음악으로 하시니 음악은 안을 닦는 원리요, 예절은 밖을 닦는 원리니 예절과 음악이 속에서 서로 만나 섞여 밖에 형체로 나타나니라. 이런 까닭으로 그 완성하는 것이 기뻐하여 공손하고 경건하면서도 따뜻하고 문채로우니라.』

  ◑ 이 절은 세자(世子)를 태학에서 교육하는 필수과목은 예절과 음악임을 기술하였다.

  수내(脩內)는 마음을 밝혀 건전한 정신과 성실한 생각을 가지게 함이고, 수외(脩外)는 몸을 닦아 말을 공손하게 하고 행실을 바르게 하는 것이다. 성(成)은 인격이 완성함이요, 역(懌)은 기꺼워함이고, 온(溫)은 온화함이며, 문(文)은 문채가 아롱짐이니 낙천적(樂天的)으로 도리를 알고 분수를 지켜 인간성을 기르고 사회성을 개발하여 완성한 품격이다.

8-5-1————————立太傅少傅以養之는 欲其知父子君臣之道也니
太傅는 審父子君臣之道하야 以示之하고 少傅는
奉世子하야 以觀太傅之德行而審喩之하나니
太傅가 在前하고 少傅가 在後하며 入則有保하고
出則有師니라 是以로 教喩而德成也하나라
師也者는 教之以事而喩諸德者也요 保也者는
愼其身以輔翼之而歸諸道者也니라 記에 曰虞夏商周가

有師保하며 有疑丞하니 設四輔及三公은 不必備라 唯其人이라 하니 語使能也니라.

『늙고 박식한 사회선생과 젊고 예리한 감찰선생을 세워 세자를 양성함은 그 부자와 군신의 도의를 알게 하려는 것이니 늙고 박식한 사회선생은 부자와 군신의 도의를 살펴서 행실로 보이고, 젊고 예리한 감찰선생은 세자를 받들어 늙고 박식한 사회선생의 덕행을 관찰해서 살펴 깨우쳐 주나니 늙고 박식한 사회선생이 앞에 있고, 젊고 예리한 감찰선생이 뒤에 있으며, 집에 들어가면 일과시간계획을 관리하는 선생이 있고, 태학으로 출석하면 글을 가르치는 스승이 있느니라. 이리하여 가르치고 깨우쳐서 덕성을 완성하니라. 스승이라는 것은 사실로써 가르쳐서 세자에게 도덕을 깨우치는 것이고, 일과시간계획을 관리하는 선생이라는 것은 그 몸을 신중히 하여 북돋아서 세자를 도의생활로 돌아가게 하는 것이니라. 기록문에 말하기를 우·하·상·주의 나라가 스승과 일과관리선생이 있었고 의문에 답하는 선생과 학습을 돕는 선생이 있었다고 하니 네 명의 보필한 사람 및 3공은 반드시 갖추지 않고 오직 그 사람만을 임명한다고 하였으니 능력자를 쓴다는 말이니라.』

◐ 이 장에서는 세자를 궁궐에서 특별 교육하는 담당관직과 직책을 기술하여 책임의 한계를 밝혔다.

입(立)은 관직을 설치하여 임명하는 것이고, 태부(太傅)는 늙고 박식한 사회선생이며, 소부(少傅)는 젊고 예리한 감찰선생이니 『서경(書經)』 주관(周官)에서는 3공(三公)과 3고(三孤)의 하나로 내가 역주(譯註)한 『새 시대를 위한 서경(書經)』의 4-22-5, 6에서 자세히 해설하였으니 참고하기 바란다. 보(保)는 태보(太保), 소보(少保)가 아니고 오직 세자의 일과시간계획표를 만들어 관리하는 관직이며, 사(師)도 태사(太師), 소사(少師)가 아니고 오직 태학에서 세자를 가르치는 교수들이다. 사(事)는 실제로 있었던 사실이고, 보익(輔翼)은 북돋아서 격려함이며, 의(疑)는 학문에 있어서 의심스러운 문제를 물으면 대답하는 선생이요, 승(丞)은 세자의 공부를 도와서 흥미가 나게 하는 선생이다. 사보(四輔)는 오직 세자만을 전문적으로 책임지고 교육하는 사(師), 보(保), 의(疑), 승(丞)이고, 3공(三公)은 태사(太師), 태부(太傅), 태보(太保)로 국가의 최고 관직이니 세자교양에도 각별히 관심을 가지고 노력하는 사람들이다.

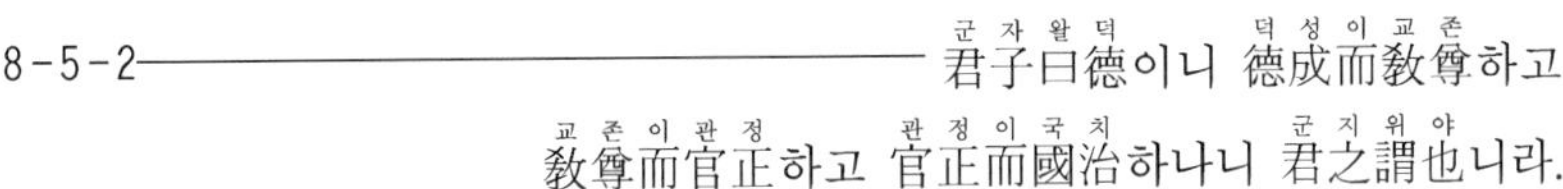

8-5-2

군자왈덕
君子曰德이니 德成而敎尊하고
교존이관정
敎尊而官正하고 官正而國治하나니 君之謂也니라.

『군자는 덕을 일컫나니 덕이 완성하여야 교육이 존엄하고, 교육이 존엄하여야 관리가 바르고, 관리가 반듯해야 나라가 잘 다스려지나니 임금을 일컬음이니라.』

◐ 여기에서는 덕성(德性)을 완성한 군자(君子)여야 임금이 될 수 있음을 강조하였다.

군자(君子)는 도덕으로 인격을 수양한 사람이고, 왈(曰)은 일컬어 지칭함이며, 덕(德)은 사람이 하늘로부터 받은 인의예지(仁義禮智)의 고유한 본성(本性)이다.

세자(世子)를 교육하는 것은 장차 임금의 자질을 개발하기 위함이므로 교육의 사표가 되고 정치의 모범이 되어야 나라를 잘 다스리는 임금이 될 수 있는 것이다.

8-5-3———————————————————— 仲尼가 曰昔者에 周公이 攝政하야 踐阼而治하실새 抗世子 法於伯禽은 所以善成王也라 聞之하니 曰爲人臣者는 殺其身하야 有益於君이어든 則爲之라 하나니 況于其身以善其君乎아 周公이 優爲之니라.

『중니가 말씀하시기를 옛날에 주공이 섭정하야 성왕이 동쪽 섬돌에 올라서 다스릴 때에 세자의 법도를 백금에게 거들게 함은 성왕을 선도하는 방법이었던 것이니라. 듣건대 말하기를 사람의 신하가 된 자는 그 몸을 죽여서 임금에게 보탬이 있거든 곧 한다고 하나니 하물며 그 자신으로부터 그 임금을 선도함이리오. 주공은 부드럽게 하셨느니라.』

◑ 여기에서는 공자가 주공(周公)이 총재(冢宰)가 되어 성왕(成王)을 간접적인 방법으로 선도(善導)한 것을 찬양하였다.

섭정(攝政)은 임금을 대신하여 정치를 하는 것이나 여기에서는 무왕(武王)이 승하하여 성왕(成王)이 3년복을 입은 기간에만 대행한 것이고, 그 뒤에는 재상(宰相)으로 있었던 것이니 앞(8-2-1)에서는

상(相)으로 되어 있음을 참조하라. 선(善)은 선도(善導)함이고, 우
(于)는 부터요, 우(優)는 부드럽고 여유가 있는 것이다.

성왕이 임금의 자리에 올랐어도 세자의 법도를 간접적인 방법으로
선도한 것은 지극한 책임정신이니 주공(周公)의 충성심은 지극하도다.

8-5-4 ─────────────────────────────── 是故로 知爲人子라야 然後에
可以爲人父하며 知爲人臣이라야 然後에
可以爲人君하며 知事人이라야 然後에
能使人이니 成王이 幼하사 不能涖阼하시나
以爲世子인댄 則無爲也라 是故로
抗世子法於伯禽하야 使之與成王居하야
欲令成王之知父子君臣長幼之義也니라
君之於世子也에 親則父也요 尊則君也니
有父之親하며 有君之尊이어야 然後에 兼天下而有之니
是故로 養世子는 不可不愼也니라.

『이런 까닭으로 사람의 자식 노릇을 할 줄 알아야 그런 다음에 사
람의 아버지 노릇을 할 수 있으며, 사람의 신하 노릇을 할 줄 알아야
그런 다음에 사람의 임금 노릇을 할 수 있으며, 사람을 섬길 줄 알아
야 그런 다음에 사람을 부릴 수 있으니 성왕이 어려서 섬돌계단에 임
할 수 없으시나 세자 노릇을 할진댄 곧 할 곳이 없는지라. 이런 까닭
으로 세자의 법도를 백금에게 거들게 하여 그로 하여금 성왕과 더불
어 거처하게 하여 성왕으로 하여금 아버지와 아들, 임금과 신하, 어른
과 어린이의 의리를 알리고자 함이니라. 임금은 세자에게 친함으로는

곧 아버지요, 높음으로는 곧 임금이니 아버지로서의 친함이 있으며, 임금으로서의 높음이 있어야 그런 다음에 천하를 아울러서 경영하나니 이런 까닭으로 세자를 교양함은 신중하지 않을 수 없느니라.』

　☯ 여기에서는 세자(世子)를 특별 교육함에 있어서 가장 중요한 것은 부자(父子)와 군신(君臣)과 장유(長幼)의 도덕과 윤리와 예절을 알게 하는 것임을 설파하였다.
　이위세자(以爲世子)는 세자 노릇을 하려고 함이고, 무위(無爲)는 할 데가 없는 것이니 무왕(武王)이 이미 승하하신 까닭이다.

8-5-5────────────────── 行一物而三善皆得者는 唯世子而已니
其齒於學之謂也라 故로 世子가 齒於學이어든
國人이 觀之하고 曰將君我而與我齒讓은 何也요
曰有父니라 在則禮然이라 하나니 然而衆이
知父子之道矣니라 其二는 曰將君我而與我齒讓은
何也요 曰有君이니라 在則禮然이라 하나니 然而衆이
著於君臣之義也니라 其三은 曰將君我而與我齒讓은
何也요 曰長長也라 하나니 然而衆이 知長幼之節矣니라
故로 父在어든 斯爲子요 君在어든 斯謂之臣이니
居子與臣之節은 所以尊君親親也니라 故로
學之爲父子焉하며 學之爲君臣焉하며 學之爲長幼焉이니
父子君臣長幼之道가 得而國治니라 語에 曰樂正이
司業하고 父師가 司成하야 一有元良에
萬國이 以貞이라 하나니 世子之謂也니라.

『한 가지의 일을 행하여 세 가지의 착함을 모두 얻는 것은 오직 세자뿐이니 태학에서 그 동등함을 일컬음이니라. 그러므로 세자가 태학에서 동등하게 하거든 나라 사람이 그것을 보고 말하기를 장차 임금이 되어 우리를 다스리로되 우리와 더불어 동등하게 겸양함은 무슨 까닭인가요? 말하기를 아버지가 있기 때문이니라. 아버지가 계시면 예절이 그렇게 해야 하나니 그래서 민중이 아버지와 자식의 도리를 아느니라. 그 두 번째는 말하기를 장차 임금이 되어 우리를 다스리로되 우리와 더불어 동등하게 겸양함은 무슨 까닭인가요? 말하기를 임금이 있기 때문이니라. 임금이 계시면 예절이 그렇게 해야 하나니 그래서 민중이 임금과 신하의 의리를 뚜렷이 아느니라. 그 세 번째는 말하기를 장차 임금이 되어 우리를 다스리로되 우리와 더불어 동등하게 겸양함은 무슨 까닭인가요? 말하기를 어른을 어른으로 섬기는 것이라고 하나니 그래서 민중이 어른과 어린이의 절도를 아느니라. 그러므로 아버지가 계시거든 이에 아들이라고 하며, 임금이 계시거든 이에 신하라고 일컫나니 임금을 높이고 어버이를 친하는 원리니라. 그러므로 세자에게 아버지와 자식 노릇 함을 가르쳐야 하며, 임금과 신하 노릇 함을 가르쳐야 하며, 어른과 어린이 노릇 함을 가르쳐야 하나니 부자와 군신과 장유의 도의가 잘되어야 나라가 잘 다스려지느니라. 합의한 말씀에 말하기를 악정이 학업을 담당하고, 아버지와 스승이 성취함을 책임져서 한 사람의 으뜸가는 선량함이 있음에 일만 나라가 바르게 지킨다고 하나니 세자를 일컬음이니라.』

◉ 여기에서는 세자(世子)가 태학(太學)에서 공부할 때에는 태학생과 동등한 자격으로 학칙을 준수하고 평등하게 예절을 지켜야 됨을 강조하였다.

1물(一物)은 1사(一事)이고, 3선(三善)은 어버이에게 효도하고, 임금에게 충성하며, 어른에게 공손함이며, 치(齒)는 치열(齒列)처럼 동등함이니 나이를 서열로 함이다. 장군(將君)은 장차 군림(君臨)함이니 장차 임금이 되어 나라를 다스리게 될 것이라는 말이고, 치양(齒讓)은 동등하게 나이를 서열로 하여 양보함이니 곧 동급생에게도 겸손하게 양보함이 있다는 뜻이다. 예연(禮然)은 예절이 그러함이요, 저(著)는 뚜렷하고 밝게 아는 것이며, 어(語)는 합어(合語)에서 의결한 말씀이며, 원량(元良)은 으뜸가는 선량(善良)이고, 정(貞)은 끝을 바르게 지킴이다.

살피건대 세자교육에 있어서 가장 경계해야 될 것은 천하의 악덕(惡德)인 교만 방자한 오만심을 꺾는 것이다. 그러므로 세자사부(世子師傅)를 두고도 학교에 입학하여 일반학생들과 평등한 자격으로 배우게 하여 인간의 기본윤리를 실천하도록 엄격히 가르쳐서 가장 으뜸가는 선량(善良)이 되게 하였으니 만약 으뜸가는 선량이 되지 못하면 국민이 장차 임금으로 추대하지 않게 될 것이다.

8-6-1 ── 

『주공이 총재의 자리에 올라.』

◉ 이 장은 주공(周公)이 총재(冢宰)의 자리에 올라 성왕(成王)을 보필함에 종묘(宗廟)와 조정(朝廷)에서 부자(父子), 군신(君臣), 장유(長幼)의 절도를 바로잡아 왕자(王子)와 종친(宗親)의 질서와 조

화를 이루는 방법을 기술하였다.

천(踐)은 밟은 것이요, 조(阼)는 자리이니, 주공(周公)이 총재(冢宰)의 자리에 올라가서 서는 것이다. 전배들은 천조(踐阼)를 천조(踐阼)로 착각하여 주공이 왕위에 올랐다고 해석하였으나 어불성설이다. 주공은 성왕이 무왕(武王)의 3년복을 입었을 때에 섭정(攝政)은 하였어도 결단코 왕위에 오른 사실은 없었으니 앞(8-2-1, 8-5-3)에서 살피기 바란다.

8-6-2─────────────────────── 庶子之正於公族하야

者敎之以孝弟睦友子愛하야

明父子之義와 長幼之序하니라.

『여러 왕자가 왕족에게 바르고 떳떳하게 하여 이에 효도와 공경과 화목과 우호와 양육과 사랑을 가르쳐서 아버지와 아들의 도의와 어른과 어린이의 질서를 밝히니라.』

☯ 여기에서는 왕의 여러 아들에게 바르고 떳떳하게 친척을 대하는 법도를 가르쳤음을 밝혔다.

서자(庶子)는 세자(世子) 이외의 여러 왕자이고, 정(正)은 바르고 떳떳하게 사는 정상(正常)의 길이며, 공족(公族)은 왕족(王族)의 뜻이다. 자(者)는 앞(8-3-6)에서 이미 해설하였고, 자(子)는 양육함이며, 애(愛)는 자애함이다.

전배들이 이 절의 의미를 전혀 파악하지 못하여 서자(庶子)를 사

433

마(司馬)의 소속관리라고 오해하고, 정(正)을 정(政)이라고 착각하였기에 내가 바로잡았다.

8-6-3─────────────────────── 其朝于公에 內朝어든 則東面北上이니
臣有貴者라도 以齒니라.

『그 임금에게 조회함에 안에 있는 궁궐이거든 곧 동쪽을 향하여 북쪽을 위로 하니 신하가 귀한 사람이 있어도 동등하게 나이순으로 하니라.』

☯ 여기에서는 왕자들이 임금을 뵙되 손님으로 자처하여 내부에 있는 궁궐에서 임금에게 조회(朝會)함에도 서쪽의 자리에서 동쪽을 향하되 북쪽을 윗자리로 하여 형제는 동등하게 나이순으로 함을 기술하였다.

조(朝)는 합동으로 임금을 뵈는 의례절차이고, 공(公)은 임금이며, 내조(內朝)는 궁궐의 가장 안쪽에 있는 로침(路寢)에서 조회를 함이다. 동면(東面)은 얼굴을 동쪽으로 향함이니 손님의 자세이며, 북상(北上)은 북쪽을 상석(上席)으로 함이니 부형(父兄)이 북쪽에 서고 자제(子弟)가 남쪽에 서는 것이다. 신(臣)은 나라에 벼슬을 하는 사람이고, 귀(貴)는 높은 벼슬을 함이니 비록 나라에 높은 벼슬을 하였어도 종친(宗親)의 모임에서는 항렬(行列)을 기준으로 차례를 정한다는 뜻이다.

왕자들이 임금이 된 형과 우애하여 지극히 은밀한 대전(大殿)에서 뵈되 손님으로 자처하는 것은 공(公)과 사(私)를 엄격히 분별함이니,

사적으로는 동기간(同氣間)의 친근함이 있으나 공적으로는 주인과 손님의 예절을 지켜야 된다는 뜻이다. 따라서 지극히 사랑하고 공경하되 절대로 국가공공의 정치행정에 대한 청탁을 하여 공권력을 사사롭게 이용해서는 안 되는 것이다.

8-6-4─────────────── 其在外朝어든 則以官이니 司士가 爲之니라.

『그 바깥 궁궐에서 조회하는 자리거든 곧 관직의 순서로 하니 모든 신하의 명부를 관장하는 사사가 자리를 지정하니라.』

　◯ 여기에서는 비록 왕자들이라도 국가의 조정에서 임금을 뵘에는 관직(官職)의 순서로 하고 절대로 사사롭게 할 수 없을 기술하였다.
　외조(外朝)는 대궐의 가장 바깥쪽에 있는 궁궐에서 조회를 함이며, 관(官)은 관직(官職)이고, 사사(司士)는 사마(司馬)에 소속한 벼슬로 모든 신하의 관작 명부를 관장하니 앞(5-16-5)에서 말한 관리임용 기록책임을 담당한 실무자이다.
　나라의 정치와 행정은 지공무사(至公無私)해야 되므로 비록 임금의 형제라고 하여도 설 자리가 없는 것인즉 아름답기 그지없다.

8-6-5─────────────── 其在宗廟之中이어든 則如外朝之位니
宗人에게 授事하되 以爵以官이니라.

『그 종묘에서 제향을 지낼 때의 자리거든 곧 바깥 궁궐에서 조회하는 위치와 같으니 종친사람에게 일감을 주되 작위로써 하고 관직으로써 하니라.』

◯ 여기에서는 비록 왕자(王子)와 종친이라고 하여도 종묘(宗廟)의 제향에는 관작(官爵)에 의거하여 자리를 정하고 책무를 부여함을 기술하였다.

종묘지중(宗廟之中)은 종묘에서 제향을 지낼 때이고, 종인(宗人)은 종친이 된 사람이며, 수사(授事)는 집례(執禮), 집사(執事) 등 직책과 사무를 분담함이다. 작(爵)은 작위(爵位)로 공(公), 후(侯), 백(伯), 자(子), 남(男) 다섯 품계가 있으며, 관(官)은 관직(官職)으로 정부조직법의 직제에 의한 직책을 맡은 관료이다.

종묘(宗廟)는 국가에서 세운 것이므로 비록 종친(宗親)이라고 하여도 멸사봉공(滅私奉公)의 의무를 다하여 작위와 관직으로 섬기고 사사롭게 섬길 수 없게 하였으니 대의멸친(大義滅親)의 의리를 여기에서 확인하라.

8-6-6 —————————————————————— 其登하고 馂하며 獻에
受爵이어든 則以上嗣니라.

『그 제향을 올리고 남은 제물을 먹으며, 임금이 술을 드리며, 술잔을 받거든 곧 자손을 위로하니라.』

◑ 여기에서는 종묘(宗廟)에서 제향을 마치고 침전(寢殿)에 가서 종친연회를 할 때에는 자손을 모두 오르게 하여 남은 제물과 술을 먹는 절도를 기술하였으니 공식적인 제사에는 관작(官爵)을 기준으로 하고 씨족적으로 제물을 먹음에는 자손을 우대하여 국가적인 질서와 종족적인 화합을 모두 도모함을 밝혔다.

기등(其登)은 제향을 올렸다는 말이니, 등(登)은 성(成)과 같은 뜻으로 성례(成禮)함이요, 준(餕)은 제사 지내고 남은 제물(祭物)이며, 헌(獻)은 임금이 종친의 어른에게 술을 드림이고, 수작(受爵)은 임금이 드린 술잔을 받아 마심이다. 상(上)은 윗자리니 먼저 함이고, 사(嗣)는 자손이다. 전배들은 이것을 사자(嗣子)라고 하였으나 옳지 않다. 왕실에 사자(嗣子)는 임금이거늘 임금 이외에 어찌 또 대를 이을 장자가 있겠는가? 또한 전배들은 헌(獻)을 시동(尸童)에게 술을 드리는 것이라고 하였는바, 제주(祭主)가 시동(尸童)에게 주는 술은 수(酬)요, 헌(獻)이란 주인이 손님에게 드리는 술이므로 임금이 종친의 어른에게 드리는 것으로 보아야 마땅하다.

8-6-7──────────── 庶子를 治之하되 雖三命이나 不踰父兄이니라.

『여러 왕자를 분별하여 대우하되 비록 3명의 벼슬이라도 아버지뻘과 형뻘을 넘지 못하니라.』

◑ 여기에서는 종친의 모임에 여러 왕자들을 특별히 우대하여 체모를 갖추게 하되 비록 벼슬이 대부(大夫)급에 올랐어도 결코 아버

지 항렬(行列)과 형뻘을 넘지 못함을 기술하였다.

치(治)는 분별하여 선명하게 대우함이고, 명(命)은 관작(官爵)의 품계를 9등급으로 나누어 의복과 의장을 달리하여 서로 그 신분을 구별하게 하는 관리등급제도로 1명(命)이면 임관(任官)하고, 9명(命)이면 방백(方伯)이 되었으니, 3명(三命)은 대국(大國)의 상경(上卿)이나 임금의 상사(上士)가 된 것이다.

8-6-8   其公大事엔 則其喪服之精麤로 爲序하나니 雖於公族之喪이라도 亦如之하되 以次主人이니라.

『그 임금의 초상에는 곧 그 상복의 가는 베와 굵은 베로 차례를 삼나니 비록 왕족의 초상일지라도 또한 그와 같이 하되 상주의 뒤에 자리하니라.』

☯ 여기에서는 임금의 초상에 여러 왕자들과 종친이 상복을 입음에는 상례(喪禮)의 5복제도(五服制度)에 따름을 밝혔다.

공(公)은 임금이고, 대사(大事)는 큰일이니 곧 초상을 치르는 것이며, 정(精)은 가늘고 고운 베이고, 추(麤)는 굵고 거친 베니 상복을 입는 기간이 길면 굵고 거친 베로 만들고, 짧으면 가늘고 고운 베로 만든다. 서(序)는 자리를 정하는 순서이고, 차(次)는 다음의 차례로 뒤따르는 것이며, 주인(主人)은 상주(喪主)이다.

여기에서 왕실의 종친이 임금의 초상에 상복을 입음에는 일반서민

들과 똑같이 대수(代數)와 촌수(寸數)에 따라 5복(五服)의 상복제도
에 따름을 확인하라.

8-6-9────────────────── 若公이 與族燕이어든 則異姓으로
爲賓하고 膳宰로 爲主人하며
公與父兄齒하며 族食은 世降一等이니라.

『만약 임금이 종친과 연회를 하거든 곧 다른 성씨로 손님을 삼고,
요리책임자로 주인을 삼으며, 임금은 아버지 항렬과 형뻘로 더불어
동등하게 나란히 하며, 종족에게 음식자리는 세대마다 한 등급을 낮
추느니라.』

☯ 여기에서는 임금이 종친과 연회할 때에는 다른 성씨로 주인과
손님을 삼고, 나란히 앉아서 친목(親睦)을 다지며, 조상과 자손이 일
체(一體)임을 확인해야 됨을 기술하였다.

족연(族燕)은 같은 성씨끼리 친목을 다지기 위한 연회(燕會)이고,
선재(膳宰)는 음식의 요리를 담당한 책임자이며, 족식(族食)은 같은
성씨끼리 화목을 돈독히 하기 위한 식사모임이다. 세(世)는 세대(世
代)이고, 강일등(降一等)은 음식의 가짓수와 모임의 횟수를 1등급씩
낮추는 것이니 할아버지뻘을 가장 풍성하게 자주 베풀며, 아버지뻘은
그다음이고, 형제뻘은 또 그다음이라는 말이다.

이러한 가족연회는 대단히 고귀한 의미가 있으니 첫째, 종친끼리
의 모임에는 모두 동등한 자손이므로 주인과 손님의 사회적 인간관

계로 만나면 안 되고, 부자(父子)와 형제의 가족적 혈연관계로 만나야 되기 때문에 다른 성씨로 주인과 손님을 세워서 행사를 진행하여 공개적으로 친목을 도모하는 고상한 절도이다. 따라서 임금이 비록 종친과 모임을 자주 하여도 결코 비밀로 만나지 않고 다른 성씨를 주인과 손님으로 세워서 공개적으로 거행한 까닭에 국가사회에 파벌을 조성하고 이질감을 느끼게 하는 폐단이 없는 것이다.

8-6-10 ──────────────────────────── 其在軍^{기재군}이어든 則守於公禰^{즉수어공니}니라.

『그 군대에 있거든 곧 임금의 아버지 사당에서 지키니라.』

◉ 여기에서는 군인으로 복무한 여러 왕자는 임금이 출정했을 때에 왕실에 남아서 종묘를 지켜야 됨을 기술하였다.

재군(在軍)은 군인으로 복무하여 군대에 있는 것이고, 공니(公禰)는 임금의 아버지 사당이니 곧 종묘(宗廟)이다. 전배들은 니(禰)를 조(祧)로 보고 임금을 따라 같이 출정하면서 천주(遷主)를 수호하는 것이라고 하였으나 옳지 않다. 군중에서 임금을 호위하는 책임을 어찌 용맹한 장수에게 맡기지 않고 여러 왕자에게 맡기겠는가? 어불성설이니 원래의 글자로 해석함이 옳다.

8-6-11 ──────────────────────── 公^공이 若有出疆之政^{약유출강지정}이어든 庶子^{서자}가
以公族之無事者^{이공족지무사자}로 守於公宮^{수어공궁}하되 正室^{정실}로
守大廟^{수태묘}하고 諸父^{제부}로 守貴宮貴室^{수귀궁귀실}하고

諸子諸孫으로 守下宮下室이니라.

『임금이 만약 국경을 나아가는 정사가 있거든 여러 왕자가 왕족
가운데 일이 없는 사람으로서 왕궁을 지키되 맏아들로 태조의 사당
을 지키고, 여러 큰아버지와 작은아버지로 고귀한 사당과 고귀한 침
실을 지키고, 여러 아들과 여러 손자로 아래 사당과 아래 침실을 지
키느니라.』

◎ 여기에서는 여러 왕자들이 임금이 출국했을 때에 궁궐과 종묘
를 지키는 절도를 기술하였다.

출강지정(出疆之政)은 조근회동(朝覲會同)의 일이고, 무사자(無事
者)는 관직을 맡고 있지 않은 사람이며, 공궁(公宮)은 왕궁(王宮)과
같고, 정실(正室)은 맏아들이요, 태묘(太廟)는 태조의 사당이다. 귀궁
(貴宮)은 고귀한 사당이고, 귀실(貴室)은 고귀한 사당에 속한 침실이
며, 하(下)는 아래 등급이다. 여기에서 임금의 종친은 임금이 출정하
거나 외국에 갈 때에 조상의 사당을 지키는 책무가 있음을 알 것이다.

8-6-12 ──────────────── 五廟之孫이 祖廟未毁어든
雖爲庶人이라도 冠取妻엔 必告하며
死必赴하며 練祥이어든 則告하니라.

『다섯 조상을 모신 사당의 후손이 조상의 사당을 훼철하지 않았거
든 비록 서민의 신분이라도 관례와 아내를 얻음에는 반드시 사당에 아

뢰며, 죽으면 반드시 부고하며, 소상이나 대상이거든 곧 아뢰느니라.』

   ☯ 여기에서는 종묘(宗廟)에 모신 할아버지의 자손은 비록 서민의
신분이 되었어도 관(冠), 혼(婚), 상(喪), 제(祭)를 거행함에는 사당
에 고유(告由)해야 되는 절도를 기술하였다.

   5묘(五廟)는 제후(諸侯)의 종묘(宗廟)로 태조(太祖)와 2소2목(二
昭二穆)을 모신 사당이요, 손(孫)은 자손으로 여기에서는 현손(玄孫)
까지이며, 훼(毀)는 훼철(毀撤)이니 세대의 친함이 다하여 위패(位
牌)를 영녕전(永寧殿)으로 옮김이다. 서인(庶人)은 벼슬이 없어서 서
민의 신분이 된 것이며, 부(赴)는 부고(赴告)로 부고(訃告)와 같다.
이것은 모두 종친부(宗親府)에 통고하여 임금에게 보고하면 임금이
종묘에 고유(告由)하도록 시키는 것이다.

8-6-13 ─────────────────────── 族之相爲也에 宜弔不弔하며
                              宜免不免이어든 有司가 罰之니
                              至于贈賵承含하야 皆有正焉이니라.

『씨족이 서로 위함에 마땅히 조상해야 함에도 조문하지 않으며,
마땅히 상관을 써야 함에도 상관을 쓰지 않거든 책임자가 문책하니
장의차, 재화, 수의, 주옥으로 부의함에 이르기까지 모두 바로잡음이
있느니라.』

   ☯ 임금의 종친들은 서로 위하며 살되 특히 초상에는 각별히 부조

(賻弔)해야 됨을 기술하였다.

족(族)은 임금의 종족이고, 상위(相爲)는 길흉사에 상부상조함이
니 사회의 일반예절이요, 조(弔)는 무복친(無服親)이기 때문에 단지
조상(弔喪)만 하는 것이고, 문(免)은 상관(喪冠)으로 조의(弔意)를
표하는 관이다. 유사(有司)는 예절을 관장하는 관리이고, 벌(罰)은
문책이며, 몽(賵)은 장의차, 부(賻)는 재화, 승(承)은 수의(壽衣), 함
(含)은 함옥(含玉)으로 반함(飯含)할 때에 사용하는 주옥(珠玉)이요,
정(正)은 바로잡는 것이다.

이것은 같은 자손끼리 서로 돕는 윤리를 밝혔으니 가까운 친척을
서로 돕는 마음을 일으켜 먼 친척까지 도우며, 가까운 이웃을 돕는
마음을 일으켜 먼 지역의 사람에게까지 베푸는 사랑의 원리인즉 폐
쇄적인 종족우월주의를 엄금해야 된다.

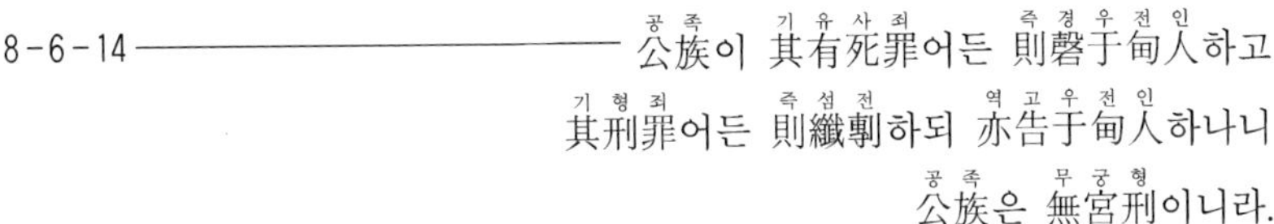

8-6-14 ──────────────────── 公族이 其有死罪어든 則磬于甸人하고
其刑罪어든 則纖剸하되 亦告于甸人하나니
公族은 無宮刑이니라.

『왕족이 그 죽을죄를 지었거든 곧 왕실의 제사답을 관리하는 사람
에게 교수형을 집행하게 하고, 그 죄악을 형법으로 다스리거든 곧 자
세히 분별하여 판결하되 역시 왕실의 제사답을 관리하는 사람에게
통고하여 그 해당 형법조항을 읽게 하나니 왕족에게는 불알을 까는
형벌이 없느니라.』

　◑ 여기에서는 임금이 왕족을 사형에 처할 때에는 왕실의 제사답을 관리하는 사람에게 사형을 집행토록 하는 절도를 기술하였으니 그 조상을 욕되게 하였음을 사죄하고 죽게 한 것이다.

　사죄(死罪)는 사형에 해당하는 죄악이고, 경(磬)은 경쇠를 매단 것처럼 교수형(絞首刑)을 집행하는 것이며, 전인(甸人)은 중앙정부의 직할지역에 있는 왕실의 제사답을 관리하는 사람으로 『주례(周禮)』에 전사(甸師)라고 하였으니 왕의 동성(同姓)을 죽임에는 그 사형을 집행하는 책임을 가진다. 형죄(刑罪)는 죄악을 형사 재판하여 사형(死刑) 이하의 벌로 판결함이고, 섬전(纖剸)은 섬세하게 죄상을 분해하여 판결함이며, 고우전인(告于甸人)은 전사(甸師)로 하여금 해당 형법조항을 읽어서 알리게 함이요, 궁형(宮刑)은 생식기능을 단절하는 형벌이다.

　본래 사형집행은 공개적으로 집행하여 세상 사람에게 경계를 삼도록 하는 것이나 임금의 종친을 처형함에는 비공개로 집행하되 조상을 욕되게 하였음을 느끼도록 조상의 제사답 근처에서 집행하며, 또한 궁형(宮刑)은 없게 하여 종족을 보전하게 하였으니 임금의 종친에 대한 특별배려요, 역시 조상에 대하여 할 말이 있게 한 것이다. 따라서 왕족의 죄악도 일반법정에서 서민과 똑같이 재판하되 사형집행관과 해당 형벌조항을 읽어 주는 사람과 궁형(宮刑)이 없는 것이 다르니 법 앞에 만인이 평등한 것은 아니나 그렇다고 특별히 우대한 점도 없으니 궁형(宮刑)의 아래는 발을 자르는 월형(刖刑)이므로 더욱 고통스러울 수 있는 것이다.

8-6-15 ──────────────────────── 獄成이어든 有司가 讞于公하되
其死罪어든 則曰某之罪가 在大辟이라 하고

其刑罪어든 則曰某之罪가 在小辟이라 하면

公이 曰宥之하라거든 有司가 又曰在辟이라 하며

公이 又曰宥之하라거든 有司가 又曰在辟이라 하며

及三宥어든 不對하고 走出하야 致刑于甸人이라 하며

公이 又使人으로 追之하야 曰雖然이나 必赦之하라거든

有司가 對曰無及也라 하나니 反命于公이어든

公이 素服不擧하며 爲之變하야 如其倫之喪하며

無服하고 親哭之니라.

『형사재판의 사건판결이 완성되거든 담당판사가 임금에게 형사재판의 판결에 대한 집행을 요청하되 그 죽을죄이거든 곧 말하기를 아무개의 죄가 사형에 해당합니다 하고, 그 형벌로 다스려야 할 죄이거든 곧 말하기를 아무개의 죄가 사형 이하의 형벌에 해당합니다 하면 임금이 말씀하시기를 너그럽게 용서하라거든 담당판사가 용서하여 말하기를 무슨 법률에 해당합니다 하며, 임금이 또 용서하여 말씀하시기를 너그럽게 용서하라거든 담당판사가 용서하여 말하기를 무슨 법률에 해당합니다 하며, 세 번 용서함에 미치거든 대답하지 아니하고 달려 나가서 왕실의 제사답을 관리하는 사람에게 형벌을 집행하라고 하며, 임금이 또 사람으로 하여금 쫓아가게 하여 말씀하시기를 비록 그렇더라도 반드시 사면하라거든 담당판사가 대답하여 말하기를 이미 집행하여 미칠 방법이 없다고 하나니, 임금에게 돌아와서 복명하거든 임금이 흰옷으로 음악을 연주하지 않으며, 평소의 일정을 바꾸어 그 같은 성씨의 초상처럼 하며, 상복은 없고 친히 곡을 하니라.』

● 여기에서는 임금이 최고재판소에서 합의된 판결문의 집행을 승인하는 과정에서 특별히 너그럽게 용서하여 1등급씩 형량을 낮추도록 명령하는 제도를 기술하였으니 임금이 죄인을 용서하는 도량을 밝힌 것으로 일반범죄의 집행에서도 가능한 사면제도이기 때문에 특별히 왕족에게만 베푸는 차별법이 아니다.

언(讞)은 최고재판소에서 합의하여 판결한 문건을 임금에게 올리고 그 집행을 승인받는 절차이고, 유사(有司)는 형사사건을 담당한 재판장이며, 대벽(大辟)은 사형에 해당하는 법률이요, 소벽(小辟)은 사형 이하에 해당하는 법률이다. 유(宥)는 형을 집행하기 이전에 너그럽게 용서함이고, 우왈(又曰)은 용서하여 말함이니 곧 임금의 요청에 1등급을 감형하여 말함이며, 재벽(在辟)은 원래의 형량에서 1등급을 낮추면 어느 어느 법률조항에 해당한다는 말이다. 삼유(三宥)는 세 번 용서함이니 곧 원래의 형량에서 3등급을 낮추는 것이요, 불대(不對)는 대답을 아니 함이니 너무 지나친 감량이므로 불응(不應)한다는 뜻이다. 사(赦)는 이미 집행한 형벌을 용서하여 면제함이고, 무급(無及)은 이미 처형했기 때문에 돌이킬 방법이 없는 것이며, 소복(素服)은 검소 질박한 옷이요, 불거(不擧)는 음악을 연주하지 않음이며, 변(變)은 평상시와 다르게 처신함이다. 류(倫)은 동류(同類)인즉 같은 종씨이고, 무복(無服)은 상복을 입지 않음이니 예법에 죄를 지어 처형당한 사람의 상복은 입지 않는 것이요, 친곡(親哭)은 몸소 애도하여 곡을 함이니 안타깝게 생각한다는 뜻이다.

살피건대 전배들은 우왈(又曰)이 용서하여 말하는 것임을 알지 못하고, 재판장이 원래의 형량을 끝까지 고집하는 것으로 해석하였으나 옳지 않다. 형사재판에 있어서 사형집행을 승인하는 권리는 예로부터 임금에게 있는 것이요, 또한 임금은 사면권(赦免權)이 있으므로 임금의 감형요구를 재판장이 어찌 끝까지 거부하고 독단하겠는가? 우왈(又曰)은 용서하여 말함이니, 임금의 감형요구에 오직 한 등급을 낮추어 감형하되 두 번만 임금의 명령에 따르고, 세 번째의 요구는 예법에 없는 부당한 강요이므로 임금을 바르게 섬기기 위하여 듣지 않고 달려 나가서 임금의 결재안을 집행하는 것이다.

옛날 성군(聖君)은 사형수가 나오는 것을 자기의 덕(德)이 부족한 것으로 인식하여 사형을 집행하면 검소한 옷으로 음악을 듣지 않고 음식을 줄이며, 출입을 삼가고 통곡하였나니 비단 종친뿐만 아니라 통상적인 사형집행에도 모두 그렇게 하여 사람을 사랑하고 생명을 존중하였음을 확인하기 바란다. 왜냐하면 인민은 범인에 대하여 엄벌을 주장하는 경향이 있고, 법률도 또한 엄중하므로 판사의 양심적 판결은 무거운 쪽으로 흐르기 쉽기 때문에 임금이 너그럽게 용서하여 1~2등급을 감형하면 보편적 타당성을 담보하여 마침내 하늘의 공명정대한 심판과 일치할 수 있는 것이다.

8-6-16 ──────────────────── 公族이 朝于內朝인댄 內親也라
雖有貴者라도 以齒하니 明父子也요 外朝는
以官하니 體異姓也요 宗廟之中은 以爵爲位하니
崇德也요 宗人은 授事以官하니 尊賢也요
登餕受爵은 以上嗣하니 尊祖之道也요 喪紀는
以服之輕重으로 爲序하니 不奪人親也요 公이
與族燕이어든 則以齒하니 而孝弟之道가 達矣요
其族食은 世降一等하니 親親之殺也요 戰이어든
則守於公禰하니 孝愛之深也요 定室은 守大廟하니

^{존 종 실}　　　^{이 군 신 지 도}　　^{저 의}　　^{제 부 제 형}
尊宗室하야 而君臣之道가 著矣요 諸父諸兄은
^{수 귀 실}　　　^{자 제}　　^{수 하 실}　　　^{이 양 도}　　^{달 의}
守貴室하고 子弟는 守下室하니 而讓道가 達矣니라.

『임금의 친족이 안에 있는 궁궐에서 조회할진댄 집안의 친족이므로 비록 벼슬이 고귀한 사람이 있어도 나이로써 서열을 정하니 아버지와 아들을 밝히려는 것이요, 바깥 궁궐에서 조회함에는 관직으로써 정하니 다른 성씨를 정치제제로 하는 것이요, 종묘에서 제향을 지낼 때는 작록으로 위계질서를 삼으니 덕을 높이는 것이요, 종친사람에게 제향의 일감을 주되 벼슬로써 하니 어진 이를 높이는 것이요, 제향을 올리고 남은 제물을 먹으며 술잔을 받음은 자손을 위로하니 조상을 높이는 길이요, 상사의 기률은 상복의 가볍고 무거움으로 차례를 삼으니 사람의 어버이를 빼앗지 않는 것이요, 임금이 종족과 더불어 연회를 하거든 곧 나이로써 하니 그 효도하고 우애하는 도리가 통달하는 것이요, 그 친족에게 밥을 먹임은 세대마다 한 등급을 낮추니 어버이를 친함이 상쇄하는 것이요, 전쟁을 하거든 곧 임금의 아버지 사당을 지키게 하니 효심으로 우애함이 깊게 함이요, 맏아들로 태조의 사당을 지키게 하니 종통의 왕실을 높여서 임금과 신하의 도의가 나타나게 하는 것이요, 여러 아버지뻘과 여러 형뻘은 고귀한 사당의 침실을 지키고, 아들과 아우들은 아래 사당의 침실을 지키게 하니 겸양의 도의가 통달하는 것이니라.』

◑ 여기에서는 앞 절에서 밝힌 예절의 기준은 때와 장소와 사람에 따라서 가치관이 다른 다원적 복합사회의 윤리임을 설파하였으니 어버이는 친하게, 높은 사람은 높게, 귀한 사람은 귀하게, 어진 이는 어

질게, 늙은이는 노인으로 대우함으로써 예절은 겸사(兼事)로 아울러 함이 없고 획일적으로 똑같이 함도 없는 것인바, 그 모임의 목적에 따라 행사의 성격이 다르고 사업의 목표에 따라 진행의 방법이 다른 것이다.

내친(內親)은 본족(本族)의 종친이고, 명부자(明父子)는 아버지를 높이고 아들을 낮추는 윤리를 밝히는 것이며, 체이성(體異姓)은 천하 국가는 만민(萬民)이 화합한 공화정체를 기본원칙으로 한다는 뜻이다. 숭덕(崇德)은 천하인류에게 이바지한 훈로(勳勞)가 있는 사람을 숭상함이고, 존현(尊賢)은 어질고 유능한 사람을 존중함이며, 존조(尊祖)는 조상을 존경함이요, 불탈인친(不奪人親)은 남의 어버이를 빼앗지 않음이다. 달(達)은 통달하여 성취함이고, 쇄(殺)는 비기는 것이며, 종실(宗室)은 종통(宗統)을 이은 왕실(王室)이요, 양도(讓道)는 겸양하는 도의이니 독점독식하지 않고 서로 사양하여 함께하는 도의이다.

사물에는 각각 고유한 성질이 있으므로 그 본말(本末)과 종시(終始)를 살펴서 선후(先後)를 밝혀야 하고, 사람에게는 천부적인 인간성과 양심이 있으므로 그 의리(義理)와 은혜를 살펴서 후박(厚薄)을 밝혀야 되며 또한 사회에는 하늘이 정한 가족관계와 인간이 선택한 인간관계가 있으므로 그 대소(大小)와 경중(輕重)을 살펴서 공사(公私)를 밝혀야 되는 까닭에 단순하게 획일적으로 처리해서는 안 되고, 반드시 복합적 다원주의(多元主義)의 예절을 갖추어야 하는 것이다. 따라서 사람은 법 앞에 평등하지만 예절 앞에서는 친소(親疏), 귀천(貴賤), 현우(賢愚), 상하(上下), 노소(老少)가 모두 다름을 깨달아야 하는 것이다.

五廟之孫이 祖廟를 未毀어든
雖及庶人이라도 冠取妻에 必告하며
死必赴는 不忘親也요 親未絶이나
而列於庶人은 賤無能也요 敬吊臨賻賵은
睦友之道也니 古者에 庶子之官이
治하야 而邦國에 有倫하고 邦國에
有倫하야 而衆이 鄕方矣니라.

『다섯 조상을 모신 사당의 후손이 조상의 사당을 훼철하지 않았거든 비록 서민이 되는 데 미쳤을지라도 관례를 거행하고, 아내를 얻음에는 반드시 알리며, 죽으면 반드시 부고하는 것은 어버이를 잊지 아니함이요, 친함이 아직 끊어지지 않았으나 서민의 자리에 나란히 차례함은 무능함을 천하게 여긴 것이요, 공경하여 조상하고 왕림하며 부의금과 영구차를 보냄은 친목하고 우호하는 방법이니 옛날에 여러 왕자의 벼슬이 잘 다스려져야 그 나라에 윤리가 있고, 나라에 윤리가 있어야 그 민중이 떳떳한 방향으로 향하느니라.』

◉ 여기에서는 어떠한 경우에도 어버이와 조상을 잊어서는 안 되고 또한 임금은 형제가 친목 우호하는 윤리를 망각해서도 안 됨을 기술하였다.

친미절(親未絶)은 사당에 모신 위패의 소목(昭穆)이 아직 옮기지 아니함이고, 천무능(賤無能)은 무능한 사람을 천하게 여김이며, 서자지관(庶子之官)은 여러 왕자들이 능력이 있어서 벼슬을 함이요, 치(治)는 공명정대하게 잘 다스림이다. 륜(倫)은 질서와 조화가 있는 인간의 윤리이고, 향방(鄕方)은 떳떳한 방향으로 향하여 나아간다는 말이다. 임금이 가까운 형제를 바르게 이끌고 비록 천한 서민이 되었을지라도 그 죽음에는 조상하고 부의하는 것이 국가사회의 윤리를 일으키는 방법이니 임금은 살필지어다.

8-6-18 ──────────────── 公族之罪를 雖親이나 不以犯有司正術也는
所以體百姓也요 刑于隱者는 不與國人으로
慮兄弟也요 弗吊하며 弗爲服하며
哭于異姓之廟는 爲忝祖하야 遠之也요
素服居外하며 不聽樂하야 私喪之也는
骨肉之親을 無絶也요 公族에
無宮刑은 不翦其類也니라.

『임금의 친족의 죄를 비록 친근하나 담당판사의 정당한 심리방법을 간섭하지 못하는 것은 백성을 국가체제로 하는 까닭이요, 비공개로 처형하는 것은 나라 사람으로 더불어 형제간을 염려하지 않게 하려는 것이요, 조상하지 않으며 상복을 입어 주지 않으며 다른 성씨의 사당에서 곡을 함은 조상을 욕되게 하여 멀리하는 것이요, 소박한 옷으로 밖에 거처하며 음악을 듣지 아니하여 개인의 상사로 하는 것은 뼈와 살을 나눈 친형제를 끊을 수 없는 것이요, 임금의 친족에 생식기를 자르는 형벌이 없는 것은 그 종자를 멸절시키지 아니하려는 것이다.』

◐ 여기에서는 임금이 친족의 죄인을 처형함에는 법관의 판결을 존중하되 다만 비공개로 처형하고 개인적으로 근신해야 되는 이유를 기술하였다.

친(親)은 친근하게 사랑하는 사람이고, 범(犯)은 간섭함이며, 정술(正術)은 정당하게 조사하고 신문하여 판결하는 방법이다. 체백성(體百姓)은 천하국가는 모든 인민을 근본으로 하는 민주국체(民主國體)이기 때문에 국법(國法) 앞에 만인(萬人)이 평등하다는 뜻이요, 형우은(刑于隱)은 앞(8-6-14)에서 말한 전인(甸人)이 교수형을 집행함이니, 은(隱)은 비공개로 숨김이며, 려(慮)는 형제간이 불화할 것을 걱정하게 됨이다. 첨(忝)은 욕되게 함이고, 사상(私喪)은 개인적인 상사(喪事)로 함이고, 절(絶)은 단절(斷絶)이며, 전(翦)은 멸절함이요, 류(類)는 같은 종자이다.

○ 살피건대 이 장은 주공(周公)이 임금과 세자 및 여러 아들이 내조(內朝)와 외조(外朝) 그리고 종묘(宗廟)에서 처신하는 예절을 명쾌하게 밝혀 민주국체(民主國體)와 공화정체(共和政體)의 국가윤리를 대전제로 세우면서도 또한 임금은 가정적으로 효제(孝悌)의 윤리를 끝까지 지켜야 되는 이유를 기술하였다.

주공(周公)이 제정한 주(周)나라의 예절문장은 철두철미하게 인간의 본의와 사회의 정의 그리고 천하국가의 대의를 모두 성취해서 그 규모가 방대하면서도 그 조리가 치밀하여 지극히 성대하므로 자사(子思)가 『중용(中庸)』을 엮으면서 이 장의 내용을 인용하여 문왕과 무왕의 정치강령을 서술하였으니 그 깊은 뜻을 음미하라.

8-7-1─────────────────── 天子가 視學하실새 大昕鼓徵하나니

所以警衆也라 衆이 至한 然後에

天子가 至하사 乃命有司하야

行事興秩節하며 祭先師先聖焉하시나니
有司가 卒事하고 反命하니라.

『천자가 태학을 시찰하실 때에는 새벽에 북을 쳐서 부르나니 대중을 경계하는 방법이니라. 대중이 이른 다음에 천자가 이르시어 이에 책임자에게 명하여 일을 거행해서 차례로 절차를 진행하며, 선사와 선성에게 제사 지내시나니 책임자가 행사를 마치고 돌아와서 보고하니라.』

◉ 이 장에서는 천자(天子)가 태학(太學)을 시찰함에 먼저 선사(先師)와 선성(先聖)에게 석전(釋奠)을 거행하는 절도를 기술하여 천자도 선사와 선성을 존모함을 세자(世子)에게 직접 보이는 것을 밝혔다.

대흔(大昕)은 새벽이고, 고징(鼓徵)은 북을 쳐서 학생과 선비를 소집함이며, 흥(興)은 추진함이요, 질절(秩節)은 차례로 거행하는 절차이다. 선사(先師)는 선현(先賢)이니 성학(聖學)을 계승 발전시켜 인류를 바른길로 깨우친 사람이고, 선성(先聖)은 도학(道學)을 개발하여 인류 발전에 기여한 공덕이 하늘과 같은 옛날 성인이니 선사(先師)의 가르침을 통하여 선성(先聖)의 학문과 도덕에 들어가므로 선사(先師)를 먼저 썼으나 실은 선성(先聖)에게 먼저 술을 올리는 것이다. 졸(卒)은 마치는 것이고, 반명(反命)은 복명(復命)이니 일을 마치고 돌아와서 보고함이다.

始之養也에 適東序하야 釋奠於先老하고
遂設三老五更群老之席位焉이니라.

『노인을 봉양하는 향연을 시작함에 먼저 태학의 강당으로 가서 옛날의 훌륭한 노인에게 석전을 거행하고, 마침내 학덕이 높고 장수한 노인과 예법을 아는 초로와 여러 노성한 장로의 자리를 설치하니라.』

◑ 여기에서는 천자가 태학을 시찰함에 선사선성(先師先聖)에게 석전을 거행한 다음 바로 이어서 태학강당에 양로(養老)의 향례(饗禮)를 개최하여 세자에게 노인(老人)을 존경하는 절도를 직접 보인 사실을 기술하였다.

양(養)은 양로(養老)의 향례(饗禮)이고, 선로(先老)는 옛날에 고결하게 장수(長壽)하여 인생의 가치를 빛낸 대로(大老)이며, 3로(三老)는 100세의 상로(上老)와 80세의 중로(中老)와 60세의 하로(下老) 가운데서 학덕(學德)이 높고 건강한 노인이고, 5갱(五更)은 50세의 갱년기(更年期)에 들어선 初老로 예법을 아는 사람이며, 군로(群老)는 여러 노성(老成)한 장로(長老)요, 석위(席位)는 좌석의 위치인데 여기에서는 천자가 나라의 장수한 노인에게 향연(饗燕)을 베풀 때에 천자는 주인이 되어 동쪽 섬돌 아래에 서고 그 맞은편 서쪽 계단 아래에는 3로(三老)가 빈(賓)이 되고, 5갱(五更)이 개(介)가 되어 빈(賓)을 수행하면서 예절을 도우며, 또 군로(群老)는 중빈(衆賓)이 되어 헌(獻), 작(酢), 수(酬)의 향례(饗禮)를 거행하는 위치와 역할이고, 연례(燕禮)를 거행할 때에는 천자는 동쪽에서 서향하고, 손님은 북쪽에서 남향하여 동쪽을 위로 하여 3로와 5갱과 군로가 차례로 앉은 순서이다. 따라서 3로(三老)가 1인이고, 5갱(五更)이 1인이며, 군로(群老)는 3~5인이며, 약간의 수행원이 있는 것이다.

8-7-3─────────────────── 適饌하사 省醴하시고 養老之珍이
　　　　　　　　　　　　　　　　　具어든 遂發咏焉하시고
　　　　　　　　　　　　　　　　　退하사 修之하시니 以孝養也니라.

『천자가 반찬을 준비한 곳에 가시어 술을 시음하여 맛을 살피시고, 노인을 봉양할 진기하고 맛 좋은 음식을 갖추었으면 마침내 노래를 부르게 하시고, 물러오시어 향연의 예절을 다듬어 거행하시니 효자가 어버이를 공양하는 법도인 것이다.』

　◑ 여기에서는 천자가 노인을 봉양(奉養)하는 예절은 효자가 어버이를 공양(供養)하는 예절과 똑같음을 기술하였다.

　적(適)은 선성(先聖)과 선사(先師)의 위판(位版)을 모신 사당에서 양로연(養老燕)을 준비하는 곳으로 가는 것이고, 성례(省醴)는 손님에게 올릴 술을 시음(試飮)하여 맛을 살피는 것이며, 진(珍)은 진수(珍羞)로 진기하고 맛이 좋은 음식이다. 발영(發咏)은 음악을 연주하고 노래를 부르게 하여 행사의 시작을 알리는 것이고, 퇴(退)는 반찬을 준비한 곳에서 물러와서 동쪽 섬돌 아래에 서는 것이며, 수(修)는 다듬어 바르게 거행함이며, 효양(孝養)은 효자가 어버이를 공양(供養)하는 예절이니 직접 확인하고 맛을 본 다음에 음식을 올리는 절도이다.

反登하사 歌淸廟하시고
旣歌어든 而語하야 以成之也니
言父子君臣長幼之道하여
合德音之致니 禮之大者也니라.

『되돌아 강당에 오르시어 깨끗한 사당을 노래하시고, 이미 노래를 마치거든 이어서 말을 종합하여 통일안을 완성하나니 아버지와 아들, 임금과 신하, 어른과 어린이의 도의를 말하여 덕의 노래에 합하는 극치이니 예절의 큰 행사인 것이다.』

☯ 여기에서는 천자가 양로(養老)의 향례(饗禮)를 마친 다음 이어서 연례(燕禮)를 거행하는 절도를 기술하였다.

반등(反登)은 향례(饗禮)를 마치면 주인과 손님이 모두 마당으로 내려와서 신발을 벗고 강당으로 올라가는 것이니 연례(燕禮)는 강당에 앉아서 각각 독상(獨床)을 받고 술을 권하며 즐겁게 연회를 하는 행사이다. 가청묘(歌淸廟)는 천자가 먼저 문왕(文王)과 무왕(武王)의 사당을 깨끗하게 유지 관리하겠다는 노래를 부르는 것이니 그 가사는 『시경(詩經)』 주송(周頌) 청묘(淸廟)의 십(什)에 있으며 기가(旣歌)는 빈(賓)인 3로(三老)가 화답하는 노래를 불러서 마치는 것인즉 대체로 『시경(詩經)』 속에서 알맞은 노래를 선택하여 부르거나 또는 새로 지은 노래를 불러도 된다. 어(語)는 천자의 걸언(乞言)에 합어(合語)하는 것으로 앞(8-3-4, 8-4-4)에서 이미 해설하였고, 성(成)은 합어(合語)를 완성함이며, 언(言)은 천자의 걸언(乞言)함이요, 덕음(德音)은 성왕의 덕을 찬송하는 노래이며, 치(致)는 극치(極

致)로 나라에서 가장 도덕이 높고 경험이 많은 노성(老成)한 대가
(大家)들의 일치된 견해라는 뜻이다. 대자(大者)는 천자가 걸언(乞
言)하고 나라의 원로가 합어(合語)하는 중대한 행사라는 말이다.

전배들은 등가(登歌)로 해석하여 당상악(堂上樂)이라고 주장하였
으나 옳지 않다. 향음주례(鄕飮酒禮)에는 당상악(堂上樂)이 없고 당
하악(堂下樂)만 있으며, 연례(燕禮)에 주인과 손님이 당상(堂上)에서
뜻을 밝히는 노래를 하는 절차가 있으므로 내가 구문을 띄워서 바로
잡았다.

8-7-5──────────────────────── 下하사 管象舞大武하사

大合衆以事하시고 達有神하시며

興有德也하시니 正君臣之位와

貴賤之等焉하야 而上下之義가 行矣니라.

『마당으로 내리시어 문왕의 춤과 무왕의 춤을 관장하사 크게 무리
를 지어 행사를 하시고, 신통한 재주가 있는 사람을 현창하시며, 덕
성이 있는 사람을 일으키시니, 임금과 신하의 자리와 귀하고 천한 등
급을 바로잡아서 위와 아래의 정의가 행하는 것이니라.』

◯ 여기에서는 천자가 연례(燕禮)를 마치고 모두 함께 마당으로
내려와서 악사(樂士)와 무동(舞童)에게 노래하고 춤추도록 명하고
이어 투호(投壺)와 대사례(大射禮) 등을 개최하여 신기한 무예와 아
름다운 덕이 있는 사람을 표창하는 절도를 기술하였다.

하(下)는 주인과 손님이 모두 강당에서 마당으로 내려와 신발을 신은 것이고, 관(管)은 관장(管掌)함이며, 상무(象舞)는 문왕(文王)의 춤으로 문무(文舞)요, 대무(大武)는 무왕(武王)의 노래와 춤으로 무무(武舞)이다. 대합중(大合衆)은 노소(老少)와 귀천(貴賤)이 모두 화합하여 무리를 지은 것이니 천자가 여민동락(與民同樂)함이고, 사(事)는 행사의 하나로 개최하는 투호(投壺)와 대사례(大射禮) 등이다. 달(達)은 현달(顯達)이니 현창함이고, 신(神)은 신통한 기예(技藝)요, 홍(興)은 홍기(興起)니 표창하여 격려함이다. 정(正)은 양로(養老)의 향연(饗燕)을 총감독하는 감찰관을 세워서 술이 취하여 정신을 잃거나 술주정을 하거나 추태를 보인 사람이 있으면 살그머니 안아다가 집으로 돌려보내는 것이요, 의(義)는 정의로운 화합질서이다.

천자가 태학(太學)의 운동장에서 노인들을 즐겁게 하기 위하여 노래와 춤을 다 같이 함께하고 투호와 활쏘기를 개최하여 우수한 사람에게 표창하는 것으로 종결하니 천자가 태학을 시찰하여 선사(先師)와 선성(先聖)을 기리고 선로(先老)를 추모하면서 노인의 덕을 높이고, 노인의 뜻을 받들며, 노인의 말을 존중하며, 노인의 기분을 돋우고, 노인의 체력을 증진하는 행사로 일관하였도다.

8-7-6 ────────────────────────── 有司가 告以樂闋이어든 王이

乃命公侯伯子男及群吏하사

曰反커든 養老幼于東序하라 하시고

終之하나니 以仁也니라.

『책임자가 음악이 끝났음을 보고하거든 왕이 이에 공작임금, 후작

임금, 백작임금, 자작임금, 남작임금 및 여러 벼슬아치에게 명하사 말씀하시기를 돌아가거든 대학교의 강당에서 노인과 어린이를 봉양하라고 하시고, 종료하나니 인민을 사랑하는 원리이니라.』

　◑ 여기에서는 천자가 태학을 시찰하고 노인을 봉양하는 절도를 직접 보인 다음에 제후들도 역시 돌아가서 노인을 봉양하는 향음주례(鄕飮酒禮)를 대학교의 강당에서 거행하라고 명령하는 절도를 기술하였다.

　결(関)은 음악의 연주를 종결함이고, 공후백자남(公侯伯子男)은 5작(爵)의 제후(諸侯)이며, 군리(群吏)는 여러 지방장관이요, 반(反)은 반귀(反歸)니 돌아감이다. 양로유(養老幼)는 양로(養老)와 휼고(恤孤)로 노약자와 어린 고아(孤兒)들을 보호하여 식량을 주어서 구원함이고, 종(終)은 천자가 태학을 시찰하는 모든 행사를 종료함이며, 이인(以仁)은 인정(仁政)의 원리이다.

8-7-7─────────────────── 是故로 聖人之記事也는 慮之以大하며
愛之以敬하며 行之以禮하며 脩之以孝養하며
紀之以義하며 終之以仁이라 是故로
古之人이 一擧事而衆이 皆知其德之備也니라
古之君子가 擧大事하되 必愼其終始하나니
而衆이 安得不喩焉이리오 兌命에
曰念終始를 典于學이라 하니라.

『이런 까닭으로 성인이 행사의 절도를 기록한 것은 성대함으로 생

각하며, 공경으로 사랑하며, 예절로 행하며, 효자가 공양하는 것으로 닦으며, 정의로 기강을 세우며, 인애로 끝냄이니라. 이런 까닭으로 행사를 한 번 거행하여 대중이 모두 그 덕의 갖춤을 아는 것이다. 옛날의 군자가 큰 행사를 거행하되 반드시 그 끝내고 시작함을 신중히 하나니 그 대중이 어찌 능히 깨달아 알지 못하리오. 열명에 말하기를 생각의 끝과 시작을 배우는 데 일삼는다고 하니라.』

◐ 여기에서는 천자가 태학을 시찰하여 석전(釋奠)과 양로(養老)의 행사를 거행하는 것은 스스로 배우고 가르치는 도덕수양(道德修養)의 절도임을 기술하였다.

기사(記事)는 행사의 예절을 기록함이고, 대(大)는 성대(盛大)하고 엄숙함이며, 기(紀)는 기율(紀律)을 잡는 것이다. 종(終)은 공부를 마침이고, 시(始)는 가르치기를 시작함이니, 선사(先師)와 선성(先聖)에게 석전(釋奠)을 거행하여 행사를 종료한 다음에 양로(養老)의 향연(饗燕)을 시작하는 것은 천자가 스승에게 배우기를 마쳤으면 즉각 실천하여 사람들에게 가르쳐야 그 지식이 더욱 확고하고 그 덕이 모두 갖추게 됨을 알린다는 말이다. 열명(兌命)은 『서경(書經)』의 편명이며, 넘(念)은 생각하여 기억함이고, 전(典)은 오로지 종사함이요, 학(學)은 배우는 것인데 전배들은 태학(太學)으로 해석하였으나 옳지 않다. 열명(兌命) 편은 은(殷)나라 고종(高宗)에게 부열(傅說)이 도덕학문의 길을 밝힌 내용으로 가르침도 배움이 반이라는 뜻을 해설한 것이다.

世子之記에 日朝夕에 至于大寢之門外하야
問於內竪하되 日今日에 安否가 何如오
內竪가 日今日은 安이라거든 世子가
乃有喜色하고 其有不安節이어든 則內竪가
以告世子하면 世子가 色憂하야 不滿容하다가
內竪가 言復初라거든 然後에 亦復初하니라.

『세자의 행동예절기록에 말하기를 아침저녁에 대궐내전의 문밖에 이르러 내전의 전갈하는 신하에게 묻되 말하기를 오늘에 편안하고 편안치 못하심이 어떠하오? 내전의 전갈하는 신하가 말하기를 오늘은 편안하시다고 하거든 세자가 이에 기쁜 낯빛이 있고, 그 편안치 못한 부분이 있거든 곧 내전의 전갈하는 신하가 세자에게 그대로 알리면 세자가 낯빛이 근심하여 용모의 의식을 넘치게 하지 아니하다가 내전의 전갈하는 신하가 처음과 같이 회복하셨다고 말하거든 그런 다음에 또한 처음의 행실로 돌아가느니라.』

◉ 이 장은 하(夏)나라와 은(殷)나라 시대에 세자의 행동예절을 제정한 기록을 인용하여 세자는 첫째로 효성이 지극해야 됨을 밝혔다.

세자지기(世子之記)는 세자의 행동예절을 제정한 기록이요, 대침(大寢)은 로침(路寢)이니 대궐의 내전(內殿)이며, 내수(內竪)는 앞(8−1−1)에서 이미 해설하였다. 불만용(不滿容)은 용모를 갖추는 의식(儀式)을 넘치게 하지 않음이니 옷의 장식과 수행하는 의전을 줄이는 것이다.

살피건대 세자의 행동예절기록에는 하루에 두 번씩 문안드리라고 하였거늘 문왕(文王)과 무왕(武王)은 세 번씩 문안드렸으니 그 까닭은 왕계(王季)와 문왕(文王)이 늙었기 때문에 한 번을 더한 것이지 처음부터 세자의 행동예절기록을 어긴 것이 아니므로 독자는 문왕과 무왕이 특별한 효도의 예절을 새로 만들었다고 생각하면 안 된다.

8-8-2─────────────────────── 朝夕之食이 上이어든 世子가 必在하야
視寒煖之節하며 食이 下어든 問所膳羞하야
必知所進하야 以命膳宰하나니 然後에 退하며
若內豎가 言疾이어든 則世子가 親齊玄而養하니라.

『아침저녁의 수라상이 올라가거든 세자가 반드시 살펴서 차고 따뜻한 정도를 보며, 수라상이 내려오거든 즐겨 잡수신 바의 반찬을 묻고, 반드시 올린 바를 알아서 요리사에게 남은 반찬을 다시 올리지 말라고 명령하나니, 그런 다음에 물러오며, 만약 내전에서 전갈한 신하가 질병이 있다고 말하거든 곧 세자가 몸소 재계하여 검은 옷을 입고 공양하니라.』

◐ 여기에서는 앞 절에 이어 세자가 부왕(父王)을 공양(供養)하는 절도를 기술하였다.

재(在)는 살피는 것이고, 절(節)은 알맞게 조절하는 정도이며, 소선수(所膳羞)는 맛있게 잡수신 반찬이요, 소진(所進)은 이미 수라상에 올렸던 음식이다. 선재(膳宰)는 앞(8-1-2)에서 이미 해설하였고, 재(齊)는 몸과 마음을 깨끗하게 간직하기 위하여 재계(齋戒)함이며, 현(玄)은 현단복(玄端服)이니 검은색의 삼베로 만든 예복(禮服)이다.

膳宰之饌을 必敬視之하며 疾之藥을
必親嘗之니라 嘗饌이 善이면
則世子도 亦能食하고 嘗饌이
寡면 世子도 亦不能飽하다가
以至于復初라야 然後에 亦復初니라.

『요리사가 만든 반찬을 반드시 공경하여 보며, 질병에 약을 반드시 몸소 맛을 보니라. 반찬을 맛보심이 많으면 세자도 또한 잘 먹고, 반찬을 맛보심이 적으면 세자도 또한 능히 배부르게 먹지 아니하다가 처음과 같이 회복함에 이르러야 그런 다음에 또한 처음의 행실로 돌아가니라.』

◑ 여기에서는 앞 절에 이어 세자가 부왕(父王)을 공양(供養)하는 일반적인 예절을 기술하여 임금에게 올리는 약은 반드시 먼저 맛을 보아야 됨을 밝혔다.

선(善)은 많은 것이고, 능식(能食)은 잘 먹는 것이다. 대저 세자가 효도하는 예절도 일반 사람이 어버이에게 효도하는 예절과 다름이 없으니 효도의 예절은 만인의 공통예절인즉 여기에서 말한 세자의 예절은 종자(宗子), 종손(宗孫) 또는 장자(長子)가 또한 본받아 실천하여야 될 것이다.

9. 예운(禮運)

예(禮)는 인문주의적 지성인의 심리체계이고 인생 만사에 모범적인 행동강령이며, 인간의 행복을 길이 보장하는 원리이고, 운(運)은 운동(運動)이니 천도(天道)를 계승하고 인정(人情)을 순화하여 이상세계(理想世界)를 건설하는 인류의 목적을 구현하기 위하여 인민대중이 잘 실천하도록 임금이 적극적으로 주선(周旋)하여 앞에서 이끌고 보살피며 힘쓰는 것이다. 따라서 법(法)은 규제(規制)하여 단속하는 것이고, 예(禮)는 운동(運動)하여 달성하는 것인즉, 법(法)은 타락을 방지하는 수단이요, 예(禮)는 향상발전을 추구하는 방법이다.

예운(禮運) 편은 대순(大順)의 진리로 대동태평세계(大同太平世界)를 건설하는 운동을 대대적으로 전개해야 되는 당위성을 공자가 밝힌 것을 자유(子游)가 기록하여 후세에 전한 것으로 그 이념과 목적 그리고 사업과 방법을 뚜렷이 밝힌 내용인데 천하고금(天下古今)에 제1문장(第一文章)으로 추앙받으면서 오늘날에 이르기까지 대학(大學), 중용(中庸)과 함께 이상국가(理想國家) 건설의 모범체제로 받들고 있다.

9-1-1 ——————————————— 昔者에 仲尼가 與於蜡賓하시니
事畢하시고 出遊於觀之上하사
喟然而嘆하시니 仲尼之嘆은
蓋嘆魯也시니라 言偃이 在側이라가
曰君子가何嘆이니까 孔子가

曰大道之行也와與三代之英을 丘가
未之逮也나 而有志焉이니라.

『옛날에 중니가 12월에 뭇 귀신에게 올리는 제사에 손님으로 참여
하시니 제사를 마치고, 나와서 도성문루의 위에서 유람하시며, 끄르
륵하고 탄식을 하시니 중니의 탄식은 대개 노나라를 탄식하심이니라.
언언이 곁에 있다가 말하기를 군자가 어찌 한숨을 쉬나이까? 공자가
말씀하시기를 위대한 도덕정치를 행함과 3대의 영특한 임금을 구가
미치지 못했으나 뜻은 있느니라.』

◑ 이 장에서는 공자가 예절은 운동임을 설파한 곡절과 내용을 제
자들이 기술하였다.

중니(仲尼)는 공자의 자(字)이고, 구(丘)는 공자의 이름이다. 사
(蜡)는 12월에 1년의 일을 모두 마치고 농사에 관계된 8신령에게 보
답하는 제사인데 이 제사를 지내면 국민에게 연말까지 휴식하도록
명하였으니 예기의 교특생(郊特牲) 편을 참고하라. 빈(賓)은 손님으
로 초청을 받은 것이고, 관(觀)은 도성(都城)의 문루(門樓) 좌우에
있는 전망대요, 위연(喟然)은 끄르륵 소리를 내는 것이며, 탄(嘆)은
탄식이다. 탄노(嘆魯)는 노나라의 예절이 무너진 것을 탄식함이고,
언언(言偃)은 공자의 제자 자유(子游)이며, 대도(大道)는 위대한 도
덕정치요, 행(行)은 베풀어 행함이며, 3대(三代)는 하(夏), 은(殷),
주(周)의 세 왕조이며, 영(英)은 영특한 임금으로 우(禹), 탕(湯), 문
무(文武)를 지칭한다. 체(逮)는 미치는 것이니 그 시대가 이미 흘러
가고 춘추(春秋)의 난세가 되었다는 것이며, 유지(有志)는 요(堯),

순(舜) 시대와 3대의 이상세계를 재건하기 위하여 거국적으로 예절
부흥운동을 전개하고 싶은 의지가 있다는 말이다.

9-1-2 ——————————————————— 大道之行也에 天下가 爲公하나니
選賢與能하고 講信脩睦하니라 故로 人이
不獨親其親하며 不獨子其子하야 使老有所終하며
壯有所用하며 幼有所長하며 矜寡孤獨廢疾者가
皆有所養하며 男有分하며 女有歸하며 貨惡其棄於地也로되
不必藏於己하며 力惡其不出於身也로되 不必爲己니
是故로 謀閉而不興하며 盜竊亂賊이 而不作이라
故로 外戶而不閉하니 是謂大同이니라.

『큰 도가 행함에 천하가 공공을 위하나니 어진 이를 선거해서 능
력자에게 벼슬을 주고, 신뢰사회를 강구하며, 친목을 닦느니라. 그러
므로 사람이 홀로 그 어버이만을 친하지 아니하며, 홀로 그 자식만을
기르지 아니하여, 늙은이로 하여금 마칠 곳이 있으며, 젊은이는 쓰일
곳이 있으며, 어린이는 자랄 곳이 있으며, 홀아비, 과부, 고아, 독거노
인, 불구자가 모두 부양할 곳이 있으며, 남자는 분가하는 몫이 있으
며 여자는 시집감이 있으며, 재화가 그 땅에 버려지는 것을 싫어하되
반드시 자기에게 저장하지 않으며, 힘이 그 자신에게서 나오지 않은
것을 싫어하되 반드시 자기를 위하지 않으니, 이런 까닭으로 지모가
끝나서 일어나지 아니하며, 강도, 좀도둑, 반란, 역적이 또한 생기지
않으니라. 그러므로 문을 밖으로 열고 닫지 않으니 이것을 일컬어 전
체가 한가지로 사는 사회라고 하니라.』

◑ 이 절에서는 공자가 예절부흥운동은 궁극적으로 대동세계(大同世界)를 건설하여 전체 인류의 평화를 보장하는 것임을 밝혔다.

대도(大道)는 왕도(王道)로 곧 천덕(天德)을 밝혀 천서(天叙)를 본받고 천질(天秩)을 따라 천연(天然)의 자연법칙인 천도(天道)를 받드는 진리로서 일찍이 요(堯)임금과 순(舜)임금이 하늘과 땅의 진리를 밝혀 4계절의 일기를 관측하고 선기옥형(璇璣玉衡)을 개발하여 4시월령(四時月令)을 제정하고 순천응시(順天應時)의 정치사업을 베풀어 크게 성공하였는바 이것을 천덕왕도(天德王道)정치라고 하였다. 위공(爲公)은 한가지로 공평하게 공공(公共)을 위하는 것인바 여기에서는 천하는 인류 전체의 것이고 한 사람이나, 한 가정이나, 한 나라의 독점물이 아님을 밝힌 것이다. 선현(選賢)은 어진 이를 선거하여 지도자로 뽑는 것이고, 여능(與能)은 능력자에게 관직을 부여하는 것이며, 강신(講信)은 인간과 인간 그리고 정부와 국민이 서로 믿는 공명정대(公明正大)한 사회를 강구(講究)함이요, 수목(修睦)은 가족관계와 인간관계에 사랑과 공경, 그리고 사양과 감사의 절도가 있어서 서로 화목하게 사는 길을 닦는 것이다. 사람의 공덕심(公德心)을 계발하여 공동선(共同善)을 모아 공동체(共同體)를 번영 발전하는 것이 인생의 가장 큰 길임을 깨달으면 사람이 남의 아버지도 공경하고 남의 아들도 사랑하여 상부상조(相扶相助)해서 공생공영(共生共榮)하는 삶을 경영한다. 소종(所終)은 임종(臨終)할 집이고, 소용(所用)은 힘써 일을 할 직업(職業)이니 사농공상(士農工商)에 종사하는 곳이며, 소장(所長)은 자라는 곳이니 가정과 학교이다. 환(矜)은 홀아비, 과(寡)는 과부, 고(孤)는 고아, 독(獨)은 독거노인, 폐질자(廢疾者)는 불치병자나 불구자이고, 소양(所養)은 정부에서 구호하여 부양함이다. 분(分)은 분가(分家)하는 몫이고, 귀(歸)는 시집감이며, 화

(貨)는 하늘이 준 재화이므로 소중하게 이용하되 고루 나누어 써야지 자기에게 사장(死藏)해서는 안 되고, 력(力)은 자기의 능력(能力)이므로 힘써 능력을 발휘하되 천하국가에 이바지해야지 자기만을 위해서는 안 된다. 모(謀)는 지모(智謀)이니 자기를 위하여 이익을 도모하는 슬기로운 계책으로 개인이기주의이며, 폐(閉)는 종료(終了)하여 소멸함이고, 이(而)는 또한 이에의 접속사이며, 대동(大同)은 전체가 한가지로 동등하게 사는 것인데 이념(理念)과 목적(目的)은 모두 똑같으면서도 조직을 구성하는 개체의 사업(事業)과 방법(方法)은 각각 다르게 하여 서로 협력하고 화합하는 공동분수주의(共同分數主義)로 안락 태평한 사회를 건설하는 것이다. 따라서 대동사회(大同社會)는 유일사상(唯一思想)에 의한 획일주의(劃一主義)를 배척하고 다원주의(多元主義)에 의한 복합사상(複合思想)으로 모든 개체가 가장 안정(安定)한 상태에서 전체가 화합 통일하여 융성(隆盛)하게 발전하는 중용(中庸)의 도(道)를 숭상한다.

살피건대 역사적으로 대동사회를 건설하려는 시도는 많았지만 현대까지 성공한 사례가 드문 것은 첫째, 대동사회(大同社會)를 건설하려는 의지는 있었지만 중용사상(中庸思想)으로 국가를 경영하는 지도력이 부족했고, 둘째, 국가의 이념과 목적을 지나치게 강조하여 국민의 사업과 방법을 통제한 결과 인민의 자율적인 능력을 개발하지 못하고 사회에 약동하는 활기를 진작하지 못했으며, 셋째, 위정자가 권모술수로 겉으로는 대동사회를 표방하면서도 속으로는 사리사욕에 몰두하여 끝내 국민을 실망시키고, 나라를 어지럽혀서 불신사회를 조장했기 때문이니 장차 대동세계를 재건하려는 사람은 이러한 역사적 경험을 거울로 삼아 스스로 먼저 천덕(天德)을 밝혀 인류화합의 중심체를 확립하여 인민의 자율자치능력을 개발하고 사회에 약동하는 활력을 일으켜서 끝까지 민중이 믿고 의지하는 희망이 되어야 할 것이다.

9-1-3————————————————— 今이라 大道가 旣隱이라 天下가
爲家하나니 各親其親하며 各子其子하며
貨力을 爲己하며 大人이 世及을 以爲禮하며
城郭溝池를 以爲固하며 禮義를 以爲紀하야
以正君臣하며 以篤父子하며 以睦兄弟하며
以和夫婦하며 以設制度하며 以立田里하며
以賢勇知하며 以功爲己하나니 故로 謀用이
是作하야 而兵이 由此起니라 禹湯文武成王周公이
由此其選也니, 此六君子는 者未有不謹於禮者也라
以著其義하며 以考其信하며 著有過하며
刑仁講讓하야 示民有常하고 如有不由此者인댄
在執者는 去하고 衆은 以爲殃하나니 是謂小康이니라.

『음~, 큰 도가 이미 자취를 감춤에 천하가 집안을 위하나니 각각
그 어버이를 친하며, 각각 그 아들을 기르며, 재화와 능력을 자기만
위하며, 큰사람이 대대로 가문을 이어 가는 것을 예법으로 삼으며,
성곽과 구덩이와 못을 튼튼한 안전보장대책으로 삼으며, 예의를 기강
으로 삼아서 임금과 신하를 바르게 하며, 아버지와 아들을 돈독하게
하며, 형과 아우를 화목하게 하며, 지아비와 지어미를 화합하게 하며,
제도를 설치하며, 경작지와 마을을 세우며, 용기와 지식을 어질게 여
기며, 자기를 위한 것을 공치사하나니 그러므로 슬기로운 모책을 이
용함이 이에 생기고, 또한 군대가 이로 말미암아 일어나나니라.

우임금과 탕임금, 문왕과 무왕, 성왕 주공이 이를 말미암아서 그 선출되었나니 이 여섯 군자는 이에 예절에 삼가지 않음이 있지 않았으므로 그 정의를 뚜렷이 하며, 그 신임을 고찰하며, 허물이 있음을 밝히며, 인애를 본받고 사양함을 익혀서 인민에게 떳떳함이 있음을 보이고, 이것을 말미암지 않은 사람이 있을 것 같으면 권세자는 제거하고, 서민대중은 재앙으로 삼게 하나니, 이를 일컬어 개별적으로 편안하게 사는 사회라고 하나라.』

☯ 이 절에서는 공자가 예절부흥운동은 차선책으로 소강세계(小康世界)를 건설하여 개별적인 가족단위의 안녕을 보장하는 것임을 밝혔다.

금(今)은 때를 나타내는 시제부사(時制副詞)가 아니고, 무엇을 수긍하는 뜻으로 입을 다물고 입속으로 소리를 내는 감탄사이며, 은(隱)은 은회(隱晦)로 요(堯)와 순(舜)의 자취가 오래되어 희미하게 사라진 것이다. 가(家)는 집안별로 별도의 소단위 영역을 획정한 것이며, 대인(大人)은 천부적인 순수한 양심으로 인류를 구제하여 세계의 발전에 크게 공헌한 사람이고, 세급(世及)은 대대로 이어 가는 것이니 가문(家門)의 사당과 재산을 종자(宗子)가 승계하여 대대로 세습하는 것이다. 이위(以爲)는 생각하고 인정하여 삼는 것이고, 현(賢)은 어질게 여김이며, 공(功)은 공치사(功致辭)니 공로를 치하하여 격려함이다. 선(選)은 어진 이로 뽑힘이고, 자(者)는 이에, 저(著)는 뚜렷이 밝힘이며, 형(刑)은 본받음, 강(講)은 익힘, 상(常)은 상도(常道), 세(埶)는 세(勢)의 옛 글자이다. 거(去)는 제거함이니 탕무가 걸(桀)과 주(紂)를 정벌하여 제거하고 혁명하였으며, 앙(殃)은 도덕과 윤리와 예절을 지키지 않으므로 하늘이 심판하여 재앙을 내리

는 것이니 선덕(善德)을 쌓은 집에는 남은 경사(慶事)가 있고 불선
(不善)을 쌓은 집에는 남은 재앙(災殃)이 있는 것이다. 소강(小康)은
개별적인 가족단위로 안녕하고 건강한 삶을 영위하는 것이다.

　살피건대 대동세계(大同世界)는 요순(堯舜)이 천덕왕도(天德王道)
로 다스리는 천하대공(天下大公)의 사회이고, 소강세계(小康世界)는
우탕문무(禹湯文武)가 신명(身命)을 바쳐서 왕도(王道)의 대통(大
統)을 계승하려고 노력하는 천하일가(天下一家)의 사회이며, 혼란세
계(混亂世界)는 춘추시대에 5패(五覇)가 개인의 야망을 충족하기 위
하여 무력(武力)과 권모술수(權謀術數)로 왕도(王道)를 가장하면서
공벌침탈(攻伐侵奪)을 일삼는 패권주의(覇權主義)사회이다.

　그러므로 맹자(孟子)는 요순(堯舜)은 천성(天性)으로 다스렸고,
탕무(湯武)는 신명(身命)으로 다스렸고, 오패(五覇)는 가식(假飾)으
로 다스렸다고 하였으니 천하대공(天下大公)은 인류 전체가 인류 전
체를 보호하는 공동선(共同善)을 실현하여 태평성대(太平聖代)를 이
룩하는 것이고, 천하일가(天下一家)는 먼저 왕실(王室)이 도덕과 윤
리와 예절의 모범을 보여서 가족을 보호하고 나아가 인류행복을 도
모함으로써 4방이 우러러 흠모하고, 스스로 따르게 해서 천하가 일가
처럼 친근한 시대를 이룩하는 것이며, 패권주의는 천도(天道)를 거스
르고 인심(人心)을 어기는 전제독재가 권력을 거머쥐고 폭력과 술수
로 지배하는 약육강식(弱肉强食), 적자생존(適者生存)의 무도무례(無
道無禮)한 세상에 각자 살길을 찾는 것이다.

9-1-4─────────言偃이 復問하되 曰如此乎禮之急也이니까

孔子가 曰夫禮는 先王이 以承天之道하며

以治人之情이라 故로 失之者는 死하고 得之者는
生하니 詩에 曰相鼠有體어늘 人而無禮아 人而無禮면
胡不遄死리오 하니 是故로 夫禮는 必本乎天하며
殽於地하며 列於鬼神하며 達於喪祭射御冠昏朝聘하니
故로 聖人이 以禮示之하시니 故로 天下國家를 可得而正也니라.

『언언이 다시 물어 말하기를 이와 같이 예절이 긴급한 것입니까? 공자가 말씀하시기를 대저 예절은 선왕이 하늘의 도를 받드는 원리이며, 사람의 정을 다스리는 원리이다. 그러므로 예절을 잃은 사람은 죽고 예절을 얻은 사람은 사나니, 시에 말하기를 ‘쥐를 보니 네 발 있네. 사람으로 예의 없을까. 사람으로 예의가 없으면 어찌 빨리 죽지 않으리오’ 하니 이런 까닭으로 저 예절은 반드시 하늘에 바탕 하며, 땅에 뒤섞이며 귀신에 들어가며, 초상, 제사, 활쏘기, 말타기, 성인식, 혼인식, 조회, 빙문에 통달하니 그러므로 성인이 예절로써 그것을 보이시나니 그러므로 천하 국가를 가히 얻어서 바로잡는 것이니라.』

◉ 여기에서는 공자가 성인(聖人)의 예절은 인류의 보편적 최고규범임을 서술하여 천지와 귀신과 인간과 사물에 두루 통하여 막힘이 없음을 밝혔다.

급(急)은 긴급사항이고, 이승(以承)은 이어서 받드는 원리이며, 이치(以治)는 밝혀서 다스리는 원리이다. 상(相)은 보는 것이요, 시(詩)는 『시경(詩經)』 용풍(鄘風) 상서(相鼠) 편에 있고 체(體)는 지체(支體)이니 네 발이며, 호(胡)는 어찌, 천(遄)은 빠른 것이다. 효(殽)는 서로 합쳐서 뒤섞는 것이고, 열(列)은 그 무리에 들어감이며,

달(達)은 통달함이니 곧 예절은 하늘에 바탕 하여 땅을 포괄하고 귀신을 감동하여 인간과 사물에 두루 통하는 행동원리라는 뜻이다. 따라서 대동(大同)이나 소강(小康)사회는 인민이 생영(生榮)하기 위하여 반드시 예절을 숭상하는 것이요, 혼란사회는 예절을 배척하고 이익만 다투다가 멸망의 구덩이로 전락하는 것이다.

9-2-1──────────────────── 言偃이 復問하되 曰夫子之極言禮也를
可得而聞歟이리까 孔子가 曰我欲觀夏道라
是故로 之杞하니 而不足徵也요 吾得夏時焉하며
我欲觀殷道라 是故로 之宋하니 而不足徵也요
吾得坤乾焉하니 坤乾之義와 夏時之等을 吾以是觀之하니라.

『언언이 다시 물어 말하기를 부자의 극단적으로 말씀하시는 예절을 얻어 들을 수 있겠나이까? 공자가 말씀하시기를 나는 하나라의 도를 보고 싶었느니라. 이런 까닭으로 기나라에 갔으나 족히 증거하지 못하고, 나는 하나라의 시력(時曆)을 얻었으며, 나는 은나라의 도를 보고 싶었느니라. 이런 까닭으로 송나라에 갔으나 족히 증거하지 못하고, 나는 곤건을 얻었나니 곤건의 뜻과 하나라 시력의 헤아림을 나는 이로써 보았느니라.』

◉ 이 장에서는 언언(言偃)의 질문에 의하여 공자가 예설(禮說)을 극언(極言)한 내용을 기술하였다.

도(道)는 정치의 기본 철학인 도덕과 예의요, 지(之)는 가는 것이며 기(杞)는 무왕(武王)이 하(夏)나라 우(禹)의 후손을 봉(封)한 나

라이다. 징(徵)은 증거하여 밝힘이고, 하시(夏時)는 하(夏)나라의 시력(時曆)으로 인월(寅月)을 정월(正月)로 세운 음양력(陰陽曆)이며, 송(宋)은 무왕이 은(殷)나라 탕(湯)임금의 후손을 봉(封)한 나라이다. 곤건(坤乾)은 다른 경전에 보이지 않으므로 알 수 없으나 곤도(坤道)는 지기(地氣)가 하강(下降)하고, 건도(乾道)는 천기(天氣)가 상승(上昇)하므로 타락한 난세에는 혁명을 하여 천도(天道)를 바로 세우는 원리인 듯하며, 등(等)은 헤아리는 것이니 곧 셈법이다.

살피건대 공자가 예설(禮說)을 극언(極言)하면서 먼저 하도(夏道)와 은도(殷道)에 대하여 언급한 것은 예법이 시대에 따라 변천하였음을 밝히고, 그러나 예절의 도덕정신은 한결같음을 확인하여 당시의 주례(周禮)를 위주로 설파하기 위함이다.

9-2-2 ─────────────────── 夫禮之初는 始諸飮食하니
其燔黍捭豚汚尊而抔飮하며
蕢桴而土鼓가 猶若可以致其敬於鬼神이니라.

『대저 예절의 처음은 음식에서 비롯하였나니 그 기장을 볶고 돼지를 찢어 놓고, 술구덩이에서 손으로 움켜서 마시며, 비름북채로 오지통북을 치더라도 오히려 그 귀신에게 공경을 다할 수 있는 것과 같으니라.』

◐ 이 절은 공경하고 사양하는 예절을 실천하는 최초의 실마리는 어버이를 섬기는 효심(孝心)으로 어버이에게 음식을 공양(供養)하는

데서 시작되었음을 밝혀 예절의 기원이 음식에서 처음 생겼음을 기술하고, 선사시대의 질박한 음식과 노래라도 먼저 귀신에게 바치고 즐겁게 모여서 노래하면 귀신도 흠향(歆饗)함을 밝혔다.

초(初)는 초창기(草創期)이고, 시(始)는 말미암아 비롯함이며, 음식(飮食)은 어른에게 먼저 드리는 음식예절이다. 번(燔)은 불에 태워서 볶는 것이고, 벽(捭)은 찢어 갈라서 쪼개는 것이며, 와준(汚尊)은 땅을 파서 만든 술구덩이요, 부음(抔飮)은 손으로 움켜서 마시는 것이니, 상고시대에 시루와 솥, 칼, 술동이, 술잔 같은 그릇이 없으므로 부득이한 것이다. 궤부(蕢桴)는 비름으로 만든 북채인데 비름은 비름과에 속하는 다년생 풀로 전체가 녹색이고, 줄기는 곧게 섰으며, 드문드문 가지가 갈라지고, 키는 약 1m이며, 잎은 어긋맞게 나며, 마늘모처럼 생긴 달걀모양이고, 잎자루가 길다. 여름에서 가을까지 황록색의 잔꽃이 이삭 꽃차례로 줄기 끝이나 잎겨드랑이에서 피고 열매는 개과(蓋果)인데 어린잎은 식용하며, 현채(莧菜)라고도 한다. 토고(土鼓)는 흙을 구워 북통틀을 만들고, 가죽으로 면(面)을 만든 북이며, 치기경(致其敬)은 그 공경심을 다 바치는 것이니 곧 귀신이 감동하여 차린 음식을 잡수신다는 뜻이다.

음식예절은 정결함과 공경이 가장 중요하고, 그릇과 도구는 현실의 조건을 따를 수밖에 없는 것이므로 현재에 성실하면 귀신도 감응하는 것이다.

9-2-3 —————————— 及其死也에 升屋而號하야

告曰皐某하여 復하나니 然後에 飯腥하고

而苴孰하니라 故로 天望而地藏也니

體魄則降하고知氣在上이니 故로 死者는
北首하고生者는 南鄕하나니 皆從其初니라.

『그 죽음에 미쳐서는 지붕에 올라가 외치며, 하소연하여 말하기를 아무개여라고 불러 돌아오라고 하나니, 그런 뒤에 입에 불린 쌀을 넣고, 익힌 고기꾸러미를 무덤에 묻느니라. 그러므로 하늘을 바라보며 땅에 묻은 것이니 육체의 넋은 곧 내려가고, 지각의 얼은 하늘에 있으니 그러므로 죽은 사람은 머리를 북쪽으로 향하고, 산 사람은 남쪽을 향하나니 모두 그 최초의 예절을 따르는 것이니라.』

◑ 이 절은 선사시대를 마감하고 유사시대를 개척한 상고(上古)의 장례절도를 기술하여 인간의 생사관(生死觀)과 유명(幽明)이 다른 세계를 밝혔다.

호(皐)는 호(呼)와 같고, 모(某)는 죽은 사람의 이름이며, 복(復)은 초혼(招魂)이다. 반성(飯腥)은 불린 쌀을 죽은 사람의 입에 넣어 소렴(小斂)하는 반함(飯含)이요, 저(苴)는 꾸러미이고, 숙(孰)은 숙(熟)으로 익혀서 삶은 고기인데 장례식에 견거(遣車)에 싣고 가서 무덤에 넣어 준다. 천망(天望)은 하늘을 바라보고 죽은 사람의 혼을 찾는 것이고, 지장(地藏)은 죽은 사람의 널을 땅속에 묻는 것이며, 체백(體魄)은 육신(肉身)의 넋이요, 지기(知氣)는 지각(知覺)의 영기(英氣)로 곧 정신의 혼(魂)이다. 북수(北首)는 머리를 북쪽으로 향하게 함이고, 남향(南鄕)은 남향(南向)으로 앉은 것이며, 기초(其初)는 그 최초의 상례법(喪禮法)이니 상고시대의 소박한 장례(葬禮)의식이다.

昔者에 先王이 未有宮室이라
冬則居營窟하고 夏則居橧巢하며 未有火化라
食草木之實과 鳥獸之肉하며 飮其血하고
茹其毛하며 未有麻絲라 衣其羽皮하니라.

『옛날에 선사시대의 왕이 집과 방이 있지 않으므로 겨울이면 토굴을 만들어 살고, 여름이면 나무 위에 너스레를 얽어 살며, 불로 조화함이 있지 아니하여, 풀과 나무의 열매와 새와 짐승의 고기를 먹고, 그 피를 마시고, 그 털을 마시며, 베실과 명주실이 있지 않으므로 그 깃털과 가죽을 옷으로 입으니라.』

◉ 이 절은 태고례(太古禮)이다. 선사시대의 인류생활은 자연환경에 적응하기 위하여 자연자원을 원초적으로 이용하면서 의식주(衣食住)를 해결하였음을 밝혔다.

선왕(先王)은 선사시대의 왕이니 요순(堯舜)시대 이전의 왕이며, 궁(宮)은 지붕이 있는 집이고, 실(室)은 창문이 있는 방이며, 영굴(營窟)은 흙으로 굴을 만든 것이요, 증소(橧巢)는 나무 위에 나무를 얹어 너스레를 얽은 둥지 같은 것이다. 화화(火化)는 불로 열을 가하여 화합(化合)해서 조화(造化)하는 것이요, 녀(茹)는 마시는 것이며, 모(毛)는 짐승의 털이니 털에 피를 섞어 마셨다는 뜻이며, 마(麻)는 삼베실이요, 사(絲)는 명주실이다.

생각하건대 원시인이 사냥한 짐승의 피에 그 털을 섞어서 마셨기 때문에 제사에 희생(犧牲)을 잡으면 짐승의 피와 털을 섞어서 바치는 의식이 있는 것으로 보인다.

後聖이 有作하사 然後에 脩火之利하야
范金合土하야 以爲臺榭宮室牖戶하며
以炮以燔하며 以享以炙하며 以爲醴酪하며
治其麻絲하야 以爲布帛하야 以養生送死하며
以事鬼神上帝하니 皆從其朔이니라.

『뒤에 성인이 과학기술을 일으킴이 있어 그런 다음에 불의 이로움을 수련하여 쇠를 녹여 틀에 부어 도구를 만들고, 흙을 섞어 구워 벽돌을 만들어 누대와 정자와 집과 방과 창문과 방문을 만들며, 그슬리고 구우며, 삶고 찌며, 단술과 식초를 만들며, 그 베실과 명주실을 뽑아 베와 비단을 짜게 하여 산 사람을 부양하고, 죽은 사람을 장사 지내며, 귀신과 위에 하느님을 섬기니 모두 그 처음을 따르느니라.』

◉ 이 절은 중고례(中古禮)이다. 유사시대를 개척한 상고(上古)의 인류생활은 자연자원을 대대적으로 개발 이용하여 원료를 2차적으로 가공해서 의식주(衣食住)의 생활문화를 창조하였으나 그 예절의 기본줄거리는 선사시대의 전통을 계승하였음을 밝혔다.

후성(後聖)은 후세에 천도(天道)를 밝히고, 인심(人心)을 바로잡아 사회의 문명(文明)을 발달시켜서 인류가 숭경(崇敬)하는 사람이니 곧 요(堯)와 순(舜) 같은 성인이다. 유작(有作)은 경영하여 진작(振作)함이니 물리(物理)를 연구하고 도구를 개발하여 누구나 쉽게 과학기술을 이용할 수 있어서 모두 떨치고 일어나 분발노력하게 함이다. 수(脩)는 연구하고 수련(脩鍊)함이고, 화지리(火之利)는 불의 조화(造化)를 이롭게 사용하는 것이며, 범(范)은 거푸집으로 주물(鑄

物)의 형틀이니, 범금(范金)은 쇠를 녹여 틀에 부어 도구를 만드는 것이고, 합토(合土)는 여러 가지 흙을 배합하여 그릇을 만들어 구운 것이므로 여기에서는 벽돌을 지칭한다. 대(臺)는 누대(樓臺)이고, 사(榭)는 정자(亭子)이며, 유(牖)는 창문이요, 포(炮)는 그슬리는 것, 번(燔)은 굽는 것, 팽(亨)은 팽(烹)이며, 자(炙)는 찌는 것이다. 락(酪)은 우유나 양젖으로 새콤한 식초를 만든 것이고, 양생(養生)은 산 사람에게 음식을 먹이는 것이요, 송사(送死)는 죽은 사람을 장사 지내는 일이며, 삭(朔)은 처음이니 선사시대 원시사회의 생활규범을 뜻한다. 귀신(鬼神)은 조상신(祖上神)과 5방신(五方神)으로 5악3독(五嶽三瀆)의 신을 포괄하고, 상제(上帝)는 황천상제(皇天上帝)이니 천종제(天宗帝), 신농제(神農帝)와 5방천제(五方天帝)를 포괄하는바 요(堯), 순(舜)시대에 모두 제사를 지냈다.

9-2-6─────────────────── 故로 玄酒가 在室하고 醴醆이 在戶하며

粢醍가 在堂하며 澄酒가 在下하며

陳其犧牲하며 備其鼎俎하며

列其琴瑟管磬鍾鼓하며 脩其祝嘏하야

以降上神과 與其先祖하야

以正君臣하며 以篤父子하며

以睦兄弟하야 以齊上下와 夫婦하나니

有所是라야 謂承天之祜니라.

『그러므로 물이 재실에 있고, 단술과 희멀건 술이 재실문에 있으며, 불그스레한 술이 뜰층계 위에 있으며, 맑은 술이 뜰층계 아래에

있으며, 그 희생을 진열하며 그 제기를 갖추며 그 거문고와 비파, 피
리와 경쇠, 종과 북을 정렬하며 그 축문과 축복하는 글을 다듬어서
하늘에 신령과 그 선조를 강림하게 해서 임금과 신하를 바르게 하며,
아버지와 아들을 돈독하게 하며, 형제를 화목하게 하여 위아래와 부
부를 가지런히 하나니 이러한 바가 있어야 하늘의 복을 받는다고 일
컬으니라.』

　◑ 이 절은 근교례(近古禮)이다. 주(周)나라 무왕(武王)과 주공(周公)
이 문명사회의 예법을 제정하면서 고대의 전통예절을 바탕으로 삼아
더욱 아름답고 성대하게 발전시켰음을 기술하였다.

　현주(玄酒)는 물을 고상하게 일컫는 말인데 고대에는 물로 제사를
지냈기 때문에 그 정신을 받들어 북쪽에 차린 제사상의 앞에 두는
것이니, 실(室)은 제사를 지내는 재실(齋室)이다. 예(醴)는 예제(醴
齊)로 술을 담아 하룻밤을 익힌 단술이며, 잔(醆)은 희멀건 술인데
곧 앙제(盎齊)요, 자제(粢醍)는 붉은 피로 술을 빚은 붉은색 술인데
곧 제제(醍齊)이며, 징주(澄酒)는 술구더기가 아래로 가라앉은 침제
(沈齊)이다. 단술과 희멀건 술은 술이 익어 가는 시초이기 때문에 재
실의 남쪽 문안에 두고, 붉은 술은 단술과 희멀건 술의 다음에 출현
했기 때문에 재실의 뜰층계 위에 두며, 맑은 술은 최후에 출현했기
때문에 재실의 뜰층계 아래에 두었으니 그 원초적인 것을 존중하는
의례정신이다. 축(祝)은 축문(祝文)이고, 가(嘏)는 축복(祝福)하는 말
이니 제사에 신보(神保)가 신령이 제사를 잡수시고 제주(祭主)에게
축복하는 말을 전하는 말씀이며, 상신(上神)은 하늘에 계신 신령이
다. 정군신(正君臣)은 임금의 제사에 신하는 제사를 돕는 집사(執事)
로 복무하고 빈객(賓客)이 되지 못함이요, 독부자(篤父子)는 제주(祭

主)의 아들이 시동(尸童)이 되는 것이며, 목형제(睦兄弟)는 연회(燕會)에 나이순으로 자리를 함께함이고, 제(齊)는 가지런함이니 질서가 방정(方正)함이다. 상하(上下)는 당상(堂上)과 당하(堂下)의 집례(執禮)를 지칭하고, 부부(夫婦)는 당하(堂下)에 자손이 정렬함에 남자는 동쪽에 서고 여자는 서쪽에 서는 것을 말한다. 유소시(有所是)는 앞에서 밝힌 제례(祭禮)의 절목(節目)이요, 호(祜)는 하늘이 내리는 큰 복이다. 전배들은 이제상하(以齊上下)와 부부유소(夫婦有所)로 구절을 분해하였으나 앞뒤의 문장과 부합하지 않으므로 내가 이제상하부부(以齊上下夫婦)와 유소시(有所是)로 구절을 나누어 문리를 통하게 하였으니 살피기 바란다.

9-2-7 ——— 作其祝號하야 玄酒以祭하며 薦其血毛하며 腥其俎하며 孰其殽하며 與其越席하며 疏布以冪하며 衣其澣帛하며 醴醆以獻하며 薦其燔炙하되 君與夫人이 交獻하야 以嘉魂魄하니 是謂合莫이라 然後에 退而合亨하야 體其犬豕牛羊하며 實其簠簋籩豆鉶羹하야 祝以孝告하며 嘏以慈告하나니 是謂大祥이니 此禮之大成也라.

『그 축문과 칭호를 지어서 물로 제향을 지내며, 희생의 피와 털을 드리며, 그 도마제기에 날고기를 담으며, 그 안주를 익히며, 그 부들자리를 깔며, 성긴 베로써 술동이를 덮으며, 그 세탁한 비단옷을 입으며, 단술과 희멀건 술로써 올리며, 그 굽고 찐 고기를 드리되 임금과 부인이 교대로 올려서 혼백을 즐겁게 하니 이것을 일컬어 화합하여 꾀함이라고 하나니 그런 다음에 물러나와 희생을 함께 삶아서 그 개와 돼지와 소와 양을 형체별로 나누어 그 대나무제기접시와 나무 제기접시 그리고 국을 담는 제기그릇에 가득히 담아서 축문에서는 효자의 이름으로 아뢰고, 축복의 말씀에서는 자애로운 신령의 이름으로 통고하나니 이것을 일컬어 크게 상서로움이라고 하니 이것이 제례가 크게 완성하는 것이다.』

◉ 이 절은 대성례(大成禮)이다. 주(周)나라의 제례절도(祭禮節度)가 지극히 아름답고 성대하여 고금(古今)의 문화를 수용하고 인간의 정성이 귀신의 혼백을 영접하는 경지에 이름을 밝혔다.

축(祝)은 각종 축문의 서식(書式)이요, 호(號)는 여러 귀신의 호칭과 제기(祭器), 제물(祭物)의 명칭이니 축문은 서식이 정당하고 내용이 진실해야 되며 귀신의 호칭은 관계가 뚜렷하고 작위(爵位)와 시호(諡號)가 합당해야 된다. 현주(玄酒)와 혈모(血毛)와 성(腥)은 선사시대의 제물을 바치던 전통이고, 숙(孰)은 숙(熟)이니 그 이하로 활석(越席)과 소포(疏布)와 한백(澣帛)과 례잔(醴酸)과 번자(燔炙)는 모두 상고시대의 제사의례이며, 그 나머지는 주(周)나라가 새로 제작하여 아름답고 성대하게 갖춘 제례의식이다. 군여부인(君與夫人)이 교헌(交獻)은 임금이 초헌(初獻)을 하고 부인이 아헌(亞獻)을 하는 것이요, 가(嘉)는 즐거운 것이며, 혼백(魂魄)은 조상의 혼백이다. 합막(合莫)은 합모(合謨)로 남편과 아내가 화합하여 제사를 준비하고 추진하고 거행하여서 조상이 즐겁도록 꾀함이요, 합팽(合亨)은 합팽(合烹)으로 임금과 부인이 합동으로 작업하여 고기를 삶는 것이며, 체(體)는 각 부위별로 나누는 것이고, 형(鉶)은 국을 담는 제기(祭

器)이다. 축이효고(祝以孝告)는 조상의 제사에 축문은 효자(孝子),
효손(孝孫)으로 아룀이요, 가이자고(嘏以慈告)는 자애(慈愛)로운 신
령께서 제사를 즐겁게 잡수시고 제주(祭主)에게 큰 복을 내리셨다고
신보(神保)가 전달하여 알리는 것이다. 대상(大祥)은 크게 상서(祥
瑞)로움이고, 대성(大成)은 성대하게 완성함이니 행사를 성공적으로
거행해서 마쳤다는 말이다.

이 절은 공자가 주(周)나라의 제례(祭禮)를 완성하면서 선사시대
의 제법(祭法)과 상고시대의 제의(祭儀)와 주(周)나라의 제례(祭禮)
를 시대별로 엮은 문장이지 제사의 절차를 서술한 문장이 아니니 혼
동하지 마라.

9-3-1————————————————孔子가 曰嗚呼哀哉라 我觀周道하니
幽厲가 傷之라 吾가 舍魯하고 何適矣리오
魯之郊禘는 非禮也니 周公이 其衰矣요
杞之郊也는 禹也요 宋之郊也는 契也니
是天子之事를 守也라 故로 天子는
祭天地하고 諸侯는 祭社稷이니라.

『공자가 말씀하시기를 오호, 슬프도다! 내가 주나라의 도를 보니
유왕과 려왕이 손상시켰으므로 내가 노나라를 버리고 어디로 가리오.
노나라의 교제와 체제는 예가 아니니 주공의 예절이 그 쇠퇴한 것이
요, 기나라의 교제는 우임금의 전통이고, 송나라의 교제는 설을 섬기
는 전통이니 이는 천자의 일을 지키는 것이다. 그러므로 천자는 하늘
과 땅을 제향하고 제후는 사직을 제향하니라.』

◑ 이 장에서는 춘추시대에 도덕이 무너지고 윤리가 없어져서 예절이 형식적인 장식물로 전락된 현실을 기술하였다.

주도(周道)는 주(周)나라의 정치도덕과 가정윤리와 사회예절이고, 유(幽)는 유왕(幽王: 기원전 782~771)으로 포사(褒姒)를 사랑하여 신후(申后)와 태자를 폐했으며, 여(厲)는 여왕(厲王: ?~기원전 828)으로 포악한 정치를 하다가 추방되었으니 주나라가 권위를 잃고 제후가 자립하여 춘추의 혼란시대로 진입하는 결정적 원인을 제공했다. 상(傷)은 손상(損傷)이요, 사(舍)는 버림이며, 교(郊)는 교외에 나아가서 천제(天祭)를 지내는 것이고, 체(禘)는 종묘의 여름제사가 아니라 천자(天子)가 태묘(太廟)에서 태조(太祖)를 제향함에 하느님을 배향(配享)하는 대제(大祭)이다. 비례(非禮)는 천자의 예절을 제후국에서 쓰는 것이 부당한 것이고, 쇠(衰)는 주공(周公)의 예법정신이 쇠퇴하였다는 뜻이며, 기(杞)는 하(夏)나라의 후손을 봉한 나라요, 우(禹)는 하나라를 세운 임금이며, 송(宋)은 은(殷)나라의 후손을 봉한 나라이고, 설(契)은 은나라의 시조(始祖)이며, 수(守)는 전통을 고수함이다.

살피건대 『중용』에서 천자로부터 서인에 이르기까지 상례(喪禮)는 죽은 사람의 신분을 따르고, 제례(祭禮)는 산 사람의 신분을 따른다고 하였으니 노(魯)나라의 교체(郊禘)가 비례(非禮)일 뿐만 아니라 기(杞)와 송(宋)의 교제(郊祭)도 역시 비례(非禮)이다. 전배들은 기(杞)와 송(宋)의 교제는 전통을 고수하는 것이므로 허용할 수 있는 예절이라고 하였으나 옳지 않다. 무릇 모든 국가는 흥망성쇠가 있으므로 그 조상도 자손과 더불어 흥망성쇠를 함께하는 것이니 어찌 자손이 쇠망하였는데 조상만 흥성하는 길이 있겠는가?

 　　　　　　　　　　　　　　　　祝嘏를 莫敢易其常古하니 是謂大假니라.

『축문과 축복하는 말씀을 감히 그 상투적인 옛날 방식을 바꾸지
못하니 이것을 일컬어 큰 거짓말이라고 하니라.』

○ 여기에서는 현실을 외면한 허구적인 수사(修辭)나 상투적으로
옛날 축문과 축복하는 말씀을 답습하는 것은 허례허식(虛禮虛飾)으
로 하늘과 땅과 귀신과 사람을 속이는 큰 거짓말임을 선언하였다.

상고(常古)는 상투적인 옛날 방식이고, 대가(大假)는 큰 거짓말이
니 하늘을 속이고 세상을 속이는 죄악이다. 전배들은 상고(常古)를
상사고법(常事古法)으로 오인하고 대가(大假)를 대가(大嘏)로 오해
하여 대상(大祥)이라고 주장하였으나 옳지 않다. 전후의 문맥을 살피
면 이 장은 춘추시대의 예절혼란의 사례를 지적하고 있거늘 어찌 여
기에다가 크게 상서로운 내용을 삽입했겠는가?

 　　　　　　　　　　　　　　　祝嘏辭說을 藏於宗祝巫史가
　　　　　　　　　　　　　　　非禮也니 是謂幽國이니라.

『축문과 축복하는 말씀과 칭송하는 노랫말과 찬양하는 논설을 종
백과 축관과 무당과 사관에게 간직하게 함이 예절이 아니니 이것을
일컬어 유령의 나라라고 하니라.』

○ 이 절에서는 춘추시대에 주(周)나라가 쇠미하여 천하제후가 각

자 자립하여 이탈하였음에도 소수의 제관(祭官)들만 모여 형식적인 의례에 따라서 제사 지내니 그 유명무실(有名無實)한 천자(天子)의 존재를 고발하였다.

사설(辭說)은 귀신을 칭송하는 가사(歌辭)와 자손을 칭찬하는 논설이며, 장(藏)은 공개하지 않고 비장(秘藏)함이요, 종(宗)은 종백(宗伯)이니 종묘(宗廟)의 제례를 관장하는 관직이고, 축(祝)은 축관(祝官), 무(巫)는 무당(巫堂), 사(史)는 사관(史官)이며, 유(幽)는 유령(幽靈)으로 그 실체가 이미 망하여 존재하지 않으나 한갓 이름만 남아 있는 것이다.

9-3-4─────────────── _{잔 가} _{급 시 군} _{비 례 야} _{시 위 참 군}
醆斝를 及尸君이 非禮也니 是謂僭君이니라.

『옥술잔과 세발옥잔을 임금의 시동에게 미치는 것이 예절이 아니니 이것을 일컬어 참람한 임금이라고 하니라.』

● 여기에서는 기(杞)나라와 송(宋)나라가 교제(郊祭)를 지내는 것은 주(周)나라의 예절을 어기고 참람하게 스스로 왕(王)을 자칭한 반역행위임을 고발하였다.

잔(醆)은 잔(盞) 또는 잔(琖)이라고 하는데 옥으로 사발처럼 만든 술잔이니 하(夏)나라의 제기(祭器)인바 기(杞)나라에서 계속 사용하였으며, 가(斝)는 옥으로 세 발과 두 뿔이 있는 은나라의 제기(祭器) 술잔인데 송(宋)나라가 계속 사용하였는바 이것은 주(周)나라의 제기술잔인 작(爵: 청동으로 만듦)의 사용을 거부한 행위이다. 시군(尸

君)은 임금의 시동(尸童)이고, 참군(僭君)은 참람한 임금이니 제후
(諸侯)로서 천자의 그릇을 사용하여 분수를 넘었다는 말이다.

9-3-5───────────────────── 冕弁兵革을 藏於私家가
非禮也니 是謂脅君이니라.

『면류관과 고깔모자와 병기와 갑옷을 개인집에 가지고 있는 것이
예절이 아니니 이것을 일컬어 임금을 협박한 신하라고 하니라.』

　◯ 여기에서는 제복(祭服)과 군복(軍服) 그리고 병기와 갑옷은 국가
에서 보관하는 것이 예법인데도 춘추시대에 강신(强臣)들이 사가(私
家)로 가지고 가서 임금을 위협하는 존재로 변신하였음을 지적하였다.
　면(冕)은 면류관으로 제복(祭服)의 관(冠)이며, 변(弁)은 피변(皮
弁)이니 가죽으로 만든 고깔모자인데 근무복이나 군복(軍服)에 쓰는
모자이다. 병(兵)은 병기(兵器)이고, 혁(革)은 방패와 갑옷으로 모두
국가의 관물(官物)로 개인의 집에 소장할 수 없는 것이다. 협군(脅
君)은 임금에게 협박하는 불충(不忠)의 역신(逆臣)이라는 뜻이다.

9-3-6───────────────────── 大夫가 具官하며 祭器를 不假하며
聲樂을 皆具함이 非禮也니 是謂亂國이니라.

『대부가 가신의 관직을 모두 갖추고, 제기를 빌리지 아니하며, 소

리와 음악을 모두 구비함이 예절이 아니니 이것을 일컬어 어지러운 나라라고 하니라.』

◑ 여기에서는 춘추시대에 고급관료들이 예절을 공경하고 사양하는 사회질서의 덕목으로 인식하지 않고 한갓 부귀권세를 자랑하는 권위의 상징물로 악용한 실태를 규탄하였다.

대부(大夫)는 고급관료이고, 구관(具官)은 가신(家臣)의 전문적인 관직을 모두 구비(具備)함이니 예법에 가신은 겸직하여 여러 가지 일을 닥치는 대로 처리한다고 하였다. 가(假)는 빌리는 것이며, 성(聲)은 소리요, 악(樂)은 음악이며, 개구(皆具)는 대부가 집안의 제사에 악무(樂舞)를 모두 갖추고 집안 연회에 명창(名唱)을 불러 노래를 듣는 것이다. 난국(亂國)은 나라에 도덕이 무너지고 윤리가 없는데도 권력자들이 호화사치를 누리고 안일과 방종을 탐닉(耽溺)하여 사회모순이 극도에 이르러서 위아래가 분열하여 대립갈등이 심각한 상태에 놓인 국가이다.

살피건대 춘추시대의 고급관료들은 권력을 국가와 인민대중을 위한 봉사의 기관으로 인식하지 않고 오직 개인출세의 도구로 착각하여 사리사욕을 채우는 데 열중하였으니 마침내 도덕을 밝히고 윤리를 실천하는 예절의 규범까지도 오로지 가문의 권위를 자랑하고 신분의 상승을 과시하는 장식물로 악용하였을 뿐만 아니라 또한 부도덕한 정권의 반인륜적인 죄악을 포장하고 인민을 탄압하여 재물을 착취하는 수단으로 왜곡 변질시켰다. 따라서 이러한 무리들이 주장하는 예절은 교활한 술수를 감추는 가면극이고 포악한 권력을 숨기는 가장행렬에 지나지 못한 것이었으니 관중(管仲)이 주장한 예의염치(禮義廉恥)도 천리(天理)로 시비선악(是非善惡)을 분별하는 왕도(王

道)의 예의가 아니고 오로지 사욕(私欲)으로 이해득실(利害得失)을
가리는 패도(覇道)의 예의였던 것이다.

9-3-7—————————— 故로 仕於公曰臣이요 仕於家曰僕이니
三年之喪과 與新有昏者는 期를 不使하나니
以衰裳入朝하고 與家僕으로 雜居齊齒가
非禮也니 是謂君與臣同國이라 하니라.

『그러므로 나라의 공무에 벼슬하는 것을 말하여 신하라 하고, 대
부의 집에 벼슬하는 것을 말하여 시중군이라 하니, 3년의 상복 입는
기간과 새로 혼인한 사람은 1년간을 부리지 아니하나니, 상복을 입고
서도 조정에 들어가고, 대부집의 시중군과 더불어 섞어 앉아서 서열
을 나란히 하는 것이 예절이 아니니 이것을 일컬어 임금이 신하와
더불어 나라를 같이한다고 하니라.』

◑ 여기에서는 춘추시대에 대부(大夫)들이 국가의 공권력을 사유
화하여 벼슬을 세습하고 또 세력확대를 도모하면서 가복(家僕)과 함
께 조정회의에 참여하여 관료조직의 위계질서까지 어지럽히는 것을
규탄하였다.
　고(故)는 예법이 무너진 결과요, 사(仕)는 벼슬하는 것이고, 공(公)
은 나라의 공무(公務)이며, 신(臣)은 정치와 행정기관의 책임자이다.
가(家)는 대부가(大夫家)의 사사(私事)이고, 복(僕)은 시중꾼이며, 기
(期)는 1년이다. 잡거(雜居)는 섞어 앉아 공사(公私)의 구별이 없는
것이요, 제치(齊齒)는 항렬을 나란히 하여 상하(上下)의 분별이 없는

것이다. 군여신동국(君與臣同國)은 임금이 통치권을 상실하여 권신
(權臣)들과 더불어 나라를 같이 다스린다는 뜻이다.

　살피건대 예법에 신하는 70세에 치사(致仕)하여 벼슬을 반납하고
물러가야 되고 또 부모의 상복(喪服)을 입으면 벼슬을 버리고 거상
(居喪)하는 것이며, 혹 혼인을 하면 1년간 휴직하여야 됨에도 춘추시
대에는 실력자들이 공권력을 사유화해서 늙어 죽을 때까지 벼슬을
하다가 죽으면 아들에게 세습하여 그 아들이 상복을 입은 채로 조정
에 출입하고, 혹시 혼인을 하여도 계속 집무할 뿐만 아니라 가복(家
僕)을 데리고 조정회의에 참석하여 그 권력보존에 열중하였으니 천
하가 일가(一家)가 아니라 나라가 백가(百家)로 분열하여 공벌침탈
(攻伐侵奪)을 일삼았던 것이다.

9-3-8───────────────────────────────── 故로 天子는 有田하야
以處其子孫하며 諸侯는 有國하야
以處其子孫하며 大夫는 有采하야
以處其子孫하나니 是謂制度니라.

　『그러므로 천자는 공전(公田)을 소유하여 그 자손을 살게 하며,
제후는 나라를 소유하여 그 자손을 살게 하며, 대부는 채읍을 소유하
여 그 자손을 살게 하나니 이것을 일컬어 제도라고 하니라.』

　◉ 여기에서는 천자와 제후와 대부가 모두 직위와 권력을 사유화
해서 세습하는 것을 제도로 만든 죄악을 폭로하였다.

고(故)는 권력자가 사리사욕을 도모한 결과요, 유(有)는 소유함이고, 전(田)은 공전(公田)이며, 처(處)는 살게 함이요, 채(采)는 채읍(采邑)이다. 제도(制度)는 원래 오랜 역사를 통해 자연적으로 공인(公認)된 사회생활의 행동 양식이나 집단의 구성원을 규제하는 구조인데 여기에서는 갑자기 국가의 법률과 명령으로 만든 인위적인 법제이다.

살펴건대 전배들은 전제정치제도에 함몰하여 천자와 제후의 대부가 세습하는 것을 선왕(先王)의 제도라고 인정하였으나 옳지 않다. 맹자(孟子)가 말하기를 천하는 천하 사람의 것이요, 한 사람의 것이 아니라고 하였고, 공자는 『춘추(春秋)』에서 초(楚)나라의 자칭 왕(王)을 규탄하고, 제후(諸侯)가 자립하며, 경대부(卿大夫)가 세습하는 것을 엄중히 탄핵하였다. 모름지기 천자는 천하에서 가장 어진 이를 인민대중이 지지하고 천명(天命)을 얻은 다음에 추대하여야 되며, 제후는 그 나라 사람이 추천하여 천자가 임명하여야 되며, 대부는 제후가 추천하여 천자가 임명하여야 되었으니 이것이 선왕(先王)의 오랜 제도였거늘 이제 춘추시대에는 천자와 제후와 대부가 공모하여 모든 관록을 세습하는 전제봉건제도로 개악하였던 것이다. 무릇 공전(公田)과 나라와 채읍은 천자와 제후와 대부가 하늘과 인민으로부터 위임을 받은 것이지 결단코 사유물이 아니다.

9-3-9———————————— 故로 天子가 適諸侯하야 必舍其祖廟하나니
而不以禮籍으로 入하면 是謂天子가 壞法亂紀라 하니라.

『그러므로 천자가 제후에게 가서는 반드시 그 조상의 사당에 머무나니 예절에 정한 의전으로 들어가지 않으면 이것을 일컬어 천자가 법도를 무너뜨리고 기강을 어지럽혔다고 하니라.』

◑ 여기에서는 춘추시대의 제후들이 주(周)나라 왕실(王室)이 미약하므로 천자(天子)를 열국(列國)의 제후와 동격으로 대우하였음에도 천자가 권위를 상실하여 그 죄악을 성토하지 못한 것을 탄식하였다.

고(故)는 공전(公田)과 나라와 채읍을 사유화(私有化)한 결과요, 적(適)은 순수(巡狩)하기 위하여 가는 것이고, 사(舍)는 머무는 것이며, 기조묘(其祖廟)는 제후국의 종묘(宗廟)에 있는 침전(寢殿)이다. 예적(禮籍)은 예전(禮典)이니 천자가 제후국에 순수하는 횟수(回數)와 의전(儀典) 및 행사절목으로 대개 5년에 한 번 순수하여 그 방면의 하늘과 산천에 제사 지내고 달력과 도량형기를 바로잡으며 5례(禮)를 밝히는 것이다.

대저 종묘의 침전은 제주(祭主)가 거처하는 곳이나 천자는 제후의 손님이 될 수 없으므로 침전에 머물러 큰 주인으로서 임하는 것인데 주(周)나라 천자가 이러한 권능을 상실하고 제후가 손님으로 대우함에도 그들의 협력을 구하기 위하여 자주 방문하니 안타까운 일이다.

9-3-10 ──────────────── 諸侯가 非問疾弔喪이어늘 而入諸臣之家면
是謂君臣이 爲謔이라 하니라.

『제후가 문병이나 조상이 아님에도 여러 신하의 집에 들어가면 이

것을 일컬어 임금과 신하가 기롱지거리한다고 하니라.』

　◐ 여기에서는 춘추시대의 제후들이 측근 신하의 집에 수시로 들어가서 사사롭게 교제한 것을 비판하였다.

　문질(問疾)은 문병(問病)이요, 학(謔)은 기롱지거리로 무례방자하게 희롱하는 말이다.

　제후가 문병하고 조상하기 위하여 신하의 집에 가는 것은 예절이고, 임금이 사사롭게 신하의 집에 들어가는 것은 예절이 아니니 임금이 품위를 잃고 특정 신하를 총애하고 신하가 지조를 버리고 임금에게 아첨하는 것으로 보이기 때문이다. 그러므로 나라의 일은 조정에서만 공명정대하게 논의하게 해서 임금과 신하가 사사롭게 교제하는 것을 엄금하였던 것이다.

9-4-1──────────────── 是故로 禮者는 君之大柄也니
所以別嫌明微하며 儐鬼神하며
考制度하며 別仁義하나니
所以治政安君也니라.

　『이런 까닭으로 예절이라는 것은 임금의 큰 지도력이니 혐의를 판별하고, 은미한 것을 밝히며, 귀신을 대접하며, 제도를 고찰하며, 인애와 정의를 분별하는 원칙이니 정부를 다스리고 임금을 안정하게 하는 원리니라.』

☯ 이 장은 도덕이 무너지고 윤리가 타락한 춘추난세를 바로잡는 길은 앞 장에서 논한 열 가지의 가식적인 예절을 타파하고 진정한 예절정신을 회복하는 것임을 설파하였다.

시고(是故)는 앞 장에서 열거한 10건의 난맥상이고, 대병(大柄)은 중대한 권능이니 곧 나라를 경영하는 요령이며, 임금의 정치적 지도력이다. 혐(嫌)은 혐의(嫌疑)로 의심쩍은 행동이고, 미(微)는 은미(隱微)한 마음의 움직임이며, 빈(儐)은 손님을 안내하여 대접하는 도우미요, 치정(治政)은 정부(政府)를 다스려 관기(官紀)를 숙정(肅正)함이다.

9-4-2————————————————— 故로 政不正이면 則君位危하며
君位危하면 大臣이 倍하고 小臣이 竊하며
刑肅而俗敗하면 則法無常하고 法無常하면
而禮無列하고 禮無列하면 則士不事也요
刑肅而俗敗하면 民不歸也니 是謂疵國이라 하니라.

『그러므로 정치가 바르지 않으면 임금의 자리가 위태하며, 임금의 자리가 위태로우면 대신이 어기고, 소신이 도적질하며, 형벌이 냉혹하고, 세속이 부패하면 법률이 한결같음이 없고, 법률이 한결같음이 없으면 예절이 벌려서 진열함이 없고, 예절이 벌려서 진열함이 없으면 선비가 일을 하지 않고, 형벌이 냉혹하고 민속이 부패하면 민중이 돌아오지 않는 것이니 이것을 일컬어 병이 든 나라라고 하니라.』

☯ 여기에서는 예치(禮治)로 정체(政體)를 바로세우지 않고 한갓 형벌로만 다스려서는 도저히 춘추난세를 바로잡을 수 없음을 강조하

였다.

패(倍)는 어기어 따르지 않는 것이고, 절(竊)은 국가재산을 훔치
는 것이며, 숙(肅)은 숙살(肅殺)이니 살벌하고 냉혹한 것이요, 패
(敗)는 부패한 것이다. 상(常)은 항상(恒常)됨이고, 열(列)은 벌려서
진열(陳列)함이며, 불사(不事)는 직무에 충실하지 않음이요, 불귀(不
歸)는 정부를 외면하여 따르지 않음이며, 자(疵)는 하자(瑕疵)니 완
전하지 못한 흠이 있는 것이다.

살피건대 예치(禮治)는 소강(小康)사회를 건설하여 대동(大同)세
계를 이룩하는 아름다운 미래를 보장하므로 전체 관료계층과 인민대
중이 떨치고 일어나서 정부에 협력하지만 형벌(刑罰)로만 다스리는
것은 아무런 희망이 없으므로 관료들이 나태하고 민중이 이탈하는
것이다.

9-4-3————————————————— 故로 政者는 君之所以藏身也니
是故로 夫政은 必本乎天하야
殺以降命하나니 命降于社之謂殽地요
降于祖廟之謂仁義요 降於山川之謂興作이요
降於五祀之謂制度니 此聖人所以藏身之固也니라.

『그러므로 정치라는 것은 임금이 몸을 간수하는 원리이니 이런 까
닭으로 무릇 정치는 반드시 하늘에 근본하여 본받아서 명령을 내리
나니 명령이 사직에서 내리는 것을 일컬어 땅을 본받음이라 하고, 조
상의 사당에서 내리는 것을 일컬어 인애와 정의로움이라 하고, 산천

에서 내리는 것을 일컬어 공사를 일으킴이라 하고, 5사에서 내리는 것을 일컬어 법도를 제정함이라 하나니 이것이 성인이 몸을 간수함이 견고한 까닭이니라.』

◐ 여기에서는 앞 절의 인치(人治)의 위험을 극복하는 길은 예치(禮治)로 천지(天地)의 이치와 조상의 정신과 산천의 조건과 5사(祀)의 제도에 따라서 합리적으로 다스리는 것임을 역설하였다.

고(故)는 독단적인 인치(人治)의 위험이고, 정(政)은 정령(政令)이니 임금의 정치적 명령이며, 장신(藏身)은 몸을 안전하게 간수함이다. 효(殽)는 효(效)의 뜻이니 본받음이요, 명(命)은 임금의 명령이며 사(社)는 사직(社稷)이다. 조묘(祖廟)는 종묘(宗廟)이고, 산(山)은 5악(嶽)이고, 천(川)은 3독(瀆)이며, 흥작(興作)은 국토건설의 공사를 일으킴이요, 제도(制度)는 도읍과 지방의 기후와 풍속에 따라 자연스럽게 형성된 생활규범을 제정함이다.

살피건대 임금은 제례(祭禮)를 통하여 그 정신을 받들어 본받는 것이니 하느님께 교제(郊祭)를 지냄에는 하늘의 대통일(大統一) 정신을 본받고, 땅에 사직사(社稷祀)를 지냄에는 대지의 광대(廣大)한 정신을 본받으며, 종묘(宗廟)의 제향에는 조상의 인의(仁義)정신을 본받으며, 산천사(山川祀)에는 산천의 지리적 조건을 활용하여 국토를 개발하는 정신을 본받으며, 5사(祀)에는 도시와 마을의 기후와 풍속에 알맞은 생활규범을 개발하여 아름다운 사회제도를 만드는 데 노력하여 그 정치 명령이 천연적 자연질서에 조금도 어그러짐이 없게 하였다.

故로 聖人은 參於天地하시며
並於鬼神하사 以治政也니 處其所存은 禮之序也요
玩其所樂은 民之治也라 故로 天生時而地生財하며
人其父生而師가 敎之하나니 四者를 君이
以正用之하시니故로 君者는 立於無過之地也니라.

『그러므로 성인은 하늘과 땅에 참여하시며, 귀신에게 나란히 하사 정사를 다스리는 것이니 그 간직한 바를 알맞게 대우함은 예절의 질서요, 그 즐기는 바를 좋아함은 인민의 정치이다. 그러므로 하늘이 때를 내고, 땅이 재물을 내며, 사람은 그 아버지가 낳고, 스승이 가르치나니 네 가지의 것을 임금이 바르게 쓰시니 그러므로 임금이라는 것은 허물이 없는 땅에 서는 것이니라.』

◑ 여기에서는 성인(聖人)의 정치이념은 천리(天理)를 받들고 지리(地利)를 활용하여 생민(生民)을 먹이고 가르쳐서 인민의 자치(自治)로 지치(至治)를 이룩하는 것임을 밝혔다.

참(參)은 참여하여 돕는 것이고, 병(並)은 아우르는 것이니 병합(並合)함이며, 처(處)는 처우(處遇)요, 예지서(禮之序)는 자율질서이며, 완(玩)은 완호(玩好)이다. 민지치(民之治)는 인민의 정치니 인민이 스스로 화합하여 자치(自治)하는 것이요, 4자(四者)는 천시(天時)와 지재(地財)와 부생(父生)과 사교(師敎)이며, 정용(正用)은 정당한 정치목적으로 운용(運用)하여 나라에 시행함이니 오로지 인민대중을 위하여 공명정대(公明正大)하게 사용함이다. 무과지지(無過之地)는 정치의 이념과 목적이 천리(天理)에 어그러짐이 없고, 행정의 사업과 방법이

민심(民心)에 거스름이 없으며, 교육의 학칙과 목표가 성인의 가르침에 어긋나지 아니하므로 그 정치지도력에 아무런 하자가 없는 것이다.

살피건대 타락한 난세를 바로잡기 위해서는 먼저 지도자가 천덕(天德)을 밝히고 왕도(王道)를 계승하여 대동(大同)의 국체(國體)와 소강(小康)의 정체(政體)를 바로 세우며 성학(聖學)을 일으켜서 스스로 허물이 없는 완벽한 지도력을 확보해야 된다.

9-5-1──────────────── 故로 君者는 所明也요 非明人者也며
君者는 所養也요 非養人者也며 君者는 所事也요
非事人者也니 故로 君이 明人則有過하고
養人則不足하고 事人則失位하니라 故로 百姓은
則君以自治也하며 養君以自安也하며 事君以自顯也하나니
故로 禮達而分定이라 故로 人皆愛其死而患其生이니라.

『그러므로 임금이라는 것은 본받을 바요, 남을 본받는 사람이 아니며, 임금이라는 것은 봉양할 바요, 남을 봉양하는 사람이 아니며, 임금이라는 것은 섬길 바요, 남을 섬기는 사람이 아니니 그러므로 임금이 남을 본받으면 허물이 있고, 남을 봉양하면 넉넉하지 아니하고, 남을 섬기면 임금의 자리를 잃느니라. 그러므로 백성은 임금을 본받아 스스로 다스리는 것이며, 임금을 봉양하여 스스로 편안한 것이며, 임금을 섬겨서 스스로 밝게 나타나나니 그러므로 예절이 통달하고 분수가 결정되니라. 그러므로 사람이 모두 그 죽음을 사랑하고, 그 사는 것을 근심하니라.』

☯ 이 장은 소강(小康)세계를 건설함에 있어서 임금의 기능과 역할을 기술하여 임금의 정치지도력이 탁월해야 됨을 밝혔다.

고(故)는 앞 절에 밝힌 임금의 완벽한 지도력을 확립한 결과이고, 칙(明)은 전체 문장의 뜻으로 보아 칙(則)이며, 양(養)은 봉양(奉養)이니 세금을 내는 것이요, 사(事)는 받들어 섬김이니 충성함이다. 현(顯)은 현달(顯達)이고, 예달(禮達)은 예절이 사회의 보편적인 최고의 가치로 인식됨이며, 분정(分定)은 위아래의 분수가 결정됨이요, 애기사(愛其死)는 죽음으로 절의를 지키는 것이고, 환기생(患其生)은 예절을 어기고 분수를 잃은 삶을 근심하는 것이다.

임금이 천지(天地)에 참여하고 귀신과 병합한 도덕정치를 구현하면 반드시 정치적 모범이 되고 교육적 사표가 될 것인즉 천하 만민이 정부를 신임하여 납세의 의무를 완수하면서 그 정부에 벼슬을 하여 충성을 다할 것이나 만일 임금에게 본받을 점이 없고 국가의 재정이 다른 나라로 유출되거나 또는 강대국에 종속하여 정치력과 경제력과 외교력을 상실하면 임금의 자리를 잃을 수밖에 없는 것이다. 따라서 임금의 역할과 기능은 자주자립적 주권을 확보하여 인민을 떨치고 일어나게 해서 자치(自治), 자안(自安), 자현(自顯)의 풍토를 조성하는 것이 가장 기본적인 선결문제라고 할 것이다.

9-5-2————————————————— 故로 用人之知하고 去其詐하며
用人之勇하고 去其怒하며
用人之仁하고 去其貪이니라.

『그러므로 사람의 지식을 쓰고, 그 거짓을 버리며, 사람의 용기를 쓰고, 그 성냄을 버리며, 사람의 사랑을 쓰고, 그 탐욕을 버리느니라.』

☯ 여기에서는 소강(小康)세계를 지향하는 임금은 예절을 밝히고 분수를 지키는 정치를 해야지 절대로 권모술수(權謀術數)와 폭력탐욕(暴力貪慾)을 써서는 안 됨을 기술하였다.

고(故)는 정치적 모범과 교육적 사표가 된 결과이고, 지(知)는 합리적인 지식이요, 사(詐)는 권모술수를 써서 거짓으로 속이는 것이며, 용(勇)은 의리(義理)의 용기이고, 노(怒)는 객기(客氣)와 만용(蠻勇)으로 포학함이다. 인(仁)은 인간의 본성으로 사랑의 원리이며, 탐(貪)은 사리사욕을 채우려는 탐욕이니 지(知), 용(勇), 인(仁)은 천하의 보편적인 세 가지 선덕(善德)이요, 사(詐), 노(怒), 탐(貪)은 천하의 보편적인 세 가지 악행(惡行)이다.

9-5-3─────── 故로 國有患이어든 君이 死社稷을 謂之義요
大夫가 死宗廟를 謂之變이라 하니라.

『그러므로 나라에 환난이 있거든 임금이 영토를 지키기 위하여 죽는 것을 정의라고 이르고, 대부가 종묘를 지키기 위하여 죽는 것을 변고라고 이른다고 하니라.』

☯ 이 절은 임금과 신하는 각각 예절로 정한 분수가 있음을 설파하여 신분에 따른 책임의 한계를 밝혀서 직무 유기나 월권행동이 없

게 할 것을 역설하였다.

환(患)은 외환(外患)이니 외적의 침략을 받은 것이요, 사직(社稷)은 영토(領土)의 주권(主權)을 상징하고, 종묘(宗廟)는 왕실(王室)을 상징하며, 변(變)은 변사(變事)로 보통 일이 아닌 괴이쩍은 일이다.

예법에 나라의 임금은 영토를 사수(死守)하고, 공경대부(公卿大夫)는 인민을 사수하고, 선비는 법률제도를 사수한다고 하였으며 또한 국가의 전란 시에는 공족(公族)이 종묘(宗廟)를 지킨다고 예기의 문왕세자에서 밝혔으니 이성(異姓)의 대부(大夫)는 임금의 종묘를 죽음으로 지킬 시간도 책임도 없는 것이다.

9-5-4 ——————————————————— 故로 聖人이 耐하사 以天下爲一家하며
以中國爲一人者는 非意之也라 必知其情하야
辟於其義하며 明於其利하며 達於其患하나니 然後에
能爲之이니라 何謂人情고 喜怒哀懼愛惡欲七者는
弗學而能이니라 何謂人義요 父慈하며 子孝하며
兄良하며 弟弟하며 夫義하며 婦聽하며 長惠하며
幼順하며 君仁하며 臣忠하는 十者를 謂之人義요
講信脩睦을 謂之人利요 爭奪相殺을 謂之人患이라
하나니 故로 聖人之所以治人七情하며 脩十義하며
講信脩睦하며 尚慈讓하고 去爭奪함에 舍禮면 何以治之리오.

『그러므로 성인이 참으시어 천하로 한 집을 삼고, 문화중심국을 건설한 임금으로 천자를 삼은 것은 의도함이 아니라 반드시 그 감정을 알아 그 의리에 대하여 분석하며, 그 이로움에 대하여 해명하며, 그

근심에 대하여 통달하나니 그런 다음에 능히 하시니라. 무엇을 일러 인간의 감정이라고 하는가? 기쁨과 성냄과 슬픔과 두려움과 사랑과 미움과 하고자 함의 일곱 가지는 배우지 아니하여도 잘하니라. 무엇을 일러 인간의 의리라고 하는가? 아버지는 자애하며, 아들은 효도하며, 형은 어질며, 아우는 공경하며, 지아비는 정의로우며, 지어미는 유순하게 들으며, 어른은 은혜로우며, 어린이는 온순하며, 임금은 인애하며, 신하는 충직하는 열 가지를 일컬어 인간의 의리라고 하고, 믿음의 사회를 강구하고 화목하게 살도록 닦는 것을 일러 인간의 이득이라 하고, 다투고 빼앗으며 서로 죽이는 것을 일러 인간의 근심이라 하나니 그러므로 성인이 사람의 일곱 가지 감정을 다스리며, 열 가지 의리를 닦으며, 믿음을 강구하고 화목을 닦으며, 자애와 사양을 숭상하고, 다투고, 빼앗음을 없애는 방법에 예절을 버리면 무엇으로 다스리리오.』

☯ 이 절은 성인이 소강(小康)세계의 정치제도를 창안하게 된 배경(背景)을 기술하였으니 대동(大同)세계의 도심(道心)이 쇠퇴하여 인심(人心)을 극복하지 못하는 사람이 출현해서 힘으로 빼앗는 세력이 있는 까닭에 성인이 부득이 천하를 1가(一家)로 삼아 예법을 제정하고 분수를 밝혀서 인민의 복리(福利)를 증진하는 소강(小康)사회를 건설하였음을 밝혔다.

고(故)는 앞에서 말한 권모술수와 폭력탐욕을 막고 예의를 지켜서 변고(變故)를 방지하기 위함이고, 성인(聖人)은 우(禹), 탕(湯), 문무(文武)이며, 내(耐)는 참고 인내(忍耐)함이니 대동(大同)정치를 이상으로 하지만 아직 감화능력이 부족하므로 인내하여 소강(小康)정치를 도모하는 것이다. 중국(中國)은 문화중심국이고, 1인(一人)은 천

자(天子)니 바야흐로 문화중심국을 건설한 임금을 천자로 추대한다
는 뜻이다. 의(意)는 의도적으로 함이고, 정(情)은 인간의 본성에 근
원한 원초적 순수한 감정과 사람의 마음에서 감응하는 사사로운 감
정을 모두 지칭하며, 벽(闢)은 개벽(開闢)이니 해부하여 분석함이고,
의(義)는 의리(義理)니 곧 의무와 권리이며, 이(利)는 복리(福利)요,
환(患)은 환난(患難)이다. 능위(能爲)는 능동적으로 함이고, 7자(七
者)는 희노애구애오욕(喜怒哀懼愛惡欲)의 7정(七情)이니 인간의 본
능적 감정이며, 불학이능(弗學而能)은 본능적으로 예민하게 감응한다
는 뜻이다. 소이(所以)는 원리와 방법이고, 상(尙)은 숭상함이며, 거
(去)는 제거하여 없애는 것이요, 사(舍)는 버리는 것이다.

9-6-1─────────────────────── 飮食男女에 人之大欲이 存焉하고
死亡貧苦에 人之大惡가 存焉하니
故로 欲惡者는 心之大端也니라.

『음식과 남녀에 인간의 큰 욕구가 있고, 사망과 가난한 고통에 인
간의 큰 증오가 있으니 그러므로 하고자 한 것과 싫어한 것은 마음
의 큰 실마리이니라.』

　☯ 이 장은 예절의 기본구조를 서술하였으니 여기에서는 인간의 7
정(情) 가운데 욕(欲)과 오(惡)는 매우 절실하고 커서 스스로 조절
하지 않으면 사회분쟁을 일으키는 커다란 요인이 됨을 밝혔다.
　음식(飮食)은 식욕(食欲)으로 생명을 유지하는 필수조건이고, 남
녀(男女)는 색욕(色欲)으로 인간의 혈통을 보존하는 본능이니 어떠

한 욕구보다도 강한 것이요, 사망(死亡)은 생명이 끊어지는 것이고, 빈고(貧苦)는 가난한 고통이니 인간이 지극히 싫어하는 것이다. 심(心)은 성(性)과 정(情)을 통합하여 한 몸을 주재하는 기관이요, 대단(大端)은 큰 실마리니 곧 마음의 움직임을 분류하는 커다란 단서가 된다는 뜻이다.

9-6-2 ——————————————————— 人이 藏其心이면 不可測度也며
美惡이 皆在其心이라도 不見其色也라
欲一以窮之인댄 舍禮하고 何以哉리오.

『사람이 그 마음을 감추면 측량하여 헤아릴 수 없는 것이며, 아름다움과 사나움이 모두 그 마음에 있더라도 그 얼굴색에 나타내지 아니하므로 한결같이 깊이 연구하고자 할진댄 예절을 버리고, 무엇으로 하리오.』

◐ 여기에서는 인간이 의도적으로 감정과 생각을 감추고 나타내지 않을 수 있으므로 예절을 통하여 그 진심을 탐색하는 것이 가장 합리적임을 기술하였다.

장(藏)은 포장하여 감추는 것이고, 심(心)은 좋아하고 싫어하는 감정과 생각이며, 측탁(測度)은 미루어 헤아림이다. 미악(美惡)은 미추(美醜)요, 현(見)은 나타냄이며, 궁(窮)은 궁구(窮究) 끝까지 탐구하여 밝히는 것이다.

착하고 아름다운 양심을 간직한 사람은 예절을 지킬 것이고, 사악

하고 추잡한 생각을 가진 사람은 예절을 어길 것이니 그 예절을 보
면 그 마음을 미루어 짐작할 수 있는 것이다.

9-6-3———————————————————— 故로 人者는 其天地之德이요
陰陽之交며 鬼神之會며 五行之秀氣也니라.

『그러므로 사람이라는 것은 그 하늘과 땅의 밝은 덕성이요, 음과
양의 교통이며, 귀신의 모임이며, 5행의 빼어난 기운이다.』

◉ 여기서는 만물 가운데 가장 신령한 인간의 존재구조를 서술하여
인간의 허령(虛靈)한 지각(知覺)은 지극히 총명한 예지(睿智)로 분별
하므로 대우주의 자연질서를 본받아 예절을 갖추어야 됨을 밝혔다.
덕(德)은 명덕(明德)이요, 교(交)는 교통(交通)이며, 회(會)는 회
통(會通)이며, 수기(秀氣)는 맑고 깨끗한 정기(精氣)이다. 사람은 선
천적으로 타고난 밝은 덕성(德性)을 가지고 있고, 음과 양은 서로 감
응(感應)하며, 지극한 정성으로 귀신을 모아서 통일하며, 금목수화토
(金木水火土)의 5행(行)을 모두 갖춘 아름다운 기질을 가지고 있기
때문에 소우주(小宇宙)라고 하는 것이니 대우주를 본받아 가장 진실
하고 착하고 아름다운 예절을 지켜야 되는 것이다.

9-6-4———————————————————— 故로 天이 秉陽하야 垂日星하고
地가 秉陰하야 竅於山川이라

播五行於四時하야 和而後에라사
月生也하니是以로 三五而盈하고
三五而闕하나니라.

『그러므로 하늘이 양기를 움켜잡아서 태양과 별을 드리우고 땅이 음기를 움켜잡아서 산과 시내에 빈 공간을 만드는지라 5행을 네 철에 펼치어 조화한 이후에 달이 생기나니 이래서 5행을 세 번 하면 15일로 달이 차고, 5행을 세 번 하면 그믐으로 달이 이지러지느니라.』

☯ 이 절은 대우주(大宇宙)의 질서는 음양력(陰陽曆)임을 서술하여 음양이 화합해야 영원무궁한 발전을 기약할 수 있음을 밝혔다.

병(秉)은 모아서 움켜잡는 것이고, 수(垂)는 드리우는 것이며, 규(竅)는 빈 공간을 만드는 것이요, 파(播)는 분포하여 펼치는 것이다. 월생(月生)은 재생명(哉生明)이니 곧 음력 초 3일에 초생달이 생김이요, 삼오(三五)는 5요일(曜日)을 3번 하여 15일이고, 영(盈)은 보름달이니 망(望)과 같으며, 궐(闕)은 그믐으로 달이 이지러져서 보이지 않는 것이다. 5행(五行)은 1과 6은 물이요, 2와 7은 불이요, 3과 8은 나무요, 4와 9는 쇠요, 5와 10은 흙이요, 또 5행을 네 철에 분포하는 원칙은 봄은 나무요, 여름은 불이요, 가을은 쇠요, 겨울은 물이요, 4계절의 중간 18일씩은 흙이니 모두 72일로 똑같다.

대저 1년 360일을 5행에 배속하면 72후(候)가 되나니 후(候)란 날을 5행에 배속한 닷새를 1후라고 하며 3후를 1기(氣)라고 하여 3후(候)에 1절(節)이 변하므로 72후는 곧 24절기(節氣)로 순환 변화하나니 봄의 절후(節候)는 입춘(立春), 우수(雨水), 경칩(驚蟄), 춘분

(春分), 곡우(穀雨), 청명(淸明)이요, 여름의 절후는 입하(立夏), 소
만(小滿), 망종(芒種), 하지(夏至), 소서(小暑), 대서(大暑)이며 가을
의 절후는 입추(立秋), 처서(處暑), 백로(白露), 추분(秋分), 한로(寒
露), 상강(霜降)이요, 겨울의 절후는 입동(立冬), 소설(小雪), 대설
(大雪), 동지(冬至), 소한(小寒), 대한(大寒)이다. 이러한 72후(候)의
그 4절기는 태양(太陽)을 중심으로 관측하여 만든 4시기후(四時氣
候)를 밝힌 태양력이며, 또한 3후(候)에 달이 차고 3후에 기우는 달
의 현상을 관측하여 6후가 한 달이니 72후는 12개월이 되는 태음력
이 생기는 것이다. 따라서 1년 360일에 네 철의 24절후와 12개월의
초하루와 보름을 밝힌 요순(堯舜)의 세력(歲曆)은 태양력과 태음력
을 종합한 음양력(陰陽曆)으로 천연의 질서와 조화에 가장 완벽한
천체운행의 자연법칙이다.

9-6-5──────────────────────── 五行之動이 迭相竭也니 五行과
四時와 十二月이 還相爲本也요.

『5행의 운동이 교대로 상속하며 마치나니 5행과 네 철과 열두 달
이 돌아가며 상속하는 근본이 되고』

◑ 여기에서는 5행의 상생(相生)하는 원리에 따라 5행의 운동변화
가 스스로 생기는 자연법칙을 변증하였다.

동(動)은 운동(運動)이니 5행이 순환 발전하는 자체 동력이요, 질
(迭)은 교대하여 차례로 바꾸어서 교체함이고, 상(相)은 상속(相續)

이니 곧 상생(相生)하는 것이며, 갈(竭)은 다하여 끝내서 마침이다. 선(還)은 둥글게 원형을 따라 돌아가는 것이고, 본(本)은 근본이다. 5행(五行)은 목(木), 화(火), 토(土), 금(金), 수(水), 목(木)으로 순환하며 자동운행(自動運行)하는 법칙이 있고, 4시(四時)는 춘(春), 하(夏), 추(秋), 동(東), 춘(春)으로 순환하며 자동 운행하는 법칙이 있으며, 12월(十二月)은 정월(正月), 2월, 3월, 4월, 5월, 6월, 7월, 8월, 9월, 10월, 11월, 12월, 정월로 순환하며 자동 운행하는 법칙이 있으니 모두 각각 뚜렷한 순서와 전제조건이 있어서 앞의 것이 뒤의 것의 근본이 된다.

살펴건대 목(木)은 양기(陽氣)가 비롯하여 생장하는 동쪽 하늘의 푸른 생명력이니 봄의 정월, 2월, 3월의 절후이고, 화(火)는 양기(陽氣)가 극성하는 남쪽 하늘의 붉은 활동력이니 여름의 4월, 5월, 6월의 절후이고, 토(土)는 양기와 음기(陰氣)가 고루 화합하는 중앙 하늘의 노랑 조절력이니 네 철의 가운데 달에 배속하며, 금(金)은 음기(陰氣)가 비롯하여 성장하는 서쪽 하늘의 흰 살기(殺氣)니 가을의 7월, 8월, 9월의 절후이며, 수(水)는 음기(陰氣)가 극성하는 북쪽 하늘의 검은 정지력(停止力)이니 겨울의 10월, 11월, 12월의 절후이므로 음양(陰陽), 5행, 4시, 12월은 곧 하나의 범주에 속하는 자연법칙이다.

9-6-6─────────────────────── 五聲과 六律과 十二管이 還相爲宮也요.

『5성과 6률과 12률관이 돌아가며 상속하는 기본음계가 되고』

◉ 여기에서는 5성(五聲)과 6률(六律)과 12률관(律管)의 고저장단

(高底長短)과 청탁경중(淸濁輕重)의 변화도 돌아가며 상속하는 자연
법칙이 있음을 논증하였다.

　5성(五聲)은 궁(宮), 상(商), 각(角), 치(徵), 우(羽)의 5음계요, 6
률(六律)은 양률(陽律)로 황종(黃鐘), 태주(太簇), 고선(姑洗), 유빈
(蕤賓), 이측(夷則), 무역(無射)이며, 12관(管)은 12률관(律管)으로
양률(陽律)에 음려(陰呂)인 대려(大呂), 협종(夾鐘), 중려(仲呂), 임
종(林鐘), 남려(南呂), 응종(應鐘)을 합한 것이다.

　무릇 음계를 정함에는 12개의 율관(律管)의 직경을 3푼(分) 1리
(釐)로 만들어 안 구멍의 둘레를 9푼으로 똑같게 하여 황종은 길이
가 9촌(寸)이니 내부의 원통의 부피가 81인데 이 율관에서 나는 소
리를 기본음계로 삼고 또한 5성(聲) 가운데 궁(宮)의 소리로 정하였
다. 궁(宮)의 율관 길이에서 3분의 1을 제거하면 6촌이 되니 그 원통
의 부피가 54인데 여기에서 나는 소리를 치(徵)의 음계로 정하였다.
치(徵)의 율관 길이에 3분의 1을 더하면 8촌이 되니 그 원통의 부피
가 72인데 여기에서 나는 소리를 상(商)의 음계로 정하였다. 상(商)
의 율관 길이에 3분의 1을 제거하면 5촌 3푼이 되니 그 원통의 부피
가 48인데 여기에서 나는 소리를 우(羽)의 음계로 정하였다. 우(羽)
의 율관 길이에 3분의 1을 더하면 7촌 1푼이 되니 그 원통의 부피가
64인데 여기에서 나는 소리를 각(角)의 음계로 정하였다.

　또한 6률(六律)과 6려(六呂)도 12지(支)에 대입하여 황종은 기본
음계로 자(子)의 11월에 해당하고, 대려(大呂)는 두 번째 음계로 축
(丑)의 12월에 해당하고, 대주(大簇)는 세 번째 음계로 인(寅)의 정
월에 해당하며, 협종(夾鐘)은 네 번째 음계로 묘(卯)의 2월에 해당하
고, 고선(姑洗)은 다섯 번째 음계로 진(辰)의 3월에 해당하며, 중려
(中呂)는 여섯 번째 음계로 사(巳)의 4월에 해당하며, 유빈(蕤賓)은

일곱 번째 음계로 오(午)의 5월에 해당하며, 임종(林鐘)은 여덟 번째 음계로 미(未)의 6월에 해당하며, 이측(夷則)은 아홉 번째 음계로 신(申)의 7월에 해당하고, 남려(南呂)는 열 번째 음계로 유(酉)의 8월에 해당하고, 무역(無射)은 열한 번째 음계로 술(戌)의 9월에 해당하고, 응종(應鐘)은 열두 번째 음계로 해(亥)의 10월에 해당하는데 황종의 율관을 기본으로 해서 3분의 1을 더하거나 빼서 8번째의 음계를 정했으니 황종의 율관 길이에 3분의 1을 제거하면 임종의 음계가 되고 임종의 율관 길이에 3분의 1을 더하면 태주의 음계가 되며 태주의 율관 길이에 3분의 1을 제거하면 남려의 음계가 된다. 이러한 방식으로 고세, 응종, 유빈, 대려, 이측, 협종, 무역, 중려를 차례로 얻으면 다시 황종으로 돌아가나니 역시 서로 돌아가면서 상속하는 자연변화의 법칙이 있다.

9-6-7─────────────────── 五^오味^미와 六^육和^화와 十二食^{십이식}이 還相爲質也^{선상위질야}요.

『5미와 6화합과 12음식이 돌아가며 상속하는 바탕이 되고』

☯ 여기에서는 5미(五味)와 6화(六和)와 12식(十二食)의 변화도 돌아가며 상속하는 자연법칙이 있음을 논증하였다.

5미(五味)는 신맛, 쓴맛, 단맛, 매운맛, 짠맛인데 봄의 목기(木氣)는 산미(酸味)를 생성하고 여름의 화기(火氣)는 고미(苦味)를 생성하며 가운데의 토기(土氣)는 감미(甘味)를 생성하고 가을의 금기(金氣)는 신미(辛味)를 생성하며 겨울의 수기(水氣)는 함미(鹹味)를 생성하여 4계절이 순환하는 것처럼 다섯 가지의 맛도 돌아가며 상속하는 것이다. 6화(六和)는 두 가지 이상의 조미료(調味料)를 섞어서 조화(調和)시킨 여섯 가지 아름다운 맛인데 원칙적으로 단맛을 기본으로 5미를 두 가지씩 섞으면 감산(甘酸), 감고(甘苦), 감신(甘辛), 감함(甘鹹) 등의 4종이요, 또 세 가지씩 섞으면 감산고(甘酸苦), 감고신(甘苦辛), 감신함(甘辛鹹), 감함산(甘鹹酸) 등의 4종이며 또다시 네 가지씩 섞으면 감산고신(甘酸苦辛), 감고신함(甘苦辛鹹), 감신함산(甘辛鹹酸), 감함산고(甘鹹酸苦) 등의 4종인즉 모두 12가지의 조화(調和)로되 여기에서는 양기(陽氣)를 돋우는 6화(六和)만을 표기하였다. 12식(十二食)은 12개월에 걸쳐 먹는 음식이니 예기의 월령(月令) 편에서 밝힌 바와 같이 봄에는 보리밥과 양고기를 먹고, 여름에는 콩밥과 닭고기를 먹으며, 4계절의 중월(中月)에는 피밥과 소고기를 먹으며, 가을에는 참깨와 개고기를 먹고, 겨울에는 기장밥과 돼지고기를 먹어 영양분을 고루 섭취함으로써 건강한 육체와 건전한 정신을 항상 유지하게 함이다.

9-6-8————————————————————— 五色과 六章과 十二衣가 還相爲質也니라.

『5색과 6장과 12의복이 돌아가며 상속하는 바탕이 되니라.』

☯ 여기에서는 5색(五色)과 6장(六章)과 12의(十二衣)의 변화도 돌아가며 상속하는 자연법칙이 있음을 논증하였다.

5색(五色)은 청(靑), 적(赤), 황(黃), 백(白), 흑(黑)인데 봄의 목

기(木氣)는 청색(青色)을 생성하고, 여름의 화기(火氣)는 적색(赤色)을 생성하며, 가운데의 토기(土氣)는 황색(黃色)을 생성하고, 가을의 금기(金氣)는 백색(白色)을 생성하며, 겨울의 수기(水氣)는 흑색(黑色)을 생성하여 4계절이 순환하는 것처럼 다섯 가지의 색도 돌아가며 상속하는 것이다. 6장(六章)은 두 가지 이상의 색깔로 수를 놓아서 아름다운 무늬를 만든 여섯 가지 문양인데 본래 임금의 곤룡포에 놓은 무늬는 12장(章)으로 해, 달, 별, 산, 용, 꿩, 술통, 마름, 불, 쌀, 보(黼), 불(黻) 등이다. 12의(十二衣)는 12개월에 걸쳐 입는 의복이니 예기의 월령(月令) 편에서 밝힌 바와 같이 봄에는 청의(青衣)를 입고 여름에는 적의(赤衣)를 입으며 4계절의 중월(中月)에는 황의(黃衣)를 입고 가을에는 백의(白衣)를 입으며 겨울에는 흑의(黑衣)를 입어서 자연의 변화에 함께 동화하는 것이다.

9-6-9————————————————————— 故(고)로 人者(인자)는 天地之心也(천지지심야)며 五行之端也(오행지단야)라 食味別聲被色而生者也(식미별성피색이생자야)니라.

『그러므로 사람이라는 것은 하늘땅의 마음이며, 5행의 발단이므로 맛이 있는 것을 먹으며, 소리를 분별하며, 색깔 옷을 입으면서 사는 것이니라.』

☯ 여기에서는 인간의 인식주체와 인식능력이 만물 가운데서 가장 탁월한 존재임을 논증하였다.

고(故)는 5행(行), 5성(聲), 5미(味), 5색(色)의 상생(相生)관계를

발견함이고, 천지지심(天地之心)은 하늘땅의 본래 마음이니 사물을 바르게 주재(主宰)하는 공명정대한 인식주체로 앞(9-6-3)에서 말한 천지지덕(天地之德)을 말미암는 것이다. 5행지단(五行之端)은 5행이 상생(相生)하는 발단(發端)이니 앞에서 말한 5행의 수기(秀氣)를 받은 결과 사람의 기질이 가장 청수(淸粹)하여 사물의 변화를 가장 민감하게 인식하는 능력이 갖추어 있는 것이다. 식미(食味)는 맛이 있는 것을 먹음이고, 별성(別聲)은 소리를 분별하여 좋은 소리를 듣는 것이며, 피색(被色)은 색깔을 인식하여 아름다운 색깔의 옷을 만들어 입는 것이다.

9-6-10 ——————————————— 故로 聖人이 作則하되 必以天地爲本하며 以陰陽爲端하며 以四時爲柄하며 以日星爲紀하며 月以爲量하며 鬼神以爲徒하며 五行以爲質하며 禮義以爲器하며 人情以爲田하며 四靈以爲畜하나니 以天地爲本이라 故로 物可擧也며 以陰陽爲端이라 故로 情可睹也며 以四時爲柄이라 故로 事可勸也며 以日星爲紀라 故로 事可列也며 月以爲量이라 故로 功有藝也며 鬼神以爲徒라 故로 事可守也며 五行以爲質이라 故로 事可復也며 禮義以爲器라 故로 事行有考也며 人情以爲田이라 故로 人以爲奧也며 四靈以爲畜이라 故로 飮食有由也니라.

『그러므로 성인이 원칙을 만들되 반드시 하늘과 땅으로써 근본을 삼으며, 음과 양으로써 발단을 삼으며, 네 철로써 조종간을 삼으며,

해와 별로써 순서를 삼으며, 달로써 한량을 삼으며, 귀신으로 사도를 삼으며, 5행으로 바탕을 삼으며, 예의로 그릇을 삼으며, 사람의 정으로 논밭을 삼으며, 네 가지 영물로 기르는 짐승을 삼나니, 하늘과 땅으로써 기본을 삼은지라 그러므로 만물을 들어 쓸 수 있으며, 음과 양으로써 발단을 삼은지라 그러므로 실정을 볼 수 있으며, 네 철로써 추진기간으로 삼은지라 그러므로 사업을 권장할 수 있으며, 해와 별로써 순서를 삼은지라 그러므로 사업을 벌일 수 있으며, 달로써 한량을 삼은지라 그러므로 공적을 대중 잡을 수 있으며, 귀신으로 사도를 삼은지라 그러므로 사업을 지킬 수 있으며, 5행으로 본질속정을 삼은지라 그러므로 사업을 회복할 수 있으며, 예의로 그릇을 삼은지라 그러므로 사업을 시행함에 평가의 기준이 있는 것이며, 사람의 정으로 터전을 삼은지라 그러므로 사람이 깊고 자상한 마음을 생각하는 것이며, 네 가지 영물로 기르는 짐승을 삼은지라 그러므로 음식이 말미암음이 있느니라.』

　◉ 여기에서는 하늘이 다스리는 원리와 법칙을 본받아서 국가사회를 다스리는 준거틀을 만들어야 인류문화가 길이 발전할 수 있음을 변증하였다.

　고(故)는 인간에게 가장 뛰어난 인식능력이 있는 결과이고, 성인(聖人)은 요(堯), 순(舜), 우(禹), 탕(湯), 문무(文武)이며, 본(本)은 근본이니 현상세계의 본체(本體)라는 뜻이고, 단(端)은 발단(發端)이니 운동변화가 시동(始動)하는 발단이다. 병(柄)은 도끼자루로 조종간(操縱桿)이나 운전대를 잡고 발진하여 운행함이며, 기(紀)는 기율(紀律)로 질서와 조화(調和)가 있도록 차례로 움직이는 순서이고, 양(量)은 한량(限量)으로 고루 균등하게 한도(限度)를 정한 분량이며,

도(徒)는 사도(使徒) 또는 역도(役徒)로 업무를 분담하여 책임을 지는 일꾼이다. 질(質)은 본질(本質) 또는 속성(屬性)이니 사물에 꼭 필요한 요소이고, 기(器)는 그릇으로 일정불변한 형상을 갖추는 크기와 구조이며, 전(田)은 농사를 짓는 터전이니 삶의 광장이라는 뜻이요, 4령(四靈)은 깨끗하고 평화로운 곳에서만 사는 네 가지 신령한 동물이고, 축(畜)은 사람이 기르는 짐승이다. 거(擧)는 거용(擧用)으로 끌어 올려서 쓰는 것인바 등용(登用), 기용(起用)과 같고, 정(情)은 실정(實情)이며, 열(列)은 진열(陳列)이요, 예(藝)는 대중을 잡는 것이니 대강 미루어 기준을 헤아리는 것이며, 고(考)는 고찰(考察)하는 본보기요, 오(奧)는 깊고 자상한 내면이니 오밀조밀해 아기자기한 마음이며, 유(由)는 유래(由來)로 말미암아 오는 곳이니 깨끗한 자연환경이다.

살피건대 성인(聖人)의 정치사회제도는 천리(天理)와 성리(性理)와 윤리(倫理)에 철저한 합리주의에 기초해서 중용(中庸)의 도를 말미암아 대동세계를 지향하기 때문에 마침내 천인(天人)이 합일(合一)하고 물아(物我)가 일체(一體)가 되어서 우주(宇宙)가 쾌활(快活)한 세계를 건설하나니 스스로 안락한 현실을 경영하여 보람 있는 인생을 개척하는 것이로다.

9-7-1──────── 何謂四靈고 麟鳳龜龍을 謂之四靈이라 하나니
故로 龍以爲畜이라 故魚鮪不淰하며 鳳以爲畜이라
故로 鳥不獝하며 麟以爲畜이라 故로 獸不狘하며
龜以爲畜이라 故로 人情不失이니라.

『무엇을 일컬어 네 가지 영물이라고 하는가? 린과 봉황과 거북과 용을 일컬어 네 가지 영물이라 하나니 용을 기르는 동물로 삼는지라. 그러므로 물고기와 상어가 놀라서 뛰지 아니하며 봉황을 기르는 동물로 삼는지라 그러므로 새가 놀라서 어리둥절하지 않으며, 린을 기르는 동물로 삼는지라 그러므로 짐승이 놀라서 달아나지 아니하며, 거북을 기르는 짐승으로 삼는지라 그러므로 사람의 감정이 정신을 잃지 않으니라.』

☯ 이 장은 예절의 기능과 목적을 서술하였으니 예절은 인간으로 하여금 도덕적 의식을 기르게 하므로 깨끗하고 아름다운 환경을 건설하기 위하여 반드시 필요한 것임을 밝혔다.

린(麟)은 털짐승 가운데 최고 영장(靈長)이니 인수(仁獸)라고도 하는바, 그 형상은 사슴의 몸에 소의 꼬리, 이리의 이마에 말굽을 가졌으며 머리에는 살로 된 외뿔이 있고 털은 5색으로 배의 털은 누르며 성인(聖人)이 세상에 나올 때에 나타나는 상서로운 들짐승이니 공자가 『춘추(春秋)』에서 서수획린(西狩獲麟)이라고도 증언하였기 때문에 『춘추』를 린경(麟經)이라고도 한다. 봉(鳳)은 봉황(鳳凰) 새의 수컷으로 날짐승 가운데 최고 영장인바 태평성대에만 나오기 때문에 극락조(極樂鳥)라고도 한다. 그 모양은 전면은 기러기처럼 생겼고 후면은 기린처럼 생겼는데 뱀의 머리, 물고기의 꼬리, 용의 무늬, 거북의 등, 닭의 부리, 제비의 턱 등과 같으며 머리에는 덕(德)을 이고, 목에는 의(義)를 매달고, 등에는 인(仁)을 지고, 마음에는 신(信)을 넣고, 날개에는 예(禮)를 끼고 발에는 문(文)을 달고, 꼬리에는 무(武)를 매달았는데 날개를 펴면 5색이 갖추어 나타나는바 오동나무에만 앉고 대나무 열매를 먹으며 예천(醴泉)의 물을 마시고 살며 천하에 홀아비와 과부 그리고 실업자와 병든 사람이나 장애인이 없고 새의 알을 꺼내 먹지 않으며 어린짐승을 꺼내 먹지 않고 물을 말려서 고기를 잡지 않으며 불을 놓아 개간을 하지 않은 태평성대에 뭇 짐승들과 함께 나타나는데 봉황을 따르는 짐승은 맹수들도 모두 유순하게 변화하는 것이다.

귀(龜)는 거북으로 갑각류 가운데 최고 영장이니 등은 불룩하며 몸은 타원형으로 납작하고 등과 배에 굳은 딱지가 있어 몸을 보호하는 동시에 머리와 꼬리 및 짧은 네 발은 비늘로 덮여 있어 늪지대에서 생활할 수 있도록 수분의 증발을 막아주기 때문에 생명력이 강하여 한곳에서 오래 사는 영물이다. 용(龍)은 종자가 없으나 잉어 또는 닭이 산천의 기운을 모아 변화해서 환골탈태하여 어룡(魚龍) 혹은 계룡(鷄龍)이 되는데 천지의 원기를 길러 여의주(如意珠)를 얻으면 하늘을 자유자재로 날면서 비를 내리고 바람을 불게 하여 천변만화(千變萬化)를 일으켜서 만물에 두루 덕을 베풀기 때문에 전지전능(全知全能)의 경영능력으로 천지를 조화(造化)하는 최고의 지도력을 상징한다. 유(鮪)는 상어이고, 심(潗)은 놀라서 뛰어 흩어지는 모양이며, 휼(獝)은 갑자기 놀라서 어리둥절해하는 모양이요, 월(狘)은 놀라서 달아나는 모양이며, 실(失)은 실진(失眞)이니 놀라서 정신을 잃은 것이다. 전배들은 인정(人情)을 실(失)의 목적어로 해석하였으나 앞에 어(魚)와 조(鳥)와 수(獸)가 모두 주어임을 살피면 인정(人情)도 주어로 해석함이 옳다.

살피건대 네 가지 영물(靈物)은 맑은 공기와 깨끗한 물과 고요한 곳과 평화로운 때에만 나타나는 동물이므로 사람이 이것을 기르기 위해서는 예절을 지켜서 평화로운 사회와 깨끗한 환경을 경영해서 물에는 용을 기르기 위하여 하천과 바다를 깨끗하고 고요하게 보존하므로 물고기가 놀라서 흩어지지 아니하고, 하늘에는 봉황을 기르기 위하여 공기를 깨끗하고 고요하게 보존하므로 새가 놀라서 어리둥절 해하지 않으며, 산에는 기린을 기르기 위하여 깨끗하고 고요하게 보 존하므로 들짐승이 놀라서 달아나지 아니하며, 숲이 우거진 늪지대에 는 거북을 기르기 위하여 깨끗하고 고요하게 보존하므로 사람이 깜 짝 놀라서 정신을 잃지 아니하는 것인즉 이것은 모두 사람이 예절을 지키는 효과이다.

9-7-2─────────── 故로 先王이 秉蓍龜하시며 列祭祀하시며

瘞埋繒하시며 宣祝嘏辭說하시며 設制度하시니

故로 國有禮하며 官有御하며 事有職하며 禮有序하니라.

『그러므로 선왕이 산가지와 거북을 움켜쥐고 점을 치시며, 제사음 식을 차리시며, 신령에게 바치는 비단을 땅에 묻으시며, 축문과 축복 하는 말씀과 노랫말과 이야기를 드날리시며, 제도를 설치하시니 그러 므로 나라에는 예부가 있으며, 관청에는 주관하는 장관이 있으며, 사 무에는 직책이 있으며, 예식에는 차례가 있느니라.』

◉ 여기에서는 네 가지 영물(靈物)을 기르기 위하여 천지(天地)를 공경하고 산천(山川)을 소중하게 보호하는 방법을 기술하였으니 천 자(天子)가 솔선수범하여 최고의 정성과 공경심으로 직접 제사를 지 내는 선례를 밝혔다.

고(故)는 사영(四靈)을 길러서 아름다운 세계를 건설하기 위한 까

닭이고, 병시귀(秉蓍龜)는 산가지와 거북을 움켜잡고 점을 쳐서 제사를 지내는 길한 날을 잡는 것이며, 열제사(列祭祀)는 제사음식을 제상에 차려 진열함이다. 예(瘞)는 땅에 묻은 것이고, 매증(埋繒)은 신령에게 바치는 폐백(幣帛)으로 땅에 묻는 비단이며, 선(宣)은 밝혀서 드날리는 선전이요 제도(制度)는 제사에 관한 국가의 제도이다. 국유례(國有禮)의 예(禮)는 국가의 정부조직법에 예부(禮部)가 있다는 말이니 곧 홍범(洪範)의 팔정(八政)에서 말한 사(祀)를 담당한 기관이요, 어(御)는 주관하는 장관이며, 사(事)는 제사 지내는 사무를 맡은 분야이고, 직(職)은 제관(祭官)과 집례(執禮), 집사(執事)의 직책이며, 예유서(禮有序)는 제례의식절차에 차례가 있는 것이다.

무릇 제사의 의례는 최대의 정성과 최고의 공경으로 숭상하는 의식이니 아름다운 자연 속에 네 가지의 영물(靈物)이 사는 신성한 국토를 건설하기 위하여 천자(天子)가 기울이는 정성과 노력은 극진하고 극진하여 사람은 물론 천지만물을 감동시키는 데 이름을 여기에서 확인할지어다.

9-7-3 ——— 故로 先王이 患禮之不達於下也라
故로 祭帝於郊는 所以定天位也요
祀社於國은 所以列地利也요 祖廟는
所以本仁也요 山川은 所以儐鬼神야요
五祀는 所以本事也라 故로 宗祝이 在廟하며
三公이 在朝하며 三老가 在學하며 王이
前巫而後史하며 卜筮瞽侑가 皆在左右하나니
王은 中心無爲也하야 以守至正하니라.

『그러므로 선왕은 예절이 아래에 전달하지 아니함을 걱정하시는지라. 그러므로 교외에서 하느님께 제향 지내는 것은 하느님의 자리를 정립하는 원리요, 도읍에서 사직신에게 향사 지냄은 땅의 이로움을 나열하는 원리요, 할아버지의 사당에 제향 지내는 것은 인애를 근본으로 하는 원리요, 산천에 향사 지내는 것은 귀신을 손님으로 대접하는 원리요, 5사는 사업을 근본으로 하는 원리이니 그러므로 종축이 사당에 있으며, 3공이 조정에 있으며, 3로가 태학에 있으며, 왕이 무축을 앞세우고 사관을 뒤에 따르게 하며, 점치는 사람과 악사와 음식을 권하는 사람이 모두 좌우에 있게 하나니 왕은 가운데 마음에 의혹이 없게 하여 지극히 바름을 지키느니라.』

◉ 여기에서는 천자(天子)가 예절을 국민에게 보급하기 위하여 지극한 정성으로 교사(郊社)와 종묘와 산천과 5사(五祀)를 숭상하여 제사 지내는 원리와 천자(天子)는 항상 성령(聖靈)을 보존하여 나라를 신성하게 수호하는 책무를 기술하였으니 하늘과 땅 그리고 종묘와 산천 및 주거환경을 신성하게 보호할 뿐만 아니라 왕의 마음도 성령(聖靈)을 항상 간직해야 됨을 밝혔다.

달(達)은 전달하여 보급함이고, 하(下)는 하층민중이며, 제(祭)는 제향(祭享)이니 종통(宗統)을 계승한 정통주체(正統主體)가 직접 공양(供養)했던 돌아가신 어버이와 직계조상님께 술과 음식을 드리는 예식이요, 제(帝)는 하느님이니 천자(天子)는 하느님의 아들로 천성(天性)을 길러 천덕(天德)을 밝히고 천도(天道)를 천하에 시행하는 정통주체이기 때문에 하느님께 제향을 지내는 제주(祭主)가 될 자격이 있으며, 교(郊)는 교외(郊外)로 혼천설(渾天說)에서 하늘은 땅의 밖에 있는 까닭에 도성(都城)의 밖에서 제향 지내며, 정(定)은 정립

(定立)함이고, 천위(天位)는 만물을 창조변화하는 절대지존(絕對至尊)의 유일(唯一)한 조물주(造物主)의 권위를 가진 황천(皇天)의 상제(上帝)이다. 사(祀)는 향사(享祀)이니 종통(宗統)을 관리한 정통주체(正統主體)가 직접 봉양(奉養)했던 방계조상에게 술과 음식을 올리는 예식이요, 사(社)는 국토신(國土神)이며, 국(國)은 도읍(都邑)이니 혼천설(渾天說)에서 땅은 달걀의 노른자위처럼 하늘의 내부에 있기 때문에 도읍 안에서 향사(享祀) 지낸다. 열(列)은 나열(羅列)이며, 지리(地利)는 땅에서 생산하는 재물의 이득이요, 조묘(祖廟)는 종묘(宗廟)나 가묘(家廟)로 조상신을 모신 사당에 제향 지냄이며, 본(本)은 근본(根本)으로 뿌리를 찾는 것이고, 인(仁)은 인간성으로 사랑의 원리니, 본인(本仁)은 인간애(人間愛)의 뿌리를 찾아 효자(孝慈)의 마음을 일으키는 것이다. 산천(山川)은 산천에 향사 지냄이며, 빈(儐)은 주인 측의 집사가 주인을 대신하여 손님을 안내하며 대접하는 역할을 맡은 것이니, 빈귀신(儐鬼神)은 산천의 귀신을 손님으로 대접하는 것이고, 5사(五祀)는 방문과 부엌과 뜰방과 대문과 길의 신령(神靈)에게 향사 지내는 것이니 곧 주거환경을 공경함이요, 본사(本事)는 사업장의 근본을 찾음이다. 종축(宗祝)은 종묘에서 제사를 관장하는 벼슬이고, 3공(三公)은 조정에서 예법을 논의하는 벼슬이며, 3로(三老)는 태학에서 예법을 가르치는 벼슬이니 모두 제사의 예절을 지키고 보급하는 최고위직 관료이며, 무(巫)는 귀신의 뜻을 살피는 무축(巫祝)이고, 사(史)는 행사의 진실성과 거짓을 관찰하여 기록하는 사관(史官)이며, 고(瞽)는 악관(樂官)이고, 유(侑)는 임금을 모시고 같이 음식을 먹으면서 임금에게 음식을 권하는 유식(侑食)이다. 중심(中心)은 가운데 마음이니 속마음이고, 무위(無爲)는 적연부동(寂然不動)하여 아무런 잡념(雜念)이 없어 순수한 성령(聖靈)이

충만해서 화기(和氣)가 엉김이요, 지정(至正)은 천자(天子)의 도덕
(道德)이 지극히 중정(中正)하여 원만하고 고상한 품위이다.

9-7-4─────────────────── 故로 禮行於郊而百神이 受職焉하며
禮行於社而百貨가 可極焉하며 禮行於祖廟而孝慈가
服焉하며 禮行於五祀而正法이 則焉이니 故로
自郊社祖廟山川五祀는 義之脩而禮之藏也이니라.

『그러므로 예절을 교외에서 거행함으로써 일백 귀신이 직분을 받
으며, 예절을 사직에서 거행함으로써 일백 가지 재화가 극진할 것이
며, 예절을 할아버지의 사당에서 거행함으로써 효도와 자애가 지켜지
며, 예절을 5사에서 거행함으로써 바른 법이 본받고 행하나니 그러므
로 교(郊)로부터 사(社)와 종묘와 산천과 5사는 정의의 수련장이요,
예절의 저장소인 것이니라.』

◐ 여기에서는 천자(天子)의 제례(祭禮)는 사회정의를 밝히고 생
활예절을 익히는 천하정의의 수련장(修鍊場)이고, 성왕예절의 저장소
(貯藏所)임을 기술하였다.

백신(百神)은 만물이 모두 음양(陰陽)으로 생성하였기 때문에 만
물에 모두 귀신이 존재하는바 이를 총칭하여 일백 신령이라고 하는
것인즉, 범신론(汎神論)에서 모든 귀신은 각각 맡은 역할에 대한 직
무의 책임이 있는 것이다. 따라서 천자가 천계(天界)의 황천상제(皇
天上帝)를 공경하여 그 위상을 정립해야 하느님이 신계(神界)의 각

종 귀신에게 그 직책을 부여하여 비와 바람이 순조롭고 천재와 지변이 일어나지 않도록 하는 것이다. 백화(百貨)는 모든 재화(財貨)를 총칭함이고, 극(極)은 극진(極盡)함이니 무한하게 번식함이며, 복(服)은 복무(服務)로 간직하여 지키는 것이요, 정법(正法)은 정당한 상법(常法)이니 곧 국민이 바르게 사는 법으로 의무를 다하고 권리를 누리는 방법이며, 칙(則)은 본받아 행함이다. 의(義)는 의리(義理)로 곧 의무와 권리이며, 수(脩)는 수련장(修鍊場)이고, 장(藏)은 저장(貯藏)으로 거두어 보관해서 필요할 때 이용하는 곳간이란 뜻이다. 따라서 국가의 모든 곳에 예의가 있으면 신성한 국토가 되어 네 가지 영물(靈物)이 머물게 되는 것이다.

9-8-1────────────────────────

是故로 夫禮는 必本於大一하야
分而爲天地하며 轉而爲陰陽하며
變而爲四時하며 列而爲鬼神하고
其降曰命이니 其官於天也니라.

『이러한 까닭으로 무릇 예절은 반드시 맨 처음의 하나에 근본하여 나누어서 이에 하늘과 땅을 본뜨며, 굴러서 이에 음과 양을 본뜨며, 변하여 이에 네 철을 본뜨며, 나열하여 이에 귀신을 본뜨고, 그 내림을 말하여 명령이라 하나니 그 하늘에게 일함이니라.』

◉ 이 장은 예절의 기본원리를 기술하였으니 예절의 구조와 체계는 천서(天叙)와 천질(天秩)을 본떠서 천연의 질서와 조화(調和)를

이룩하여 하늘의 사업을 아름답게 완성하는 것임을 밝혔다.

　시고(是故)는 앞 장에서 밝힌 제사(祭祀)를 통하여 예의(禮義)를 밝혀 국토를 신성하게 보존하는 결과이고, 태일(大一)은 전체를 총망라하여 하나로 통일하는 주재자(主宰者)로 절대지상(絶對至上)의 유일자(唯一者)니, 이치로 말하면 태극(太極)이고 권능으로 말하면 황천상제(皇天上帝)이다. 분(分)은 반으로 쪼개서 나누는 것이요, 이(而)는 이에이며, 위(爲)는 본뜨는 것이니 곧 흉내를 내는 것이며, 천지(天地)는 상하(上下)와 전후좌우의 공간적 위상이며, 전(轉)은 발동(發動)하여 운전함이고, 음양은 동정(動靜), 진퇴승강(進退升降)의 운동적 역량이며, 변(變)은 변역(變易)하여 천이(遷移)함이고, 4시(四時)는 봄, 여름, 가을, 겨울의 시간적 형세이며, 열(列)은 배열함이고, 귀신은(鬼神)은 만사를 신통하게 완수하는 기능을 하는 것이다. 기강(其降)은 예절을 거행함에 각자에게 직위와 사업을 나누어 정해서 내려 줌이고, 명(命)은 임명(任命)이니 주어진 책무를 스스로 헤아려서 반드시 완성해야 되는 책임을 맡은 것이며, 관(官)은 사(事)이니 기관어천(其官於天)은 하늘에게 그 일을 하는 것으로 곧 하늘이 경영하는 사업에 종사해야 된다는 뜻인바 예절은 본래 하늘의 원리를 본받기 때문에 예절의 행사는 마땅히 하늘의 사업을 구현해야 된다는 것이다.

9-8-2───────────────────────── 夫禮는 必本於天하야 動而之地하며
列而之事하며 變而從時하며
協於分藝하나니 其居人也曰養이라
其行之엔 以貨力辭讓飲食으로

冠昏喪祭射御朝聘하니라.

『무릇 예절은 반드시 하늘에 근본하여 움직여서 땅에 이르며, 벌려서 일에 이르며 변하여 때를 따르며 대중 잡은 분량에 협력하나니 그 사람을 살게 하는 것을 일컬어 양육이라 하므로 그 예식을 거행함에는 돈과 힘과 사양과 음식으로 관례, 혼례, 상례, 제례, 사례, 어례, 조례, 빙례를 하니라.』

◉ 여기에서는 예절의 본의가 천연의 자연법칙을 본받아 인간의 도덕과 윤리를 밝혀서 분업협동하고, 인간을 존중하여 건전한 사회생활을 경영하는 것임을 기술하였다.

천(天)은 만물을 창조하여 생영(生榮)하게 하는 천도(天道)이고, 동(動)은 예절의 움직임이며, 지(之)는 이르러 감이요, 지(地)는 만물을 생산하여 성장케 하는 지덕(地德)이다. 열(列)은 예절의 나열함이고, 사(事)는 사람이 마땅히 해야 되는 일이며, 변(變)은 예절의 변화요, 시(時)는 천시(天時)이다. 협(協)은 협동이니 공동체에 협력함이고, 분예(分藝)는 분업한 업무량을 대중하여 분담함이니 공동체의 목적사업을 그 구성원에게 각자의 업무능력을 대중 잡아 분담시키는 공동분수주의(共同分數主義)이며, 거인(居人)은 사람을 살게 함이요, 양(養)은 부모를 공양(供養)하고 가족을 부양(扶養)하며 어른을 봉양(奉養)하는 양육(養育)으로 사람의 삶에 필수조건인 의(衣), 식(食), 주(住)를 갖추어 해결하여 주는 것이다. 기행(其行)은 예절을 거행함이고, 화(貨)는 화폐와 재물 등의 자본이고, 력(力)은 기술과 노동력 등의 인력이며, 사양(辭讓)은 인간을 사랑하고 공경하여 양보하는 정신이요, 음식(飮食)은 인간의 육체를 기르는 식품이다. 관혼(冠昏) 이하는 모두 예식이니 사(射)는 대사례(大射禮)이고, 어(御)는 전차(戰車)를 모는 경주인데 모두 군례(軍禮)이다. 예식은 의례(儀禮)의 형식절차만 위해서는 안 되고 반드시 인간을 존중하여 참여한 사람들의 부담감이 없게 하며 정신적 육체적으로 고통을 느끼지 않게 거행해야 옳은 것이다.

9-8-3   故로 禮義也者는 人之大端也니
所以講信脩睦하며 而固人肌膚之會와
筋骸之束也며 所以養生送死와 事鬼神之大端也며
所以達天道와 順人情之大竇也라 故로
唯聖人이 爲知禮之不可以已也하나니
故로 壞國喪家亡人에 必先去其禮하느니라.

『그러므로 예의라는 것은 사람의 큰 근본인 것이니 믿음을 강구하고 화목을 닦으며, 사람의 살과 피부의 모음과 근육과 뼈의 묶음을 견고하게 하는 원리이며, 산 사람을 양육하고 죽은 사람을 장사 지냄과 귀신을 섬기는 원리의 큰 근본인 것이며, 하늘의 진리를 통달하고 인간의 감정을 따르는 원리의 큰 통로인 것이다. 그러므로 오직 성인이 예절의 그만둘 수 없는 것을 알게 하나니 그러므로 나라를 파괴하고 집을 잃으며 사람을 망침에 반드시 먼저 그 예절을 버리느니라.』

◐ 여기에서는 예절의 중대한 기능을 서술하였으니 예절은 사람의 건강한 육체와 건전한 정신을 증진해서 화목한 가정, 믿음의 사회,

융성한 국가를 건설하는 원리임을 밝혔다.

고(故)는 앞 절에서 말한 자연과 인간과 사회에 알맞은 예절을 거행한 결과이고, 대단(大端)은 큰 근본이니 사물이 비롯하여 말미암는 본원(本源)이며, 고(固)는 견고함이다. 회(會)는 모아서 결합함이고, 속(束)은 묶어서 단속함이며, 대두(大竇)는 큰 구멍으로 왕래하는 교통로요, 이(已)는 그만두는 것이다.

대저 예절은 경제적으로 소비적인 행사이지만 사람이 예절을 숭상하면 건전한 삶을 강구하므로 부양가족을 위하여 부지런히 생산활동에 종사하는 까닭에 생산이 증가하고 또한 검소질박한 기풍이 있어서 아무리 생산량이 많아도 사치와 낭비가 없으며 음란하고 부패하지 않은 것이다.

9-8-4────────────────── 故로 禮之於人也에 猶酒之有蘗也니
君子는 以厚하고 小人은 以薄하니라.

『그러므로 예절은 사람에게 있어서 마치 술을 빚음에 누룩이 있는 것과 같으니 군자는 진하게 하고 소인은 싱겁게 하니라.』

◑ 여기에서는 예절은 인간완성의 길임을 서술하여 예절을 숭상하면 군자가 되고, 예절을 무시하면 소인이 되는 것을 진한 술과 싱거운 술로 비유하였다.

얼(蘗)은 누룩이니 술을 빚음에 누룩을 충분히 넣으면 술이 진하여 맛이 좋고 누룩이 부족하면 술이 싱거워서 맛이 없는 것이다. 이

(以)는 위(爲)와 같고, 후(厚)는 후주(厚酒)로 진하고 맛있는 술처럼
인정이 넘쳐서 사람에게 감흥을 일으켜 취하게 하는 예절이요, 박
(薄)은 박주(薄酒)로 싱거워서 맛이 없는 술처럼 인정이 각박하여
사람에게 씁쓰름하고 무덤덤한 느낌을 가지게 하는 예식이다.

9-9-1————————故로 聖王이 脩義之柄과 禮之序하사
以治人情하시니 故로 人情者는
聖王之田也니 脩禮以耕之하며
陳義以種之하며 講學以耨之하며
本仁以聚之하며 播樂以安之니라.

『그러므로 성왕이 정의의 조종간과 예절의 순서를 닦아서 인간의
감정을 다스리시니 그러므로 사람의 감정이라는 것은 성왕의 논밭이
니 예절을 닦아서 논밭을 갈며, 정의를 베풀어서 씨앗을 심으며, 학
문을 강론하여서 김을 매며, 사랑을 근본으로 해서 곡식을 거두어 모
으며, 음악을 드날려서 즐기느니라.』

◐ 이 장은 성왕(聖王)이 인(仁), 의(義), 예(禮), 지(智)의 천성
(天性)을 함양(涵養)하여 인정(人情)을 순후(醇厚)하게 다스려 안락
한 대동사회(大同社會)를 건설하였음을 기술하였다.
　성왕(聖王)은 요(堯), 순(舜)이고, 병(柄)은 도끼자루를 잡고 결단
(決斷)함이요, 강학(講學)은 학문을 강론(講論)함이니 곧 지식을 넓
혀서 지(智)를 밝히는 것이며, 누(耨)는 김을 매서 잡초를 제거하고

농작물의 뿌리를 북돋아 주는 것이다. 파(播)는 드날려서 퍼지는 것
이니, 파악(播樂)은 음악을 연주함이고, 안(安)은 안락(安樂)으로 즐
기는 것이다.

무릇 순후한 인정(人情)은 모름지기 인간의 순수한 본성(本性)에
서 말미암기 때문에 성(性)은 체(體)이고, 정(情)은 용(用)이다. 그
러므로 성왕(聖王)이 예절을 닦고, 정의를 베풀고, 지식을 넓히며, 인
애(仁愛)를 근본으로 하여 음악을 연주함으로써 인정(人情)을 순후
하게 다스렸으니 마치 농사를 지음에 먼저 논밭을 갈고 봄에 씨앗을
파종하고 여름에 김을 매고 가을에 거두어들이며 겨울에 안전하게
보관하듯이 경영의 순서와 교육의 방법을 친절하고 자상하게 서술하
였으니 성왕(聖王)이 대동세계를 건설하는 기본정책의 추진과정이
먼저 예의를 숭상하고 학문을 장려하여 인간성을 지키며 노래하고
춤추는 단계에 이르러 가는 것임을 알 수 있도다.

『그러므로 예절이라는 것은 정의의 실천인 것이라. 정의에 맞추어
서 맞으면 예절이니 비록 선왕의 예절이 있지 않아도 정의로써 예절
을 새로 일으켜야 옳으니라.』

◑ 여기에서는 예절은 현실적인 조건에 알맞은 정의의 실천규범이

므로 의리(義理)가 변하면 예절도 바뀌는 것을 기술하였으니 상도
(常道)와 권도(權道)의 실천예절이 다름을 밝혔다.

　예(禮)는 공경하고 사양하는 마음을 자연법칙의 법도에 맞추어 인
생을 경영하는 모범행실이고, 의(義)는 부끄럽고 미워하는 마음을 사
회의 당위적 가치로 간직하는 도덕적 의식(意識)관념이며, 실(實)은
실천하여 행동으로 옮김이다. 협(協)은 합하여 맞추는 것이고, 선왕
(先王)은 선왕이 제정한 예절이며, 기(起)는 창안(創案)하여 새로 일
으키는 것이다.

　살피건대 사람이 공경하고 사양하는 행동이 스스로 부끄럽고 또한
남으로부터 증오의 대상이 된다면 어찌 사회의 보편적인 모범행동이
라고 하리오. 그러므로 절제(節制)하지 않은 말과 행동은 예절이 아
니고 불의(不義)한 예절은 없는 것이며, 만일 선왕이 제정한 예법이
없을 때에는 사회정의에 바탕하여 새로운 예법을 새로 제정하여 만
들 수 있는 것이다.

9-9-3───────────────────── 義者는 藝之分이며 仁之節也니
協於藝하며 講於仁하야 得之者가 强하니라.

『정의라는 것은 대중을 잡아 나눔이며, 사랑의 조절인 것이니 대
중잡음에 알맞으며, 널리 사랑함에 좋은 방법을 찾아 정의를 얻은 사
람이 강건하니라.』

　◉ 이 절은 사회정의의 본질과 기능을 서술하여 예절사회의 형식

적 결합력보다 정의사회의 실질적 단결력이 더욱 강력함을 밝혔다.

　의(義)는 마음에 자제력이 있고 사물에 당위성이 있어서 공명정대(公明正大)하고 광개융평(廣開隆平)한 사회정의이고, 예(藝)는 앞(9-6-10)에서 이미 해설하였으며, 분(分)도 앞(9-8-2)에서 이미 해설하였으니 공동체사회에서 구성원 각자의 나이와 위치 그리고 능력에 따라서 그 역할과 책임 그리고 권리와 의무를 인도적(人道的) 차원에서 알맞게 분배하는 것이다. 인(仁)은 널리 사랑하는 박애(博愛)이고, 절(節)은 조절(調節)이니 널리 두루 사랑하되 획일적으로 똑같이 평등하게 사랑하는 무분별하고 일방적인 사랑이 아니라 도덕적 책임과 윤리적 관계를 살펴서 그 두텁게 할 데는 두텁게 하고 그 얄팍하게 할 데는 얄팍하게 하여 널리 두루 사랑하면서도 서로 둥글고 모나고, 길고 짧은 것을 분별하여 알맞게 조절하는 상응적(相應的) 사랑이다. 강(講)은 강구(講究)함이니 사물의 이치를 연구하여 가장 좋은 방법을 찾기 위하여 조사하고 탐구하는 것이고, 득지(得之)는 사회정의의 본질적 적합성을 획득함이요, 강(强)은 강건(强健)함이니 건강하고 약동하는 정의사회를 건설하는 강력한 기능이다.

9-9-4————————————————————————— 仁者는 義之本也며

順之體也니 得之者가 尊하니라.

　『사랑이라는 것은 정의의 근본인 것이며, 정통을 계승하는 순서의 주체인 것이니 사랑을 얻은 사람이 존엄하니라.』

◑ 이 절은 인간성의 본질과 기능을 서술하여 정의사회의 규범적 가치보다 인간존재의 정통성을 확립한 주체가 더욱 숭고한 가치임을 밝혔다.

인(仁)은 모든 사람이 천부적으로 타고난 고유한 본성으로 최고의 선덕(善德)을 갖추고 사랑의 원리가 있어서 신성령통(神聖靈通)하고 온량성실(溫良誠實)한 인간성(人間性)이요, 의지본(義之本)은 부끄러움과 미움의 감정이 일어나는 근본이란 뜻이니 곧 인(仁)을 좋아하고 불인(不仁)을 미워하는 마음이 당위성과 부당성을 판단하는 근본 토대라는 말이다. 순(順)은 정통(正統)을 계승하는 순서로 만물이 세대(世代)를 이어가면서 영원히 존재하는 근본원리인바 곧 정통성(正統性)이요, 체(體)는 스스로 자주자립(自主自立)하여 자율자치(自律自治)할 수 있는 체제(體制)를 갖춘 주체(主體)인데 순지체(順之體)는 정통성을 계승하는 주체성이라는 뜻이니 곧 정체성(正體性)으로 가정에서는 종통(宗統)을 상속하는 기준이고, 나라에서는 왕통(王統)을 계승하는 표준이며, 천하에서는 대통(大統)과 도통(道統)을 승계하는 표준이 되는데 서로 상속함에 뿌리가 같고 씨앗이 같아서 그 성질과 모양이 닮은꼴이면 서로 친애(親愛)하는 정체(正體)이고, 혹시라도 뿌리가 다르고 씨앗이 달라서 그 성질과 모양이 다르면 서로 멀리하여 불인(不仁), 불애(不愛)하는 부정체(不正體)가 되는 것이다. 전배들은 순(順)을 순응으로, 체(體)를 체득으로 오해하여 억지로 해설하였기에 내가 바로잡으니 통쾌하기 그지없다. 득지자(得之者)는 정의로운 정체성을 확립하여 친애(親愛)하는 사람이고, 존(尊)은 존엄(尊嚴)함이니 장구한 역사를 계승 발전하는 정통(正統)을 이어서 약동하는 생명력을 발양하여 후세로 대물림하여 길이 전하는 존엄한 역할과 기능을 하기 때문에 사랑은 가장 숭고한 가치를 스스로 가지는 것이다.

　살피건대 인(仁)의 본질적 가치와 구조적 기능을 이와 같이 극진하게 해설한 것이 없으니 학자는 여기에서 사랑의 고귀한 가치를 체득하기 바란다. 이로써 중고시대에 아름다운 인간성을 함양하여 지식문명을 개발하고 사회정의를 구현하여 예절문화제도를 수립하는 것은 요(堯), 순(舜)의 자연적인 정치발전의 논리체계이고, 근고시대에 예절문화제도를 부흥하여 정의사회를 구현하고 지식문명을 개발하여 아름다운 인격을 구비해서 대동사회를 건설하는 것은 공자와 맹자의 인위적인 정치발전이 논리체계임을 확인할지어다.

9-9-5 ─────────────── 故로 治國하되 不以禮면 猶無耜而耕也요
　　　　　　　　　　　　　爲禮하되 不本於義면 猶耕而不種也요
　　　　　　　　　　　　　爲義而不講之以學하면 猶種而弗耨也요
　　　　　　　　　　　　　講之以學하되 而不合之以仁이면 猶耨而弗穫也요
　　　　　　　　　　　　　合之以仁하되 而不安之以樂이면 猶穫而弗食也요
　　　　　　　　　　　　　安之以樂하되 不達於順이면 猶食而不肥也니라.

　『그러므로 나라를 다스리되 예절로써 아니하면 마치 쟁기가 없이 밭을 가는 것과 같고, 예절로 하되 정의에 근본하지 아니하면 마치 밭을 갈아놓고 씨앗을 심지 않은 것과 같으며, 정의로 하되 학술적으로 연구하지 않으면 마치 씨앗을 심어놓고 김을 매지 않음과 같으며, 학술적으로 연구하되 그것을 사랑으로 화합하지 않으면 마치 김을 매고도 수확하지 않은 것과 같고, 사랑으로 화합하되 음악으로 즐기지 아니하면 마치 수확하고 먹지 않은 것과 같고, 음악으로 즐기되

정체성에 통달하지 않으면 마치 먹어도 살찌지 않음과 같으니라.』

　◎ 이 절은 국가가 예절을 통하여 인정(人情)이 두터운 대동사회를 건설하는 과정을 기술하였으니 정책적 사업추진의 단계를 농사에 비유하여 대동사회의 궁극적 목적은 그 정체(正體)를 뚜렷이 확립해서 유구한 역사를 빛내고 무궁한 발전을 기약하는 것임을 밝혔다.

　고(故)는 앞 절에서 밝힌 예절의 실용성과 정의의 강건성(强健性) 및 인애(仁愛)의 존엄성이 있음이고, 사(耜)는 쟁기로 밭을 가는 농기구요, 확(穫)은 수확(收穫)이니 익은 곡식을 거두어들이는 것이며, 비(肥)는 음식물을 소화 흡수하여 살찌고 윤기가 나서 몸이 크고 튼튼한 육체이니 사람이 농사를 짓는 목적이 여기에 있다.

　무릇 성왕이 인정사회를 건설함에 예절의 실용주의로 인민의 생활을 현실에 알맞게 살도록 배려하고, 정의의 협동주의로 인민의 사업을 함께 경영하도록 도모하며, 학문의 지식으로 인민의 사업경영능력을 배양하며, 인애(仁愛)의 인도주의로 인간의 정체(正體)를 뚜렷하게 밝히도록 주선함으로써 마침내 음악으로 그 사회기풍이 명랑쾌활하고 그 나라가 부강(富强)하며 그 인민이 존엄(尊嚴)하나니 도덕정치로 대동세계를 건설하려는 사람은 힘쓸지어다.

9-10-1 ──────────── 四體旣正하고 膚革이 充盈함은 人之肥也요
父子가 篤하고 兄弟가 睦하며 夫婦가 和함은 家之肥也요
大臣이 法하고 小臣이 廉하며 官職이 相序하며
君臣이 相正함은 國之肥也요 天子가 以德爲車하고
以樂爲御하며 諸侯가 以禮相與하며 大夫가

以法相序하며 士가 以信相考하며 百姓이
以睦相守함은 天下之肥也니 是謂大順이니라.

『네 손발이 이미 바르고 살과 가죽이 충실하고 탄탄함은 인간의
비대함이요, 아버지와 아들이 돈독하고 형과 아우가 화목하며 지아비
와 지어미가 화합함은 가정의 비대함이요, 큰 신하가 떳떳하고 작은
신하가 청렴하며 관작과 직위가 서로 차례를 지키며 임금과 신하가
서로 바로잡는 것은 나라의 비대함이요, 천자가 덕으로 수레를 삼고
음악으로 마부를 삼으며 제후가 예절로써 서로 더불며 대부가 법률
로써 서로 차례를 지키며 선비가 믿음으로 서로 연구하며 백성이 친
목으로 서로 지킴은 천하의 비대함이니 이것을 일러 큰 정통을 계승
한 순서라고 하느니라.』

◑ 이 장은 요(堯), 순(舜)의 대통(大統)과 도통(道統)을 계승하
여 대동태평(大同太平) 시대를 다시 개벽할 수 있는 정치사회적 필
수 조건으로 갖추어야 될 대순(大順)의 도덕적 원리와 그 정치적 기
능과 작용에 대하여 서술하였으니 사람이 천부적 본성을 다하고 천
지의 원기(元氣)를 길러서 각각 그 정체(正體)를 뚜렷이 완성하여
도덕에 충실하고 윤리에 밝으며 예절을 지키면 마침내 존엄한 인격
을 구비하고, 안락한 가정을 꾸미고, 신성한 국가를 건설하고, 문명한
세계를 창조하여, 기린과 봉황과 거북과 용을 길러 장엄한 새 시대를
개벽하는 길을 밝혔다.
　대신(大臣)이 법(法)함은 대신이 떳떳한 모범을 세움이고, 상서
(相序)는 서로 질서를 지킴이며, 이덕위거(以德爲車)는 덕으로 만물

을 싣는 것이요, 이악위어(以樂爲御)는 음악으로 만사를 운전하는 것이며, 상고(相考)는 서로 자세히 살펴서 연구함이요, 상수(相守)는 서로 의리(義理)를 지키는 것이다. 대순(大順)은 인간의 정체성(正體性)이 개인으로부터 전체에 이르기까지 모두 뚜렷하게 확립되어 천지만물이 한결같이 본래의 제 모습을 확실히 간직하는 것이니 인류가 천리(天理)를 받들고 삼라만상이 자연의 법칙에 순응하는 대동세계(大同世界)의 극치이다.

9-10-2 ──────────── 大順者는 所以養生送死와 事鬼神之常也라
故로 事를 大積焉이라도 不苑하며
並行이라도 而不謬하며 細行이라도
而不失하며 深而通하며 茂而有間하며
連而不相及也하고 動而不相害也하나니 此는
順之至也라 故로 明於順然後에 能守危也니라.

『큰 정통을 계승한 순서라는 것은 산 사람을 양육하고 죽은 사람을 장사 지냄과 귀신을 섬기는 원리의 떳떳한 것이니라. 그러므로 일을 크게 포개서 쌓을지라도 답답하지 아니하며, 아울러 함께 진행하여도 어긋나지 아니하며, 잘게 나누어서 진행하여도 잃지 아니하며, 깊숙하고 그윽해도 형통하며, 무성해도 사이가 있으며, 이어도 서로 미치지 아니하고, 움직여도 서로 해치지 아니하나니 이것은 정통을 계승한 순서의 지극함이라. 그러므로 정통을 계승한 순서에 밝은 다음에 능히 바르지 못한 것을 살필 수 있느니라.』

　☯ 이 절은 대순(大順)의 도덕과 윤리와 예절로 사업을 경영하는 구조와 기능을 기술하였으니 천연(天然)의 질서를 확립한 구조에서는 각각 자기의 주체적 기능과 역할만을 충실히 이행하면 되기 때문에 사업의 추진방법과 현실적 여건에 상관없이 모두 같이 인(仁)을 이룩하고, 의(義)를 온전히 함을 밝혔다.

　양생송사(養生送死)와 사귀신(事鬼神)은 앞(9-8-3)에서 이미 해설하였으니 사람에게 있어서 가장 큰 일이며, 상(常)은 때와 장소에 관계없이 항구불변(恒久不變)하는 보편적인 가치이다. 대적(大積)은 크게 겹쳐서 축적함이니 곧 집단 전체를 통합하여 통일적인 조직을 편성해서 공동적으로 일을 추진함인데 천하국가의 큰 사업을 조직적으로 경영하는 방법이며, 불원(不苑)은 답답하지 않은 것이니 각각 자기 몫을 충실히 이행하는 까닭에 쉽고 간단하므로 부담감이 없는 것이다. 병행(並行)은 둘이서 짝을 지어 일을 아울러 함께 경영함이니 부자(父子), 군신(君臣), 부부(夫婦), 장유(長幼), 붕우(朋友)가 나란히 짝을 지어 같은 목적의 사업을 함께 주관(主管)하는 방법이며, 불류(不謬)는 어긋나지 않는 것이니 부자자효(父慈子孝)하면 더욱 친근하고, 군인신충(君仁臣忠)하면 더욱 정의롭고, 부애부경(夫愛婦敬)하면 더욱 분별 나고, 장회유순(長懷幼順)하면 더욱 차례가 있으며, 붕량우직(朋良友直)하면 더욱 믿음이 있는 것이다. 세행(細行)은 세분(細分)하여 개별적으로 행함이니 각각 독자적으로 자기의 일을 하는 것이며, 불실(不失)은 실패하지 아니함인데 규모가 작기 때문에 홀로 경영해도 능히 성공하는 것이다. 심(深)은 심수(深邃)로 깊숙하고 그윽한 곳에서 사는 것이요, 통(通)은 형통(亨通)함이니 정체성을 확립하면 변두리의 한적한 위치에서도 크게 발전할 수 있는 것이다. 무(茂)는 나무가 무성(茂盛)함이니 숲이 무성해도 나무와 나

무의 사이가 있고, 나무가 무성해도 줄기와 줄기의 사이가 있어 조리
가 정연한 것이요, 연(連)은 연결(連結) 또는 연대(連帶)로 서로 연
합하고 연속함이며, 상급(相及)은 서로 간섭하여 침범해서 영향을 끼
치는 것이다. 동(動)은 활발하게 움직임이니 그 정체성(正體性)을 지
키기 때문에 월권행위가 전혀 없으므로 서로 해침이 없는 것이요, 수
(守)는 살피는 것이고, 위(危)는 부정(不正)함인데 정체성(正體性)이
없는 사이비(似而非)들이 날뛰어 도덕을 파괴하고 윤리를 어지럽히
며 예절을 비난하여 국가사회를 위기국면으로 몰아가는 것이다.

　학자는 여기에서 대순(大順)의 체제만 갖추어지면 집단적인 구조
나 상대적인 구조나 개인적인 구조가 모두 활발하게 기능할 수 있을
뿐만 아니라 변두리에서 조용하게 살거나 중심에서 성대하게 살거나
연대하여 함께 살거나 이동하여 옮겨 살거나 모두 자유와 행복을 보
장한다는 사실을 확인하기 바란다.

9-10-3 ──────────────── 故로 禮之不同也와 不豊也와 不殺也는
所以持情而合危也니 故로 聖王이 所以順은 山者를
不使居川하며 不使渚者로 居中原而弗敝也하시니
用水火金木飮食하시되 必時合男女하시며 頒爵位하시되
必當年德하시며 用民하시되 必順하시니라 故로
無水旱昆蟲之災하며 民無凶饑妖孼之疾이니라.

『그러므로 예절이 동일하지 않은 것과 풍성하지 않은 것과 낮추어
줄이지 않은 것은 인정을 유지하면서 위험을 대비하는 원리니 그러
므로 성왕이 정통을 계승하는 방법은 산에 사는 사람으로 하여금 강

에 살게 하지 아니하며, 물가에 사는 사람으로 하여금 넓은 고원지대에 살게 하지 아니하여 실패하지 않도록 하시는 것이니 물, 불, 쇠, 나무, 음식을 쓰시되 반드시 철따라 남자와 여자에게 합당하게 하시며, 벼슬자리를 나누어 주시되 반드시 나이와 덕에 알맞게 하시며, 민중을 부리시되 반드시 정통을 계승한 순서로 하시니라. 그러므로 홍수와 가뭄과 곤충의 재앙이 없으며, 민중에게 흉년과 기아와 요사스러운 재난의 질병이 없느니라.』

☯ 이 절은 대순(大順)의 예절이 천리(天理)를 밝히고 인정(人情)을 바로잡아 지선(至善)의 정치를 실현하는 규범이기 때문에 성왕이 정체를 뚜렷이 확립함에 있어서 반드시 생활문화의 전통과 학문공덕의 도통(道統)과 혈연관계의 종통(宗統)을 살펴서 정통(正統)계승의 순서로 하였음을 기술하였다.

부동(不同)은 선비의 예절, 대부(大夫)의 예절, 제후의 예절, 천자의 예절이 똑같지 않은 것이고, 불풍(不豊)은 현재의 위치에서 분수에 넘치게 예법의 절도를 초과하지 않은 것이며, 불쇄(不殺)는 현재의 위치에서 신분을 낮추어 예법의 절도를 강쇄(降殺)하지 않은 것이다. 합위(合危)는 위험을 대비함이요, 산자(山者)는 산에 사는 사람이니 산림자원을 이용하는 일에 정통하고, 거천(居川)은 강물과 하천에서 사는 사람이니 어업(漁業)에 정통하며, 저자(渚者)는 물가에 사는 사람이니 논농사에 정통하며, 거중원(居中原)은 고원(高原)에 사는 사람이니 밭농사에 정통하므로 모두 각각 실패가 없는 것이다. 수(水)는 수질(水質), 화(火)는 화화(火化), 금(金)은 금속, 목(木)은 목재로 주택이나 의복을 만드는 재료이며, 시(時)는 춘하추동의 네 철이고, 합남녀(合男女)는 일반 남자와 여자의 생활에 적합하게 함이니 남자의 옷과 거실은 남자의 생활에 합당하고 여자의 옷과 거실은 여자의 생활에 합당해야 된다는 뜻이니 곧 생활문화의 정통성을 확립함이다. 반작위(頒爵位)는 천자가 신하에게 벼슬을 내리는 것이고, 연(年)은 연공서열(年功序列)이요, 덕(德)은 학덕등급(學德等級)이니 학문공덕의 정통성을 확립함이며, 용민(用民)은 인민을 사역(使役)함이니 납세, 교육, 국방 등의 의무를 부여함이고, 순(順)은 정통계승의 순서로 곧 종통(宗統)의 정통성을 확립함이다. 이리하여 지역에 알맞은 생활문화에 정통하고 관직에 걸맞은 학문기술에 정통하며 가정에 번듯한 혈연관계에 정통하므로 국가사회에 어그러짐이나 소외된 곳이 없는 까닭에 위험을 미리 대비하여 재난이나 질병이 저절로 소멸하는 것이다.

9-10-4

故로 天不愛其道하며 地不愛其寶하며

人不愛其情하나니 故로 天降膏露하며

地出醴泉하며 山出器車하며 河出馬圖하며

鳳凰麒麟이 皆在郊椒하며 龜龍이 在宮沼하며

其餘鳥獸之卵胎도 皆可俯而闚也니

則是無故니라 先王이 能脩禮以達義하시며

體信以達順故니 此는 順之實也니라.

『그러므로 하늘이 그 도를 아끼지 아니하며, 땅이 그 보배를 아끼지 아니하며, 사람이 그 정을 아끼지 아니하나니 그러므로 하늘에서 농작물을 잘 자라게 하는 이슬을 내리며, 땅에서 단 샘이 나오며, 산에서 그릇을 싣는 수레모양으로 가지가 엉겨 붙은 나무가 나오며, 황

하에서 용마의 그림이 나오며, 봉황과 기린이 모두 교외의 숲에 있으
며, 거북과 용이 궁궐의 못에 있으며, 그 나머지 새와 짐승의 알과
태를 모두 구부려서 엿볼 수 있을 것이니 곧 이것은 탈이 없음이니
라. 선왕이 능히 예절을 닦아서 정의를 뚜렷이 밝히고, 신뢰사회를
바탕으로 해서 정통계승순서를 뚜렷이 밝힌 까닭이니 이것은 정통계
승순서의 결실이다.

　☯ 이 절은 정통계승의 순서를 뚜렷이 밝힌 대순정치(大順政治)의
성대한 자연현상을 기술하였으니 천통(天統), 지통(地統), 인통(人統)
이 모두 가지런하여 천기(天紀), 지유(地維), 인륜(人倫)이 질서정연
하면 안락 태평한 대동세계(大同世界)를 이룩하여 만물이 각각 그 본
래의 가치를 실현하고 모두 함께 보람을 누리게 됨을 설파하였다.
　고(故)는 성인(聖人)이 대순(大順)의 예절을 밝힌 결과이고, 애
(愛)는 인색하게 아끼는 것이며, 도(道)는 천체(天體)가 운행하는 길
이요, 고로(膏露)는 농작물을 잘 자라게 하는 이슬이다. 예천(醴泉)
은 단 샘이니 깨끗한 샘물이고, 기거(器車)는 여러 나무의 가지가 서
로 접합한 연리목(連理木)이 많아서 그릇을 싣는 썰매차의 모양으로
된 나무니 신기한 식물을 뜻하며, 마도(馬圖)는 복희(伏犧)시대에 황
하에서 용마(龍馬)가 나왔는데 그 등에 1에서 10까지의 수가 있었으
니 곧 하도(河圖)로 신성한 동물을 뜻한다. 교수(郊棷)는 교외의 숲
이요, 궁소(宮沼)는 궁궐의 못이며, 무고(無故)는 아무런 탈이 없는
것이니 조건이 좋고 안전한 것이고, 달(達)은 뚜렷하게 밝혀서 통달
함이며, 체(體)는 근본토대로 삼는 것이요, 신(信)은 사물의 진리를
따라 어김이 없는 것이니 곧 자연에 대한 신뢰와 인간에 대한 신뢰
가 있는 신뢰사회이다. 공자가 밝힌 대동세계가 대순주의(大順主義)

를 실현해서 천지만물의 원상(原象)을 찾아 지극히 신성(神聖)한 사
회를 창조하는 것이니 이보다 거룩한 학문이 없고 이보다 큰 사업이
없는저!

서정기(徐正淇, 아호: 躍淵·北岳·勳老)

4·19혁명 선봉 및 민족통일전국학생 성대조직위원장
한국유학연구회 유교사상 편집인
동양문화연구소 연구실장
성균관 전학(典學)
한국청년유도회 회장: 예법(관례, 향음주례, 사상견례)부흥운동 전개
동양문화연구소 부소장 및 소장: 세계 속의 한국학운동 전개
건국대학교 대학원 철학과 박사학위 심사위원
민중유교연합 의장: 한글제사축문 보급운동 전개
성균관유교진흥대책위원회 위원장: 도덕성 회복과 새사람 운동 전개
성균관유교문화연구위원회 위원장, 태학지 번역분과 위원장
민주평화통일 자문위원회 상임위원, 성균관 유교신보 편집인 겸 주간 역임
삼경역주 성균훈로상 수상, 성균관 태학지 번역공로상 수상
현) 동양문화연구소 소장
　　(사)한국예절교육협회 상임고문
　　김동식 장군 기념사업회 상임고문
　　(사)충의무예원 고문

『世界 속의 韓國文化』, 『世界 속의 韓國精神』, 『世界 속의 韓國儒敎』, 『世界 속의 韓國禮節』,
『世界 속의 韓國流風』, 『정통가정의례』, 『민중유교사상』,
『實錄기소설 공자』, 『새 시대를 위한 大學·中庸·禮運』, 『새 시대를 위한 春秋』(上·中·下),
『새 시대를 위한 詩經』(上·下), 『새 시대를 위한 書經』(上·下), 『새 시대를 위한 周易』
(上·下), 『새 시대를 여는 길』, 『根源探索』, 『道學統論』,
『成婚錄』, 『김동식 장군』, 『아침 햇살 영롱한 대나무 열매』,
『하늘로 날아라, 못으로 뛰어라』
훈로 서정기 선생 『유교대전』 41권 외 다수

새 시대를 위한 禮記 2

초판인쇄 | 2011년 8월 4일
초판발행 | 2011년 8월 4일

지 은 이 | 서정기
펴 낸 이 | 채종준
펴 낸 곳 | 한국학술정보㈜
주   소 | 경기도 파주시 교하읍 문발리 파주출판문화정보산업단지 513-5
전   화 | 031) 908-3181(대표)
팩   스 | 031) 908-3189
홈페이지 | http://ebook.kstudy.com
E-mail | 출판사업부 publish@kstudy.com
등   록 | 제일산-115호(2000. 6. 19)

ISBN   978-89-268-2401-6 94150 (Paper Book)
            978-89-268-2402-3 98150 (e-Book)
            978-89-268-2397-2 94150 (Paper Book Set)
            978-89-268-2398-9 98150 (e-Book Set)